吴大华，侗族，1963年生，湖南新晃人。法学博士、经济学博士后研究人员。

现任贵州民族学院党委副书记、院长、教授、博士生导师。“全国50名杰出专业技术人才”、教育部第四届“高校优秀青年教师奖”、第三届“中国十大杰出中青年法学家”、“2004全国十大教育英才”。

著有《民族法学通论》、《依法治省方略研究》等。

中国10大杰出中青年法学家文丛

知易行难——法治演讲录

吴大华

WUHAN UNIVERSITY PRESS
武汉大学出版社

图书在版编目(CIP)数据

知易行难:法治演讲录/吴大华. —武汉: 武汉大学出版社,2006.1
中国十大杰出中青年法学家文丛
ISBN 7-307-04861-2

Ⅰ.知… Ⅱ.吴… Ⅲ.①民族区域自治法—中国—文集 ②刑法—中国—文集 ③刑事诉讼法—中国—文集 Ⅳ.D920.4-53

中国版本图书馆 CIP 数据核字(2005)第 149930 号

责任编辑:朱凌云 彭公璞 责任校对:刘 欣 版式设计:支 笛

出版发行: 武汉大学出版社 (430072 武昌 珞珈山)
(电子邮件: wdp4@whu.edu.cn 网址: www.wdp.com.cn)
印刷:武汉中远印务有限公司
开本: 787×980 1/16 印张: 28.125 字数:430 千字 插页:2
版次: 2006 年 1 月第 1 版 2006 年 1 月第 1 次印刷
ISBN 7-307-04861-2/D·661 定价: 45.00 元

目 录

知易行难说法治（代序） / 1

第一部分 善治·法治

全面建设小康社会中的政治文明与法治文明 / 3
2004 年宪法修改与中国宪政展望 / 34
加强党的执政能力建设，全面推进依法治国方略 / 51
严格依法行政，规范行政行为 / 57
落实科学发展观，构建法治社会 / 72
贯彻科学发展观，实施依法治国方略 / 76
规范行政许可，构建法治政府 / 81
加强人大监督，完善人大制度 / 99
依法治国与以德治国 / 104
廉洁从政，执政为民 / 133

第二部分 刑事法治·刑法改革

西部开发之刑事法治问题研究 / 141

中国“两少一宽”刑事政策与刑法对
少数民族的特殊保护 / 151
论城市少数民族流动人口犯罪及
其对策 / 163
中国少数民族犯罪之控制 / 174
关于“加强死刑案件辩护项目”的
调研报告 / 193
金融犯罪与金融刑法 / 199
金融犯罪态势分析与制度防范 / 222

第三部分 西部开发·民族法治

中国西部大开发战略及其法治思考 / 241
坚持依法治国，推进西部大开发 / 249
营造西部大开发的良好法治环境 / 253
西部大开发的法制环境建设 / 272
西部开发与少数民族人权保障
——理念、政策与制度 / 280
中国民族法制建设50年回顾与展望 / 291
中国刑法与少数民族人权保障 / 303
完善民族法律体系，推进民族区域自治
——纪念《民族区域自治法》
实施20周年 / 310
中国特色的民族法治 / 316
关于保护民族民间文化的法律思考 / 323
坚持三个导向，实现贵州发展的
历史性跨越 / 332
和谐贵州，法治为要 / 337
靠制度育人，靠制度用人
——关于贵州人才队伍建设的思考 / 340

第四部分 发展之道·法治之道

发展循环经济，建设生态城市 / 347

监督警察权力，规范行政执法　/　357
推进信访法治，全面建设小康社会　/　370
现代医疗与知情权保护　/　390
统计法法律责任的完善　/　408
坚持阵地意识，推进依法治校　/　411
“三农”问题的法律与政治思考　/　418
诚信、规矩与方圆　/　424

跋　/　441

知易行难说法治(代序)

什么是知易行难?知易行难是一种境界。知是认识,行是实践。王阳明讲:“知是行之始,行是知之成。”(王阳明:《传习录·徐爱引言》)世间万事同理。理论与实践存在距离,把理论上抽象的东西贯彻落实到实践中,需要巨大的勇气和坚韧的心力。认识“知易行难”,方能设身处地思考实践问题,实事求是地解决实际问题。

我们正在进行法制变革、实施依法治国方略,建设有中国特色的社会主义法治;我们正在进行西部大开发和东北振兴,致力于全面建设小康社会与构建和谐社会。这项前无古人的开创性事业知之易,行之难!身处黔境18年,深深体会民族地区法治发展之慢、民族地区经济发展之难。如果说法治社会、小康社会、和谐社会的构建是宏大叙事,那么民族因素的考量、传统文化的继承、经济发展的滞后都是民族地区建设法治、发展经济必须兼顾的实践背景。

经济与社会发展是包括经济指数增长在内的社会的全面进步。这绝非“纸上谈兵”,更不是“数字游戏”,而是人人能够感受的具体而实在的社会进步。经济与社会的发展需要法治。什么是法治?她是理念、原则、制度、规诫,但又不限于理念、原则、制度、规诫。她生活在我们的身边,表现为具体的法律生活、生动的法律实践。单纯的理念、原则、制度、规诫不能解决身边的法律问题,必须结合生活的情境。这,也许是对知易行难的另一个诠释。

知易行难,要超越这一境界,还必须发现和挖掘深层含义:知行一体,或者说知行合一。王阳明先生倡导知行合一——“致良知”。张岱年先生提出,知与行的统一是做学问的基本方法。① 多年来,我一直

---

① 张岱年:《做学问的三个基本方法》,载《人民日报》2000年11月3日第11版。

身体力行知行合一，坚持从实践中发现问题、实事求是地解决问题。这是我躬耕民族法学、刑事法学两块“责任田”的信仰。从弱冠到不惑，我一直在思考如何推进民族法治、如何振兴民族经济，促进民族地区的发展和繁荣。在阅读——思考——写作的过程中，我在贵州省乃至全国各地，广泛地进行调查研究，深入地思考法治与民族问题——如何将少数民族习惯法与国家统一的法律结合起来，维护民族地区的稳定与秩序？如何贯彻党的民族政策，实施民族区域自治制度，使其更好地与民族地区的经济与社会发展紧密结合起来，进一步推进民族地区的繁荣与发展？知与行在冲突中不断前进，思想不断深化，沉淀为一次又一次的演讲。历次演讲，可以视为“知”的延伸、“行”的实践，我把自己定位为一个法治的播种者、民族文化的传播者；也可以视为是“知”与“行”的中介物，她代表我正在形成中的关于法治和民族问题的思考，准备在今后坚持并践行。

关于法治的系列演讲是在调研的途中断断续续完成。此次整理出版既是一次思想的展览，也是一次实践的检阅。演讲文稿中，大多已经发表，有的是第一次刊出。文集分为四个部分，即：善治·法治、刑事法治·刑法改革、西部开发·民族法治、发展之道·法治之道。

善治·法治收录演讲 10 篇。主要内容为：全面小康社会、政治文明与法治文明、宪法修改与宪政展望、执政能力建设与依法治国方略、依法行政与法治政府、科学发展观与依法治国方略、规范行政许可构建法治政府、人大监督制度的完善、依法治国与以德治国以及廉洁从政、规范行政。善治是 21 世纪治理方式的转型目标，代表现代政治文明的发展方向；善治必然是法治，通过法治才能走向善治。

刑事法治·刑法改革收录演讲 7 篇。主要内容为：西部开发之刑事法治问题研究、中国“两少一宽”刑事政策与刑法对少数民族的特殊保护、城市少数民族流动人口犯罪及其对策、中国少数民族犯罪之控制、死刑调研报告、金融犯罪与金融刑法、金融犯罪新态势与制度防范。刑事法治是刑事法制改革的目标，民族地区的刑事法治必须以犯罪动态为背景，结合西部开发、民族因素综合加以研究。

西部开发·民族法治收录演讲 8 篇。主要内容为：中国西部大开发战略及其法治思考、依法治国与西部开发、营造西部大开发良好的法治环境、西部开发与少数民族人权保障——理念、政策与制度、中国刑法与少数民族人权保障、民族法律体系完善与民族区域自治、实现贵州跨越式发展的三个战略、制度与人才战略。西部开发是全面建设小康社会、促进民族共同繁荣发展的重要举措；西部开发离不开法治，是法治规范下的有序开发。西部开发与民族法治必须兼顾，共同推进。

发展之道·法治之道收录演讲8篇。主要内容为：循环经济与生态城市、警察权力监督、信访法治与全面建设小康社会、现代医疗与知情权保护、统计法法律责任的完善、阵地意识与依法治校、三农问题的法律与政策、诚信、规矩与方圆。现代发展之道是法治之道，依靠法治的力量，发展才能实现稳定、有序和可持续。

法治是发展之道、是善治之理。知之易，行之难！愿以此为诫，不断推进中国法治的进程，促进中国经济的发展和社会的全面进步。

是为序。

吴大华

于贵阳花溪

2005年9月18日

第一部分 知…易…行…难…

善治 · 法治

全面建设小康社会中的政治文明与法治文明

发展社会主义民主政治，建设社会主义政治文明，是全面建设小康社会的重要目标。这表明我们党和国家近期定位目标是全面建设小康社会——社会的全面进步，包括物质文明、政治文明和精神文明三项目标。现代社会是法治社会，法治精神贯穿在物质文明、政治文明和精神文明三项建设中。物质文明是基础，精神文明是境界，政治文明是主导。如何理解政治文明、法治精神及其二者关系，是进行三个文明建设的前提。

1987 年 7 月我硕士毕业进入省委研究室工作（以后，省委研究室相继改为省委政治体制改革研究室、省委城市政策研究室、省委政策研究室），具体参与了一些贵州省政治体制改革的调研、文件起草工作及其他实践工作。又先后进入基层（全省廉政制度建设试点单位之一——贵阳市云岩区黔灵东路街道办事处）锻炼，1994 年调入法学教育战线。作为一个长期从事政治体制改革调研与法学教育的工作者，我一直非常关注政治文明与法治建设的关系。我倡导在全面建设小康社会的目标指导下，突出政治文明的领跑作用，加强我国法治建设，将我国法制建设与民主政治建设共同推向前进。如何在邓小平理论和“三个代表”重要思想指导下，在贵州这样一个底子较为薄弱（经济政治文化都相对落后）的多民族地区建设政治文明，推进法治建设，这是一个重要课题，感谢省委组织部给我这样一次很好的交流机会。

一、全面建设小康社会中的政治文明

何谓全面建设小康社会？全面建设小康社会是一个政治、经济、文化协调发展的系统工程，同时也是建设社会主义物质文明、精神文明和政治文明的历史进程。根据党的十六大报告和 2003 年的政府工作报告，全面建设小康社会包括四个方面的目标：一是在优化结构和提高效益的基础上，国内生产总值到 2020 年力争比 2000 年翻两番，综合国力和国际竞争力明显增强，这是物质文明建设的内容。二是社会主义民主更加完善，社会主义法制更加完备，依法治国基本方略得到全面落实，这是政治文明建设的内容。三是全民族的思想道德素质、科学文化素质和健康素质明显提高，这是精神文明建设的内容。四是可持续发展能力不断增强，生态环境得到改善，资源利用效率显著提高，走上文明发展的道路。① 这是关于发展道路的内容。从全面建设小康社会的内容来看，它是一个有中国特色社会主义经济、政治、文化全面发展的目标。其中，政治文明作为与法治建设并提的内容，反映了党和政府对现代社会中政治文明建设的重视。以下，我从政治文明的核心、目标和途径三个方面加以研讨。

（一）政治文明的核心是“三个代表”

政治文明是“由一定社会的政治法律形态，政治思想意识形态和政治行为实践所规定和体现的社会文明。”② “三个代表”重要思想是政治文明建设的核心与指导思想。“三个代表”重要思想，是马克思列宁主义、毛泽东思想、邓小平理论的继承、丰富和发展，是当代的中国化的马克思主义。十六大报告明确指出：贯彻“三个代表”重要思想，关键在坚持与时俱进，核心在坚持党的先进性，本质在坚持执政为民。③ 作为一种深刻的政治思想，“三个代表”是与马列主义、毛泽东思想、邓小平理论具有同等地位的指导中国共产党执政的思想，是与时俱进地对马列主义、毛泽东思想、邓小平理论的创新式的发展。“三个代表”重要思想是全国人民进行中国特色社会主义建

---

① 江泽民：《全面建设小康社会，开创中国特色社会主义事业新局面》（2002 年 11 月 8 日）。

② 王一程：《努力建设社会主义政治文明》，载《光明日报》2002 年 8 月 3 日，第 3 版。

③ 江泽民：《全面建设小康社会，开创中国特色社会主义事业新局面》（2002 年 11 月 8 日）。

设的行动纲领，民主政治建设（政治文明建设）应当以“三个代表”重要思想为指导。

“三个代表”重要思想具有严密的内部逻辑、重大的实践意义与深刻的法治内涵。分析“三个代表”重要思想的一般逻辑：只有代表了生产力的发展要求，只有代表了先进文化的前进方向，才能够最全面地代表人民的根本利益。先进生产力、先进文化与人民利益息息相关。实践“三个代表”重要思想，从本质上要改变党的执政观念，即党由革命党向执政党的转变。这一转变需要通过“三个代表”重要思想实现执政党执政基础的更加广泛性，党应当更多地吸纳社会新生力量，与先进生产力和先进文化紧密联系的企业家和知识分子阶层是一个典型的代表。理解三个代表，必须结合现代法治精神。党领导国家政权必须依靠法治，必须进入法治的轨道，必须依法执政。就政治决策而言，执政党的政治主张最终要转化为国家意志和上升为法律，比如执政党代表大会的新思想、新策略将反映在宪法修改上；就廉政建设而言，反腐倡廉要靠教育更要靠法治。执政党领导人民实施依法治国方略，推进公共权力领域的法治化进程，是执政党领导方式和执政方式的转变，是保障国家政权真正代表最广大人民利益的正确选择。这是现代法治国家对我们党和政府的一大考验。

（二）政治文明的目标是建设中国特色民主政治

政治文明的目标是建设中国特色的民主政治。十六大报告将发展社会主义民主政治提到了新高度，没有民主，就没有社会主义，就没有社会主义现代化。同时，赋予社会主义民主政治新的内容：政治文明是法治文明，而非人治文明。

民主是社会主义的内在规定和本质要求。社会主义民主是社会主义制度优越性的重要体现，早在1979年邓小平就提出“没有民主就没有社会主义，就没有社会主义的现代化”。[①] 社会主义初级阶段，党的基本路线是建设一个“富强、民主、文明的社会主义国家”，这是一个三位一体的奋斗目标。党的十五大提出建设有中国特色社会主义的经济、政治、文化三大基本纲领。政治民主化是现代政治文明的

---

① 《邓小平文选》，第2卷，人民出版社1994年版，第168页。

基本特征。民主的基本理念是国家的权力来自人民，人民才是国家的主人。社会主义民主表现为一种新型的国家制度，即以人民当家作主、管理国家为核心的国家制度。江泽民同志在党的十六大报告中也指出：发展社会主义民主政治，建设社会主义政治文明，是全面建设小康社会的重要目标。① 必须在坚持四项基本原则的前提下，继续积极稳妥地推进政治体制改革，扩大社会主义民主，健全社会主义法制，建设社会主义法治国家，巩固和发展民主团结、生动活泼、安定和谐的政治局面。民主反映社会主义的内在规定性。

具有中国特色，特色在哪？邓小平同志说“我们进行社会主义现代化建设，是要在经济上赶上发达的资本主义国家，在政治上创造比资本主义国家的民主更高更切实的民主。”② 他常常提出所谓“党风廉政建设”、“民主法制建设”、“政治体制改革”等问题都属于政治文明建设的范畴。我们所要建设的中国特色的社会主义民主政治，就是在中国共产党的领导下，工人、农民、知识分子和全体人民作为主人管理自己的国家，享受广泛的民主权利。这是我国政治制度的优点和特点。社会主义政治文明建设的核心内容就是要建立和发展社会主义的民主政治，这是适应经济发展和社会全面进步的客观要求。十六大报告在要求切实加强制度建设，实现社会主义民主政治的制度化、规范化和程序化的前提下，为政治文明建设拟定了纲领：（1）坚持和完善社会主义民主制度；（2）加强社会主义法制建设；（3）改革和完善党的领导方式和执政方式；（4）改革和完善决策机制；（5）深化行政管理体制改革；（6）推进司法体制改革；（7）深化干部人事制度改革；（8）加强对权力的制约和监督；（9）维护社会稳定。③ 九个方面规定了我国民主政治建设今后的大体框架，为我们现代政治文明确定了努力的方向。

---

① 江泽民：《全面建设小康社会，开创中国特色社会主义事业新局面》（2002年11月8日）。

② 《邓小平文选》，第2卷，人民出版社1994年版，第322页。

③ 江泽民：《全面建设小康社会，开创中国特色社会主义事业新局面》（2002年11月8日）。

（三）建设社会主义政治文明的路径

建设社会主义政治文明是一项长期的、艰巨的系统工程，需要有步骤、有计划地采取战略布局实施。我认为，应当从观念上转变党或政府对自身的定位，从体系上既注意从三个文明建设的全局又把政治文明本身当作一个系统来进行建设，同时借鉴西方国家现代政治文明成果。

1. 党与政府观念的转变

党的观念的转变应当是革命党向执政党的定位的认识的转变。胡锦涛同志在2002年就强调过：党应当在宪法与法律范围内活动，带头遵守宪法与法律。① 如何把坚持党的领导、人民当家作主和依法治国有机地结合起来，如何健全宪法保障机制，树立宪法的权威，如何经过法定程序使党的主张成为国家意志，都是现阶段党所面临的认识上的艰巨的问题。

中国共产党在建党80周年之后，逐渐地认识到作为一个执政党应当关注的问题，迫切需要从革命意识向执政意识的转变。这是在世界和平与发展趋势下党对国际形势与国内状况作出的正确判断。针对党的建设面临的各种问题，党亟需加强和巩固自身的执政基础。即：一是思想理论基础。党的先进性首先表现在理论上的先进，党的领导必须体现为思想领导，为巩固党的思想理论基础，须着重解决好两个问题：第一要坚持与时俱进，不断发展马克思主义理论，用发展的马克思主义理论来指导实践。第二要坚持不懈、深入浅出地向广大人民群众宣传马列主义、毛泽东思想、邓小平理论和“三个代表”重要思想，坚持理论联系实际，回答人民群众中的实际问题。二是物质基础。以公有制为主体、多种所有制经济共同发展，是我国社会主义初级阶段的基本经济制度，也是执政党的物质基础。必须大力发展各种所有制经济、增强国家整体经济实力，各种所有制经济同为社会主义市场经济的重要构成部分，应当一视同仁。三是群众基础。工人阶级是党的执政基础，广大工人、农民、知识分子、私营企业家是党执政最广泛的群众基础。应当调整和完善分配制度，健全和完善社会保障

---

① 胡锦涛：《在纪念宪法施行20周年大会上的讲话》（2002年12月4日）。

体系，扩大就业和再就业，切实解决两极分化的问题，既保证党在工农和知识分子中的影响力，争取在更广的范围内发展党的组织和影响力，吸纳更多的优秀分子进入党内。

执政党领导下的政府同样需要从观念上转型，发扬人民公仆的思想，树立执政为民的信念。这种转型体现在两个方面：一方面，从政策主导性控制转向法律主导性调控，增强法治观念，树立依法执政意识，自觉地在宪法和法律范围内活动。这是对执政理念和法治理念的重大突破，必将对依法治国产生巨大的推进作用。例如根据WTO规则可以状告一国政府但不可以状告一国法律的规定，政府应当及时转变人治观念，将经过实践检验的成熟的政策主张通过法定程序上升为国家意志。另一方面，政府对经济活动的调控由以直接调控转向以间接调控为主，应当实行党政分开、政企分开，在坚持党委统一领导的前提下，培育社会中介组织，深化经济体制改革，加快建立现代企业制度，依靠法人治理结构放权让利，政府充分发挥宏观调控的作用，充分调动各个方面的积极性、主动性和创造性。

2. 三大文明建设一体推进

胡锦涛总书记就三个文明建设的关系指出：“党的十六大把发展社会主义民主政治，建设社会主义政治文明同建设社会主义物质文明、精神文明一起列为全面建设小康社会的重要目标。这是在建设中国特色社会主义的实践中取得的新的重大认识，也是我们继续建设中国特色社会主义事业必须完成好的重大任务。建设中国特色社会主义，必须坚持以经济建设为中心，不断解放和发展社会生产力，大力发展社会主义物质文明，同时必须大力发展社会主义政治文明和社会主义精神文明，为现代化建设提供有力的政治和法律保障，提供强大的精神动力和智力支持。”① 政治文明建设作为三个文明建设中的一项，应当在全面建设小康社会中结合物质文明、精神文明一体推进。

恩格斯曾经指出：“文明是实践的事情，是一种社会品质。”② 政治文明是人类政治生活的一种进步状态。这种进步的状态表现为健康的、民主的、法治的、正义的、和平的、宽容的政治生活。从发生学

---

① 胡锦涛：《在纪念宪法施行20周年大会上的讲话》（2002年12月4日）。

② 《马克思恩格斯全集》，第1卷，人民出版社1956年版，第666页。

的角度看，每一种政治文明都可能曾经从其他文明中吸取过营养，每一种政治文明也都可能包含有某些人类共同的基本价值，如自由、平等、民主、人权等；以及保护这些基本价值的制度，如对权力的制约机制、对权利的保障机制等；还包括政治行为的一系列运作程序和规则，如选举、决策、管理、监督的程序和规则等。人类文明演进史说明：人类文明的进步，表现为物质文明、精神文明和政治文明三个方面的协同发展。物质文明、精神文明和政治文明是一个相互依存的有机整体。马克思主义一向把社会看做是发展着的活的有机体。该机体由三大体系构成：经济基础、政治上层建筑和意识形态。三者是有机联系的。没有一个强大的物质基础，建设任何文明都是空中楼阁，只能成为空谈与口号。物质文明作为政治文明的基础，应当发挥它的独特的作用。精神文明代表着一个社会的公民素质，是全面建设小康社会的一个重要标志。没有精神文明，物质文明建设将成为单足行走，政治文明建设将缺乏后劲。

3. 政治文明应当作为一个系统

政治文明是一个体系，包括政治思想文明、政治制度文明、政治行为文明、政治观念文明、政治体制文明等。这要求，我们正在进行的政治体制改革要全盘考虑：一是政治制度建设应配套进行，不能“孤军深入”，某一项制度走得太快，其他制度迟迟不能出台，效果就会大打折扣。二是政治制度结构要合理。制度设计应当简化易操作，过于繁琐会导致推进过程中的重重矛盾，进而导致政治改革的夭折。三是中央与地方政治改革各有分工互相配合。各地区、各部门在政治改革中可以大胆探索，但不能偏离中央确定的改革目标，别出心裁，另搞一套。四是政治改革应当循序渐进。应当不断积累经验，巩固改革成果，不能朝令夕改。五是建设中国特色社会主义政治文明，必须适应经济发展和社会全面进步的要求，坚持从中国国情的实际出发，应当承认，作为现代政治文明的社会主义民主政治，不是中国传统政治文明的内生成果。我国目前尚处在社会主义初级阶段，建设高度民主所必需的一系列经济社会文化条件很不充分，民主的实现条件受到很多历史遗留下来的、现实产生的、国际局势变化带来的一系列问题和难题的制约。这一艰巨的历史任务需要我们以长期的战略的眼光进行观察，获得结论，采取行动。

4. 借鉴吸收西方国家现代政治文明成果

人类进入文明时代的最初表征，不仅表现为劳动产品的剩余和文字的使用，而且还表现为阶级或等级的分野和国家政治权力的产生。古希腊留下的文明遗产，不仅包括一度发展的商品经济、自由探索的精神、各种形式的文学艺术和哲学思想，而且包括对个人自由和责任的强调、民主政体的理论和实践。近代资产阶级创造的文明成果异彩纷呈，但最基本的仍然是在经济、政治和文化三个方面，其中既包括发达的市场经济和自由、平等、人权的基本理念，还包括民主的政治体制和规范的政治运作程序。政治文明是有国别的，具有阶级性，但是政治文明没有国界，在技术操作层面政治文明的成果是人类文明的共同智慧的结晶。

社会主义民主政治是当代世界最先进的，应当吸收现代政治文明成果。但是，我们也应承认，西方国家在某些民主政治的技术操作层面，确实走在我们的前列。比如说，选举制度，广泛采取的直选制度和相应技术值得我们学习借鉴。又如，西方国家的共和国国体，是资产阶级革命胜利后创造的国家形式，这是人类的政治文明成果，我们同样加以借鉴采用。因此，人类政治文明成果，凡是符合中国国情的，都可以成为我国政治体制改革的参照系。

二、现代法治精神与中国特色法治文明建设

党的十六大高瞻远瞩地确定了我国法治国家的建设目标：加强社会主义法制建设，坚持有法可依、有法必依、执法必严、违法必究；适应社会主义市场经济发展、社会全面进步和加入世贸组织的新形势，加强立法工作，提高立法质量，到2010年形成中国特色社会主义法律体系；加强对执法活动的监督，推进依法行政，维护司法公正，防止和克服地方和部门保护主义。① 如何理解、如何贯彻是我们今后建设法治国家的重要前提。

---

① 江泽民：《全面建设小康社会，开创中国特色社会主义事业新局面》（2002年11月8日）。

（一）如何理解现代法治精神

十六大报告通篇贯穿了现代法治的精神，昭示了我国推进依法治国、建设社会主义法治国家，推进三个文明建设的坚强决心。对十六大报告中的法治内涵，我的理解是：

一是充分肯定13年来建设法治国家的巨大成就，显示了民主法制建设在全局中的重要地位和重要作用。报告在回顾过去五年工作，肯定的八大成就中，其中有一条是专讲民主法制建设成就的；总结13年基本经验获得的十个坚持中，专门提及坚持依法治国与以德治国相结合。二是从全局和战略的高度，提出了新世纪新阶段民主法制建设的新任务。全面建设小康社会的奋斗目标，包括经济发展目标和政治、文化、社会发展的目标，要求达到“使经济更加发展、民主更加健全、科教更加进步、文化更加繁荣、社会更加和谐、人民生活更加殷实”。而这些，都有赖于法治的有力保障。

中国特色的社会主义法治是在我国国情基础上综采西方法治文明成果形成的以全体人民当家作主为根本维护最广大人民根本利益的治理模式。这是两种法治模式的根本性分歧。社会主义法治是一种治国方法，其核心含义是法律一经制定就享有至高无上的地位，无论什么人、什么部门都必须完全接受法律的治理。法治讲的是法律在治理国家中的地位和作用，强调法律至上，主张国家要接受法律的统治而不是个人的统治，国家和政府要依法办事，公共权力要受到法律的有效遏制等。法治是以民主精神、法律至上的原则为核心的。法治在这里就是人治的对称。

中国特色的社会主义法治是“有法可依、有法必依、执法必严、违法必究”。十六字方针是简要而鲜明的概括。目前中国特色的社会主义法治就是在党的领导下，根据宪法确定的依法治国方略，贯彻法律至上主义，彻底抛弃人治传统。中国特色社会主义法治包括四个方面的内容：一是人民主权，二是法律至上，三是依法治国，四是依法办事。

人民主权要求确立人民是国家的主人，保障人民的权利不受侵犯，实现真正的人权的观念。我国的一切权力属于人民，人民是国家的主人，国家的存在目的就是发展经济，满足人民物质和文化生活的需要，一句话，为人民谋利益，是我们党和国家的根本宗旨。人民主权要求制定并完善一系列法律、法规，切实保障人民的民主权利，使人民能够更广泛地参加国家管理、经济文化事业管理和社会事务管理，行使当家作主的权力。同时进一步完善人民代表大会制、共产党领导的多党合作和政治协商制度、选举制度、监督制度、基层民主自治制度等，实现民主选举、民主决策、民主管理和民主监督，以进一步发展社会主义民主政治建设，使社会主义民主制度化、法律化，克服现行机制的某些弊端。国家权力和公民权利关系也是人民主权的重要内容，国家各方面权力的行使以不侵犯公民权利为界限。按照我国宪法规定公民的基本权利有政治权利和自由、人身自由（含人身不受非法侵犯、人格尊严受法律保护等）、社会经济权利等，其中人的生存权和发展权是我国公民的基本人权。

法律至上意味着法律享有国家事务中绝对权威。一切都必须依法办事。我国法律是反映人民意志和根本利益的集中体现，是指以宪法为核心的法律部门在整个国家中处于至高无上的权威地位。权力来源于法律并受制于法律，任何组织和个人都不享有超越法律之上的权力。当权力与法律出现冲突时，必须选择法律，权大还是法大在理论上早有定论，根本没有探讨和争论的必要。维护法律至上的关键在于党的各级领导干部、党的各级组织和广大党员能够切实遵守宪法和法律，成为遵守法律的模范。党领导人民制定法律，也要领导广大干部群众切实遵守法律，党也要在宪法和法律的范围内活动。同时，持之以恒地进行全民普法宣传教育活动，也是树立法律至上观念的重要途径。我国的全民普法活动已经进行了三次，时间已达 15 年，现在正在开始“四·五”普法宣传教育活动，国务院在 2001 年确定每年的 12 月 4 日为全民法制宣传教育日，对法治的宣传今后还需要进一步深入贯彻。

依法治国，就是用法律治理国家，而不是靠领导人个人的意志办事并管理国家。要想保证国家的繁荣昌盛和长治久安，就必须有完善权威的法律制度。建立和完善一整套具有中国特色的社会主义法律体系，是依法治国的基础。在建立社会主义法律体系中要做到：一要内容完备，部门齐全；二要贯彻法制统一原则，不要“法律打架”。法律效力等级之间要界限明确，不能界限不清。一切立法必须以宪法为依据，宪法具有最高的法律效力，凡违反宪法原则和精神的法律、法规都是无效的；在宪法之后是法律、行政法规、地方性法规，上位法的效力要比下位法的效力要高。同时法律条款内容不应彼此矛盾，规定不一致，互相冲突，主要表现为有些下位法的内容与上位法的规定不一致，直接影响了上位法的权威；还有处于同一层次的省级地方性法规与中央部委的部门规章规定不一致，出现适用冲突，按照2000年颁布的立法法的规定，这必须由国务院决定或提请全国人大常委会裁决。

依法办事指国家机关及其工作人员行使职权，必须依照法律规定的程序、内容进行，不允许任何人享有超越法律之上的特权，也不允许任何人以言代法，靠行政命令和长官意志办事。这就要求行政机关要依法行政，司法机关要公正司法。我国的行政机关及其工作人员长期以来习惯于按照行政命令办事，不习惯按与本部门相关的法律、法规、规章办事，即使领导的指示、意见错了，也习惯于照办。依法行政、依法办事任务至为艰巨。要从靠行政命令向依法行政转变，需要付出极大的努力。治人者必先守法，这才是现代法治的实质，如果治人者只要求治于人者守法，而治人者自己不守法，就会形成一部分人治另一部分人，即官治民，这必然与法治的精神大相径庭。

（二）如何评价我国的法治状况

富勒曾经在总结法治文明的基础上概括八项法治原则：（1）法律的普遍性。指法律必须是具有普遍意义的规范。“法律是把人类置于规范的统治之下的事业。”这种规范要求所有人（包括立法者）的行为都要受规范的统治。（2）法律应该公之于众。除了公布法律让公众知晓外，还应该在全社会进行法制教育，让公众了解法律的含义。（3）法律不溯及既往。今天制定的法律不能去判断昨天发生的行为是否合法，今天制定的法律原则上只管制定之后人们的行为。（4）法律应具有明确性。法律的内容应该清楚明白，不能有含糊不清，前后不一致的概念，使法律具有明确性的途径就是利用人们在日常生活中的常识性判断标准，并使这些标准体现在法律之中。（5）法律应避免自相矛盾。不管是同一个法律中出现自相矛盾的内容，还是不同法律之间出现自相矛盾的规定，都会给司法解决带来困难，都必然违背法治原则和精神。(6) 法律应具有现实性。法律不应该规定人们做不到的事情，立法者有时总是向公众提出一些较高的要求，问题是如果人们一旦完成不了法律规定的义务，难到还要受到惩罚吗？这种过高要求本身就在破坏法治。(7) 法律应具有稳定性。保持法律的稳定性，不能轻易修改、废止法律。法律的定、改、废在所难免，但不能过于频繁。(8) 政府行为要守法。即政府行为要和法律的规定相一致。① 以上八项原则是法治本身就具有的特征，是衡量法治文明的一个准绳。对照我国现在的法治状况，我认为尚存在较大问题：

一是人治观念主导，法治模式不行。长期以来，我们靠行政命令高效推行各项措施，但今后越来越多的行政诉讼或人民主权会使我们渐渐步入法治模式。

二是法律体系尚有待健全。法律是依法治国的基础，有法可依是推进依法治国的首要任务。十六大报告要求在 2010 年前形成中国特色社会主义法律体系。一些重大法律（如民法典、监督法、新闻法等）尚未制定出来，仍有为数不少的法律需要修改完善。特别是加入世界贸易组织之后，国内法如何与世贸组织规则、国际经贸法律相衔接、相适应。

三是反腐败法律体系和运行机制的欠缺。坚决反对和防止腐败，是全党一项重大的政治任务。反腐败关系到党的存亡，国家的存亡。因此，必须加强对权力的制约和监督，从源头上预防和解决腐败问题。但现在缺乏的是结构合理、配置科学、程序严密、制约有效的权力运行机制，即如何加强对领导干部特别是主要领导干部的监督制度，加强对人财物管理和使用的监督制度。

四是法律程序意识的加强。法律程序可分为“实体性的法律程序”和“程序性的法律程序”。前者是指剥夺人的生命、财产、自由要有正当充分的理由；后者是指剥夺人的生命、财产、自由之前必须遵循程序。获取的证据要依程序收集，运用和确认证据也要依程序进行。美国宪法修正案规定：“非经正当法律程序，不得剥夺任何人的生命、自由或财产”。这就是赫赫有名的“正当程序”条款。法律程

---

① L. 富勒：《法律的道德性》，美国耶鲁大学出版社 1969 年版，第 108 ~ 110 页。

序是法的生命存在的形式。如果法的制定和法的实施没有一定过程、规则，这样的社会将充满立法者和执法者的恣意妄为。现在，在执法活动中违反法律程序的问题比较严重，如受地方保护主义影响随意立案，争夺管辖权，或者以侦代立，先侦后立，未经立案程序便对当事人采取或者变相采取羁押、搜查等措施，超期羁押、刑讯逼供、诱供、以捕代侦、审而不判、判而不审等等。“重实体、轻程序”。这种局面必须改变。

（三）如何建设中国特色法治体系

我国宪法确立依法治国基本方略已经五年多，五年以来，法治建设获得巨大成果。同时也出现不少问题，存在薄弱环节。如何更好地从宏观上对全面建设小康社会涉及的法律总体架构进行战略性、全面性、前瞻性的科学论证和设计，以便为经济建设提供思路和举措，改革和完善党的领导方式和执政方式。如何更好地维护社会稳定，推进司法改革，促进“一国两制”、和平统一，与国际接轨都需要我们进一步研究。我认为，建设我国法治体系需要考虑三个方面：一是处理好依法治国与以德治国的关系。二是处理司法改革与制度创新的关系。三是处理好司法独立与党的领导的关系。

1. 依法治国与以德治国

十六大报告强调“依法治国和以德治国相辅相成。要建立与社会主义市场经济相适应、与社会主义法律规范相协调、与中华民族传统美德相承接的社会主义思想道德体系”。① 依法治国与以德治国两者相互配合，具有内在的紧密联系。依法治国与以德治国都是治理国家的手段和方式，它们都不具有国家形态的属性，在一个国家形态（人治国家或法治国家）中这两种手段可以兼用。任何国家的治理，都可以采取法治和德治两手。依法治国的基本方略提出之后，进一步强调以德治国，并要求人们把依法治国和以德治国紧密结合起来，表明中国共产党在选择国家的治国形态和治国手段方面的正确和成熟。

依法治国和以德治国相结合具有其必然性和必要性：

---

① 江泽民：《全面建设小康社会，开创中国特色社会主义事业新局面》（2002年11月8日）。

第一，依法治国和以德治国相结合是社会主义市场经济发展的客观要求。社会主义法治国家及其实现的手段需要建立在三个基础上：一是经济基础，即市场经济（包括多种形式的公有制为主体的混合经济、以按劳分配为主体的多种分配形式等）；二是政治基础，即民主政治（包括人民代表大会制度、共产党领导下的多党合作制度、民族区域自治制度、基层自治制度、民主监督制度等）；三是观念基础，即理性文化（包括先进的政治、法律理论，健全的民主、法律观念，良好的政治、职业、社会道德，高度的科学、教育、文化水准等）。在这三个基础中，社会主义市场经济是最根本的基础。首先，我们为什么要强调依法治国，建设社会主义法治国家？因为这是建立社会主义市场经济体制的客观需要。在自然经济和计划条件下，法律再多再完备，也不可能实行法治。市场经济机制必然要求法治的引导、规范、保障和约束；而市场经济需要以权利为核心的、具有极大权威和独立运行机制的法律制度。其次，以德治国同样是建立社会主义市场经济体制的客观需要。社会主义市场经济体制的建立极大地促进了新的道德观念的生成与确立。然而，在社会主义市场经济体制的建立过程中社会道德领域中也出现了一些不容忽视的偏向，这就是非道德主义与反道德主义现象。大力弘扬与社会主义市场经济相适应的道德观念，以德治国，有效抵制非道德主义、反道德主义现象的消极影响，才能减轻我国社会变革付出的物质、精神方面的代价，更好地促进社会主义市场经济体制的建立和现代化建设的实现。

第二，依法治国和以德治国相结合是由法律与道德具有同一性决定的。法律是道德的制度体现，道德是法律的精神基础。建设社会主义法治国家过程中，法治和德治的这种同一性主要表现在四个方面：首先，从法律规范的来源看，道德是法律的基础。法律规范必须有道德基础，任何社会离开了一定的道德规范，法律制度的建立和完善就失去了自身基础和自身价值的合理性。其次，从执政党的执政基础来说，宪法和法律是其执政地位的合法性依据，而全心全意为人民服务的宗旨是其取得并巩固执政地位的道德前提。再次，从领导干部和国家公务员的行政行为来说，宪法和法律是其行政行为的根据，而道德则起补充作用。讲“吏治”要靠制度规范，也要靠勤政为民的道德培养。最后，从社会功能来说，法治与德治功能互补。法治的社会功能是维护社会的公正和秩序，德治的社会功能是在此基础上引导民众追求更高的道德境界。没有法治，社会就不可能有公正和秩序，而没有公正和秩序，更高的道德要求就只是一句空话。当然，只有公正和秩序的社会还不是理想的社会，因此还应在此基础上辅之以德治，通过道德示范和道德教化使民众有更高的道德要求，从约束性规范上升到劝导性规范和超越性规范。因此，随着我国社会主义市场经济体制的初步形成和现代化建设实践的不断发展，为了实现社会主义法治国家的目标，依法治国和以德治国两种手段相结合更显得紧迫和必要。

2. 司法改革与制度创新

法律制度的作用在稳固改革成果扩大改革成果。制度建设更带有根本性、全局性、稳定性和长期性，是理论创新走向实践创新的重要保障。十六大报告的一个特色是，对机制、体制的改革，都十分强调加强制度建设，以制度建设作保障，促使改革的实施，巩固和发展改革的成果。

我国法治体系的构建需要循序渐进地不断进行司法改革，以制度稳固改革成果，在取得阶段性成果的基础上争取更大的胜利。例如，如何从制度上保证审判机关和检察机关依法独立公正地行使审判权和检察权，逐步实现司法审判和检察同司法行政事务相分离，克服地方化、行政化倾向，加强对司法工作的监督，遏制司法领域中的腐败，达到“在全社会实现公平和正义”的改革目标。比如说，北京市检察机关借鉴英美法系国家的辩诉交易程序的积极因素，改革我国的刑事审判程序，实行普通程序简易审、简易程序扩大化，先在海淀区检察院和海淀法院试行，最后在北京市检察系统和法院系统推广。这种体制改革以制度不断完善为目标，最终能实现法治体系的全面构建与完善。

改革是有重点、有侧重的，我们的法治体系改革主要侧重在强调法治的观念。从具体的制度上重建公众对法律制度的信赖与忠诚，重树党和政府在人民群众中的形象，重在保障对社会主义市场经济秩序的维护，对人民群众根本利益的保障。因此，我们的司法改革应当适应社会主义市场经济发展、社会全面进步和加入世贸组织的新形势。同时，我们的司法改革不能不顾全面工作，必须在进行司法改革的同时，加强立法工作，提高立法质量，到2010年形成中国特色社会主义法律体系。坚持法律面前人人平等。加强对执法活动的监督，推进依法行政，维护司法公正，提高执法水平，确保法律的严格实施。维护法制的统一和尊严，防止和克服地方和部门的保护主义。拓展和规范法律服务，积极开展法律援助。加强法制宣传教育，提高全民法律素质，尤其要增强公职人员的法治观念和依法办事能力。

3. 党的领导与司法独立

说到司法改革，必定会涉及到司法独立的问题。这是民主宪政体系中的重要一环。我国没有实行三权分立，而是采取议行合一的人民代表大会制度。司法独立要不要党的领导，在西方搞两党制、多党制，要求司法独立于政党之外。然而，这并不适合我国的国情。历史选择了中国共产党，选择了人民代表大会制度。

中国共产党领导下的各民主党派参政议政的政党制度要求中国共产党从思想、政治、组织上领导司法机关，但并不干涉司法机关具体业务工作。党通过制定大政方针，提出立法建议，推荐重要干部，进行思想宣传，发挥党组织和党员的作用，坚持依法执政，实施党对国家和社会的领导。党委在同级各种组织中发挥领导核心作用，集中精力抓好大事，支持各方独立负责、步调一致地开展工作。党在宪法和法律的范围内开展自己的工作，领导司法机关开展各项司法工作，从政治方向上引导司法机关实施司法改革实现司法独立。司法机关严格按照公正司法和严格执法的要求，完善自身机构设置、职权划分和管理制度，进一步健全权责明确、相互配合、相互制约、高效运行的司法体制。改革司法机关的工作机制和人财物管理体制，逐步实现司法审判和检察同司法行政事务相分离。加强对司法工作的监督，惩治司法领域中的腐败。

归结我国现阶段的法治建设，一言以蔽之，即全面落实依法治国的基本方略，弘扬具有鲜明时代特色的法治文明。

三、政治文明与法治文明

全面建设小康社会中，政治文明与法治文明是两项重要内容。小康社会崇尚政治文明，崇尚法治文明。加强社会主义法制建设是保障社会主义市场经济建设和改革开放的需要，是建设社会主义民主政治的需要，也是维护社会稳定的需求。政治文明与法治精神二者相辅相成，缺一不可。

（一）全面建设小康社会中的政治文明与法治文明

全面建设小康不仅是物质生活方面的要求，还包含了社会主义民主与法制，全民族的思想道德、科学文化素质和健康素质，可持续发展能力，生态环境等方面内容，体现了时代的进步和最广大人民的新要求。共同富裕是社会主义区别于资本主义和历史上其他社会形态最根本的特征，而全面建设小康把这一特征具体化。

全面建设小康社会的政治目标是社会主义民主政治，应当由政治文明建设来完成。邓小平同志在 1984 年 10 月 6 日谈到实现四个现代化的宏伟目标和根本政策时就从“政治角度”论述了社会主义现代化建设“三步走”的战略目标。① 这说明，社会主义现代化建设的战略目标本身就是一个政治问题。江泽民同志在“5·31”讲话中谈到党和国家在新世纪的奋斗目标时说，经过全党和全国各族人民二十多年的艰苦努力，我们胜利实现了现代化建设“三步走”战略的第一、第二步目标。② 当前，我国进入了全面建设小康社会，加快推进社会主义现代化的新的发展阶段。这是我们实现第三步目标的重要战略时期。建设社会主义民主政治是社会发展的一个子系统，社会是一个有机整体，文明是一个社会体系。在社会文明体系的内部构成要素中，每一个文明子系统都是不可或缺的，它们共同衡量社会的进步状态和开化程度。政治文明建设是经济建设中心能否得到坚持，坚持得好不好的关键。

全面建设小康的法治目标是社会主义民主法制的完善。具有中国特色的社会主义法治体系是全面建设小康社会的法治保障。从市场经济发达国家的经历来看，市场经济秩序的建立和完善与市场的历史一样久远，随着市场经济的发展变化不断处于变动完善之中。市场经济秩序的维护靠的是法治，民主政治的建设靠的同样是法治。市场经济

---

① 《邓小平文选》，第 3 卷，人民出版社 1993 年版，第 64 页。

② 江泽民：《在中央党校省部级干部进修班毕业典礼上的重要讲话》（2002 年 5 月 31 日）。

秩序的建立，是一个伴随着市场经济法制化的渐进过程。保证市场有序运行的基本制度应以立法的形式确立，其中包括保护产权和契约的法规，市场进入和退出规则的法规，市场交易产品质量以及规范市场主体交易行为、维护市场公平竞争的法律法规等。政治文明建设中，只有依靠法制才能提高党和政府的执政能力与执政水平。法治是一个目标，更作为一种精神融汇在各项文明建设中。

（二）政治文明与法治精神的互动

1. 政治文明必然是法治文明

政治文明的内涵可以表达为：一是政治民主化。就是要使人民群众能够享有参政议政权利，真正成为国家和社会的主人，通过各种途径和方式去参与国家事务和社会事务的管理。当前推进政治民主化进程，不仅要推进党的建设，提高党的领导水平和执政能力，还要发展人民民主，保障人民当家作主的权利。二是政治法治化。就是要落实依法治国方略，建设社会主义法制国家。要根据法治精神和法治原则，构筑建立在尊重人的人格、尊严和自由基础上的社会主义法律体系，明确社会主义公民在法律中的政治主体地位，规范各种政治行为，保障政治活动依法进行，形成良好的法治环境。三是政治科学化。人类的政治文明史已证明，政治民主化的进程与政治科学化的进程是同步的。没有政治的民主化，就不会有政治的科学化；同样，没有政治的科学化，政治的民主化也就偏离正确的方向。实现政治科学化必须科学地配置政府机构，合理设置政府公共职能；必须加强科学决策，建立一整套科学管理、科学论证、科学运作的程序和方式；必须加强对政府管理人员的科学培训，以提高其管理素质。四是提高政治透明度。增强政治生活的清晰度，彻底清除政治的封闭性和神秘色彩。要通过各种途径，让广大人民群众能够了解政治决策、政治管理、政治运作的整个过程，更好地参政议政，建立一整套制约政治权力的监督机制，杜绝腐败和政治权力异化的发生。

政治文明要求实现政治理性。政治文明重在政治民主化与政治法治化。解决这两个问题，其他两个问题迎刃而解。从某种意义上讲，法治是一种理念，一种治理模式，它融化在现代化建设的方方面面。改革开放 20 多年，特别是近 13 年来，民主法制建设不断取得进展，

“民告官”制度、国家赔偿制度、立法法治化、依法行政、司法进步，直到依法治国写进宪法。有人讲，20世纪90年代，中国进入了一个政治上更为文明的时代，其最鲜明的标志就是中国政治的法治化。江泽民同志在2001年全国宣传部长会议上曾明确指出，法治属于政治建设，属于政治文明。十六大报告和2003年的政府工作报告都将民主政治建设和民主法制建设放在一起进行讨论，形成共识，说明法治精神成为现代政治文明的标志。可以这么说，现代政治文明必然是法治文明。

法治是民主政治的保障。人民民主权利，人民参政议政都需要完善的法律来保障。现代民主政治否定了国家至上的原则，确立了人民主权原则。法治社会条件下，人民是国家的主人，是法治的主体。人民通过科学分工的各级国家机构和各式各类的社会团体来行使自己的民主权利，维护自己的利益。人民权利的至高无上地位的巩固，公民合法权力的行使都由宪法和法律来保障，一旦公民合法的权利受到侵害，侵害者应受到法律的追究。法律规范约束公权力——国家权力的行使。一切国家机关的权力都来自于人民，是人民主权，从形式上看，一切权力的获得必须由法律予以规范和确认。权力的限制是现代民主宪政理论的重要内容。从理论上讲，权力客观上存在着易腐性、扩张性以及对公民权力的侵犯性，因此，必须对权力进行约束和监督，法律的功能正在于通过立法明确各权力主体的职能范围，通过司法对不公正、不合理、不合法等权力行为加以校正；通过宪法审查监督约束国家机关决策权。因此，法治精神应当在政治文明中一以贯之。

2. 法治文明以政治文明为前提

政治文明是一种政治理性。政治理性依赖于政治制度化。法治文明作为全面建设小康社会的一项目标，与物质文明、政治文明和精神文明紧密相连。依法治国是执政党领导人民治理国家的基本方略，是政治文明的保障，也是政治文明实现的基本途径。反过来，法治文明的贯彻和实现又以政治文明为前提。将依法治国与执政党的政治领导、人民当家作主相提并论和有机联系，是对法治地位和作用认识的深化和发展，有助于从政治的高度看待法治，有助于政治文明的继续进步和发展。完善的民主制度是实现法治国家目标的前提和基础。法治是法制与民主的有机结合，只有在民主政治的基础上才有法治。

我国是人民当家作主的社会主义国家，社会主义民主制度的建立和完善，为民主与法制的结合，建立法治国家奠定了坚实的基础，开辟了广阔的前景。民主政治中，最广泛的代表最广大人民根本利益的民主制度是保证法律人民性的重要前提。我国全国人民代表大会制度能真实地反映广大人民群众的根本利益和共同意志，有助于保证法律的人民性。民主政治中，民主程序是完善法律的基本保障。民主政治是一种程序政治，它要求各政治主体必须依照既定的规则和程序参与政治活动。民主政治是保障法律权威的基础。法律的至上权威性是法治国家的重要标志。民主政治为法律的民意性提供基础，法律在民主基础上，经过民主程序产生的，是代表多数人的意志利益的，能够得到一体遵行故具有至上的权威性。一言以蔽之，民主政治是法治文明的前提条件。

3. 处理好党和政府与法的关系

邓小平同志指出："为了保障人民民主，必须加强法制，必须使民主制度化、法律化，使这种制度和法律不因领导人的改变而改变，不因领导人的看法和注意力的改变而改变。"① 党和政府如何在法律与行政之间实现平衡，如何处理一些诸如"党大还是法大"的问题，是我们在今后工作中所要解决的。

以江泽民同志为代表的党的第三代领导集体全面继承和发展了邓小平同志建设有中国特色社会主义法治国家的思想，把法治国家的主张提到治国方略的高度来认识和肯定，并在八届全国人大四次会议通过的政府工作报告、"九五"计划和 2010 年远景规划中进行了充分的阐述。胡锦涛同志在 2002 年年末的宪法 20 周年纪念会上，一再强调"党在宪法和法律范围内活动"的原则。党和政府只有在宪法和法律范围内活动，才能更有效地推动各项行政，才能更有效地建设社会主义民主政治，推进社会主义法治建设。反对以党代政，反对以权干法，才能更好地维护党和政府的威信和形象，树立法律的权威，既搞好民主法制建设，又搞好民主政治建设。

---

① 《邓小平文选》，第 2 卷，人民出版社 1994 年版，第 146 页。

四、如何推进贵州省法治文明与政治文明

贵州是一个资源丰富，山川秀丽，气候宜人的内陆山区省份。经济不发达，文化相对落后，在历史上属于蛮荒地区。如何在贵州省建设政治文明与法治文明，拟从八个方面入手，具体加以解决。

（一）以经济建设为中心，切实提高贵州人民生活水平

经济建设作为各项工作中心，是党和政府自改革开放以来确立的基本路线。贵州省的政治文明建设与法治建设应当以经济建设为中心，结合省情，准确定位，发挥特色，重在扎扎实实地提高人民生活水平。我省应当发挥自己的优势，有所作为。贵州省具有丰富的能源矿产资源、生物资源，森林覆盖率高，具有独特的地形地貌，适宜于发展能源业、矿产业、旅游业等。

一是能源业与矿产业。独特的地质环境造就了贵州丰富的能源矿产资源。全省水能蕴藏量1 874.5万千瓦，列全国第六位，可开发量1 683.3万千瓦，占全国总量的4.4%。贵州素以“江南煤海”著称，预测资源量2 400多亿吨，保有储量528.6亿吨，超过江南12个省（市、区）的总和，排全国第五位。能源资源开发成本低和水煤结合形成的优势，使贵州成为“西电东送”的重点省份之一。贵州矿产资源富集。已发现矿产110多种，有76种探明了储量，有41种矿产保有储量列全国前10位，其中居1～5位的达28种，居前3位的有21种。铝土矿质佳量大，保有储量3.95亿吨，占全国总量的17.2%，列全国第2位。富磷矿甲冠中华，储量占全国富磷矿总量的44%。全国1/3的重晶石集中在贵州，为建成亚洲最大的钡盐基地提供了资源保证。金矿列居全国第10位，成为新崛起的黄金生产基地。丰富的能源资源与矿产资源组合在一起，为发展原材料工业奠定了基础。但是，需要引起注意的是，能源矿产业的发展不能破坏生态环境，应当注意可持续发展。

二是旅游业。贵州地处云贵高原的东斜坡，地势西高东低，山地和丘陵面积占全省总面积的92.5%，其中喀斯特地貌面积达73%，是世界岩溶地貌发育最典型的地区之一，全省平均海拔1 100米左

右。贵州属亚热带湿润季风气候区，年均气温15℃左右，年无霜期270天左右，年降水量1 100～1 300毫米，境内冬无严寒，夏无酷暑，气候温暖湿润，热量丰富，雨热同期，适宜多种生物生长，是理想的避暑胜地。

三是绿色产业。贵州的独特气候和土壤条件，致使贵州生物资源种类繁多。全省共有野生植物3 800多种，其中经济植物600余种，可供食用的有500多种；野生动物1 000多种。列入国家保护的珍稀濒危动、植物达155种，其中珍稀动物85种，列为一级保护的有黔金丝猴、黑叶猴、华南虎、黑颈鹤等14种；珍稀植物有70种，银杉、秃杉、珙桐、桫椤等为一级保护植物。有药用植物3 900多种，药用动物289种，是中国著名的四大中药材产区之一，天麻、杜仲、吴萸、石斛、黄莲等在海内外享有盛誉。贵州素有"宜林山国"之称，全省森林面积6 778万公顷，覆盖率达30.83%。丰富的生物资源为贵州发展生物制药业、特色食品等绿色产业提供了良好的资源条件。

（二）完善立法与司法，实施依法治省方略

根据十届全国人大政府工作报告总结：贯彻依法治国基本方略，坚持依法行政，政府法制建设进程加快。五年间，国务院提出法律议案50件，颁布行政法规150件；适应发展社会主义市场经济和加入世贸组织的要求，对2000年底以前发布的756件行政法规进行全面清理，废止71件，宣布失效80件。国务院各部门共清理涉外规章和有关政策规定2 300件，废止830件，修订325件。普法宣传教育深入进行，公民的法制观念增强。社会法制化管理水平不断提高。强化行政监察、审计和经济监督，在推进依法行政、反腐倡廉和查处大案要案等方面发挥了重要作用。各省、自治区、直辖市在依法治国方略下启动依法治理的模式。例如重庆市1999年为强化领导干部学法，采取法律考试不及格不予任命的方式。重庆市的领导学法制度包括：(1)领导干部学法责任制，将学法内容纳入各级法制建设目标考核中，年终检查，若领导干部未达到要求，视为该地或该单位普法不合格；(2)领导干部学法日制，每月必须保证一天集中学法，各级领导干部必须参加；(3)任命干部法律考试制，凡拟任命人员考试不

及格者一律不予任命；（4）普法述职制，各部门、各单位第一把手在年终要向党委法制建设领导小组进行有关本系统、本部门学习法律情况的专题述职，不述职或不称职者，将受到不同程度的处理；（5）统一考试制，领导干部学法考试成绩进入个人档案，作为干部提拔的考核依据之一。1999 年，重庆全市有 75 000 多名各级领导干部参加统一考试，市级、厅级和县处级领导干部参考率分别达到 85%、96% 和 99%。

贵州省在省委书记钱运录、省长石秀诗同志的领导下，加大依法治省方略的实施。2003 年贵州省政府工作报告中指出：5 年内，认真落实依法治省的各项措施，提请省人大常委会制定发布地方性法规 31 件，制定发布行政规章 32 件；完成了“三五”普法教育，全面启动实施“四五”普法计划。防范并依法严厉打击“法轮功”等邪教组织的违法犯罪活动，深入开展严打整治斗争和禁毒工作，社会治安综合治理力度加大。加强基层民主建设，在全省推行了政务、村务和厂务公开。认真落实从源头上治理腐败的各项措施，反腐败斗争和廉政建设取得一定的成绩。这种成效是明显的，取得的成果是显著的。为使依法治省方略深入贯彻，我们尚需要做出进一步的努力：一是进一步提高对依法治省重要性的认识。二是加快制定和完善有关地方行政法律、法规建设。三是加大执法力度，关键是要努力建设一支高素质的行政执法队伍，建立起科学合理、运行有效的行政执法体制。四是消除执法中的腐败现象，纠正本位主义和地方主义。五是采取各种形式监督依法治省方略的实施。六是切实转变政府职能，转变行政工作人员的思维方式和工作方式。七是加强行政诉讼的功能。八是加强对全民的法制宣传工作，提高全社会的民主与法律意识。

（三）关心民间疾苦，关注弱势力量

发展是执政兴国第一要务。贵州省的人均 GDP 远低于全国人均水平，属于落后地区。扶贫问题在贵州表现特别突出。石秀诗省长在 2003 年政府工作报告中指出：五年累计投入各类扶贫资金 101.5 亿元，48 个国定贫困县整体越过温饱线，农村贫困人口从 1997 年的 789 万人减少到 2002 年的 300 万人左右，基本解决大多数农村贫困人口的温饱问题。但毋庸讳言的是，贵州省许多地区相比东部来说，还

是处于一种非常贫穷的状况，甚至在某些地方还存在饮水难的问题。民主政治要求重视人民群众的呼声，对社会弱势力量给予更多关注。但在贵州这样一个落后的内地山区省份如何有所作为呢？如何改变这种底子薄的现状？我个人认为：一是加强与东部城市的联系，争取东西合作，利用东部的资金结合我省的资源条件，形成新的经济增长点。同时，在收入增长的同时，采用税收等防止两极分化、贫富悬殊，实现共同富裕。二是切实抓好扶贫、费改税等工作，关注社会弱势群体。党和政府创造条件为弱势群体提供素质教育，节省各项政府开支，帮助农户实现由“输血”扶贫到“造血”扶贫的转变。三是做好“两个确保”和“低保”工作，完善社会保障体系。在国有企业改革进程中，解决国有企业职工的下岗再就业问题，严格控制失业率，形成良好的市场就业机制。

（四）适应民族地区情况，促进民族政策实施

贵州省是一个多民族地区，辖 9 个市（州、地），即贵阳、六盘水、遵义、安顺 4 个市，黔东南、黔南、黔西南 3 个民族自治州，毕节、铜仁 2 个地区；共有 87 个县（市、区），包括 9 个县级市、56 个县、11 个自治县、2 个特区、9 个市辖区。全省有汉、苗、布依、侗、土家、彝、仡佬、水等 49 个民族，少数民族人口占全省总人口的 37.85%。这种多民族的状况为我们建设民主政治、法治文明带来新的课题。

民族区域自治制度是我国的一项基本政治制度。各民族大杂居、小聚居的现状是民族区域自治制度的现实根据。根据宪法第 4 条的规定，中华人民共和国各民族一律平等。国家保障各少数民族的合法的权利和利益，维护和发展各民族的平等、团结、互助关系。禁止对任何民族的歧视和压迫，禁止破坏民族团结和制造民族分裂的行为。国家根据各少数民族的特点和需要，帮助各少数民族地区加速经济和文化的发展。各少数民族聚居的地方实行区域自治，设立自治机关，行使自治权。各民族自治地方都是中华人民共和国不可分离的部分。各民族都有使用和发展自己的语言文字的自由，都有保持或者改革自己的风俗习惯的自由。我省的少数民族地区必须注意到结合本地区的民族情况，遵照国家宪法和民族区域自治法的规定，保障各民族人民平

等团结的共同生活，落实党和政府的各项民族政策。这是我们在民族地区进行民主政治建设所应当特别关注的问题。

民族区域自治要求少数民族地区法制建设应当考虑到少数民族的风俗习惯和文化传统。这里有一个民族习惯法的问题。习惯法应当是在国家法的统一实施下针对特定地区施行的。国家法强调集中统一，具有自上而下的特征，而习惯法表现出分散与不系统，是由下而上发展的；国家法突出对国家权威、政府权威，特别是中央政府权威的维护，而习惯法更关注个人或群体的自我利益的保护；国家法主要从宏观上对社会事务、国家事务进行控制和规范，习惯法则与民众日常的事务、身边的劳作生活紧密相关。因此，国家法与习惯法虽有其一致的一面，但在价值指向、作用规范等方面存在差异、对立乃至矛盾、冲突。习惯法可能对国家法起维护、保障的作用，也可能起妨碍、削弱的作用。民族习惯法与一个民族的传统风俗、文化习惯有着密不可分的联系，比如在某些地方的“抢亲”行为，都是民族习惯使然。在民族地区建设法治文明应当关注当地情况，根据宪法和民族区域自治法及时制定各项自治条例、单行条例和变通或补充办法，根据民族风俗习惯和传统文化，变通执行相关法律，促进民族地区的法治文明。

（五）依法行政，确定行政设权与限权

政治决策的民主化、科学化和公开化是民主政治的重要要求。依法行政要求政府机关转变政府职能，同时立法上对公共权力予以限制。依法行政既是建设法治文明的要求，也是建设政治文明的要求。提高依法行政水平是我国完善社会主义市场经济体制的必然要求。依法行政要求行政机关坚持法律至上的原则，在宪法和法律的范围内行使行政权力和承担责任，以实现管理国家的职能，保护公民的合法权益。依法行政水平可以更好地促进社会主义市场经济体制的发展和完善，是我国适应和应对世界贸易组织（WTO）的必然要求。WTO 务实灵活地规定了规则的诸多“例外”和“保障措施”。这就促使各成员政府不但要充分了解和掌握 WTO 的法律规定，以便于千方百计地利用 WTO 的法律制度去约束其他成员，同时尽可能地利用 WTO 法律制度的例外条款和保障措施的合法空间，趋利避害，为自己争取利

益，合法缓解规则对自身的约束。

应当说，我国的行政法治工作获得了巨大进展。行政诉讼法、国家公务员暂行条例、国家赔偿法、行政监察法、行政复议法、行政处罚法均顺利出台且运行良好。贵州省的行政法治工作在省委和省政府的领导下也是进展迅速。但是基于省情的认识，我省依法行政工作存在相互重叠和“打架”的实际问题还应给予有效的解决，坚决克服在行政立法过程中的地方保护主义和部门保护主义的倾向，行政程序立法工作也有待跟上。

我以为，我们进一步的工作是：第一，普遍提高人们的法治意识，在全社会树立“法大于权”的观念。尤其对于某些行政人员缺乏法律知识，法治意识不强，法制观念淡薄，致使在行政工作中不能做到严格依法办事，损害了法律的严肃性和公正性，同时损害党和政府的形象。领导干部的依法行政具有示范效应，现阶段应当加强法律工具意识，使他们自觉主动地把法律作为手段来规范自身的行政行为，改变以往那种只知按政策办事、按领导指示办事却忽视依法办事的工作方式，养成依照国内法行政、依照国际法办事的工作方式。依法行政是方略，是省委和省政府本着从人民利益出发的考虑而制定的，实现法律治理模式，是一种制度化，它不能演化为电影《没事偷着乐》里的“你不依法我就治你”。第二，加强对依法行政的监督制约。现代社会，行政部门无论是在机构规模、人员数量，还是管辖范围、权力分量方面都是其他国家机关难以比拟的。处理好行政权力的确定与限制非常重要。部分国家行政工作人员借助国家权力侵犯公民人身权、财产权的行为将导致党和政府形象的损害。因此，必须以法律、制度来规范行政人员的行政行为。只有对权力进行制约，才能防止权力的滥用与扩张，才能实现法治社会对社会公正的基本要求，也才能保障公民权利的实现。对依法行政的监督还需要适度的舆论约束，即通过新闻媒体倡导依法行政，揭露违法行政、粗暴行政的现象。形成对依法行政的有效监督还必须发挥群众对国家行政人员的直接监督。群众直接因某些事件的处理与行政机关发生关系，行政机关的处理结果直接影响到群众的切身利益。保证群众直接监督依法行政的关键在三个方面：一是拓宽监督渠道，建立健全信访、举报制度、选举制度和民主评议等制度，使群众充分行使民主监督的权利；二是要实行政务公开，保证群众对行政处理的知情权；三是严肃查处侵犯群众民主监督权益的行为，奖励举报人员，切实做到依法行政。

（六）严厉打击黑恶势力，加大反腐力度

保持社会稳定是从以邓小平同志为核心的第二代领导集体就一直强调的问题，以江泽民同志为核心的第三代领导集体和以胡锦涛同志为核心的第四代领导集体也一再强调稳定是发展的基石。黑恶势力与腐败现象是威胁我国现阶段社会稳定的两大隐患，建设政治文明与法治文明必须关注并且克服这两大隐患。

黑恶势力是通常意义上说的，从法律上定义即黑社会性质组织。现阶段，我国黑恶势力一般表现为六种类型：一是地霸型，主要出现在农村或小城镇，如20世纪“90年代恶霸”禹作敏，又如山东省微山县留庄乡一村党支部书记李修文采取欺骗、赖账、强行收费等非法手段聚敛黑钱近千万元，公开声称：“留庄的天是我的天，留庄的地是我的地，留庄的水是我的水。”二是欺行霸市型。这是最普遍的黑恶势力类型，几乎遍及全国城乡。三是劫匪型。这类黑恶势力表面上和一般的盗窃、抢劫团伙相似，如公安部挂号的张君、陈世清等抢劫多人，杀人多起，号称“2000年共和国第一刑事大案”。四是打手型。一般没有经济实体，以替人讨债、绑架、报复等为职业，以残暴的行为为代价，受雇于人获得高额回报，积累犯罪资本。五是高利放债型。如广西梧州的张树林自称“宋江”，开了一家“及时雨当行”，并以此为据点建立了一个庞大的黑帮组织，暴力追债作案34起，砍伤16人。六是走私贩毒型。毋庸讳言，六种类型的黑恶势力在贵州都不同程度地存在，他们严重地影响了贵州法制建设，而一般而言，黑恶势力在获得一定经济利益之后会主动与一些腐败官员勾结，寻求保护伞。这样，扫黑除恶行动与法治建设和政治文明建设经济联系起来。我以为，对于黑恶势力应当从两个方面下手：首先打掉黑恶势力的保护伞，对庇护黑恶势力的政府官员要毫不犹豫的查处；然后，对黑恶势力采取司法力量予以介入。

正如中央一再强调的，腐败问题关系到党和国家的生死存亡。以厦门走私大案为例，首批25起案件一审判决84人，涉及厦门海关关长、福建省公安厅副厅长、厦门市副市长、中国工商银行厦门市分行

行长，乃至原公安部某副部长等。腐败问题已经引起人们的普遍忧虑，人民网在调查民意时腐败高居首位，可见人民群众对这一问题的关注程度。贵州省是一个贫穷的省份，任由贪官随意挥霍国家财产，更是对党和政府的形象、人民利益的损害。我以为，查处腐败问题需要着重于三个方面：一是思想政治建设，加强和改进党的作风建设，党要管党要治党，长期执政使我们产生麻痹思想，党员干部的世界观、人生观、价值观问题受不住权力、金钱、美色的考验，败下阵来。这方面，需要通过加强以德治国和“三个代表”重要思想的教育，对党员干部进行系统的思想政治教育。二是加大对腐败分子的查处力度，通过打击一个挽救一批、警示一批。反腐败的法律和运行机制存在欠缺，打击力度因为各方面的因素有所减弱，打击对象上常被群众称为“打苍蝇放老虎”，这种局面需要改变。三是从制度上建设防止腐败的堤坝，即从源头上预防和治理腐败。具体包括：（1）改革行政审批制度，规范行政审批权力。这一措施旨在减少政府和行业对市场不必要的干预，减少寻租的源头。为适应入世和依法行政的需要，国务院已经对行政审批的项目一减再减，我省已经遵照中央的指示办理，且成效显著。仍然存在的行政审批项目能否适应我们的省情再做减少，为西部开发振兴贵州着想这种趋势是有必要的。（2）消除部门和行业的垄断行为，加强人民群众的监督。必须明确规定部门的责任，规范部门的行为，防止越权和滥用权力；坚持公开性，增强透明度，公开部门办事原则、办事程序和办事结果，将部门行为置于舆论和人民群众的广泛监督之下；把部门收支纳入统一的财政预算，执行统一的分配机制，严格实行“收支两条线”管理；进一步加大清理乱收费的力度，彻底堵死部门私自创收渠道，取缔私下的福利补贴，取消各单位的“小金库”。只有通过严厉打击黑恶势力、坚决惩治与防范腐败现象，才能为贵州省的法治建设和政治文明建设赢得稳定的环境。

（七）推进政治体制改革，倡导廉政勤政

建设社会主义政治文明，必须继续推进政治体制改革，通过改革，巩固和完善我国的社会主义政治制度。政治体制改革的成败关系到政治文明建设的成败，也关系到法治文明建设能否继续进行。因

为，作为主导的政治体制改革会直接影响到司法体制改革，也会影响到整个改革的全局与整体。

推进政治体制改革，似乎是中央政府的事情。但并不尽然。在中国这样一个行政机构庞大而复杂的环境下，政治体制改革都是事先在地方先试点，待取得成效后再进一步推广的。贵州作为西部的一个重要省份，具有与其他省份不同的特征，比如说：经济落后、文化素质不高、多民族地区。种种因素决定贵州应当探索政治体制改革的路径，既为今后落实党中央、国务院政治体制改革提供基础，又为正在探索中的政治体制改革提供检验，供中央决策考虑。因此，贵州省可以考虑在某些市、州、县适应当地的民情作改革的试点。

政治体制改革的方向是廉政勤政，高效行政。无论是作风建设还是制度建设，都应当在加强党的领导下进行，以廉政勤政、高效行政为努力的标准。针对贵州的省情，我们必须建立一种激励机制，主要包括三个方面：一是政治利益机制。对廉政勤政突出者要给予政治荣誉、精神褒扬、职务晋升。二是经济利益机制。要根据我国国情推行高薪养廉制，对勤政者给予适当奖金、年假等。三是加大腐败成本，以利益的顾忌制约以权谋私等不廉政的行为。政治体制改革是一项艰巨而又复杂的任务，其成败与否关系到国家的前途和人民的命运。它是一个循序渐进、逐步发展的过程。我们应当以廉政勤政为标准来衡量政治体制改革的成功与否。

（八）加大引资引智力度，规范开发贵州

西部大开发战略是党中央和政府建设小康社会、实现共同富裕的宏伟构想。贵州处于西部开发的前沿，应当在西部大开发中发挥自身的优势。建设贵州的政治文明和法治文明，应当从规范开发贵州着眼，营造一个有力的投资环境，创造一个人才向往和人才成长的环境。

从区域经济发展来看，珠江三角洲地区发展得快的主要原因是资本特别是港澳地区资本的流入。西部大开发只有大量资本流入，才会有开发的加速。短期内，资金大量流入的时机尚不成熟，爆发式的资金流入更不可能。因此，西部地区更应注重自身整体投资环境的建

设，打好基础，造就资本流入和流动的条件。有句话说——筑巢引凤。开发振兴贵州首先应当是营造一个良好的投资环境。首先，应当通过制度安排和政策制定来打造新的经济增长“点”。这些“点”的选择应结合贵州的省情和资本的要求进行，我们应当选择一些具有较大的投入产出比，具有较强的产业关联度和经济带动力、有利于提高资源特别是劳动力资源利用率的大项目，通过引入资本给资本一定的回报来进行。其次，通过法律、政策创造合理的分配机制，为资金安全和一定的回报提供保障，例如，投资补贴政策。对符合一定条件的外商和区外企业提供一定比例的投资补贴，目的在于通过政府补贴将欠发达地区的资本利润率提高到接近发达地区或者全国的平均水平。如果没有这种补贴，追求利润最大化的社会民间资本一般不会到欠发达地区投资的。很明显，实行企业投资补贴政策，可以充分发挥市场机制的作用，用很少一部分资金引导大量的社会闲散资金，来加快西部欠发达地区的开发。

引智的问题，是培养人才招揽人才的问题。未来的竞争，是人才的竞争。西部开发，需要各方面的人才，包括经济、政治、法律、文化等等。目前，存在的问题是“孔雀东南飞”现象，如何“筑巢引凤”，使贵州成为人才向往的地方。我认为有几点：一是给人才优厚的待遇，使人才在贵州发展没有后顾之忧；这是“请进来”，即招揽人才的渠道。二是自己培养人才，对本地的有潜力的人才送出去培养，学习经验，开阔视野，这是“走出去”，即培养本土人才。三是为人才去留提供一个良好的渠道。“不为所有，但为所用”应当成为现代的人才观念。人才市场是全流通的，留人贵在留住心。人事关系在不在贵州没有关系，只要他们能够为贵州作一份贡献。我们要为人才形成一个宽松的环境，引导“孔雀贵州飞”。这也是政治文明建设中政府应当承担的一个角色。

西部大开发的法治环境之构建问题，我曾经受国家民委民族问题研究中心之委托和贵州省省长基金的资助，进行过相关的课题研究。课题成果汇集为两本书，即《西部大开发中的法律保障》和《国外开发欠发达地区法律法规汇编》（民族出版社 2001 年版）。我们提出西部大开发中应当秉着法律与政策的二元作用，在党和政府的组织协调下，营造一个有利的开发环境。贵州是西部重镇，西部大开发战略的实施应当注重以法律和政策二元带动，促进三大文明的一体推进和全面建设小康社会的早日实现。

（本文曾提交2003年7月30日召开的“贵州省学习贯彻‘三个代表’重要思想研讨会”，并为中共贵州省委组织部研究室主任、地区组织部长培训班授课讲稿。摘要以《论全面小康社会中的政治文明与法治文明的互动》一文收入《新世纪的伟大旗帜——贵州省学习贯彻“三个代表”重要思想理论研讨会论文集》，贵州人民出版社2003年10月版）

2004 年宪法修改与中国宪政展望

2004 年 3 月 14 日，十届全国人大二次会议以高票通过新的宪法修正案。这是我国法学界的一件盛事，也是我国政治生活中的一件大事，更是我国宪政史上的一个里程碑。这次宪法修改体现了四个突出特点：一是民主性，宪法修改充分体现人民民主，广泛地听取了各方面的意见；二是程序性，宪法修改严格依照法律进行，党中央遵循宪法惯例提出修宪建议、全国人大常委会讨论宪法修正案草案、宪法修正案草案审议通过，都有严格的法律程序事先规定；三是与时俱进性。宪法作为一国的基本法应当保持稳定，但一个国家的经济、社会、文化处于不断变化之中，“世易时移，变法宜矣”。当我们的社会主义市场经济建设和三个文明建设发展到今天，当我们面临全面建设小康社会和社会主义现代化建设的新的任务时，宪法中的部分条文已经不能适应社会发展，从而需要变革。新的宪法修正案正是在此种背景下出台，其与时俱进的品格适应了社会发展规律，其根本本质代表着人民当家作主的性质。我想以宪法修正案文本为依据，剖析我国宪法修改的重大意义，联系中国从 1954 年来数次宪法修改情况，谈谈对我国宪法修改和宪政建设的若干体会。

一、2004 年修宪内容与特点

2004 年宪法修改的基本内容包括：确立“三个代表”重要思想在国家政治和社会生活中的指导地位；增加推动物质文明、政治文明和精神文明协调发展的内容；在统一战线的表述中增加社会主义事业的建设者；完善土地征用制度；进一步明确国家对发展非公有制经济的方针；完善对私有财产保护的规定；增加建立健全社会保障制度的规定；增加尊重和保障人权的规定；完善全国人民代表大会组成的规定；修改紧急状态的规定；完善国家主席职权的规定；修改乡镇政权任期的规定和增加对国歌的规定。这些修改涉及1982年宪法的14个条文，是1982年宪法颁行以来修改最多的一次。从基本内容来看，2004年宪法修改体现在六个方面：

第一，“三个代表”重要思想与政治文明入宪。“三个代表”重要思想是马克思主义在中国的最新成果，是面向21世纪的中国化的马克思主义。“三个代表”重要思想是富国之基、兴国之道、强国之本。“三个代表”重要思想与马列主义、毛泽东思想、邓小平理论是一脉相承的。“三个代表”重要思想载入宪法，反映了全国人民的共同意愿，体现了党的政策与人民意志的高度统一。政治文明入宪对于推动中国的政治体制改革、发展民主政治具有重要意义。宪法修改将“三个文明”协调发展的内容写进宪法，明确规定“推动物质文明、政治文明和精神文明协调发展”，以根本法的形式确认了党的十六大的重大理论创新成果和重大决策，将党的主张上升为全国人民最高的共同意志，及时地反映了社会主义经济发展和变化的要求。

第二，人权载入宪法。2004年的宪法修正案第33条增加一款，作为第三款：“国家尊重和保障人权”。这是我国历史上，人权第一次明确地载入宪法。表明我国宪法适应社会主义法制建设发展的要求，突出了人权保护的基本精神。人权入宪是中国人权发展的必然结果。尊重和保障人权，是我们党和政府一以贯之的主张和实践。中国共产党从成立之初就投身于为国家争主权，为人民争人权的斗争。宪法不仅规定国家尊重和保护人权，丰富了我国现行宪法有关公民宪法权利的基本内容，而且还强调了公民合法的私有财产受法律保护以及国家建立健全同经济发展水平相适应的社会保障制度，注重了从整体人权观念和具体权利形态两个方面来突出宪法作为根本法所应当具有的“以人为本”的人权保护理念，具有时代的进步性。

第三，非公有制经济的平等保护。宪法修改将宪法第11条第2款“国家保护个体经济、私营经济的合法的权利和利益。国家对个体经济、私营经济实行引导、监督和管理。”修改为：“国家保护个体经济、私营经济等非公有制经济的合法的权利和利益。国家鼓励、支持和引导非公有制经济的发展，并对非公有制经济依法实行监督和管理。”这一修改为市场经济的进一步发展，为市场经济的重要组成部分——非公有制经济的平等保护，提供了明确有力的宪法保障。这是对我国基本经济制度的内容所作的进一步完善。

第四，建立紧急状态制度。紧急状态制度是我们总结2003年抗击非典的经验教训，并借鉴国际上的普遍做法，制定的应对严重自然灾害、突发公共卫生事件、人为重大事故等紧急状态的法律制度。宪法修改将“戒严”改为“紧急状态”，将国家机关的紧急权力全面完整地纳入宪法的调整范围，规范了我国行使紧急权力的行为和应急反应机制，有利于强化国家机关依法行使紧急权力、维护国家法制的完整和统一，是对“依法治国、建设社会主义法治国家”治国方略的一个重要体现，同时与国际社会目前通行的紧急状态制度保持一致。

第五，人民代表大会制度的完善。人民代表大会制度是我国的根本政治制度，如何完善这一制度，理论界与实践界都提出了一些不同的建议。这次宪法修改对一些具体制度适应时代发展进行了完善和补充。首先是，完善全国人民代表大会组成的规定。宪法第59条第1款关于全国人民代表大会组成的规定中增加“特别行政区”，将这一款修改为：“全国人民代表大会由省、自治区、直辖市、特别行政区和军队选出的代表组成。各少数民族都应当有适当名额的代表。”在香港、澳门回归祖国后，进行这样的修改，符合全国人民代表大会组成的实际情况。其次是关于国家主席职权的规定。宪法第81条中“中华人民共和国主席代表中华人民共和国，接受外国使节”修改为“中华人民共和国主席代表中华人民共和国，进行国事活动，接受外国使节”。其三是关于修改乡镇政权任期的规定。宪法修改把乡、镇人大的任期由3年改为5年，将宪法第98条“省、直辖市、县、市、市辖区的人民代表大会每届任期五年。乡、民族乡、镇的人民代表大会每届任期三年。”修改为：“地方各级人民代表大会每届任期五年。”这样修改，各级人大任期一致，有利于协调各级经济社会发展规划、计划和人事安排。如此一来，从具体的制度上对人民代表大会制度进行了完善。

第六，明确国歌为《义勇军进行曲》。将宪法第四章的章名“国旗、国徽、首都”修改为“国旗、国歌、国徽、首都”；第136条中增加一款，作为第二款：“中华人民共和国国歌是《义勇军进行曲》。”赋予国歌的宪法地位，有利于维护国歌的权威性和稳定性，增强全国各族人民的国家认同感和国家荣誉感，进一步完善了我国的国家象征制度。

2004 年的宪法修改，既注重了宪法的稳定性又注重了宪法的发展性，它适应国家经济社会文化各方面的发展适时地对宪法所确立的基本国家制度和社会制度进行了必要的完善。宪法修改为我们贯彻实施“依法治国、建设社会主义法治国家”的治国方略，为我们建设社会主义市场经济和全面建设小康社会提供了坚实的法律基础。

二、2004 年宪法修改的重大意义

2004 年的宪法修改，是我国宪政发展史上的一个重大历史事件。我想主要选择这次修宪的三个方面内容来谈谈 2004 年修宪的意义：一是“三个代表”重要思想入宪；一是非公有制经济的平等保护；一是以人为本发展观的确立。

（一）“三个代表”重要思想入宪的重大意义

“三个代表”重要思想同马克思列宁主义、毛泽东思想和邓小平理论是一脉相承而又与时俱进的科学体系，是面向 21 世纪的中国化的马克思主义，是新世纪新阶段全党全国人民实现全面建设小康社会宏伟目标的指导思想和行动指南。“三个代表”重要思想载入宪法，既是党的主张和人民意志相统一的体现，也是我们党执政观念和国家治国理念的巨大转变。

中国共产党是中国特色社会主义事业的领导核心，是以马克思主义理论为指导的中国工人阶级的先锋队和中国人民、中华民族的先锋队。中国共产党在长期革命斗争和实践中形成的毛泽东思想、邓小平理论是我们党的宝贵精神财富，是革命和建设中的行动纲领。以江泽民同志为代表的中国共产党第三代中央领导集体与时俱进地提出的“三个代表”重要思想，是对马列主义、毛泽东思想和邓小平理论的进一步发展，是新形势下建设社会主义市场经济、发展社会主义政治文明、精神文明的行动指南。全面建设小康社会，实现社会主义物质文明、政治文明和精神文明三个文明的协调发展，离不开“三个代

表”重要思想的指导。代表先进生产力的发展要求，代表先进文化的发展方向，代表最广大人民的根本利益，这些都是我们社会主义政党的根本特征，“三个代表”的高度概括与提炼为我们实现由革命党向执政党转换，适应时代要求完善党的建设完善社会主义市场经济体制，促进生产力发展提供了指导思想。这是党对自身性质的最新认识。

中国共产党是中国的执政党，其领导地位是历史形成的。中国共产党是社会主义各项事业的领导核心，党领导全国各族人民全面建设小康社会，实现中华民族的伟大复兴。党具有广泛的代表性，其形成的思想和纲领应当对全国各族人民具有指导作用。党的意志需要从法律角度加以转换，实现党的意志与国家意志的统一。

宪法是一国的根本大法，规定国家的指导思想、根本制度、根本任务、公民的基本权利和义务等重要内容，是治国安邦的总章程。我国宪法是在中国共产党的领导下和充分发扬民主的基础上制定和修改、完善的，体现了党的基本理论、基本路线、基本纲领和基本经验的内在要求，反映了全国各族人民的根本利益和共同意志，是党的主张和人民意志相统一的集中体现。从我国宪法制定和修改的历程来看，不断适应时代发展的要求将党的指导思想上升为国家意志：1982年宪法确认了四项基本原则，确立了马列主义、毛泽东思想作为国家的指导思想。1999年宪法修正案把邓小平理论载入宪法，这一次我们宪法修改将“三个代表”重要思想载入宪法，都表明宪法应当与时俱进地反映一个时代的要求，反映一个国家在指导思想上的发展。宪法作为国家的根本法，是全面建设小康社会、加快推进社会主义现代化的根本法律保证。通过宪法将党的意志及时上升为国家意志是最好的法律形式，是对全国各族人民的最高要求。再以依法治国方略的确立为例，1997年中国共产党第十五次全国代表大会提出依法治国、建设社会主义法治国家的治国基本方略，1999年九届全国人大常委会提出宪法修正案，并最终确认依法治国基本方略的宪法地位。在这次修宪过程中，中央建议总的原则是：“坚持以马克思列宁主义、毛泽东思想、邓小平理论和‘三个代表’重要思想为指导，贯彻十六大精神，体现十三届四中全会以来的基本经验，把十六大确定的重大理论观点和重大方针政策写入宪法。”党的领导必须与依法治国结合在一起。怎样既坚持中国共产党的领导，又努力使党的领导法治化，不仅关系到依法治国方略能否切实实现，而且在根本上关系到党的长期执政地位与国家的长治久安。①“三个代表”重要思想体现我们党立党为公、执政为民的本质，“三个代表”重要思想是新形势下指导我们全面建设小康社会的指南。它的入宪正是实现从党的意志向国家意志转化的重要成果。

“三个代表”重要思想载入宪法，由执政党的意志转化为国家意志，表明我们党重视领导方式和执政方式的转变，总的原则是继续保持“总揽全局、协调各方”。② 但具体方式上更为重视制度化、规范化和程序化的运作。我们党坚持依宪、依法执政，就是要在“三个代表”重要思想指导下，按照宪法和法律的要求，保障人民依法行使管理国家事务、管理经济和文化事业、管理社会事务的各项权利。在宏观的层面上，要求通过国家立法落实党的重大决策，通过法律治理，通过转变执政方式提高执政党的执政水平和领导水平，强化领导地位和执政地位。从微观层面,要求各级党组织和党员增强法治观念,严格守宪护宪,按照宪法和法律办事,自觉维护宪法和法律的权威。这是“三个代表”重要思想进入各级党组织和个人的头脑中的要求。

（二）非公有制经济的平等保护

我国的基本经济制度是以公有制经济为主体，多种所有制经济共同发展的经济制度。如何从宪法层面体现对非公有制经济的保护，与社会经济发展密切相关。1982 年宪法的提法是“城乡劳动者个体经济”，限定语为“法律规定范围内”，并在后面将其定位为“社会主义公有制经济的补充”。这是与当时的改革开放初期的情况相适应的。1988 年的宪法修正案，采用“私营经济”提法，宪法第 11 条第 2 款增加规定：“国家允许私营经济在法律规定的范围内存在和发展。私营经济是社会主义公有制经济的补充。国家保护私营经济的合法权

① 周叶中等：《82 年宪法与中国宪政——写在 82 年宪法颁布实施 20 周年之际》，载《法学评论》2002 年第 6 期。

② 郝铁川：《秩序与渐进——中国社会主义初级阶段依法治国研究报告》，法律出版社 2004 年版，第 93 ~ 140 页。

利和利益，对私营经济实行引导、监督和管理。”1999 年的宪法修正案，把私营经济与个体经济并立起来并概括出“非公有制经济”概念。这已经把非公有制经济与公有制经济并列起来，提出“在法律范围内的个体经济、私营经济等非公有制经济，是社会主义市场经济的重要组成部分”，“国家保护个体经济、私营经济的合法的权利和利益。国家对个体经济、私营经济实行引导、监督和管理。”从 1982 年和 1988 年对非公有制经济的“补充”地位的认识和界定到 1999 年的非公有制经济的“重要组成部分”的界定，我们认识已经有了一个飞跃：从“补充”即一个处于次要地位和起到辅助作用的经济类型到“社会主义市场经济的重要组成部分”。但是，非公有制经济的法律保护仍然不够，不同所有制企业设立上存在不平等对待，税负交纳上存在不平等对待，金融支持上存在不平等对待等等。正如某些学者指出，20 年经济的快速发展，予 1982 年宪法无上的荣光，但蕴藏着 1982 年宪法自身的矛盾——不断追赶经济发展但始终在确认经济事实。① 这次宪法修改，明文规定：“国家保护个体经济、私营经济等非公有制经济的合法的权利和利益。国家鼓励、支持和引导非公有制经济的发展，并对非公有制经济依法实行监督和管理。”这一规定就是从根本大法的高度排除所有制歧视，为非公有制经济的发展扫除障碍，提供发展空间。这样规定，在宪法上非公经济获得了与公有制经济同等的地位，非公经济将由此而迎来一个大发展、大繁荣的春天。宪法的原则性规定的贯彻落实，需要清理整顿完善相应的法律法规，配套制定相关的法律法规。实践中，还需要人们的认识的提高和观念的转变。

（三）以人为本的发展观

十六届三中全会提出“坚持以人为本，树立全面、协调、可持续的发展观，促进经济社会和人的全面发展”。② 这种以人为本的发展观是一种科学的发展观。2004 年宪法修改中体现为四个方面：一

① 周叶中等：《82 年宪法与中国宪政——写在 82 年宪法颁布实施 20 周年之际》，载《法学评论》2002 年第 6 期。

② 胡锦涛：《关于完善社会主义市场经济体制的决定》（2003 年 10 月 14 日）。

是尊重和保障人权载入宪法；二是私有财产权入宪；三是建立和健全社会保障制度；四是征收和征用制度的确立。这种以人为本的发展观是我们党坚持“三个代表”重要思想尤其是代表最广大人民根本利益的体现，是立党为公、执政为民的体现。

1. 尊重和保障人权载入宪法

我们的党和政府一向重视人权的保护，宪法中规定有广泛的公民权利，各项法律法规中也有人权保障的众多具体规定。从根本上讲，尊重和保障人权是宪法的根本目的和最高原则，是社会主义政治文明的重要体现。宪法不仅仅是治国安邦的总章程，也是公民权利的宣言书和保护神。党的十五大和十六大报告明确提出“尊重和保障人权”，我国也在近年签署加入公民权利与政治权利公约，这些都是重视人权保障的重要体现。

人权载入宪法是“三个代表”重要思想的重要体现。“三个代表”重要思想的根本出发点和落脚点，就是代表最广大人民的根本利益。这次宪法修改的根本理念是“以人为本”，充分重视人的发展。尊重和保障人权符合“三个代表”重要思想，有助于推动“三个代表”重要思想的深入贯彻。人权入宪是对改革开放以来我国社会主义人权事业发展的总结。它不仅仅反映了人权观念的变化，而且是人权实践进展的证明。我国历年来颁布的人权事业进展的白皮书充分说明：人民群众生活水平不断提高，各项基本权利得到有效的保护，各种对特殊人群的保护（如残疾人的权利保障、妇女儿童权益保障、未成年人保护、老年人权利保障等）得以全面展开。① 人权入宪是对这些年我们人权事业进展的确认和高度概括。在中国，人权保障对经济发展的依赖大大地多于对公共权力的依赖，而经济发展的地区不平衡又直接导致人权状况的地区性重大差异，普遍的公共权力所创设的人权现实化的条件和提供的人权保障质量因此而呈现出重大差别。② 通过宪法确认尊重和保障人权是一个良好的制度基础。宪法为

---

① 建国以来，我国多次颁布人权白皮书，发布我国的人权状况，参与国际人权对话。

② 周叶中等：《82年宪法与中国宪政——写在82年宪法颁布实施20周年之际》，载《法学评论》2002年第6期。

尊重和保障人权提供了宪政基础，宪法是母法，是根本大法，是国家制定基本法律、普通法律、其他法律规范的根本依据。尊重和保障人权载入宪法从立法的指导思想到司法的操作理念上都将对我们产生重要影响，保证国家在法治道路上前进。

2. 私有财产权保护载入宪法

关于私有财产权保护，1982 年宪法第 13 条仅 2 款：第 1 款规定对公民的财产所有权的保护；第 2 款规定对公民的继承权的保护。第 1 款的原文是：国家保护公民的合法的收入、储蓄、房屋和其他合法财产的所有权。此次宪法修改改为 3 款，第 1 款规定私有财产不受侵犯；第 2 款规定保护公民的私有财产权和继承权；第 3 款规定征收和征用。修改后第 1 款条文为：公民的合法的私有财产不受侵犯；第 3 款条文为：国家为了公共利益的需要，可以依照法律规定对公民的私有财产实行征收或者征用并给予补偿。

1982 年宪法的出台与计划经济背景密切相关，虽然规定“国家保护公民的合法的收入、储蓄、房屋和其他合法财产的所有权”，但规定的内容主要限于生活资料，更侧重民事权利而非公民基本权利；私有财产权保护的措辞上与保护公有财产的用语相比，程度不如后者。孟子说：民之为道也，有恒产者有恒心，无恒产者无恒心。苟无恒心，放辟邪侈，无不为己。① 私人拥有的财产是个人形成独立、健康人格，自由、全面发展的重要保证。市场经济条件下，私人占有的财产极大丰富，如果不对这些财产加以有效的保护，法律上不确认私人对这些财产的合法占有，势必导致社会生活的不安定和人们对财产安全的警惕。理论界认为，修改后的私有财产权保护的规定与原条文相比，有四个方面的进步：一是规定了国家保护公民私有财产权的职责；二是用“财产权”取代了原条文中的“所有权”，明确了“私有财产权”的概念，私有财产权成为公民的基本权利；三是一切合法的私有财产都受保护，公民的生活资料受保护，公民的生产资料也受保护；四是规定对私有财产的征收、征用制度。在我看来，这次宪法修改已经赋予私有财产权与公有财产权的同等地位，符合市场经济的平等原则，有利于促进非公有制经济的发展，有利于国内民营企业家

---

① 《孟子·滕文公上》。

安心生产，有利于那些通过合法途径先富起来的部分人更积极地投入到社会主义建设。

3. 建立健全社会保障制度的规定

这次宪法修改在宪法第14条中增加一款："国家建立健全同经济发展水平相适应的社会保障制度。"这一规定对于促进完善我国社会保障法律制度，有着十分重要的意义。社会保障制度直接关系到全体国民的切身利益。把社会保障制度写入宪法，是以人为本治国理念的具体体现，表明了国家和政府作为社会保障制度责任主体的信心和决心。社会保障法律制度，同民法、行政法、经济法、刑法等法律制度一样，都是基本法律制度，都是中国特色社会主义法律体系的一个组成部分，对于实现全面建设小康社会目标和完善人权保障制度，完善的社会保障制度有着同样的重要作用，应该给予同等重视。在1978年改革开放前，中国长期实行与计划经济体制相统一的社会保障政策，最大限度地向人民提供各种社会保障。20世纪80年代中期以来，伴随着社会主义市场经济体制的建立和完善，中国对计划经济时期的社会保障制度进行了一系列改革，逐步建立起与市场经济体制相适应，由中央政府和地方政府分级负责的社会保障体系基本框架。① 中国的社会保障体系包括社会保险、社会福利、优抚安置、社会救助和住房保障等。目前我国社会保障状况不容乐观，80%的劳动者和老年人没有基本养老保险，90%的人缺乏基本医疗保障，乡村贫困人口还没有制度化的最低生活保障。完善的社会保障制度是社会主义市场经济体制的重要支柱，关系改革、发展、稳定的全局。落实公民生存权，必然要求政府建立健全社会保障制度。从宪法高度规定建立健全社会保障制度势必要求我们不断推进社会保障的立法进程，更好地保障公民特别是弱势群体的基本生存权利，这也是与"三个代表"相统一的，与"以人为本"的发展观本质上是趋同的。只有维护好最广大人民的根本利益，重视社会弱势群体的呼声，建立和完善相应的社会保障制度，才能推进全面建设小康社会的进程，保证社会稳定和国家长治久安。

---

① 《中国的社会保障状况和政策》（国务院新闻办公室2004年9月）。

4. 征收和征用制度的建立

征收和征用，是国家强行取得公民和法人的财产权或者强行使用公民和法人的财产的制度，属于一种例外规则。从条文位置上讲，征收与征用放在宪法第13条中，属于私有财产权受法律保护的一个内容，专门提出来讲是因为征收征用制度正好弥补了我国对私有财产权保护不足的制度漏洞。征收和征用制度意义在于限制物权绝对性原则，同时是对国家公权力运用的一个限制。只有在法律授权的情况下，国家才有权力依照合法的程序动用公民私有的财产。这方面，我国的法律法规一直尚付阙如。法国民法典第545条规定："任何人不得被强制转让其所有权，但因公用并在事前受公正补偿时，不在此限。"德国基本法第14条第3款规定："剥夺所有权只有为公共福利的目的才能被允许。"可见，我国宪法第13条在规定"公民的合法的私有财产不受侵犯"（第1款）之后，明文规定"国家为了社会公共利益的需要，可以依照法律规定对公民的私有财产实行征收或者征用"（第3款），是符合现代法治精神的，也是对国外经验的借鉴。

但是，需要注意的是，应当区分征收制度和征用制度。① 一般认为：征收和征用是既有联系又有区别的两项法律制度。其共同点在于强行性。依法实施的征收和征用，均仅依政府单方面的意思表示（征收命令、征用命令）而发生效力，无须征得被征收、被征用的公民和法人的同意，被征收、被征用的公民和法人必须服从、不得抗拒。征收和征用的不同点是：征收的实质是强制收买，征收的对象限于不动产，主要是土地所有权和土地使用权，且征收不发生返还问题，只发生征收补偿问题；征用的实质是强制使用，征用的对象包括不动产和动产，使用完毕后应当将原物返还于权利人，如果因使用导致原物毁损不能返还的，应当照价赔偿。这次宪法修改对征收概念和征用概念严加区别，是正确的。

"以人为本"在我国古代的治理思想中早已有之，最初的民本思想在今天看来是略显朴素。中国共产党的宗旨是全心全意为人民服务，其工作路线是从群众中来到群众中去。无论是三个有利于还是

① 梁慧星：《宪法修正案对非公有制经济和私有财产的规定》，中国民商法网2004年4月18日。

"三个代表"重要思想，落到最本质最根本的出发点，都是人民的根本利益。新的中央领导集体提出的"立党为公执政为民"和"权为民所用，情为民所系，利为民所谋"都是以"以民为本"为基点的。宪法作为根本大法，重视"以民为本"是理所当然，也应当在今后的宪法贯彻和实施中进一步体现。

三、中国宪政之路的回顾与展望

中华人民共和国宪法是国家的根本法，是治国安邦的总章程，是保持国家统一、民族团结、经济发展、社会进步和长治久安的法治基础。实践证明，现行宪法是一部符合我国国情的好宪法，在国家经济、政治、文化和社会生活中发挥了极其重要的作用，保障了我国改革开放和社会主义现代化建设的顺利进行，应该保持稳定。同时，有必要根据经济社会发展的客观要求，依照法定程序，修改和完善宪法，更好地发挥根本大法的作用。

从1949年的共同纲领算起，到1954年宪法的通过，再到1975年、1978年宪法的颁行，直到1982年宪法的制定和历次宪法修正案的通过，我们的宪政历程历经坎坷，经验教训值得总结。

（一）"五四"宪法到"八二"宪法

今年是我国1954年宪法诞生50周年。50年来，宪法经历种种挫折，但是，以宪法为基础建立起来的中国特色的社会主义法律制度在建设社会主义政治、经济、文化等各个方面都起到了重要的保障作用。我国自新中国成立以来有过3次大规模的全面修改宪法活动。自1954年宪法诞生以来，我国已经对宪法进行了8次修改，其中3次全面修改，即1975年宪法、1978年宪法和1982年宪法；5次部分修改，包括1979年、1980年、1988年、1993年和1999年宪法修改。今年第十届全国人大第二次会议对宪法所进行的修改，是对我国宪法的第10次修改，对现行1982年宪法的第4次修改。实践证明，1975年宪法修改和1978年宪法修改，因为出现在十年动乱期间和极左思潮影响时期，这样修改后的宪法很容易因客观情况的变化而迅速被新的宪法所代替。现行宪法由于较好地反映了社会主义初级阶段的客观规律，因此一直保持着自身的稳定性和科学性。

（二）1982 年以来历次宪法修正案的改进

我国正处于社会转型时期，社会发展十分迅速。正确处理宪法的稳定和发展之间的关系，对我国的宪政建设具有特别重要的意义。从现行宪法颁布以来的宪政实践来看，我国对宪法修改一直持比较慎重的态度，四次修改都采取宪法修正案的方式，改变了过去全面修改宪法、重新颁布宪法的做法，这对于宪法的稳定和发展关系的处理非常重要。宪法修正案通过对宪法不断修正，使得宪法能够适应政治、经济和社会环境的变化。

自 1982 年宪法诞生 22 年来，根据社会主义现代化建设和社会主义体制改革的要求，我国已先后适应时代发展对宪法进行了 4 次局部修改活动：将社会主义市场经济、“依法治国、建设社会主义法治国家”的治国方略、邓小平理论、“三个代表”重要思想与政治文明、人权尊重与保障、非公有制经济的平等保护等重要的指导思想、基本原则和重要的国家制度、社会制度及时地写入宪法，为我国社会主义现代化建设提供了坚实的法律基础。总结八二宪法的四次修改，即 1988 年修宪、1993 年修宪、1999 年修宪和 2004 年修宪，都是按照宪法惯例由党向全国人民征求意见形成宪法修改建议，再由全国人大形成修改草案并最终讨论通过的。综观四次宪法修改，都是在中国共产党全党的代表大会召开之后，党中央确立了建立社会主义现代化建设的新的目标和指导纲领的情况下对党的意志的法律化。1988 年修宪在党的十三大之后；1993 年修宪在十四大之后；1999 年修宪在十五大之后；而 2004 年修宪是在十六大和十六届三中全会召开之后。这是由中国共产党作为执政党的地位和作为社会主义现代化各项事业的领导核心的作用决定的。

（三）中国宪政之路的展望

何谓宪政？宪政必须以宪法为前提，以法治为载体，以人权为目的，包括政治理念、政治制度、政治形态和政治过程。通俗点讲，就是政治体制严格按照宪法规定构建。宪政的首要条件是依法治国、依宪治国。作为根本大法，宪法规定一个国家的社会制度和国家制度的基本原则、国家机关的组织和活动的基本原则、公民的基本权利和义务等重要内容，规定国旗、国歌、国徽和首都等。最为关键的是，如何处理宪法权威与党的权威的关系，归根到底是如何将党的活动纳入到宪法的轨道上来。① 党领导人民立项修宪，但必须在宪法规定的范围内活动。以下，我想就宪法的稳定与发展与宪法理念的提升问题谈谈。

1. 宪法的稳定与发展

宪法的稳定与发展是相对的，是否需要修改宪法、对宪法进行全面修改或者局部修改都需要视整个社会的经济、政治、社会发展状况而定。宪法作为上层建筑，应适应经济基础的发展而变迁。作为治国安邦的总章程，宪法应当具有一定的稳定性，又要适应社会发展有所修改。

宪法是国家的根本大法，规定国家生活每个方面最重要、最根本的问题，国家是否稳定，在很大程度上取决于宪法是否稳定，宪法变动可能意味着国家各项基本制度的变迁和人们行为方式的重大改变。因此，各国普遍重视宪法修改问题，严格限制宪法修改的内容和程序。法国1958年宪法第89条规定："如果有损于领土完整，任何修改程序均不得开始或者继续进行。政府的共和体制不得成为修改的对象。"比利时宪法第131条第5款规定："修改宪法如两院任何一院的出席人数未达到全体议员的2/3，不得进行表决，未获2/3多数赞成票不得通过任何修正案。"美国宪法第6条第2款规定："本宪法和依本宪法所制定的合众国法律，以及根据合众国的权力已缔结或将缔结的一切条约，都是全国的最高法律；每个州的法官都应受其约束，即使州的宪法和法律中有与之相抵触的内容。"通过宪法中关于宪法修改的刚性规定，严格限制宪法的修改内容与程序。这是各国宪政国家的普遍共识。

古人讲：世易时移，变法宜矣。宪法是为解决特定时期人类面临的特殊问题而制定的，必须随着社会生活的改变而改变。列宁正确指出：当法律同现实脱节的时候，宪法是虚假的；当它们是一致的时

① 周叶中等：《82年宪法与中国宪政——写在82年宪法颁布实施20周年之际》，载《法学评论》2002年第6期。

候，宪法就不是虚假的。”这充分说明，宪法应当符合社会发展的实际，不能超脱于社会物质生活条件之外去制定和修改宪法。从立法主体上讲，受历史条件和人的认识能力的限制，制宪者不能够也不可能预见未来的一切，宪法本身的疏漏和错误在所难免。因此，制宪者必须适应社会的发展对宪法进行必要的修改。我国1954年宪法制定以来，其间经历各种政治经济变革，党和国家适应社会变革对宪法内容作出了相应修改。1982年宪法颁布以来，邓小平理论和“三个代表”重要思想的提出，市场经济体制的建立，物质文明、政治文明、精神文明三个文明协调发展的形成，非公有制经济、依法治国方略都是制宪者未曾设想到的，需要将这些重要的发展内容反映到宪法中去，修改宪法势在必然。

2. 宪政理念的发展

制度是外在的，而理念是内在的。宪政制度，即根据宪法规定建构起来的各种政治体制是外在的，可以为我们观察到的，但内在的宪政理念的变化则需要我们去探求。在我看来，指导2004年宪法修改的理念包括：人民民主的推进；法治观念的关注；人权问题的重视。

第一，更为重视人民民主。宪法规定，中华人民共和国的一切权力属于人民。人民行使国家权力的机关是全国人民代表大会和地方各级人民代表大会。人民依照法律规定，通过各种途径和形式，管理国家事务，管理经济和文化事业，管理社会事务。根据宪法的规定，我国的国体是人民民主专政，在宪法规定下，人民通过人民代表大会等形式，实现当家作主。宪法充分反映人民意志：人民的意志是制定和修改宪法的根据，宪法的制定和修改是根据人民的意愿和要求进行；宪法修改是由全国人大严格依照法定程序通过，宪法必须反映全国各族人民的共同意志，人民当家作主是社会主义民主政治的本质要求。宪法是治国安邦的总章程，在宪法中体现人民的共同意志是人民当家作主最根本的体现。“三个代表”重要思想的根本点和出发点是代表最广大人民的根本利益。只有从最广大人民的根本利益的高度出发，才能突出人民民主的意义，既保障人民当家作主，更促进更广泛范围的人的基本权利和自由的实现。2004年宪法修改，政治文明、人权的入宪和对社会弱势群体的保护都是重视人民民主的重要体现。在今后的宪法实践中，包括宪法的贯彻实施、各项具体法律的制定都需要重视人民民主问题。

第二，更为重视法治建设。依法治国是我国的基本治国方略，已经被1999年宪法修正案确认。资本主义国家通过宪法和平地解决了封建社会靠刀光剑影、宫廷阴谋或世袭传承才能解决的权力交接问题。社会主义宪法究竟应当如何定位？1954年中央人民政府委员会讨论我国第一部宪法草案时，毛泽东同志曾说："一个团体要有一个章程，一个国家也要有一个章程，宪法就是一个总章程，是根本大法"。他还说："用宪法这样一个根本大法的形式，把人民民主和社会主义原则固定下来，使全国人民有一条清楚的轨道，使全国人民感到有一条清楚的明确的和正确的道路可走，就可以提高全国人民的积极性。"① 宪法是治国安邦的总章程，所谓章程，就是办事的规则，在依法治国理念下，就是法律制度。宪政理念要求强化法治、强化宪法在国家政治生活、经济建设和文化领域的至上地位。必须以宪法为根本依据，以各项基本法为基本依据，各种配套法律制度构建起我国"有法可依、有法必依、违法必究、执法必严"的牢固藩篱。

第三，更为重视人权问题。我国一贯重视人权问题，这次宪法将"国家尊重和保障人权"写进宪法，是亮点之一，是我国人权事业发展的一个伟大里程碑。中国人权事业是内部追求与外部推进结合的结果，是中国改革开放事业水到渠成的结果。国务院在1990年发布的《关于中国人权问题的白皮书》第一次将人权写入官方正式文件，此后多次发布人权白皮书，向世界宣示中国人权事业的重要进展。2004年的白皮书中写道：中国政府将人民的生命健康和基本人权放在首位，以对人民负责、为人民服务、受人民监督的态度，提出了"执政为民"和"权为民所用、情为民所系、利为民所谋"的执政思想，形成了以人为本，促进社会和人的全面发展的科学发展观，确立了确保宪法实施、建立法治政府、建设政治文明的治国理念，并在实践中采取了一系列具有鲜明时代特点的尊重和保障人权的措施，在了解民情、反映民意、减轻民负、实行民主上做了大量工作，使人权状况得到了明显改善，赢得了国际社会的普遍好评。但是，人权实践中存在许多令人不满意之处：比如司法中的超期羁押问题、公民权利行使的

① 《毛泽东选集》(第五卷)，人民出版社1977年版，第129页。

程序性保障制度严重不足等。① 2004 年人权载入宪法是一个宣示性的规定，意味着一种承诺。但如何推进人权实践，则需要各项具体制度加以落实，需要各级政府机关对人民群众利益的充分关注，需要公民个体自身维权意识的觉醒。举例而言，社会保障制度建设是一个包括宪法、社会保障法、各部委、地方政府规章条例的系统工程。宪法修正案增加“国家建立健全同经济发展水平相适应的社会保障制度”的规定，加上宪法过去关于保护妇女、老人、儿童等方面的规定，建构了对社会弱势群体的根本制度保障。

徒法不足以自行。② 宪法的制定与修改是我国宪政道路上的一个新的起点。如何承担起中国未来宪政建设之历史使命，从 1982 年宪法到 2004 年修宪，及至今后的修宪，任重而道远。如何在党的领导下，全面贯彻宪法，实施依法治国方略，促进物质文明、政治文明和精神文明的协调发展，全面建设小康社会，推动中国特色社会主义的建设，实现中华民族的伟大复兴，这些都需要制度的保障、观念的转换、行为的坚持。

谢谢各位。

（本文系 2004 年 10 月在贵州省法学界纪念“五四”宪法颁布 50 周年座谈会上的发言讲稿）

---

① 根据 2004 年发布的人权白皮书所载，中国在纠正和防止超期羁押，维护犯罪嫌疑人和被告人的合法权益方面也采取了积极的举措。2003 年中国共纠正超期羁押 25 736 人，超期羁押问题基本得到纠正，这是中国司法实践中范围最广、规模最大、涉及案件人数最多的清理超期羁押，极大地加强了司法中的人权保障。《2003 年中国人权事业的进展》（国务院新闻办公室，2004 年 3 月）。

② 《孟子·离娄上》。

加强党的执政能力建设，全面推进依法治国方略

中国共产党历经革命、建设和改革，已经由领导人民为夺取全国政权而奋斗的党成为领导人民掌握全国政权并长期执政的党，由受到外部封锁和实行计划经济条件下领导国家建设的党成为对外开放和发展社会主义市场经济条件下领导国家建设的党。这意味着新的时期我们党应当清醒认识和科学判断其作为执政党的历史方位和历史使命，要求我们必须加强党的执政能力建设，保证党的先进性和代表性。

党的十五大顺应历史潮流和中国现代化建设的要求，提出了依法治国的方略，标志着党在政治思维方面的一个重大进步，意味着我党执政方式的重大变革。十六大报告明确提出："要加强党的执政能力建设，提高党的领导水平和执政水平"。① 十六大报告中对党的执政能力明确提出了五个方面的基本要求：科学判断形势的能力、驾驭市场经济的能力、应对复杂局面的能力、依法执政的能力、不断提高总揽全局的能力。因此，必须在依法治国的背景下，加强和改善党的领导，提高党依法执政的能力。

一、"三个代表"重要思想是党执政的基本理念

古语云：生于忧患，死于安乐。② 古语又云：居安思危，戒奢以

① 江泽民：《全面建设小康社会，开创中国特色社会主义事业新局面》（2002年11月8日）。

② 《孟子·告子下》。

俭。① 这说的是忧患意识与危机意识。我们党自建党到夺取政权再到领导全国人民进行社会主义现代化建设，一直非常重视党的建设工作。数代中央领导集体都非常重视党的建设，从理念到制度再到实践为党建工作积累了宝贵的经验。新中国成立前夕，毛泽东同志把执政比作“进京赶考”，提出“两个务必”；继之，邓小平同志适应改革开放和经济发展强调加强和改善党的领导；以江泽民同志为核心的党的第三代中央领导集体进一步强调提高党的执政能力，把执政与发展紧密联系起来，把执政同改革紧密联系起来，把执政同社会主义现代化进程和中华民族的伟大复兴联系起来。胡锦涛总书记一再强调要依宪执政、依法执政，加强党的执政能力建设，巩固党的执政地位。

党执政日久，极少数的党的组织和个别党员产生了懈怠心理，执政意识淡薄，缺乏忧患意识与危机意识，导致党内形式主义、官僚主义的风气一度有所增长，一定范围内的腐败现象也随之产生。这些问题都将损害党的形象，破坏党群关系，危害到党的执政基础。我们党将执政能力建设列为党建工作的重要内容是马克思主义建党理论的一个创新，它是党的思想、组织、作风和制度建设中的重点和核心。在我们的执政理念上，我以为，必须坚持“三个代表”重要思想的指导。

“三个代表”重要思想是立党之本、执政之基、力量之源，它与邓小平理论一脉相承，是与时俱进的当代马克思主义，是马克思主义发展的最新成果和最新境界。作为行动指南，“三个代表”重要思想指导我们进行社会主义现代化各项事业的建设。只有始终坚持以“三个代表”重要思想为指导，坚持党代表先进生产力的要求，代表先进文化的发展方向，代表最广大人民的根本利益，才能为党的执政赋予神圣的使命与职责，坚定党的各级组织和党员个人的内心信仰。2004 年宪法修正案已经将“三个代表”写入宪法，标志着“三个代表”重要思想已经从党的指导思想变成国家的指导思想，为社会主义事业的发展提供了共同的思想基础，同样指导依法治国方略的实施。

---

① 魏征：《谏太宗十思疏》。

二、坚持发展、公仆与改革的执政观

“三个代表”重要思想是我们党的基本执政理念，只有坚持“三个代表”重要思想，才能保证党的凝聚力和先进性，才能使党永葆青春活力。但是，“三个代表”重要思想的贯彻需要实践的践行，执政意识上应当坚持执政兴国的发展观、执政为民的公仆观和执政完善的改革观。这同样也是我们在依法治国的过程中需要坚持的。

一是执政兴国的发展观。执政兴国是党执政的神圣使命和光荣职责。我们党的执政地位是历史形成的，她肩负着社会主义国家的繁荣富强、社会主义各项事业的兴衰成败和中华民族的伟大复兴的使命。发展是第一要务。理论界在反思苏联共产党为何丧失政权时，无不认同苏联共产党丢失政权、宣布解散的原因之一是没有解决好发展的问题。当然，这一发展主要被理解为经济的发展，但绝对不能仅仅量化为 GDP 的增长。十六届三中全会已经明确了科学的发展观应当是五个方面协调的科学发展观：统筹城乡发展、统筹区域发展、统筹经济社会发展、统筹人与自然和谐发展、统筹国内发展和对外开放的要求。① 西部大开发战略的实施、东北振兴计划的启动和中央一号文件的发布都是执政兴国发展观的重要体现。

二是执政为民的公仆观。我们党的宗旨是全心全意为人民服务。执政为民要求我们党坚持“以人为本”，“权为民所用，情为民所系，利为民所谋”，对关系到人民群众切身利益的大事要时刻放在心上。这要求我们在工作中细心倾听群众意见，想群众所想，急群众所急，将人民群众的利益实现好、维护好、发展好。收容遣送制度的废除和帮助民工追讨欠薪的行动都是公仆观的实践。

三是执政方式完善的改革观。如何加强和完善党的领导，如何改进党的领导方式，都需要在改革中不断完善。政治局集体学习制度、党内监督条例的出台和政治局向中央委员会述职都标志着执政方式在不断完善和探索之中。在学习型社会中，只有通过不断学习，才能适应社会发展的需要。中央领导集体率先垂范为全党和全国人民作出学

---

① 胡锦涛：《关于完善社会主义市场经济体制的决定》（2003 年 10 月 14 日）。

习的榜样，不断完善执政方式并完善党的领导，是改革观的重要体现。

三、制度是执政能力建设的前提

理念和观念都是思想的层面。如何加强执政能力建设，关键在制度建设。只有从党的各项制度着手，正本清源，立章建制，通过以制度建党，依法纪治党，健全党内法制方能巩固执政能力建设的成果并不断推进。

一是健全并完善科学的领导体制和执政机制。我们党采取民主集中制，党的领导主要是政治、思想、组织等方面的领导，通过制定大政方针、提出立法建议、推荐重要干部、进行思想宣传，实现党对国家和社会的领导。党的领导方式和领导水平决定执政方式与执政水平。建立和健全科学的领导体制和执政机制是党的执政能力提高的制度前提。在我看来，科学的党的领导体制和工作机制，必须适应现代社会发展的需要。现代社会的发展是一种可持续的发展，21世纪的竞争是以综合国力为目标的全方位的竞争，而不是单一的经济目标的比较。在领导体制和工作机制上，必须强调经济建设的中心地位，但又不能为经济发展牺牲生态资源、牺牲环境保护。科学的领导体制和工作机制，应当适应市场经济和法治的要求。市场经济是法治经济，必须按照依法治国和依法执政的原则，改革和完善党的领导方式和执政方式、领导体制和工作机制。市场经济形态下，党的领导应当实现民主化、科学化、法制化。

二是党的基层组织建设问题。党的基层组织是党执政的组织基础，是党的活力的直接来源，是提高党的执政能力的关键。在党群关系中，党的基层组织直接影响到党的形象。因此，必须把加强执政能力建设与加强基层组织建设、夯实执政基础有机地统一起来。因此，基层党组织的建设非常重要。反观我们现在的基层党组织建设，存在一些不能落实的问题：非国有制企业的党组织建设偏慢；农村基层党组织建设不力。这样导致我们党同人民群众之间的血肉联系不够紧密，某些地方还存在个别党组织或者个别党员损害党的形象的问题。因此，要切实实现好、维护好、发展好最广大人民群众的根本利益，要切实体现党的先进性和凝聚力，必须夯实党执政的群众基础，贯彻落实党的群众工作路线。

三是必须重视权力监督机制的建立。党应当在宪法和法律范围活动，任何组织与个人都不能享有宪法或法律以外的特权。十六大报告曾指出：一些党员领导干部的形式主义、官僚主义作风和弄虚作假、铺张浪费行为相当严重，有些腐败现象仍然突出；党的领导方式和执政方式与新形势新任务的要求还不完全适应，有的党组织软弱涣散。这些都是执政中产生的重要问题，需要通过制度加以纠正。① 中国共产党作为执政党，更应该当护宪守法的模范。如何从源头上遏制腐败，我们党在执政实践中形成了许多有益的经验，最近修订的中国共产党党纪处分条例和党内监督条例都是为防范党内腐败、监督党内干部不法行为的举措。权力运行必须要有法律制度的监督，这不仅仅是依法治国基本方略的要求，也是提高执政能力的需要。因此，形成以法制权的执政党权力监督机制是有必要的，保证各级党组织和党员个人受到有效的监督和制约。

四、注重领导干部法治意识的培植

“徒法不足以自行。”② 制度是前提，执行制度的人是关键性的因素。无论是党的执政能力建设还是依法治国方略的实施，都有赖执行者法治素质的培养。因此，必须重视党的人才工作建设，按照中央人才工作会议的精神选拔、培养和任用人才，增强人才的法治意识。

党的执政能力，关键在于提高党员领导干部的领导水平和工作能力。党的领导干部必须牢固树立执政兴国、执政为民的观念，真正做到权为民所用、情为民所系、利为民所谋。加强党的执政能力建设，干部队伍建设是关键。没有高素质的干部队伍，党的执政能力建设将无从谈起。在党的领导体制和执政机制等各项制度尚在建立和完善之中的情况下，必须重视领导干部的执政意识的培养，要使领导干部坚

---

① 江泽民：《全面建设小康社会，开创中国特色社会主义事业新局面》（2002年11月8日）。

② 《孟子·离娄上》。

定信仰、统一认识，按照十六大和十六届三中全会的要求不断提高自己的能力和素质。在党的领导干部的选拔、任用和培养上，必须重视德才兼备、突出实绩、群众公认，做到因才制宜、因才施教，注重综合能力的培养。

领导干部法治意识的培植是依法治国方略下党的执政方式转换和执政能力建设的关键。十五大报告已经将依法治国作为治国基本方略，1999 年依法治国基本方略被写入宪法。2004 年宪法修正案突出"以人为本"，将尊重与保障人权载入宪法，非常明确地对党的意志与国家意志加以区分。党的意志成为国家意志必须通过法律的制定，但在法律的实施过程中，任何组织或者个人都不得有超越宪法和法律的特权，一切违反宪法和法律的行为都必须予以追究。党在宪法和法律的范围内活动，是党章明确规定的。只有执政党带头遵守宪法和法律，才能使宪法和法律更具有权威性。因此，坚持依法执政，坚持党的各级组织和党员个人模范地遵守宪法和法律，而不是以党的意志代替国家意志、以党纪代替国法。

是否遵守执政规律，提高执政能力决定着党能否在新的世纪继续执政。党的执政能力建设与依法治国基本方略是辩证统一的：党的领导是政治、思想和组织领导，依法治国既是党确定的基本方略，也为宪法所确认。党的执政能力建设需要"三个代表"重要思想的指导，需要奠定发展观、公仆观和改革观，需要制度作为前提和领导干部的培养，这些都离不开法律制度的确认与推进，也是在依法治国基本方略实施的过程中展开的。因此，我们必须将坚持党的领导、人民当家作主和依法治国有机地加以结合，并在实践中贯彻落实。

（本文系 2004 年 11 月 3 日在中共贵州省委宣传部、省社科联、省社会科学院、省邓小平理论研究基地、贵州日报联合举办的"学习贯彻党的十六届四中全会精神，努力提高党领导发展的能力"研讨会上的主题发言，摘要载《贵州日报》2004 年 11 月 4 日。）

严格依法行政，规范行政行为

党的十五大提出的依法治国的基本方略，已由九届全国人大二次会议写入宪法："中华人民共和国实行依法治国，建立社会主义法治国家。"依法行政是依法治国最重要的组成部分，"在很大程度上对依法治国基本方略的实行具有决定性意义"。十六大要求"推进依法行政，提高执法水平"。在我国成为 WTO 成员的背景下，依法行政的意义日益凸显出来，对于领导阶层来说，尤为重要。

一、依法行政的历史发展

依法行政是近代社会法治国家所普遍奉行的准则，但由于各国社会历史条件和法治传统的区别，对于依法行政内涵的概括，也因时代和国家的不同而相异。

（一）外国依法行政原则的形成

资本主义初期，适应自由竞争的需要，提倡管得最少的政府是最好的政府，因此，依法行政之法，是指狭义的，即国会制定的法律。"无法律即无行政"。随着社会的发展，国家对经济和社会的干预扩大、深入，法治国家逐步建立，依法行政之法，扩大至根据法律制定之法规等行政立法，这是国外依法行政理论的主要时代变化。就国家而言，德国行政法学的创始人 Otta Mayer 认为，依权力分立原则，国家应"依法律而治"，即国家之司法及行政皆受法律之拘束。依法行政的重点为：法律的规范创造力原则；法律优越原则；法律保留原则。英国法学家戴雪教授将英国的法治原则归纳为三个原则：（1）正规法律的绝对优位及政府专断权力之排除；（2）法律之一律平等；

(3) 宪法的一般原则乃通常法律适用结果的浓缩。美国当代学者认为法治原则包含下列因素：(1) 法治原则承认法律的最高权威，要求政府依照法律行使权力，但法律必须符合一定标准，包含一定内容。否则，法律也可作为专制统治的工具。(2) 正当的法律程序：为保护公民权益不受政府的官员不正当行为的侵犯，还必须在程序方面对政府权力的行使加以限制。(3) 法律规定的权利和程序必须执行，为此，必须有保障法律权威的机构。

日本早期的著名法学家美浓部达吉认为，法治主义建立于法律平等之思想和对人民权利自由之限制不得任意侵害的依法限制思想的基础之上。其基本原则包括：(1) 行政权之作用，不得与法规相抵触。(2) 非有法规根据，不得侵害人民权利，或使人民负担义务。(3) 非有法律根据，不得为特定人设定权利，或为特定人免除法规所科之义务。(4) 法规任行政权以自由判断之场合，其判断也须合于法规。其后，田中二郎将依法行政概括为：(1) 行政为法规之执行；(2) 须有法规之授权；(3) 行政应受法规之限制。

(二) 中国依法行政观点的提出及发展

在我国，依法行政是历史发展到一定阶段的产物。我国在20世纪80年代末提出依法行政的原则，这是政治经济形势发展的必然。

十一届三中全会以后，我国进入改革开放的新时期。伴随着改革开放发展起来的我国经济民主和政治民主，为行政管理必须依法行使权力奠定了基础。一手抓经济，一手抓法制，我国的社会主义法制得到迅速发展。社会主义市场经济的提出和建立，要求建立与之相应的社会主义法制。市场经济在一定意义上就是法制经济，因为，要建立健全和规范商品经济，舍法制别无它途。法制是健全的市场经济必有的内在要求。依法治国、依法行政，已成为我国政治经济形势发展的历史要求，同时也为我国确立依法治国、依法行政的原则提供了现实的可能性。

依法行政也是法制建设本身发展的结果。我国宪法对依法行政提出了基本要求，并制订了许多原则规定。依法行政正是行政诉讼制度建立起来以后才提出的。这是提出依法行政原则的法律条件，是法制建设本身发展的规律性体现。1996年3月通过的《行政处罚法》，充分体现了依法治国、依法行政的精神。在我国行政管理中影响极为巨大的行政处罚领域，从行政处罚的设定权、实施主体和处罚程序等几个方面，保证行政机关在行政管理中必须依法行政的方针，把我国依法行政的实践提高到了一个新的水平。

我国提出依法行政的历史条件和法治传统，与诸如德国、日本等国相比，有着很大的不同。正因此，我国依法行政的内涵，不能仅限于法律优先和法律保留，而应广泛得多，必须将职权法定、依据法律和职权与职责令一等包括在内。

二、依法行政的内涵

依法行政就是行政机关行使行政权力、管理公共事务必须由法律授权并依据法律规定。法律是行政机关据以活动和人们对该活动进行评判的标准。我国的国家性质和政治体制要求实行依法行政。我国是人民当家作主的社会主义国家，行政机关的权力来源于人民。行政机关由人民代表大会产生，对它负责，受它监督，行政机关是权力机关的执行机关。人民代表大会表述意志的最基本的途径和形式是制定法律。行政机关也就是执行法律的机关。依法行政是人民民主国家题中应有之义。

（一）职权法定

行政机关的职权，包括中央政府及其所属部门和地方各级政府的职权。行政权必须由法律法规明确规定。行政机关必须在法律规定的职权范围内活动。非经法律授权，不可能具有并行使某项职权。这与公民的权利不同，从法律的范围说，公民的权利是，凡法律没有禁止的，公民皆可为之。行政机关的职权是，凡法律没有授予的，行政机关就不得为之。法律禁止的当然更不得为之。否则就是超越职权。在内部，超越职权就是行政机关横向超越了某一行政机关的职权，或纵向超越了上下级行政机关之间的职权；在外部，超越职权就会侵犯公民的合法权益。职权法定，越权无效，是依法行政的主要原则之一。行政机关的法定职权，一般有两种形式：一是由行政机关组织法规定，大都以概括之语言，划定各机关的职责范围；二是由单行的实体法，规定某一具体事项由哪一行政机关管辖。1996年3月通过的《行政处罚法》明确规定，实施行政处罚的行政机关，必须是“有行政处罚权”的行政机关，即具有行政处罚法定职权的行政机关。

（二）法律保留

法律保留是指凡属宪法法律规定只能由法律规定的事项，只能由法律规定或者在法律明确授权的情况下，行政机关才有权在行政规范中作出规定。宪法第62条规定，全国人民代表大会“修改宪法”、“制定和修改民事、刑事、国家机构和其他的基本法律”，第67条规定全国人大常委会“制定和修改除应当由全国人民代表大会制定的法律以外的其他法律。”即明确规定如下保留事项：修改宪法、制定和修改刑事、民事、国家机构和其他基本法律还有“其他法律”。但哪些属于“其他基本法律”和“其他法律”，尚未明确。行政处罚法将行政处罚，也即剥夺和限制公民人身权和财产权的设定权明确规定为只有法律才能行使。其中属于人身自由处罚的设定权，只能由法律行使。法律绝对保留，不予授权。对于财产权的处罚，则由法律授权。行政处罚法授权：对行政法规授予财产权各方面处罚的设定权；对规章，则仅授予警告与一定数额的罚款的设定权。有规章制定权以外的行政机关，法律不授予任何行政处罚的设定权。这是迄今为止我国法律对法律保留原则的最明确的表述。这一表述是否具有普遍意义？即法律保留原则，是否主要仅适用于限制、剥夺公民基本权利的规定，至于促进公民民主与福利的行为，是否只须符合法律的基本精神，只要在职权范围以内，行政机关自得为之。对此，学界尚有争议。

（三）法律优先

或称法律优位原则。法律规范在效力上是有位阶层次的。法律在效力上高于任何其他法律规范。法律优先包含下列涵义：第一，在已有法律规定的情况下，任何其他法律规范，包括行政法规、地方性法规和规章，都不得与法律相抵触，凡有抵触，都以法律为准。法律优于任何其他法律规范。行政处罚法规定：在法律对行政处罚已有规定的情况下，法规、规章可使之具体化，但必须在法律关于行政处罚规定的行为、种类、幅度范围以内，不得抵触。第二，在法律尚无规定，其他法律规范作了规定时，一旦法律就此事项作出规定，法律优先，其他法律规范的规定都必须服从法律。值得注意的是，我国宪法规定，国务院根据宪法和法律，制定行政法规，国务院各部、各委员会根据法律、行政法规制定规章，省、自治区和直辖市人民政府和省、自治区人民政府所在地的市和国务院批准的较大的市的人民政府根据法律、行政法规和地方性法规制定规章。宪法、法律对行政机关制定法律规范用的是“根据”原则。宪法又规定，省、自治区和直辖市的人民代表大会及其常务委员会，在不同宪法、法律、行政法规相抵触的前提下，制定地方性法规。省、自治区人民政府所在地的市和国务院批准的较大的市的人民代表大会及其常委会，在不同法律、行政法规和本省、自治区地方性法规相抵触的前提下，制定地方性法规。

宪法和法律对地方权力机关制定法律规范用的是“不抵触”原则。宪法对行政机关制定规范和地方人大制定地方性法规用了“根据”和“不抵触”两个不同的词，决不是偶然的。“不抵触”是指地方性法规的规定不得与已对此问题有规定的法律、行政法规的有关规定相抵触，当然，如果法律、行政法规对此没有规定，地方性法规可以根据地方特点作出规定。因为在这种情况下不存在抵触问题。“根据”则不同。“根据”意味着行政机关制定的规范不得与已对此问题有规定的法律（行政法规、地方性法规）相抵触；同时，也表明只有法律（行政法规和地方性法规）对某一问题已有规定的情况下，行政机关的规范才能作出规定。否则就是于法无据。对行政机关制定规范要求“根据”，就因为行政机关是权力机关的执行机关，必须根据权力机关的意志才能制定规范。在有些法律的规定比较原则的情况下，行政机关可以制定规范使之进一步具体化。这些具体化的行政法规和规章，当然不得与法律（地方性法规）相抵触。行政机关制定规范中的“不抵触”和地方权力机关制定地方性法规的“不抵触”，都说明法律优于其他法律规范。法律的效力高于其他规范，法律处于最高的效力位阶。

（四）依据法律

行政机关的行为必须有法律依据。行政机关的行政行为，包括两大类，即制定规范的抽象行政行为和作出处理决定的具体行政行为。依法行政不仅要求行政机关根据法律和法律的授权制定规范，还要求行政机关在作出具体行政作为时必须依据法律，否则虽然行政机关制定的规范都是根据法律或由法律授权，但在具体执行法律，作出具体行政行为时却并不依据法律，那么，依法行政就会成为一句空话。规范制定得再好，最终仍要看法律在现实生活中的落实。

依据法律的"法律"是指狭义的法律还是包括其他法律规范?从根本上说，一切具体行政行为都应该依据法律——狭义的法律，但根据法律和经法律授权制定的法规、规章当然也应该是依法行政的依据。因此，这里所说的"法律"，应该包括法规、规章在内。行政处罚法中规定的"处罚法定"原则，就是依据法律原则在处罚领域里的体现。

依据法律原则与行政机关的自由裁量权并不矛盾。自由裁量指的是在法律规定有一定范围的情况下，行政机关可以在此范围内作出选择。如治安管理处罚可以在法定的种类与幅度内，根据具体情况作出选择。这仍然是依据法律的一种形式。当然，所作选择必须合理，合理是依据法律原则的特殊表现。

（五）职权与职责统一

这是行政机关行使职权的一个重要原则。职权，即宪法、法律授予行政机关管理经济和管理社会的权力，它与公民的权利不同。公民的权利可以行使也可以放弃；但行政机关的职权不仅是可以行使，而且是必须行使，不能放弃。法律授予行政机关的职权，实际上也就是赋予行政机关以义务和责任，行政机关必须尽一切力量去保证完成。因此，行政机关的职权从另一角度说，就是职责。职权与职责是统一的，是一件事情的两面。放弃职权，不依法行使职权，就是不履行义务，就是失职，应该追究法律责任。从我国的实际情况看，把职权等同于公民的权利，愿意行使时就行使，不愿行使时就随意搁置，是相当普遍的现象。

依法行政与依法治国不同。依法治国的主体是人民，人民通过权力机关制定法律，表达意志，治理国家。依法行政则是对行政机关提出的要求。主要解决：（1）政府与人民的关系。政府的权力来源于人民，来源于通过人民代表大会制定的法律，政府是执行人民意志的机关；行政机关工作人员是人民的公仆，决不能凌驾于人民之上，做官当老爷；政府的任务是进一步提高人民的物质和文化利益，保护公民的基本权利。未经授权，不能设定和实施任何剥夺或限制公民权利的行为。政府与人民的关系是依法行政立论的基本点，一切观点和制度都须以此为出发点和归宿。（2）权与法的关系。处理好权与法的关系，乃是依法行政能否成功的关键之一。权就是行政权，行政机关必须依法行使。“依法行政”非常明确地摆正了权与法的关系。行政权的行使，必须有法律授权，并有法定依据。一切违法行为都必须追究法律责任。（3）行政机关与司法机关的关系。行政机关和司法机关都由人大产生，应互相支持，互相监督。司法机关不是行政机关的下属机关。人大与司法机关都有监督行政机关是否依法行政的权利和义务。

三、依法行政是依法治国的核心

依法治国、建立社会主义法治国家，是建立社会主义市场经济的内在的必然要求。依法治国方略的确立，为实现依法行政开辟了道路，创造了条件，而依法行政又是依法治国的核心所在。

依法行政不是孤立的，依法行政需要权力机关加强立法和必要的授权，需要司法机关的保障，需要全国人民有良好的法律素养，以及来自各方面的监督等等。没有依法治国的大环境，就谈不上依法行政。而依法行政又是依法治国的核心、难点，乃至终点所在。法律的实施是所有国家机关的任务，但最重要的还是行政机关。大量的法律，包括涉及国家经济、科技、文化的发展以及同人民切身利益有关的许多法律都要靠行政机关去落实。根据统计，百分之八十的法律都有赖行政机关执行。行政机关在依法治国中担负着最大量、最繁重的任务，可以说，没有行政机关，依法治国就失去了最主要的支柱。没有强有力的行政执法，立法方面的一切努力将变为徒劳。正因为此，江泽民同志指出："干部依法决策，依法行政是依法治国的重要基础。"①

从与公民的关系说，民事关系要比行政关系更广泛、更复杂，但民事权益的保障离不开行政机关。民事权益的保障和民事侵权行为的制止，首先关乎行政机关。为什么会这样？民事侵权行为具有双重性。例如，甲乙二人打架，甲将乙打伤，这是民事侵权，但同时甲也侵犯了治安管理秩序和公共利益。民事侵权行为，侵犯的不仅是公民权益，也侵犯了行政管理秩序。行政机关为了维护良好的行政管理秩序，就必须给破坏治安管理秩序的甲以行政处罚。行政机关的行政处罚行为，既是对违法行为的制裁，也是对民事侵权行为的制止；既是对社会秩序的维护，也是对公民权益的保护。由于行政机关工作人员数量多，程序简单，效率高，因而常常在处理了公民侵犯行政管理秩序的同时，也顺手将民事赔偿问题附带解决。即使作为典型民事关系的婚姻关系，为维护良好的婚姻秩序，结婚时要求到行政机关去登记。这就是行政管理。因此，对民事权益的保障和民事侵权行为的制止，常常首先由行政机关采取措施。这就必须强调依法行政。没有依法行政，难以维护良好的行政管理秩序，也将会影响民事关系的正常发展，使民事权利难以得到保护。当然，这并不等于说行政机关可以干预一切民事侵权和民事纠纷。

在公民守法和行政机关依法行政方面，作为管理者与被管理者这一对法律关系，行政机关的依法行政，常常是矛盾的主要方面。行政机关不依法办事，就无法要求被管理者"守法"，言教必须与身教并重，严格依法办事，才能要求和教育公民遵守法律，逐步提高公民的法律素质。公民的守法并不难，难点在于行政机关工作人员严格执法，严格依法办事。

依法行政是现代法治国家政府行使权力时普遍奉行的基本准则。它反映了社会从人治向法治转变的历史进程。不奉行法治原则，谈不上依法行政。人治与主观随意性相联系，权力的行使由个人意志决定；依法行政与法治相联系，权力的行使以人民制定的法律为依据和评判标准。

---

① 《中共中央法制讲座汇编》，法律出版社1998年版，第78页。

四、依法执政与依法行政

（一）依法执政的提出

党的十六大提出，坚持依法执政，不断提高依法执政的能力。党的十六届四中全会进一步指出，依法执政是新的历史条件下党执政的基本方式。这是我们党在新的历史条件下领导方式和执政方式的重大转变，是实行依法治国基本方略、发展社会主义民主政治、建设社会主义政治文明的必然要求。

加强党的执政能力建设的一个重要方面就是改革和完善党的领导方式和执政方式。领导方式和执政方式是多种多样的。从总结经验和改革完善的角度来归纳，分为以下几种情况：一是属于我们党的优良传统和作风，是我们党的政治优势，应当继续实行并不断发扬、创新。例如，我们党比较善于运用政策和策略，根据实际情况开展工作，实现各项目标；又如，我们党比较善于运用思想宣传、思想政治工作来动员和组织群众，团结一致，完成各项任务。二是在革命战争年代和新中国成立初期是有效的、有用的，但在全面建设和改革开放时期已被证明是不合时宜的甚至是有害的，如群众运动的方式、权力过分集中的“一元化”领导方式等，应当予以摒弃。三是尽管必要可用但在原有的体制和观念下已显现出很多弊病和局限性，如行政命令的方式、计划控制的方式、行政审批的方式等，应当适应新的情况和要求切实加以改革和完善。四是一些方式在改革开放的伟大实践中被证明具有极为重要的功能和意义，是我们事业取得成功所不可或缺的，比如依法治国、依法执政，必须大力推进和贯彻实施，以实现党的领导方式和执政方式的与时俱进。

（二）依法执政的基本要求

党的十六届四中全会对坚持依法执政、提高依法执政水平，提出了四个方面的基本要求：

第一，加强党对立法工作的领导，善于使党的主张通过法定程序成为国家意志，从制度上、法律上保证党的路线方针政策的贯彻实施，使这种制度和法律不因领导人的改变而改变，不因领导人看法和注意力的改变而改变。中国共产党是中国特色社会主义事业的领导核心。党的领导是依法治国的根本保证。党制定的大政方针，提出的立法建议，确定的路线方针政策，需要通过国家立法机关的法定程序，才能够成为国家意志，成为全社会一体遵循的行为规范和准则。这一过程是民主的过程，是集思广益的过程，是党的主张和人民意志相统一的过程，是把党的路线方针政策制度化、规范化、定型化的过程。因此，贯彻实施依法治国基本方略，一方面要加强党对立法工作的领导，另一方面又要适应立法工作的特点不断改善党的领导。

第二，全党同志特别是领导干部要牢固树立法制观念，坚持在宪法和法律的范围内活动，带头维护宪法和法律的权威。正因为我们的宪法和法律是党领导人民制定的，遵守宪法和法律与坚持党的领导、服从人民利益是完全一致的。邓小平同志曾明确要求："以后，党委领导的作用第一条就是应该保证法律生效、有效。没有立法以前，只能按政策办事，法立了以后，就要坚决按法律办事。"① 彭真同志也曾明确指出："党员干部遵守和执行法律，就是服从全国人民的意志，就是服从党的领导，就是维护人民的利益。反对和破坏法律，就是违背全国人民的意志，违背党的领导，亦即损害全国人民的利益。"② 1982 年党的十二大首次将"党必须在宪法和法律的范围内活动"的原则写入党章。我国宪法明确规定："一切国家机关和武装力量、各政党和各社会团体、各企业事业组织，都必须遵守宪法和法律。""任何组织或者个人都不得有超越宪法和法律的特权。"这些要求都充分表明，任何削弱宪法和法律权威、损害宪法和法律尊严的行为是坚决不能容许的。

第三，督促、支持和保证国家机关依法行使职权，在法治轨道上推动各项工作的开展，保障公民和法人的合法权益。党的依法执政能力，不仅表现在党自身遵守宪法和法律上，这当然是极为重要的一个方面，而且还表现在党所领导的国家机关的工作上。执政活动就其性质来讲，主要是通过国家政权组织来进行和运作的活动，是行使国家

---

① 中共中央文献研究室编：《邓小平思想年谱》，第 122 页。

② 彭真：《关于七个法律草案的说明》（1979 年 6 月 26 日）。

权力的活动。国家权力是一种公共权力，在社会主义国家中，必须保证国家权力被用来为人民谋利益，维护人民当家作主的各项权利。人类政治文明发展的成果表明，实行法治是规范和保证国家权力运行的最有效的方式。党坚持依法执政，就是要使国家权力机关、行政机关、审判机关、检察机关的各项工作都纳入法治轨道，提高依法办事能力，在法治轨道上推动各项工作的开展。要全面贯彻有法可依、有法必依、执法必严、违法必究的法制工作方针，行政管理机关要严格依法履行管理职责，行政执法机关要严格依法查处违法违规行为，司法机关要严格依法裁判，监督机关要严格依法监督。

第四，加强和改进党对政法工作的领导，支持审判机关和检察机关依法独立公正地行使审判权和检察权，提高司法队伍素质，加强对司法活动的监督。以保证司法公正为目标，逐步推进司法体制改革，形成权责明确、相互配合、相互制约、高效运行的司法体制，为在全社会实现公平和正义提供有力保障。近年来，司法不公、司法腐败、司法上的地方保护主义等问题，日益为各方所关注。能否有效地解决这方面的问题，关系到人民群众的切身利益，关系到我们事业的顺利发展，关系到国家的长治久安，是对我们党执政能力特别是依法执政能力的一个严峻考验。十六届三中全会主要提出三个方面的要求：一是加强和改进党对政法工作的领导，理顺党与司法机关的关系，支持和保证司法机关依法行使职权、履行职责，维护司法权威；二是推进司法体制改革，用改革的办法来解决司法领域中存在的突出问题，为在全社会实现公平和正义提供法制保障；三是加强司法队伍建设，加强对司法活动的监督和保障，保证司法公正和严格执法。

五、依法行政的意义

（一）维护国家法制统一、法律尊严和宪法权威

1. 维护法制的统一

法制，是一国法律制度的总和，包括立法、执法、司法、守法、法律监督的合法性原则、制度、程序和过程。法制的统一是国家统一的基本条件。依法行政原则契合了社会主义法制的基本要求——

"有法可依、有法必依、执法必严、违法必究"。在有法可依上，依法行政对于行政立法的要求，一方面使行政机关的行为有合法依据可循，另一方面要求行政机关履行法定的不作为义务，亦即法律优先和法律保留两个具体原则的要求。在有法必依上，依法行政对行政机关提出了"权责统一"的要求，要求行政机关无论作为、不作为都必须有合法依据。对于法律赋予的职权，行政机关必须保证完成，而不得随意放弃或让渡，不得置法律于不顾。在执法必严上，依法行政对行政机关的执法行为不仅提出了实体合法的要求，还提出了程序合法的要示。实体错误会导致撤销或改变行政行为的后果，而程序错误同样也会导致这一后果。在违法必究上，依法行政一方面要求必须撤销或改变违反宪法、法律的行政规范：另一方面要求必须撤销或改变违法的具体行政行为。通过撤销或改变手段保证依法行政的落实，也是实现依法行政的重要途径。依法行政满足社会主义法制的四方面基本要求，维护了社会主义法制的统一，特别是在行政立法方面要求国务院制定的行政法规、国务院各部门制定的行政规章、地方人民政府制定的行政规章以及其他国家行政机关制定的法规性文件都必须符合宪法、法律的规定。法制的统一对于公民、法人或其他组织合法权益的保障具有非常重要的作用和意义。

2. 维护法律的尊严

法是由一定的物质生活条件所决定的，由国家制定或认可并由国家强制力保证实施的具有普遍效力的行为规范体系。法的目的是维护、巩固和发展一定的社会关系和社会秩序。法的尊严是实现法的目的的前提，法无尊严，何来顺利执行，何来目的实现？如果法律遭到任意的践踏，被轻视、被蔑视、被忽视，国家便不可能发展，不可能建立民主、高效的政府，也不可能保障公民的基本人权。法律在实施过程中必须具有尊严，而法律的尊严要靠行政机关和公民、法人或其他组织去维护。公民、法人或其他组织如果违法，则会承担民事责任、行政责任，构成犯罪的还要承担刑事责任，亦即由特定国家机关对违法者依其法律责任实施法律制裁。保障法律的尊严，要求行政机关特别是行政机关领导遵守法律，行政机关的一切行为都必须符合法律规定。

依法行政是依法治国方略在行政领域中的具体体现，对行政机关及其工作人员提出了遵守法律的要求。根据“权责统一”的原则和要求，行政机关对其违法的行政行为承担法律责任——行政赔偿责任，因此，依法行政起到了维护法律尊严的重要作用。

3. 维护宪法的权威

宪法是集中反映统治阶段的意志和利益，规定国家制度、社会制度的基本原则，具有最高法律效力的根本大法，其主要功能是制约和平衡国家权力，保障公民权利。宪法在国家的法律体系中处于最高地位，具有最高法律效力，即：一方面，宪法是制定普通法律的基础，在适用上优于普通法律，普通法律都必须以宪法的原则为依据，如果普通法律违反了宪法的原则规定，或者全部作废，或者同宪法相抵触的部分作废；另一方面，一切个人和组织都必须严格遵守宪法，使宪法成为各民族、各政党的最高准则，以约束自己的行为，当然行政机关及其工作人员也包括在内。依法行政是依法治国在行政领域内的具体体现，而依法治国是我国一项重要的宪法原则。依法行政对落实依法治国的宪法原则，实现依法治国起重要作用。依法行政要求行政机关在法治进程中必须守法，当然必须遵守宪法的规定，在宪法规定的范围内进行活动，从而保障、维护了宪法的权威。如果行政机关的一切活动不是以维护、保障宪法的权威为出发点，则依法行政将失去其自身的意义。因此，依法行政必须围绕宪法、围绕依法治国这一核心，保证一切活动遵守宪法的规定，从而维护宪法的权威，宪法的最高性。

（二）监督行政机关依法行使职权，维护行政相对人的合法权益

公民、法人或者其他组织对行政机关遵守法纪的情况进行了解和督促，称为行政执法监督。在我国，行政执法监督包括：（1）权力机关的监督。即由各级人民代表大会及其常委会通过听取和审议政府工作报告，调查、质询、询问、视察和检查等手段对行政机关及其工作人员实施的全方位监督。（2）司法机关的监督。即由人民法院和人民检察院通过行政诉讼、行政侵权赔偿诉讼、执行、刑事诉讼、司法建议等监督手段对行政机关及其工作人员的行政行为进行审判、检察的活动。（3）行政机关内部监督。即由行政系统内的各级政府及其所属的各个工作部门之间对行政行为的实施所进行的监察和督促。

包括层级监督和专门监督。（4）政治监督。即由各党派、各政治性社会团体对行政机关及其工作人员的行政行为进行监督。如中国共产党的纪律检察委员会的监督、政治协商制度等。（5）社会监督。即由公民、法人或其他组织对行政机关及其工作人员的行政行为进行的一种没有法律效力的监督。如社会舆论监督、新闻媒体监督、信访、申诉等。依法行政基本原则对于监督行政机关及其工作人员的行政行为具有重要意义。

行政相对人的合法权益包括个人权益、合伙权益、法人权益以及其他组织的权益，其内容包括政治权利和自由、人身权、财产权等法律权利和自由。行政法自其诞生以来，始终是民主法制的一个重要组成部分，必须具有保护行政相对人合法权益的作用。从另一个方面讲，行政法的产生直接起因于解决行政机关与社会之间的纷争的需要，从一定意义上讲，是适应制止公民权利和行政权力的违法行使或滥用的需要而发展起来的。但是，无论是制止公民权利的违法行使或滥用，还是制止行政权力的违法行使或滥用，归根结底，都是保障行政相对人合法权益的实现。依法行政基本原则要求行政机关的职权与行使合法、要求防止行政权无效、违法地运用，从表面上看是对行政机关提出的要求，但这种要求的根本在于维护行政相对人的合法权益。如果不重视对行政权的制约，漠视对行政相对人合法权益的保障，将可能导致与社会主义民主背道而驰的局面。因此，依法行政基本原则虽直接是对行政机关行政行为的监督，但客观上是对行政相对人合法权益的维护和救济。

依法行政基本原则是指导行政机关的行政立法与行政执法的根本原理和基本准则，是依法治国原则在行政领域的具体体现。它对行政机关的抽象立法和具体执法都提出了要求，要求行政机关对其违法行为必须承担责任。因此，依法行政在维护法制的统一、维护法律的尊严、维护宪法的权威、监督行政机关依法行使职权、保障行政相对人合法权益等方面发挥了重要作用，具有重要意义。我们必须严格依法行政，规范政府行为，建构法治政府，才能建设好有中国特色的社会主义法治，建设好高度的社会主义民主与文明。

（本文系2005年8月在中共贵州省委组织部、贵州省人事厅组织的“全省公务员通用能力培训班第1、2期”的讲座讲稿，并为贵阳市白云区人大常委会2004年10月、黔南州独山县政府2005年5月专题讲座讲稿）

落实科学发展观，构建法治社会

科学发展观是一种以人为本，全面、协调、可持续的发展观，是以邓小平理论和“三个代表”重要思想为指导，从新世纪新阶段党和国家事业发展全局出发提出的重大战略思想。十六大提出：发展要有新思路，要实施科教兴国和可持续发展战略；十六届三中全会提出：以人为本，全面、协调、可持续的发展观，要求统筹五个方面的发展，构建社会主义和谐社会。① 胡锦涛总书记2005年春节期间考察贵州，进一步强调要全面落实科学发展观，推动社会主义物质文明、政治文明、精神文明建设与和谐社会建设全面发展。科学发展观的提出，是以胡锦涛同志为总书记的中国共产党在21世纪与时俱进、求真务实，反思并总结既往经济与社会发展而获得的结论。理解科学发展观，不仅要从发展理念、发展模式上入手，而且要从发展战略、指导思想上着眼。我理解科学发展观，概括为“三个一”。第一，“一个核心思想”，即邓小平理论和“三个代表”重要思想。中国特色的社会主义理论和“三个代表”重要思想是一脉相承的，是当代中国的马克思主义，是马克思主义理论与中国社会主义初级阶段的改革与建设的实践相结合的产物，是新时期中国共产党人集体智慧的结晶，也是指引中国维护社会稳定，进行改革发展的行动指南。科学发展观正是在邓小平理论和“三个代表”重要思想的指导下产生的，在实践中会顺应指导思想不断发展，不断丰富和充实内容，将理论与实践更紧密地结合起来，指导社会主义的各项工作。第二，“一个目标”，即构建社会主义和谐社会。社会主义和谐社会，必须把握“社会主义”与“和谐”两个关键词。坚持社会主义制度是我们事业成

① 胡锦涛：《关于完善社会主义市场经济体制的决定》（2003年10月14日）。

败的基本原则，“和谐”是全面建设小康社会需要达到的一种状态。达到“和谐”状态，需要按照十六届三中全会的要求“统筹城乡发展、统筹区域发展、统筹经济社会发展、统筹人与自然和谐发展、统筹国内发展和对外开放”，需要推动物质文明、政治文明和精神文明共同进步，实现经济、社会与人的全面发展。第三，“一个出发点”，即把最广大人民的根本利益作为一切工作的出发点和落脚点。这一精神就是“以人为本”，必须把最广大人民的根本利益放在案头、放在心头，实现好、维护好、发展好人民的根本利益。立党为公、执政为民，落实到最根本处，便是人民群众的切身利益。这是党章规定的根本宗旨，也是每个党组织、党员个人是否达到先进性的最重要座标。

落实科学发展观注重“三个一”，以“一个核心思想”作为指导，以“一个出发点”作为座标，以“一个目标”指引方向。作为一种宏观的发展战略，科学发展观应当注重长效机制，应当注重实效。制度建设是全面贯彻落实科学发展观的根本保证。在制度建设中，首推法治建设。1999 年，宪法已经写入依法治国的基本方略。中国特色的社会主义法治体系已经初步形成，并在不断完善之中。在我看来，科学发展应当注入法治理念，和谐社会应当是法治社会。市场经济是法治经济，法治是市场经济的坚实藩篱；现代政治文明要求民主法治，法治是衡量一国治国理念是否现代化、成熟化的重要标志；而且，法治是保证精神文明正确方向的重要规则。法治理念与规则的广泛普及与切实履行，能为实现国家的长治久安、社会的和谐发展和人们的安居乐业提供最为根本性的前提和最为长效性的保障。因此，科学发展需要法律的支持，需要切实推进依法治国方略。在科学发展与依法治国之间，存在着一种相辅相成、辩证统一的关系。取社会主义法治与科学发展之间关系为题，可见：其一，社会主义法治为科学发展提供稳定的前提，而且对发展形成的成果加以巩固。发展是目标，是执政兴国的第一要务，但稳定是前提。没有政治稳定，一切无从谈起。依法治国是通过树立法律在国家政治、社会生活中的至上地位，依法办事，贯彻“有法可依、有法必依、执法必严、违法必究”，从而创造一个稳定的环境，为经济、社会和人的发展提供必要条件。而且，法律的制定和实施，会对改革与发展取得的各项成果予以巩固，比如说，宪法关于私有财产权保护的规定，就是对改革开放以来取得的各项成果的肯定。这是法治对发展促进与巩固的功能。其二，法律存在一个形成、发展和不断完善的过程，这依赖于是否以正确的发展理念为指导，是否形成现代的发展模式。科学发展观指导法律的不断完善，不断为法律的创制准备条件。现代文明是制度文明，通过制度建设方能为万世开太平。要全面建设小康社会，要构建社会主义和谐社会，既要强调科学发展，又要强调依法治国。

我省是一个资源丰富，山川秀丽，气候宜人的内陆山区省份。经济欠发达，文化相对落后，地理位置上是"三不沿"（不沿边、不沿海、不沿江）地区。贵州省农村人口占大多数，为少数民族聚居和杂居之地。如何在我省全面贯彻落实科学发展观，构建和谐的法治社会？深入学习领会胡锦涛总书记在贵州考察的重要讲话，结合长期在贵州工作的实践，我以为，发展循环经济、推进依法治省、重视民族特点、强调人才战略是落实科学发展观、构建和谐的法治社会的四项紧密联系的至关重要的子工程。第一，循环经济、生态经济是贵州省的最佳选择。我省处于三不沿地区，经济相对落后，生态环境优美但相对脆弱。我省拥有丰富的能源矿产资源、生物资源，具有独特的地形地貌，生态环境保护较为良好，适宜于发展能源业、矿产业、旅游业、绿色产业等。根据地质探测，贵州的水电资源、矿产资源丰富，为发展能源矿产业提供了条件；贵州"六山六水"，旅游资源丰富；贵州拥有独特的气候和土壤条件，生物资源种类繁多，为发展生物制药业、特色食品等绿色产业提供了良好的资源条件。这些都是我省的优势产业，但发展中应当注重不搞破坏性开发，要注重维持生态平衡，不能搞速度至上，应当注意协调与可持续发展。在省委、省政府的领导下，我省在发展模式上正在成功实现转型，循环经济及相关法规的创制便是范例。① 第二，依法治省是推进依法治国的地域性具体步骤。在省委、省政府的领导下，贵州省的依法治省取得了骄人的成

① 2004年7月8日，贵阳市第十一届人民代表大会常务委员会第十四次会议通过《贵阳市建设循环经济生态城市条例》。该条例于2004年9月24日由贵州省第十届人民代表大会常务委员会第十次会议批准。这是我国第一部关于循环经济的法规。条例共分为总则、规划、实施、法律责任4章33条，为贵阳市作为西部欠发达地区的资源型城市实现科学发展提供了法律保障。

绩：近年来，贵州省加大了依法治省方略的实施力度，在依法治省方面取得一定的成绩：加快立法步伐，扩大普法效果，加强执法力度，开展社会治安综合治理，推进基层民主建设，推行政务公开，加大对行政权力的制约与监督等等。这些都是科学发展与依法治国的应有内涵，也是在今后工作中需要不断加强和完善的。第三，强调人才战略。21 世纪是人才的竞争。贵州处于西部开发的前沿，应当在西部开发中发挥自身的优势。现代社会的竞争，更多的是人才的竞争与抢夺。人既是发展的目标，又是发展的手段和重要条件。贵州的发展应当依靠法律制度营造一个投资环境，依靠法律制度创造一个人才向往和人才成长的环境。引资固然重要，但引智更显迫切。贵州当下的情况是人才奇缺，高层次的人才奇缺。如何“筑巢引凤”，创造条件让“孔雀贵州落户”？我认为有几点：一是给人才优厚的待遇，使人才在贵州发展没有后顾之忧；这是“请进来”，即招揽人才的渠道。二是自己培养人才，对本地的有潜力的人才送出去培养，学习经验，开阔视野，这是“走出去”，即培养本土人才。三是为人才去留提供一个良好的渠道。“不为所有，但为所用”才是现代的人才观念。以人为本，重视并重用人才方能使更多的人才为贵州的科学发展献计献策、竭尽心力。这些都需要科学发展观的指导，需要法律制度的规范，需要科学发展观的指导。

全面建设小康社会是一个综合性的目标，不是单一的经济目标；现代文明是物质文明、政治文明和精神文明的结合，不是物质文明的“单兵突进”；发展的理念不再是单纯 GDP 的增速，而是社会的全面进步。依法治国不能局限于纸上的宪法条文，而是具体工作依法办事的原则。我觉得，在我们贵州，贯彻科学发展观，实施依法治国方略，需要在实际工作中进一步落实和贯彻，在具体工作中予以体现。

（本文系 2005 年 2 月 23 日在由中共贵州省委宣传部、贵州省社科联举办的“贵州省社科理论界学习胡锦涛同志视察贵州重要讲话、努力实现我省经济社会发展的历史性跨越座谈会”上的发言，载《贵州日报》2005 年 2 月 24 日）

贯彻科学发展观，实施依法治国方略

科学发展观是一种以人为本，全面、协调、可持续的发展观，是以邓小平理论和“三个代表”重要思想为指导，从新世纪新阶段党和国家事业发展全局出发提出的重大战略思想。科学发展观是一种指导思想和指导观念，是一种发展模式，相对而言，依法治国是一种治国方略，要求在国家政治、社会生活中采取依法办事的方略。从科学发展观与依法治国的关系来看，前者是指导思想，后者是实施方略，统一在中国特色的社会主义事业和中华民族复兴的伟大行动中。以下，我将就科学发展观与依法治国方略谈两点个人的体会：

一、科学发展观与依法治国方略相辅相成

发展是硬道理，是执政兴国的第一要务。如何理解发展，是如何进行社会主义现代化建设的关键问题。以往我们在理解上存在误区，认为单纯的 GDP 增长就是发展，由此形成忽视生态环境和自然资源保护、以牺牲下一代人利益为代价的“发展”模式。党的十六大提出：发展要有新思路，要实施科教兴国和可持续发展战略，实现速度和结构、质量、效益相统一，经济发展和人口、资源、环境相协调，要求在经济发展的基础上，促进社会全面进步，不断提高人民生活水平，保证人民共享发展成果。十六届三中全会更进一步地提出：以人为本，全面、协调、可持续的发展观，提出促进经济社会和人的全面发展，并从统筹城乡发展、统筹区域发展、统筹经济社会发展、统筹人与自然和谐发展、统筹国内发展和对外开放的要求五个方面提出科

学发展的具体要求。① 我觉得，这是我们党和政府对发展理念在认识上的一个巨大进步，“以经济建设为中心”，但并不意味着为经济发展牺牲下一代人的幸福，不顾东西差距、城乡差距的持续扩大，忽视社会其他方面建设的滞后。发展应当是经济、社会和人的全面发展，是社会主义物质文明、政治文明和精神文明的全面进步。

科学发展应当坚持以人为本，就是要以实现人的全面发展为目标。“三个代表”重要思想是指导科学发展指导依法治国的重要理论，是我们建设中国特色社会主义事业的行动指南。“三个代表”重要思想的核心和出发点是代表人民群众的根本利益。人民群众的根本利益是发展，是经济、社会和人的全面、协调与可持续发展。因此，只有从人民群众的根本利益出发谋发展、促发展，不断满足人民群众日益增长的物质文化需要，切实保障人民群众的经济、政治和文化权益，才能“得民心”，赢得广大人民群众的支持，领导全国人民建设中国特色社会主义事业，实现中华民族的伟大复兴。从科学发展的三个限定词来看：所谓全面，是要以经济建设为中心，经济、政治、文化建设全面推进、全面进步；所谓协调，包括统筹城乡发展、统筹区域发展、统筹经济社会发展、统筹人与自然和谐发展、统筹国内发展和对外开放。所谓可持续，是促进人与自然的和谐，实现经济发展和人口、资源、环境的同步发展，而非牺牲下一代利益谋求发展速度与规模，为子孙后代留下隐患。

科学发展观需要制度支持，需要改革传统体制，建立新的制度巩固发展成果。现代文明包括物质文明、政治文明和精神文明，科学发展观要求三个文明整体推进，以物质文明为基础，政治文明为保障，精神文明为支持，保证社会、经济和人的全面发展。法律是一种规范化的制度体系，是人类文明进化到一定阶段产生并对文明具有积极推动作用的制度体系。因此，更确切地讲，科学发展需要法律的支持，需要切实推进依法治国方略。1999 年，我国宪法写入“依法治国方略”，标志着我国已经将建设社会主义法治国家作为一个目标。我认为，在科学发展与依法治国之间，存在着一种相辅相成、辩证统一的关系。

---

① 胡锦涛：《关于完善社会主义市场经济体制的决定》（2003 年 10 月 14 日）。

法治为发展提供稳定的前提。改革、发展与稳定中，改革是路径，发展是目标，稳定是前提。没有稳定，一切无从谈起。依法治国是通过树立法律在国家政治、社会生活中的至上地位，依法办事，贯彻“有法可依、有法必依、执法必严、违法必究”，从而创造一个稳定的环境，为经济、社会和人的发展提供条件。此是其一。其二，通过制定和实施法律，对改革与发展取得的各项成果予以巩固，比如说，宪法确立的关于私有财产权保护的规定，就是对改革开放以来取得的各项成果的肯定，这一肯定为各种各样通过合法经营获得的财产颁发了“保护令状”，对私有企业主辛辛苦苦的积累加以肯定。其三，还有制度本身也在发展，现代文明是制度文明，通过制度建设为万世开太平。建设中国特色的社会主义和实现中华民族的伟大复兴是一项宏大的社会系统工程，这一过程中，加强依法治国，促进科学发展应当得到强调。

二、建设贵州必须依靠科学发展与依法治省

贵州是一个资源丰富，山川秀丽，气候宜人的内陆山区省份。经济欠发达，文化相对落后，在历史上属于蛮荒地区。就现代来看，贵州是山区，农村人口占大多数，为少数民族聚居和杂居之地。如何在贵州省推进依法治省，促进经济社会和人的全面发展。我认为，应当结合省情，注重科学发展，推进依法治省。

（一）重点发展优势产业，注重发展速度、结构和质量

贵州省拥有丰富的能源矿产资源、生物资源，具有独特的地形地貌，生态环境保护较为良好，适宜于发展能源业、矿产业、旅游业、绿色产业等。根据地质探测，贵州的水电资源、矿产资源丰富，为发展能源矿产业提供了条件；贵州“六山六水”，旅游资源丰富；贵州拥有独特的气候和土壤条件，生物资源种类繁多，为发展生物制药业、特色食品等绿色产业提供了良好的资源条件。发展优势产业不能搞速度至上，必须注意速度、结构和质量的合理配置，实施可持续发展。

（二）实施依法治省方略，建设法治政府

近年来，贵州省加大了依法治省方略的实施力度，在依法治省方面取得一定的成绩，在立法、普法、开展社会治安综合治理、加强基层民主建设、推行政务等方面都取得了显著的成效。基于省情的认识，我以为依法治省方略的实施步骤和速度还得加大、加快。法治政府的建设有赖于公民法治意识的增强、立法的完善和政府实施的力度。在贵州，进一步的工作包括：一是普遍提高人们的法治意识，在全社会树立“法大于权”的观念，领导干部的法治意识具有率先垂范的作用，通过各级领导干部的身体力行建立起一种法律治理模式。二是加强对依法行政的监督制约。行政权力的确定与限制非常重要，必须以法律、制度来规范行政人员的行政行为，切实落实行政许可法，贯彻依法行政纲要的精神，制约权力，防止权力滥用，才能为市场经济的健康发展，为公民权利的实现提供条件。第三是拓宽监督渠道，严肃查处违法行政的行为。

（三）重视农村工作，重视民族工作

贵州省的人均 GDP 远低于全国人均水平，属于落后地区，农村人口占大多数；同时，贵州是一个多民族的省份，拥有多个民族自治地方。尽管在西部大开发战略实施的背景下省委省政府做出了巨大的努力，但基于底子薄且长期发展滞后的现状，贵州省许多地区相比东部来说，还是处于一种非常贫穷的状况。如何弥补东西差距、城乡差距，促进贵州的全面发展，我个人认为，应当有三个方面的工作需要加强：第一是加强农村工作，中央在科学发展观的指导下，今年初出台了《关于促进农民增加收入若干政策的意见》。贵州省作为一个地处内地的农村省份，农民问题尤显重要。第二是加强民族工作。民族区域自治制度是我国的一项基本政治制度。众所周知，我党历来重视民族工作，形成了一套行之有效的民族政策和制度。贵州省是一个多民族省份，治下有黔东南、黔南、黔西南 3 个民族自治州、11 个自治县，共有汉、苗、布依、侗、土家、彝、仡佬、水等 49 个民族，少数民族人口占全省总人口的 37.80%。如何充分利用民族优势和现有的民族政策，加快我省的发展，民族的因素应当考虑进来。第三是

西部大开发战略。西部大开发战略是党中央和政府建设小康社会、实现共同富裕的宏伟构想。这是一个背景。中央已经为西部开发投入大量的人力物力，出台了不少优惠政策，贵州作为西部的一个重要省份，应当通过中部省份或直接与东部省份发生联系，争取东西合作，利用东部的资金结合我省的资源条件，形成新的经济增长点。

（四）实施人才强省战略，加大引智力度

贵州处于西部开发的前沿，应当在西部开发中发挥自身的优势。现代社会的竞争，更多的是人才的竞争与抢夺。人才是发展的重要条件，贵州的发展应当靠制度营造一个投资环境，靠制度创造一个人才向往和人才成长的环境。

引资非常重要。西部大开发只有大量资本流入，才会有开发的加速。但是，资本是追逐利润的，良好的投资环境和合理、可预期的资金回报率是决定资金流向的关键。因此，贵州应当注重自身整体投资环境的建设，打好基础，造就资本流入的条件。然而，贵州省的情况现在是人才奇缺，高层次的人才奇缺。这就涉及到一个引智的问题。未来的竞争，是人才的竞争。“孔雀东南飞”，如何“筑巢引凤”，让“孔雀贵州落户”？我认为有几点：一是给人才优厚的待遇，使人才在贵州发展没有后顾之忧；这是“请进来”，即招揽人才的渠道。二是自己培养人才，对本地的有潜力的人才送出去培养，学习经验，开阔视野，这是“走出去”，即培养本土人才。三是为人才去留提供一个良好的渠道。“不为所有，但为所用”应当成为现代的人才观念。这些都需要制度的规范，需要科学发展观的指导。

（本文系2004年7月15日在贵州省社科院、邓小平理论研究基地、省邓小平理论研究会、省经济学会、贵州财经学院“纪念邓小平诞辰100周年学术研讨会——科学发展观与贵州”的演讲稿，载《科学发展观与贵州》，贵州人民出版社2004年11月版）

规范行政许可，构建法治政府

2003年8月27日，《中华人民共和国行政许可法》（以下简称行政许可法）经十届全国人大常委会第四次会议通过，2004年7月1日起施行。这是我国社会主义民主法制建设的一件大事，也是我国政治文明建设的一件大事。行政许可法是继国家赔偿法、行政处罚法、行政复议法之后又一部规范政府行为的重要法律，正如温家宝总理在主持国务院行政许可法学习讲座时强调指出，行政许可法所确立的基本原则和一系列制度、措施，不仅是对行政许可本身的规范和重大改革，也是对整个政府工作的进一步规范，将对行政机关产生重大而深远的影响。作为我国行政法治建设的重要里程碑，行政许可法的制定与实施必将推动行政管理体制改革，推动政府职能转变，推进我国行政许可行为的法制化、规范化，推进我国建设法治政府的整个进程。因此，学习、贯彻和实施好行政许可法是各级行政机关的一项重要责任。我将简要地分析行政许可及其基本原则，介绍我国行政许可法的基本内容，并对现代社会法治政府理念进行探究，与各位共同研究如何贯彻与实施行政许可法。

一、行政许可制度的性质定位与基本原则

行政许可，是一项重要的行政权力，也是一种重要行政法律制度。行政许可关系到行政权力的配置及运作方式，关系到政府与企业事业组织、政府与公民个人等相互关系的处理。

（一）行政许可制度的性质定位

通俗地讲，行政许可制度有“许可”和“不许可”两种情形：

一类是提出申请并被行政机关许可的行政相对人；另一类是未得到行政机关许可的行政相对人。考察中外法制史，较早正式规定行政许可制度的是《阿里亚诺法令》。它是由南意大利的诺曼王国的国王罗杰二世于1140年颁布实施的，西方历史上的第一部近代的王室法典。《阿里亚诺法令》第36条规定，医生无国王签发的执照不得行医。我国先秦时期“春三月，山林不登斧，以成草木之长，夏三月，川泽不入网，以成鱼鳖之长”的规定可以视为行政许可制度的早期规定。西周时期，随着商业的发展，政府直接管制商业市场，规定“宗庙之器，不粥于市”，“用器不中度，不粥于市”等，这些同样属于中国古代行政许可制度。发展到今天，行政许可含义更加广泛，涉及资格的申请、审查、颁发、使用、效力、撤销和废止等。

关于行政许可的性质，历来存在不同的理论争议：赋权说、解禁说和综合说。① 赋权说认为，行政许可是行政机关允许相对人从事某种活动、授予其某种权利和资格的具体行政行为。相对人本没有作出这种行为的权利，亦不具有某种资格，只是由于有了行政机关的允诺和赋予，才获得该项一般人不能从事的权利或一般人所不具有的资格。国家行政机关可以随时变更或取消这种权利。解禁说认为，行政许可是对一般禁止行为的解禁，恢复相对人自由的行为。应受许可的事项，在没有这种限制以前，是任何人都可以作出的行为或享有的资格，因为法律、法规、法令规定的结果，其自由受到限制，所以行政许可是自由的恢复，是相对人不作为义务的解除，而非权利的赋予。综合说认为，行政许可既是对相对人禁止义务的免除，也是对相对人权利、权能、资格的赋予。对行政许可的性质进行准确定位，是行政许可法制化的前提。

我以为，行政许可本质是社会利益与个体利益之间的一种衡量与选择，应当从社会利益与个体利益之间来分析行政许可的本质。行政许可的本质是行政主体在社会利益维护目的与个体利益实现手段之间

① 参见罗豪才主编：《行政法学》（新编本），北京大学出版社1996年版，第175页；张兴祥：《中国行政许可法的理论和实务》，北京大学出版社2003年版，第24页；罗文燕：《权利限制与权利保障——对行政许可制度的再认识》，《行政法学研究》2003年第3期。

的选择与衡量，在管理者而言是一个“放”与“收”的关系。完全放开可能导致社会承担一定的损害后果及损害可能；相对放开则可能在一定条件下既维护个人利益又对社会利益产生积极的影响。相对而言，许可意味着一定的禁止。行政许可存在于相对禁止的范围内，禁止的相对性就反映了禁止设立的衡量性，即在符合条件的情况下选择对相对人直接利益的维护；在相对人不符合许可条件的情况下选择社会利益的维护，预防相对人对社会利益的损害。行政许可实践中，随意行政、恣意行政屡见不鲜。“多头审批”、“重复审批”、“暗箱审批”多在预先规定的“行政程序”中进行，而这些“行政程序”基本上都是行政机关自己制定的。这类“行政程序”实际上是一种“刁难程序”，它与现代行政法治理念格格不入。例如，假如法律规定，凡是提出文化娱乐许可申请的公民，必须在行政机关受理申请的工作人员面前，背诵唐诗《长恨歌》或者跳一曲现代舞，凡是提出酒店经营申请的，必须下厨做出一道原汁原味的鱼香肉丝。诸如此类，都是刁难程序。

（二）行政许可制度的基本原则

考察当今世界各国实行行政许可制度的基本状况，结合我国社会进步和经济发展的实际情况，行政许可制度的基本原则包括：许可法定原则、许可公开原则、许可公正原则、许可与监管相结合原则。

1. 许可法定原则

《行政许可法》第四条明确规定：“设定和实施行政许可，应当依照法定的权限、范围、条件和程序。”许可法定原则是行政合法性原则在行政许可领域中的具体体现，其基本涵义是：行政许可的设定与实施必须严格根据法律的规定，不得与法律规定相违背。内容为：(1) 许可范围法定。行政许可必须防止权力的无制约任意性，以确保社会不失衡、失序，必须严格地界定权力介入权利实施干预的范围与界限。许可范围是指纳入行政许可的事项范围，它必须由法律划定。(2) 许可设定权法定。行政许可的设定权，关系到如何合理地控制行政许可的范围和行政许可权的权限、国家立法权的分配问题。规范行政许可的设定权，才能从根本上解决行政许可的诸多问题。(3) 许可的实施主体法定。行政许可权是一项特定的行政权力，必须由具有法定行政许可权的行政主体来行使，没有法定行政许可权的机关或组织，无权实施行政许可。（4）许可条件法定。行政许可的条件是作出许可或不许可决定的标准或根据。行政许可条件是确保行政许可行为合法、合理，实现行政许可制度作用的核心。

2. 许可公正原则

许可公正原则要求为行政许可权的行使设置合理的边界、条件及其程序。基本要求是：（1）合理设置行政许可范围。行政许可范围是权力的边界。设置行政许可范围必须充分考虑保障社会公共利益和保障相对人合法权利实现这两大因素。（2）合理设定行政许可条件。行政许可决定必须事先审查申请人是否符合法定条件，符合条件的一般应当予以许可，不符合条件的不予许可。（3）合理设定行政许可程序。行政许可程序要求在设定行政许可程序时科学、合理地设定不同种类行政许可的程序，既要通过程序机制起到规范、控制行政许可权、保护相对人合法权益的目的，又要保证行政许可主体有效实施行政许可，确保行政效率。在社会利益与个体利益、权力与权利之间实现均衡。

3. 许可公开原则

许可公开原则是许可法定原则和许可公正原则的外在表现。这是对公民知情权的保障。基本内容包括：（1）行政许可的依据必须事先向社会公开，通过立法明确规定行政许可的标准和条件，减少行政许可中的主观随意性和行政执法人员滥用行政许可权的机会。（2）行政许可的条件公开，行政许可条件必须向社会公开，保障公民在行政许可领域的知情权，避免“密室许可”、“暗箱许可”。（3）行政许可的过程公开，即许可程序公开，以防止行政机关采用武断的专横的程序。（4）行政许可的结果公开。无论是许可或不许可决定，都必须采取书面形式，即制作行政许可决定书送达当事人。对于容易滋生腐败的行政权而言，“阳光是最好的防腐剂”，它既能强化民主政治，又能防止行政腐败。① 行政公开，是宪法上公民知情权在行政法中的具体体现，二战后成为行政法发展的一个新趋势，在行政法中占有十分重要的地位。

---

① 王名扬著：《美国行政法》，中国法制出版社 1995 年版，第 959、960 页。

4. 许可与监管相结合原则

许可与监管相结合原则是指行政主体在行政许可的同时，应当对行政相对人经许可的行为实行依法监管。基本内容包括：（1）行政主体在实施行政许可的同时，应当实行必要的监督管理，实行定期或不定期的监督检查；在监督检查过程中发现行政许可决定错误的，行政主体应当予以撤销；对于因形势的变化或因被许可人的申请需要对行政许可的内容加以变更的，及时地依法予以变更；发现被许可人无许可或未按照许可的内容从事活动，或者未履行相应的法定义务，行政主体应当依法予以处理。（2）行政主体对被许可人实行监管，必须依法而行，对合法活动不得随意进行干涉。依法监管是一项法律义务。

二、行政许可法的主要内容与基本特征

2004 年 7 月 1 日实施的行政许可法有哪些内容，基本特征如何，我略微简要地谈谈。

（一）行政许可法的主要内容

我国行政许可法共 8 章 83 条，以制度创新为宗旨，综合行政的实践情况，借鉴国外的行政许可制度，确立了行政许可的六项主要原则和四项重要制度。

1. 行政许可的原则

行政许可法规定行政许可必须遵循六项原则，即：合法原则，公开、公平、公正原则，便民原则，救济原则，信赖保护原则以及监督原则。具体包括：（1）合法原则。设定和实施行政许可，必须严格依照法定的权限、范围、条件和程序进行。（2）公开、公平、公正原则。关于行政许可的主体、条件、程序等相关的规定必须公布；行政许可的实施和结果，除涉及国家秘密、商业秘密或者个人隐私的外，应当公开；对符合法定条件、标准的申请人，要平等对待、公正处理，不得歧视。（3）便民原则。行政机关在实施行政许可过程中，应当减少环节、降低成本，提高办事效率，提供优质服务。（4）救济原则。公民、法人或者其他组织对行政机关实施行政许可，享有陈

述权、申辩权；有权依法申请行政复议或者提起行政诉讼；其合法权益因行政机关违法实施行政许可受到损害的，有权依法要求赔偿。(5) 信赖保护原则。公民、法人或者其他组织依法取得的行政许可受法律保护，行政机关不得擅自改变已经生效的行政许可，除非行政许可所依据的法律、法规、规章修改或者废止，或者准予行政许可所依据的客观情况发生重大变化，为了公共利益的需要，确需依法变更或者撤回已经生效的行政许可。信赖保护原则下，变更或撤销行政许可给公民、法人或者其他组织造成财产损失的，行政机关应当依法给予补偿。(6) 监督原则。县级以上人民政府必须建立健全对行政机关实施行政许可的监督制度，上级行政机关应当加强对下级行政机关实施行政许可的监督检查，及时纠正行政许可实施中的违法行为。对于公民、法人或者其他组织从事行政许可事项的活动，作出许可的行政机关应当实施有效监督，发现违法行为应当依法查处。

2. 行政许可的具体制度

行政许可包括设定和实施两个环节，各类制度围绕这两个环节进行设计。

(1) 行政许可的设定范围制度

行政许可法对设定行政许可的范围作了两个方面的规定。在可以设定行政许可的事项范围，根据行政许可事项的性质、功能和适用程序，我国行政许可法规定以下六类事项可以设定行政许可：第一，直接涉及国家安全、公共安全、经济宏观调控、生态环境保护以及直接关系人身健康、生命财产安全等特定活动，需要按照法定条件予以批准的事项；第二，有限自然资源开发利用、公共资源配置以及直接关系公共利益的特定行业的市场准入等，需要赋予特定权利的事项；第三，提供公众服务并且直接关系公共利益的职业、行业，需要确定具有特殊信誉、特殊条件或者特殊技能等资格、资质的事项；第四，直接关系公共安全、人身健康、生命财产安全的重要设备、设施、产品、物品，需要按照技术标准、技术规范，通过检验、检测、检疫等方式进行审定的事项；第五，企业或者其他组织的设立等，需要确定主体资格的事项；第六，法律、行政法规规定的其他事项。同时，行政许可法对可以不设定行政许可的事项范围进行了规定：第一，公民、法人或者其他组织能够自主决定的；第二，市场竞争机制能够有效调节的；第三，行业组织或者中介机构能够自律管理的；第四，行政机关采用事后监督等其他行政管理方式能够解决的。这取决于行政许可的价值取向。

(2) 行政许可的设定权制度

行政许可的设定权，是指哪一级国家机关有权设定行政许可、以何种形式设定行政许可、设定行政许可有哪些限制以及设定行政许可需要遵循哪些规则。它属于立法行为的范畴。经过反复研究论证，我国行政许可法对此从四个方面作了规定：

第一，行政许可的设定主体，即有权设定行政许可的国家机关。行政许可法规定，全国人大及其常委会，国务院，省、自治区、直辖市人大及其常委会，省、自治区、直辖市人民政府，依照行政许可法规定的权限可以设定行政许可。其他国家机关，包括国务院部门，一律无权设定行政许可。

第二，行政许可的设定形式，即什么样的规范性文件才能设定行政许可。行政许可法规定，法律，行政法规，国务院的决定，地方性法规，省、自治区、直辖市人民政府规章，在行政许可法规定的权限范围内可以设定行政许可；其他规范性文件，包括国务院部门规章，一律不得设定行政许可。

第三，行政许可设定权限。行政许可法规定：其一，凡行政许可法规定可以设定行政许可的事项，法律都可以设定行政许可。其二，对可以设定行政许可的事项，尚未制定法律的，行政法规可以设定行政许可。必要时，国务院可以通过发布决定的方式设定行政许可，实施后，除临时性行政许可事项外，应当及时提请全国人大及其常委会制定法律，或者自行制定行政法规。其三，对于可以设定行政许可的事项，尚未制定法律、行政法规的，地方性法规可以设定行政许可；尚未制定法律、行政法规和地方性法规，因行政管理需要，确需立即实施行政许可的，省、自治区、直辖市人民政府可以设定临时性的行政许可。临时性行政许可实施满一年需要继续实施的，应当提请本级人大及其常委会制定地方性法规。但是，地方性法规、地方政府规章不得设定应当由国家统一确定的有关公民、法人或者其他组织的资格、资质的行政许可，不得设定企业或者其他组织的设立登记及其前置性行政许可。其设定的行政许可，不得限制其他地区的个人或者企业到本地区从事生产经营和提供服务，不得限制其他地区的商品进入本地区市场。

第四，行政许可设定规则。行政许可法规定设定行政许可必须遵循下列规则：其一，设定行政许可，应当明确规定行政许可的实施机关、条件、程序、期限；其二，起草法律草案、法规草案和省级人民政府规章草案，拟设定行政许可的，起草单位应当采取听证会、论证会等形式听取意见，并向制定机关说明设定该行政许可的必要性、对经济和社会可能产生的影响以及听取和采纳意见的情况；其三，行政许可的设定机关应当定期对其设定的行政许可进行评价，对于随着形势的发展不再需要实施行政许可的，应当对设定该行政许可的规定及时予以修改或者废止。

（3）行政许可的实施制度

行政许可的实施制度包括实施行政许可的主体、程序、费用、监管以及责任等。

第一，实施行政许可的主体。行政许可作为一项重要的行政权力，原则上只能由行政机关实施。因此，行政许可法规定，行政许可由具有行政许可权的行政机关在其法定职权范围内实施。同时，从我国目前的实际情况出发，行政许可法又作了两点补充性规定：一是法律、法规授权的具有管理公共事务职能的组织，在法定授权范围内，以自己的名义实施行政许可；二是行政机关在其职权范围内，依照法律、法规、规章的规定，可以委托其他行政机关实施行政许可。作为一个亲民政府，行政许可法要求相对集中行政许可权，采取“一个窗口”对外，实行统一办理、联合办理或者集中办理。

第二，实施行政许可的程序。行政程序是保证行政权力正确行使的关键。行政许可法按照公开、效能与便民的原则，对行政许可的申请、受理、审查、决定等程序和时限作了明确规定。比如规定申请人可以通过信函、电报、传真、电子数据交换和电子邮件等方式提出申请，不必事事都亲自到行政机关去申请；比如规定行政机关在对行政许可申请进行审查时，如果发现行政许可事项直接关系他人重大利益的，应当告知该利害关系人，并听取申请人、利害关系人的意见等。

第三，实施行政许可的费用。针对行政机关利用行政许可乱收费的问题，行政许可法规定，行政机关实施行政许可和对行政许可事项进行监督检查不得收取任何费用，除非法律、行政法规另有规定。依法应当收取费用的，应当按公布的法定项目和标准执行，费用必须全部上缴国库，并严格执行收支两条线的规定。

(4) 行政许可的监督制度

行政许可法规定，上级行政机关应当加强对下级行政机关实施行政许可的监督检查，及时纠正行政许可实施中的违法行为。具体包括：第一，书面监督检查制度。行政许可监督原则上应当采取书面监督的方式，就是通过核查反映被许可人从事行政许可事项活动情况的有关材料，履行监督责任。第二，实地监督检查制度。书面监督方式难以达到监督效果，需要进行实地检查、核验、检测的，应当进行实地检测。比如，行政许可法规定，行政机关可以对被许可人生产经营的产品依法进行抽样检查、检验、检测，对其生产经营场所依法进行实地检查。第三，属地管辖制度。“谁审批、谁负责、谁监管”。作出行政许可决定的行政机关负有对被许可人从事行政许可事项的活动进行监督检查的责任。第四，举报制度。发现违法从事行政许可事项的活动的任何个人和组织，有权向行政机关举报，行政机关应当及时核实、处理。

(5) 行政许可的法律责任

行政许可的法律责任包括：第一，违法设定行政许可的法律责任。违法设定行政许可的，应当责令设定该行政许可的机关改正，或者依法予以撤销。第二，违法实施行政许可的法律责任。对于行政机关违反法定程序实施行政许可；办理行政许可、实施监督检查，索取、收受他人财物或者谋取其他利益；违反法定条件实施行政许可，该许可的不许可，对不该许可的乱许可；违反规定乱收费等违法行为，由其上级行政机关或者监察机关责令改正，对直接负责的主管人员和其他直接责任人员依法给予行政处分；构成犯罪的，依法追究刑事责任。行政机关违法实施行政许可，给当事人的合法权益造成损失的，应当依法承担赔偿责任。第三，实施许可后不履行监督职责的法律责任。行政机关不依法履行监督职责或者监督不力，造成严重后果的，由其上级行政机关或者监察机关责令改正，对直接负责的主管人员和其他直接责任人员依法给予行政处分；构成犯罪的，依法追究刑事责任。

（二）行政许可法的基本特征

全国人大法工委从1996年着手行政许可法的调研起草工作。九届全国人大常委会将行政许可法列入立法规划，确定由国务院提出法律草案。国务院法制办结合国务院部门行政审批事项，从2000年初开始行政许可法的起草、调研和论证工作，起草了《行政许可法（征求意见稿）》，于2001年7月印发各界征求意见。经反复研究、修改，形成了《行政许可法（草案）》。该草案经2002年6月19日国务院第60次常务会议讨论通过，于2002年7月5日提请全国人大常委会审议。

九届全国人大常委会第29次会议于2002年8月23日首次对《行政许可法（草案）》进行了审议，随后，九届全国人大常委会第31次会议、十届全国人大常委会第3次会议、第4次会议又进行了3次审议。2003年8月27日，《行政许可法》由十届全国人大常委会第4次会议审议通过，共8章83条，自2004年7月1日开始实施。《行政许可法》的制定历时7年，全国人大常委会先后4次审议，其时间之长，讨论次数之多，改动幅度之大，参与面之广，在我国近年来的行政法立法中是非常少见的。我国立法部门和行政部门对行政许可法的立法充分关注和高度重视。我以为，行政许可法具有如下重要特征：

1. 设定权避免一刀切

我国地域广大，情况不一，立法与政策出台与实施都应考虑因地制宜。比较行政许可法与立法法、行政处罚法，前者较好地做到了因地制宜：立法法对部门规章和地方政府规章采取同等对待的态度，在权限、程序和效力等方面基本上作出了相同的规定，而且存在中央高于地方的隐含意义。如在地方性法规与部门规章之间，地方性法规的效力并不高于部门规章（地方性法规高于本级和下级地方政府规章），当二者不一致时由国务院作出裁决。在行政处罚的设定权限上，行政处罚法赋予了部门规章和地方政府规章完全相同的行政处罚设定权：可以设定警告或者一定数量罚款的行政处罚。行政许可法则完全取消了部门规章的行政许可设定权，有限地承认地方政府规章的许可设定权，但给予了非常严格的限制。取消部门规章实际上行使的行政许可设定权，赋予省级地方政府因应时势之需而通过规章设定行政许可的权力，是照顾到各地的具体情况，但是这一设定权的授予必须予以严格的限制。这充分地考虑到各地情况不一，不宜一刀切的因素。

2. 许可与监督并重

行政许可的设定是源头性的规范，而行政许可的监督是过程性的规范。行政许可的监督机制表现在：其一，在行政许可的设定与实施上，引入评价和公民意见反馈制度。行政许可法第 19 条确立了设定行政许可的听取意见和说明理由制度，第 20 条创造性地规定了许可的评价制度以及公民的意见反馈制度。根据行政许可法第 20 条的规定，评价制度有定期评价与适时评价之分：行政许可的设定机关应当定期对其设定的行政许可进行评价，如果认为能够通过市场、行业以及其他方式能够解决的，则应当对设定该行政许可的规定及时予以修改或者废止；行政许可的实施机关则可以对已设定的行政许可的实施情况及存在的必要性适时进行评价，并将意见报告给该行政许可的设定机关。此外，对行政许可的设定与实施，行政许可法鼓励公民的积极参与，公民、法人或者其他组织可以向行政许可的设定机关和实施机关就行政许可的设定和实施提出意见和建议。其二，确定行政机关对行政相对人活动的监督职责。如，行政机关应当对行政相对人从事行政许可事项的活动实施有效监督，履行监督责任（第 10、61 条）；行政机关可以对被许可人生产经营的产品依法进行抽样检查、检验、检测，对其生产经营场所依法进行实地检查，对直接关系公共安全、人身健康、生命财产安全的重要设备、设施进行定期检验等（第 62 条）；对异地违法的，违法行为发生地的行政机关应当依法将被许可人的违法事实、处理结果抄告行政许可的决定机关（第 64 条）；行政机关应当对违法从事行政许可事项活动的举报及时核实和处理（第 65 条）；对未依法履行行政许可所要求的义务的，行政机关应当责令限期改正（第 66、67 条）；等等。其三，建立行政系统的监督自律机制。根据行政许可法的规定，县级以上人民政府应当建立健全对行政机关实施行政许可的监督制度，上级行政机关应当加强对下级行政机关实施行政许可的监督检查，及时纠正行政许可实施中的违法行为（第 10、60 条）；而且，对滥用职权或玩忽职守、超越法定职权、违反法定程序、对不具备申请资格或者不符合法定条件的申请人作出准予行政许可决定等情形的，行政许可决定机关或者其上级行政机关有权予以撤销（第69条）。

3. 行政许可法中的责任制度

如何设计一套切实可行的有效责任制度，是行政立法的重要问题。行政处罚法的法律责任一章规定，当行政机关违法实施行政处罚时，法律只规定了对直接负责的主管人员和其他直接人员依法给予行政处分。这种责任规定，在违法主体与责任主体之间造成一定的脱节，而且实施效果并不理想。

行政许可法中如何规定行政主体及其行政人员的行政责任，立法部门征求了广泛的意见，形成了多种方案。我们面前的行政许可法的法律责任一章，既规定了行政主体及其行政人员一方的责任，又规定了行政相对人的法律责任；既规定了违法实施的责任，还规定了违法设定的责任；不仅针对实体违法规定了法律责任，而且还就行政程序违法规定了法律责任。特色体现在：一是为违法“设定”确立责任。行政许可法第71条规定，违法设定行政许可的，有关机关应当责令行政许可设定机关改正，或者依法予以撤销。二是程序性的制裁的创设。行政许可法在行政相对人的法律责任规定上，设置了程序性的制裁条款，如第78条规定“申请人在1年内不得再次申请该行政许可”，第79条规定“申请人在3年内不得再次申请该行政许可”。

三、法治政府与行政许可法的贯彻与实施

1999年第九届全国人大二次会议通过的宪法修正案明确规定：“中华人民共和国实行依法治国，建设社会主义法治国家。”依法治国是我国的治国基本理念和方略，应当按照依法治国的基本要求推进社会主义现代化建设。依法治国要求建设法治政府，以“法治”理念推动物质文明、政治文明和精神文明的协调发展，实现社会与人的全面发展。

（一）现代政府建设与依法治国方略

行政法治是法治理念在行政领域的具体体现。行政诉讼法、国家

赔偿法、行政复议法、行政处罚法等法律的制定和实施，都是行政法治的推进。行政许可法的制定和即将制定的行政程序法，是行政法治向纵深发展的重要标志。在我看来，行政许可法的制定、贯彻和实施是法治政府的重要前提，法治政府是依法治国方略的必然选择。法治政府必然是有限政府、亲民政府、诚信政府。

1. 推动政府职能转变，建设有限政府

市场经济是法治经济。市场与法治紧密关联。我国宪法已经确立了依法治国的理念与方略，法治理念下的政府应当法律至上，严格依法办事。法治理念指导下的政府应当精简机构、转换职能，即在宪法与法律规定的范围内对国家经济、社会、文化事务进行宏观调控与管理。即建设一个有限政府，严格规范政府行为。行政许可法规定：法律只允许对直接关系国家安全，公共安全，人身健康与生命、财产安全，有限自然资源的开发利用和有限公共资源的有效配置，直接关系公共利益的垄断性企业的市场准入等事项设定行政许可。法律还规定，即使是上述事项，凡通过市场竞争机制调节、行业组织和中介机构规范的自律性管理以及行政机关采用事后监督等方式能够予以规范的，也不得设定行政许可。法治理念下，政府不再是“全能型政府”，而是“有限型政府”，政府的职能将集中在对关系到国计民生、关系到社会稳定等重大事项的调控上。

2. 打破地方保护主义，建设法治政府

法治政府必须法制统一、政令统一。部门分割与地方封锁是阻碍市场经济发展、妨碍行政效率的重要原因。比如说，报章报道的某省投资人马某在2000年准备投资2 000万在市区修建一个小商品批发市场。修建市场必须“跑审批”。但繁复的审批程序令马某遇到重重麻烦。他进入一个“公章旅行”的怪圈。办理全部手续完毕，马某作了一个统计：跑了80多个单位，盖了112枚公章，花了一年半时间，单在审批过程中就花费了70多万元费用。仅仅新开一条人行横道，就花了2万多元。行政许可法取消了中央政府部门的许可设定权，对于地方政府的许可设定权也加以严格的限制，省、自治区、直辖市政府只能因行政管理急需设定不超过一年期限的临时性行政许可。这种规定，对打破地方保护主义和部门封锁、建设法治政府具有重要意义。

3. 确立许可公开原则，建设透明、廉洁政府

必须通过制度来防止腐败。法治政府要求确立一套消除腐败和滥用权力的机制，减少腐败和滥用权力。我国在行政许可领域，特别是在批地、立项与市场准入方面，缺乏这样一套机制，导致许多腐败和权钱交易的大案要案。行政许可法确立的相应制约机制为：首先，法律要求行政许可的事项、条件、程序必须公开，不允许暗箱操作；其次，行政机关实施行政许可，根据其性质，有的必须经过公开招标、拍卖等公平竞争程序，有的必须以经过统一考试为前提，有的必须事先依技术标准和技术规范进行检验、检测、检疫，凡未经过这些法定公开程序的，所实施的行政许可行为将被有权机关撤销或确认无效；行政许可涉及申请人或利害关系人重大利益的，应相对人申请，行政机关要为之举行听证；最后，行政许可的结果应当公开，接受相对人和社会公众的普遍监督。这些为建立透明、廉洁政府提供了较为充分的法律保障。

4. 倡导公正、诚信，建设责任政府

责任意味着守诺，意味着诚信。法治政府是诚信政府，必然要求公正、公平、诚信和信赖保护。行政许可法把规范许可程序作为立法的重要目标，确立了一系列保障公正、公平、诚信和信赖保护的规则和制度：（1）将公平、公正确定为行政许可的基本原则，规定行政机关对任何许可申请人应一视同仁，凡符合法定条件和标准的，均应平等给予获得行政许可的机会；（2）对于有数量限制的行政许可，法律要求行政机关根据受理申请的先后顺序予以许可，或者通过招标、拍卖、统一考试等公平竞争的方式确定被许可人；（3）审查行政许可申请，发现许可事项直接关系第三人重大利益的，行政机关应当告知第三人，申请人、利害关系人有权进行陈述和申辩，行政机关应当充分听取申请人、利害关系人的意见；（4）行政相对人依法取得行政许可后，行政机关不得擅自撤销、变更或注销其许可；当行政许可决定所依据的法律、法规、规章修改或者废止，或者颁发行政许可所依据的客观情况发生重大变化时，为了公共利益需要，行政机关可依法变更或者终止已经生效的行政许可，但应对造成的财产损失依法给予补偿。

5. 提高行政效率，建设亲民政府

法治政府应是亲民政府、便民政府、高效政府。亲民政府要求我们将过去的规制型理念转化为服务型理念。市场经济要求政府的基本功能是提供公共服务。“立党为公、执政为民”正是建设一个高效便民的政府的体现。亲民政府要求各级政府将人民群众的疾苦时刻放在心头，以“权为民所用、情为民所系、利为民所谋”作为标准来衡量工作成效。从非典事件的及时与高效应对到民工欠薪的高度关注，再到关于农民增收问题的政策出台，均反映政府建设的良好动向。行政许可法的通过与实施正是直接针对政府权力的规范行使，体现政府改革旧有体制、转换职能和依法行政的决心。行政许可法出台之前，种种繁琐的行政程序、手续，致使相对人为获得一个许可往往要跑几个甚至几十个政府部门，耗费了大量的时间、精力和金钱。在某些地方或者部门，部分行政机关和公务员受不正当利益驱使，滥设、滥施行政许可来谋取不正当的部门和个人利益，层层审批、处处盖章、公文旅行等现象屡屡发生，蔬菜管理办公室、馒头生产管理办公室成为茶余饭后的笑谈。

行政许可法将便民、高效规定为行政许可行为的基本原则，相应的规则和制度包括：（1）省、自治区、直辖市人民政府经国务院批准，根据精简、统一、效能的原则，可以决定一个行政机关行使有关行政机关的行政许可权；（2）行政许可需要行政机关内多个内设机构审查的，应当确定一个机构统一受理行政许可申请，统一送达行政许可决定；行政许可依法应由地方人民政府两个以上部门分别实施的，本级人民政府可以确定由一个部门受理许可申请，并转告有关部门分别提出意见统一办理（所谓“一站式服务”）；对有些行政许可，当地人民政府可以组织有关部门联合办理、集中办理（所谓“政府超市”）；（3）申请人申请行政许可，其提供的申请材料存在可以当场更正的文字错误、计算错误一类错误，行政机关应要求申请人当场更正，不得以申请材料存在此种错误为由拒绝受理；申请材料不齐全或不符合法定形式的，行政机关应当一次性告知申请人补正；（4）如果申请人提交的申请材料齐全，符合法定形式，行政机关能够当场作出决定的，应当当场作出决定；如不能当场作出决定，则应在法定期限（一般为20日，特定情形为45日）内作出决定，法定期限内不能作出决定的，经本行政机关负责人批准，至多可延长10日，属特定情形的可延长45日。这些规定都是建设亲民、便民的高效政府的重要举措。行政许可法尤其注意到便民的细节照顾，比如在行政许可法的程序中增设了统一的“一个窗口对外”，在许可的申请上，申请书需要采用格式文本的，行政机关应当向申请人提供申请书格式文本，且许可申请可以通过信函、电报、电传、传真、电子数据交换和电子邮件等方式提出。

（二）如何贯彻与实施行政许可法

行政许可法的颁布施行，对进一步推进并深化行政管理体制改革、行政审批制度改革，保障和监督行政机关有效实施行政管理，从源头上预防和治理腐败，都将产生重大而深远的影响。如何贯彻与实施行政许可法，需要在具体制度上进行设计，不断完善实施机制。

1. 清理旧有行政许可

根据行政许可法的规定，许多现行的有关行政许可的法规、规章都要进行相应修改或者予以废止，除国务院的文件之外其他规范性文件设定的行政许可都将失去效力。为了保证行政许可法的顺利实施，必须全面清理有关行政许可的规定。从目前的工作来看，各地方、各部门正在按照国务院的部署认真清理法规，各项工作正在紧锣密鼓进行。以北京市为例，2004年第21次市政府常务会议决定，对市里设定的308项行政许可事项，保留98项，与其他许可事项合并30项，根据需要转为临时许可的6项，取消外来人员就业证、招工“农转非”目标的审批等174项地方性行政许可事项。取消事项占总数的56%。以贵阳市为例，贵阳市人大对已颁布施行的45部地方性法规进行了清理，其中34部法规中共设置了163项行政许可，此次取消了32项，保留131项。这项工作难度很大，需要进一步加紧进行。

2. 完善配套法律法规体系

行政许可法把制度创新摆在突出位置，按照便民、高效的原则，规定了一系列行政许可实施制度，其中许多是对现行行政许可制度的重大改革。比如：相对集中行政许可权制度，“一个窗口”对外制度，行政许可的统一办理、联合办理或者集中办理制度，行政许可信息共享制度，听证制度，行政许可决定中的招标、拍卖制度、行政许可决定的公示制度等。行政许可法仅仅规定了若干大体的框架和原则，具体的操作办法还需要进一步完善。在对旧有行政法律法规体系进行清理的同时，我们还必须制定并完善相关的具体工作制度和工作规程，确保行政许可法确立的制度得到切实施行。

3. 创新行政管理方式

根据十六届三中全会的精神，结合行政许可法的规定，我们需要研究制定推进政府管理创新的方案、措施、办法：一方面，按照行政许可法的规定，继续取消一批不该设定的行政许可事项，真正把政府不该管的事交给企业、市场、行业组织和中介机构，减少政府不必要的行政许可；另一方面，需要建立、完善适应社会主义市场经济体制的新的行政管理方式、机制，在继续加强政府经济调节和市场监管职能的同时，更加重视政府的社会管理、公共服务职能，切实把政府经济管理职能转到主要为市场主体服务和创造良好发展环境上来。要对事前行政许可与事后严格监管并重，规范行政许可行为、强化对行政许可的监督检查，切实管理好行政许可行为。国务院正在制定《全面推进依法行政实施纲要》，相信这一纲要的出台能为我们全面推进依法行政提供详尽的指导。

4. 加强公务员法律培训

行政许可是一项重要的制度，行政许可法是关系到政府与组织、政府与个人的重要法律制度。依法治国的关键是依法行政，必须首先让行政机关的工作人员（公务员）具备行政许可观念，熟悉行政许可的各项制度。知法是守法的前提。国务院法制办主任曹康泰日前说，为了协助各地方、各部门搞好学习、培训，国务院法制办已经为各省、自治区、直辖市和国务院各部门培训了1 562名骨干。这非常不易。通过法律培训或者干部轮训，推动各机关的工作人员学习行政许可法，强调所有办理行政许可事项的工作人员都对行政许可原则和具体制度有准确掌握和深刻理解。

古人曰：徒法不足以自行。① 古人又曰：天下之事，不难于立

① 《孟子·离娄上》。

法，而难于法之必行。① 如何学习、贯彻和实施行政许可法，必须从观念的层面（尤其是政府工作人员）确立法治政府、服务政府和责任政府等理念，从制度层面切实地贯彻落实行政许可法、国家赔偿法等系列行政法律制度，才能从根本上实现依法治国，实践“三个代表”重要思想，推进政治文明建设和全面建设小康社会。

（本文系贵州省铜仁地区行署中心学习组、道真仡佬族苗族自治县县直机关干部“法制专题讲座”的讲演稿，摘要发表于《当代贵州》2004 年第 4 期。）

---

① 张居正：《张文忠公全集》（奏疏三）。

加强人大监督，完善人大制度

今年是“五四”宪法颁行50周年，也是全国人民代表大会制度成立50周年。1954年宪法第2条明确规定人民代表大会制度，并在国家机构中明确人大及其常委会的各项职权。自兹始，人民代表大会制度作为中国的根本政治制度便一直为历次宪法所规定（包括1975年宪法、1978年宪法和1982年宪法）。在此，我想从理论基础和发展途径两个方面来简略谈谈人大的监督权与监督制度。

一、分权学说与权力的制约监督

政治民主化与经济市场化是现代社会发展的两个大的趋势。代议制民主是政治民主化的一个重要表现。

西方的代议制民主起源于分权学说。早在古希腊时期，亚里士多德便提出政体三要素：议事、行政、审判；启蒙思想家洛克提出，国家有三种权力，即立法权、行政权和联盟权（外交权）；孟德斯鸠进一步认为“要防止滥用权力，就必须以权力制约权力”。分权学说的政治实践随着资产阶级政权在西方各国的确立而展开，但是，分权学说的提出并不能掩饰资本主义代议制民主的阶级本质。然而，我们不应当否认代议制民主的巨大历史进步意义，其作为人类政治文明的成果，应当为我们批判性地予以继承。

马克思主义制衡监督理论正是在批判资本主义代议制民主的基础上形成的。马克思总结巴黎公社的经验时指出：“一切有关社会生活事务的创议权都留归公社。总之，一切社会公职，甚至原应属于中央政府的为数不多的几项职能，都要由公社的官吏执行，从而也就处在公社的监督之下。"① 恩格斯指出，社会主义国家仍然"是从社会中产生但又自居于之上并且日益同社会相脱离的力量"，它仍是"和人民大众分离的公共权力"。如此一来，一旦权力失去制约监督，便可能肆虐为害。经过数代马克思主义理论家和实践者的探索，认为"议行合一"制度是一种更为适宜的代议制民主：权力机关授权司法、行政机关，并进行监督，司法行政机关之间实现权力制衡。我国选择人民代表大会制度作为政体，也就是说根本政治制度。宪法规定：人大由民主选举产生，对人民负责，受人民监督；国家的行政机关、审判机关、检察机关由人大产生，对人大负责，受人大监督。1982 年宪法赋予了各级人大及其常委会充分的权力，同时接受党的领导和人民的监督，实现人民的意志。

提出分权学说和权力的制约监督理论，在于区分两种制度的本质差异，从理论本源上划清界限。这样为我们坚持、发展和完善人民代表大会制度提供方向，即不能搞西方的三权分立和议会民主，不能照搬西方的政治制度，而应当坚持人民主权，继承和发展民本精神和代议制民主的精髓，更好地体现人民当家作主。

二、人大监督权及相关制度的完善

宪法赋予人大监督权，但问题在于如何监督，如何更好地实现监督？人大应当学习善于监督。既要敢于监督，又要善于监督，才能达到监督的目的。从目前的现状看，人大的立法和监督工作中，监督工作是人大的薄弱环节，是容易虚化的环节。从监督内容来看，人大监督包括法律监督和工作监督。前者要求对"一府两院"和下一级人大及其常委会违反宪法和法律行为进行监督，包括：立法监督、执法监督、司法监督；工作监督主要包括三方面：一是对"一府两院"工作总体的监督；二是计划和财政预算执行情况的监督；三是人事监督，即对国家机关公务员进行监督，包括选举、任命和免职、撤职等。这里我想谈谈四个问题：

第一是加快制定监督法，完善监督程序。到目前为止，我国没有

---

① 《马克思恩格斯全集》，第 17 卷，人民出版社 1956 年版，第 646 ~ 647 页。

人大监督法，法律仅仅有监督权的授权性规定，没有规定监督的机制、程序等。2002年，安徽省第九届人民代表大会第五次会议通过了《安徽省各级人民代表大会常务委员会监督条例》，对监督的原则、对象、内容、方式以及对工作报告和评议整改报告不满意的处理等问题都作了比较具体的规定。但全国性的立法应付阙如，监督的具体操作和监督的效果没有相应的制度跟进。因此，加快制定监督法，落实监督权，规范和完善监督程序是必要的。监督法可以考虑规定三个层面的内容：（1）监督职权适用的条件和范围，如何启动监督活动即监督如何提起；（2）监督的具体组织及运行，监督与被监督双方的权利义务；（3）监督的法律后果，监督可采取的法律强制手段、奖惩措施等等。

第二是罢免权问题。强调罢免权在于使监督落到实处。监督权容易虚化，容易落空。关键在缺乏落实监督的强力措施作为后盾，故必须为监督权的落实准备后盾。我以为，监督制度能否落到实处与强化罢免权直接相关。恩格斯精辟地指出："为了防止国家和国家机关由社会公仆变成社会主人——这种情况在至今所有的国家中，都是不可避免的——公社采取了两个正确的办法。第一，它把行政司法和国民教育方面的一切职位交给由普选选出的人担任，而且规定选举者可以随时撤换被选举者。"列宁更为直截了当地提出"罢免权，即真正的监督权"，是"直接彻底和立即见效的民主原则"。人民民主要求人民当家作主，人民拥有监督权，其核心便是罢免权。应当通过制度的设计完善罢免的职权、程序，使人大由橡皮图章成为真正管用的钢质图章。

第三是人大司法监督的完善。司法公正是群众呼声较大的问题，也是近年来群众上访的重要因由。"群众利益无小事"。胡锦涛同志一再强调"权为民所用、利为民所谋、情为民所系"，①"要实现好、维护好和发展好人民群众的根本利益"。② 如何更好地运用人大监督权，维护司法公正？听取审议工作报告、重点问题督办、评议司法机

---

① 胡锦涛：《大力发扬艰苦奋斗作风全面落实党的十六大精神》（2002年12月5日）。

② 胡锦涛：《在"三个代表"研讨会上的重要讲话》。

关工作、执法责任制和错案责任追究制等都是人大司法监督制度的较好形式，但在具体监督实践中还需要注意：一要坚持不包办代替，直接办理具体案件；二要把人大司法监督同党内监督、民主监督、舆论监督、群众监督和行政监察监督等多种形式的监督有机结合起来，使之更富有效力；三要加强自身建设，提高人大代表、人大常委会委员的素质。

第四是结合中国国情，进行制度创新。举个例子而言，宪法和法律赋予人大的监督形式包括：质询、询问、组织特定问题调查委员会、罢免、撤职等。实践中形成了执法检查、述职评议、听取工作报告、审查批准计划和预算报告、个案监督、错案责任追究制、组织人大代表视察等各种监督形式。成效都还不错。但也存在一些不足，以个案监督为例，对于极为个别的案件，可以提出质询案或者组织特定问题调查委员会，但如果人大过多地介入个案，不仅会影响人大其他正常工作的开展，还会干涉宪法规定的法院独立审判权。何况，过多的个案监督在监督成本与监督效果等方面未必成功。再举一例，人大专职委员的设置便是个成功的范例，进一步拓展到人大代表的专职化是一种可贵的尝试。

党的领导、人民当家作主和依法治国是紧密结合在一起的。党的领导是历史的选择，是人民的选择，加强和改善党的领导，是各级人大行使监督职能的根本保证和前提；人大制度是实现人民当家作主的行之有效的良好形式，依法治国是宪法确立的基本方略。正如胡锦涛同志在首都各界纪念全国人民代表大会成立50周年大会上指出：人民代表大会制度是中国人民当家作主的重要途径和最高实现形式，是中国社会主义政治文明的重要制度载体。① 我们在方向上必须坚持人民代表大会制度；在发展道路上，必须加强和落实人大监督，进一步完善人大制度。

（本文系2004年10月22日在中央编译局比较政治与经济研究中

---

① 胡锦涛：《在纪念全国人大成立50周年大会上的讲话》（2004年9月15日）。

心、全国国际民主学会、贵阳市人大常委会举办的“加强人大监督权的有效实现国际研讨会”上的发言稿）

依法治国与以德治国

2001年年初，江泽民同志在全国宣传部长会议上指出："我们在建设有中国特色社会主义，发展社会主义市场经济的过程中，要坚持不懈地加强社会主义法制建设，依法治国，同时也要坚持不懈地加强社会主义道德建设，以德治国。"① "以德治国"，是以江泽民同志为核心的党和国家第三代领导集体在我国步入新的发展时期提出的重要治国方略，是和"依法治国"方略相辅相成的。"法治"和"德治"并举，是党中央和国务院在新时期指引全国各行各业建设和发展的根本方针。这是我国民主和法制建设的又一座里程碑，更是以江泽民同志为核心的党中央领导全国人民迈向社会主义法治新纪元的政治宣言。"

我们必须清醒地认识到，"德治"思想在我国几千年的古代社会中源远流长，有着根深蒂固的地位和厚重的影响力。虽然古代的"德治"和现代社会的"德治"无论是从内涵上还是从外延上看，都有着显著的差异，但在进行当今的"德治"建设时，必须以"扬弃"的态度对待我国古代的"德治"。

我国的法制建设经过几十年的不断探索、推行、总结和创新，已取得了可喜成绩。但是在法和德的关系认识上，出现了偏颇，在过分强调"法治"的重要作用的同时，忽视或轻视了道德的作用。在多种因素的影响下，出现了道德滑坡现象，各种腐败现象屡禁不止，人们的理想、信念被世俗化、金钱化，法制的进步不能以道德的倒退为代价，不能在法治秩序的井然状态下滋生道德危机。因此，党中央和国务院在这种背景下适时地提出了"以德治国"的治国方略，并强

① 江泽民：《在全国宣传部长会议上的讲话》（2001年1月10日）。

调“依法治国”和“以德治国”必须密切联系起来，不可偏废。法治和德治是相互促进的，一方面，加强法治能赋予社会道德规范以权威性，促进社会道德法制化；另一方面，加强德治能有效提高人们的思想政治素质和精神境界，从而在根本上防范和减少违法乱纪现象的滋生。没有德治支持的法治是没有根基的。在当代中国加强德治是十分必要的。

一、加强以德治国的必要性和重要性

（一）加强以德治国是我国现代化发展进程的迫切需要

1. 社会结构的复杂化需要加强道德的自律性

在人类社会的不同时期，公共社会规范的内容和控制方式是不同的。社会结构的复杂程度直接决定了公共社会行为规范的控制方式。在结构简单的社会中，人们从事生产活动及其他社会活动的空间极为有限，经济组织、家族组织、政治组织等往往合而为一。紧密的社会关系、息息相关的共同利益和人们生存的彼此依赖性，迫使人们不得不自觉地遵守社会组织内部的各种规则。这时的公共社会行为规范体现为习惯、族规和宗教。在这种结构简单、规模狭小的社会里，社会成员道德自律的重要性还未充分凸现。随着生产规模的扩大以及社会生活的多样化，社会组织结构的复杂程度不断提高，维持公共社会行为规范的控制手段也随之改变。社会结构越复杂，社会活动的空间越广阔，个人行为所影响的直接对象就越少，行为后果的直接利益影响也越不明显；相反，在社会幅员广大、组织结构复杂、人口众多而且流动量大的社会背景下，个人的隐匿条件（如居住分散、固定效率下降、网络交往的日益普遍化等）却不断增加。这时，社会成员的道德自律在公共社会行为规范维护中的重要性就日益凸现出来。

2. 科学技术的现代化需要强化德治

“克隆”技术的发展、网络技术的发展以及企业伦理、地球生态等问题的提出，把科技道德问题提到更为重要的地位。高科技的发展需要更加完善的德治，特别是因特网技术的发展和电脑的日益普及，“黑客”的频频侵犯、网上欺诈、网上侵权、网上犯罪等网络技术的非道德化，甚至利用网络实施违法、犯罪，都在一定程度上说明了加强“网上”道德建设的必要性和重要性。

“网上”道德与“以德治国”有非常密切的关系。首先，“网上”道德是“以德治国”的重要组成部分。这是因为，一方面，“网上”思想道德是社会思想道德的重要组成部分，这一部分的思想道德水平不上层次，就会影响整个社会的思想道德水平的提高；另一方面，“网上”思想道德对整个社会思想道德的影响极大，这是被现实所证明了的。“以德治国”的实质是提高整个中华民族的思想文化觉悟和道德修养。没有较高水平的“德”，“以德治国”就无从谈起，而“德”的水平被大大提升以后，“以德治国”就会顺理成章、水到渠成了。在这个意义上，“以德治国”要先治“德”，治“德”包括治“官德”。“缺德”则无以治国。

其次，“网上”道德为“以德治国”提供整治依据和目标。俗语所说的“在外是条龙，在家是条虫”，通常是指人在不同的环境里能力的两重性。在“网上”和在现实生活中道德两重性同样是客观存在的，这是不能否认和消灭不了的，关键是二者的“背离度”有多大和谁是社会道德的真实反映。有学者认为，根据一般的逻辑推理，真实的社会道德水准应该主要由“网上”的道德水准来决定，而不主要由现实生活的道德水准来决定，更不由二者的平均水准来决定。这一推理若能成立，即“网上”道德水准是社会道德水准的真实反映，那么，从“网上”这一“窗口”就可以比较充分地了解社会道德水准的高低和问题所在。

再次，随着时代和信息网络的发展，“以德治国”的重心将向治“网德”上面转移。从整个社会道德建设来讲，目前最突出的道德问题，一是由计划化引发的；二是由于国际互联网的发展，出现“网上”社会思想道德新领域及其影响引发的。对于前者，随着社会主义市场经济体制的最终确立和完成，由此引发的震荡将会减缓；而对于后者，随着时代和信息网络的发展，由此引发的震荡将加剧。随着形势的发展，“网德”建设将是社会主义精神文明建设和“以德治国”的重心。

3. 人的日益现代化和政治的高度民主化需要加强德治

人的现代化首先是观念现代化，造就现代人，首要前提在于培育现代主体意识。现代主体意识具有广泛深刻性，涉及政治、经济和文化各领域；而崇高道德理想信念的确立、理想人格的塑造、高尚品格的培养，是现代主体意识的核心。民主政治的高度发展正需要以大量具有高尚道德的现代人为基础，因为只有这样的现代人才能具备现代的民主意识。

而人的现代化过程实际上就是人的品格、学习、工作能力、家庭理念的不断深化和升华，其中人的理想追求和优良的人格德性是人的现代化的显著标志。社会道德的强化使单个的个体不断联动、交织成日益复杂的社会关系网，优良个性、品格的教化和辐射是大众德性良性发展的基础。而政治的运行过程主要体现为人的主体意识和行为过程的一种互动和对这种互动模式的外化，因此，政治民主化的程度主要通过个体的政治崇拜、对权力的驯服、对集体目标的忘我追求和平等、自由、尊我等价值观的自觉实现来体现的。这种政治的民主化同样需要个体道德和群体道德的协调整合，需要微观伦理和宏观道德的不断建树和催化，即是需要不断的道德建设，才能使个体的现代化和政治的民主化通过“德治”的内外孕化和相互调剂达到一种融会辉映的最佳境界。“政治教育的最高且最重要的任务之一”乃是培养公民的法感情。

（二）加强以德治国是新时期经济转型的需要

社会主义市场经济的发展和对外开放的扩大，极大促进了我国生产力的解放和发展，增强了人们的改革意识、民主法制意识和开拓创新精神。然而与此同时，意识形态的控制方式呈现出更为复杂的状况，如西方资产阶级的政治主张、价值观念和生活方式对我们社会的渗透将进一步加大；商品交换的法则一旦侵蚀到社会政治生活和人们的精神领域，势必引发见利忘义、权钱交易，导致国家意识、集体意识和互助精神、奉献精神的减弱；经济转型期错综复杂的社会矛盾、利益调整以及一些难以预测的突发事件，难免会引发人们思想的波动。尤其是随着改革开放的深化和社会主义市场经济体系的建立，价值观念也趋向多样化。面对新形势，如何在各种思想和文化相互激荡，特别是西方敌对势力加紧对我国渗透的情况下，巩固马克思主义在意识形态领域的指导地位，在广大社会成员中确立健康向上的精神风貌，为实现新世纪发展的宏伟目标提供强大的精神动力和思想保证，在依法治国的同时强化以德治国，是一个关系到我国命运和前途的重要举措。

（三）加强以德治国是社会可持续发展的需要

社会可持续发展战略的一个重要内容是实现社会经济、政治、文化的协调发展。文化是经济和社会可持续发展的重要保证。在社会发展中，文化始终是民族的灵魂和血脉，是凝聚全国各族人民的精神纽带；在现代社会中，文化更是综合国力的重要标志和重要组成部分。现代社会的综合国力是包括自然资源、经济、政治、科技、教育、外交、国民素质、民族意志力、凝聚力等各种物质因素和精神因素相互作用的综合体。文化是精神力量的代表，它以精神财富的形式及对别国的影响力、辐射力显示其综合国力。当今日益激烈的综合国力的竞争，越来越突出地表现为知识力量和文化力量的竞争。而道德信念、道德理想作为文化的核心，在综合国力中尤显其重要性。另外，文化矛盾和文化冲突是社会不安定的重要因素，而先进文化对于调节社会矛盾，整合民族力量，协调社会运行，推动社会全面进步，有着不可替代的作用。一个社会经济的发展，如果没有相应文化环境的形成、人的精神世界的完善，必定是不完美的。

（四）加强以德治国是法治文明建设和发展的需要

1. 加强德治可以通过对人的塑造实现对社会的控制

德国著名法学家耶林说："为权利而斗争是权利人对自己的义务。"① 法律是对公民合法权利的一种强有力的保护措施。法律以国家名义规定基本规则，在社会生活的调整上，法律起主导作用，大部分社会关系要由法律和其他手段进行调整。但有些社会关系的调整，法律只能起辅助的作用，主要应依靠其他手段，如在思想、信仰领域。因为法律作为制度，突出调控尺度的统一性、规范性，严格以事实为根据，考察主体行为对客体产生的实际效果、作用及行为主体应

---

① ［德］鲁道夫·冯·耶林：《为权利而斗争》，胡宝海译，法律出版社1999年版，第12页。

负的责任。法律制度不诉诸良心，不允许渗入主观因素，也不干预和惩办人的思想。而道德行为作为一种价值判断，它虽然也考虑人的行为的社会后果，但关注得更多的是人的内心，是行为主体由自身利益和文明素质熔铸而成的思想动机，带有较为强烈的主观色彩。道德通过对话、交流方式实现对社会的控制。因为，任何社会或国家实际都需要有一种主流道德文化，它可以起到维护社会稳定、保持社会延续的精神支柱作用。

2. 德治对法治文明具有明显的评判功能

一般而言，法治是通过诸多的法律规则来实现的，这些法律规则，不应是人们主观观念和权力意志的任意构造，而是客观事实的综合表现。法律制度的本质及其内在的生命力，在于它要确认和反映社会物质生活的真实内容和发展规律，这其中物质生活条件的因素是从根本意义上起作用的，人们的习俗、社会心理、道德认知等伦理因素及哲学理念等也起着十分重要的作用。应当说，道德与法律有着共同发生、发展的基础，道德也是由物质生活条件决定的。人对自身和他人行为进行道德评价，目的在于判别行为的善恶。在现实生活中，善恶并非抽象原则，而是依据人们的利益来确定的。社会主义道德精神与法律精神具有一致性，它们都凝结着社会主义和共产主义的理想要求。在市场经济和对外开放条件下，社会主义道德所崇尚的顾全大局、诚实信用、互助友爱、机会平等、人道主义、效率优先、兼顾公平等原则规范，也是法律所要包含的内容。这样，使得道德对法治的评判有了实在的根据。

3. 德治对法治文明具有多方面的维护功能

一般来说，道德和法律在现实生活中的实现方式有所不同。法律与社会主导的道德虽然都表现统治阶级的意志，但法律是以“国家意志”的形式出现的。要通过一定法定程序制定，一经产生就具有普遍遵行的效力，并通过一定法律程序修改或废除，这样，法律在现实生活中往往表现为一种事实状态，这种事实状态以反映现实的广泛性要求为主要内容。而道德则以群众意识、社会舆论形式出现的，其发生一般是在阶级的先进分子中首先形成，然后逐步为整个阶级甚至全社会所接受。这样，就社会主义道德通过它的宣传、舆论的作用或力量就有助于法治文明的建设，使人们由外在向内在不断发展，逐步形成行为的自觉性。具体说，道德通过影响人们的观念意识来引导人们的外在行为，通过社会舆论的谴责、批评、赞成或反对及唤起行为者的内心信念，培养善恶判断能力和道德责任感等方式，引导行为者借助于自我认识、自我批判和内心立法把外在的道德要求转化为自愿的行为活动。这个问题在今天的中国就显得特别重要。因为不可否认，现实生活中存在着不同道德价值的冲突，人们对改革的不同理解或存在的某种困惑等已在某些方面影响了法治文明的发展。社会主义市场经济的不断发展，必然冲击旧的经济关系及建立在这种经济关系基础上的各种社会关系，促使人们的生活方式发生变革，并带来人与人之间的利益关系的重组。然而，变革过程并非一蹴而就，新旧力量在相当长时间内往往处于纵横交错之中。这是造成道德困惑、道德冲突的根本原因。①

二、对传统“德治”与“法治”关系的述评

维系中国几千年专制统治的思想基础是儒学宗法，儒学自孔孟发端以来，弘扬四方，又经董仲舒“罢黜百家，独尊儒术”之举使儒学成为正式的官学，倡行天下而恢弘旷延。儒学力主“德治”、施行“仁政”，“道之以德，齐之以礼”，② 重伦理亲情，以德礼为治世之本，以三纲五常为德性标准，“父子有亲，君臣有义，夫妇有别，长幼有序，朋友有信”。③ “伦常之礼”是修身、齐家、治国、平天下的基本准则，大经大法。而对于法律的功效，与礼常相比，则居于次要地位甚至无视法的存在，“德主刑辅”、“隆礼蔑法”，大多数专制者排斥法律的积极功效。“导之以德教者，德教者洽而民气乐；驱之以法令者，法令极而民风衰”。④ 虽然有像韩非、李世民之类的重法主义者，但就整个古代社会的历史长河而言，德治和法治仍然处于一

① 李瑜青：《德治在法治文明建设中的作用》，载《光明日报》2001 年 5 月 29 日。

② 《论语·为政》。

③ 《孟子·滕文公上》。

④ 《汉书·贾谊传》。

种失衡的状态，德治更为统治者所器重和实际操作。“为政先礼，礼其政之本与”,① 古代的德治实际是一种礼治，法律主要以“刑律”为载体。“厚礼轻刑”成为古代社会的一种普遍治理范式。

（一）“礼治”的高度重视

儒家主“礼治”（又称“德治”、“人治”）。《教经·广要首章》说：“安在治民莫善于礼”。《左传》昭公十五年说：“礼，王之大经也”，因为礼能够“经国家，定社稷”。② 儒家认为治国必须依靠统治者自己良好的德行来引导人民，欲治民，先正自身。《论语·颜渊》说：“君子之德风，小人之德草，草上之风必偃。”孔子说：“其身正，不令而行；其身不正，虽令不从”。“一家仁，一家让，一国兴让，一人贪戾，一国作乱”。荀子又说：“君贤者其国治，君不贤者其国乱”，因为“不能正其身，如正人何?”③ 只要统治者自身的道德修好了，就能做到孟子所说的“君仁莫不仁，君义莫不义，君正莫不正，正君而国定矣”。④ 为政在人而不在法，正如荀子所说：“法不能独立，类不能自行，得其人则存，失其人则亡。法者治之端也，君子者法之原也。故有君子，则法虽省，足以偏矣；无君子，则法虽具，失先后之施，不能应事之变，足以乱矣”,⑤ 因而《中庸》得出了“其人存则其政举，其人亡则其政亡”的结论。荀子认为礼治之所以优越，在于“故有良法而乱者，有之矣；有君子而乱者，自古及今未尝闻也”。⑥

在“礼治”派的治国大计中“礼”具有独特的地位。在其看来，首先，礼是人之所以为人，是人与禽兽相区分的关节点。《礼记·曲礼》曰：“夫唯禽兽无礼……是故圣人作，为礼为教人，使人以有礼，知自别禽兽。”其次，礼可区分贵贱、尊卑、长幼、亲疏，《礼记·乐记》曰：“礼者，天地之序也……序，故群物皆别”，又曰：

---

① 《礼记·礼运》。

② 《左传·昭公十五年》。

③ 《论语·子路》。

④ 《孟子·离娄上》。

⑤ 《荀子·君道篇》。

⑥ 《荀子·王制篇》。

"天地尊卑，君臣定矣，卑高以陈，贵贱位矣。动静有常，大小殊矣，人以类聚，物以群分，则性命不同矣。在天成象，在地成形，如此则礼者天地之别矣"，荀子曰："无分者人之大害也，有分者天下之本利也"，他又说："人有三不祥，幼而不肯事长，贱而不肯事贵，不肖而不肯事贤"。

通过礼的规范，使上下尊卑各安其位，从而使社会的秩序井井有条。正因为礼有如此重要的功用，礼被儒家视为"国之干也"、①"国之常也"、②"王之大经也"。③《礼记·曲记上》认为："礼者所以定亲疏，决嫌疑，别同异明是非也"，荀子说："礼者政之挽也，为政不以礼，政不行矣"，"礼者治辨之极也，强国之本也，威行之道也，功名之总也。王公由之所以得天下，不由所以陨社稷也"，荀子说："人无礼则不生，事无礼则无成，国家不礼则不宁"，《礼记·仲尼燕居》说："礼之所兴，众之所治也；礼之所废，众之所乱也"，荀子说："隆礼贵义者其国治，简礼贱义者其国乱"。④

礼的作用如此之大，用之以治国与治民自是无往而不胜的，董仲舒说："古者修教训之官，务以德善化民，民已大化之后，天下常亡一人之狱矣"，"道者所繇适于治之路也，仁义礼乐皆其具也。故圣王已没而子孙长久安宁数百岁，此皆礼乐教化之功也"。《大戴礼记》卷二《礼察》也说："绝恶于未萌，而起敬于微眇，使民徙善远罪不自知"。

在治国之道上，法远不如礼高明，陆贾说："夫法令者所以诛恶，非所以劝善"，桓宽说："法能刑人而不能使人廉，能杀人而不能使人仁"，而礼则能使人"有耻且格"，如同《论语·为政》所谓"道之以政，齐之以刑，民免而无耻。道之以德，齐之以礼，有耻且格"，陆贾《新语》所谓"曾、闵之孝，夷、齐之廉，岂畏死而为哉，教化之所致也"，王符《潜夫论》则相信"民亲爱则无相害伤之意，动思义则无奸邪之心。夫若此者非法律之所使也，非威刑之所疆

① 《左传·僖公十一年》。

② 《国语·晋语》。

③ 《左传·昭公十五年》。

④ 《荀子·议兵篇》。

也，此乃教化之所致也”。

礼不单是治国之良策，而且是长治久安之根本，《孔丛子》说：“尧、舜之化百世不轰，仁义之风远也”。管仲任法，身死则法息，严而寡恩也。《董仲舒对策·汉书本传》说：“教化已明，习俗已成，子孙循之，行五六百岁，尚未败也”。正因为对礼的崇信，儒家对无视上下尊卑，主张刑无等级、一断于法的法家的主张总是不屑一顾，当晋国颁布成文法的时候，《左传·昭公二十九年》载，孔子的评价是“晋其亡乎，失其度矣。……贵贱不衍，所谓度也。……今弃是度也，而为刑鼎。民在鼎矣，何以尊贵？贵何业之守？贵贱无序，何以为国？”①

研究历史，在于古为今用，以史为鉴。古代“德治”思想给我们今天贯彻落实以德治国方略留下了许多有益的启示：

(1) 要以德治国，必须“以民为本”。在古代的“德治”理论中，强调“以民为本”的思想很多。比如孔子的“富民”、“惠民”、“利民”；孟子的“民贵君轻”、荀子的“君舟民水”等。他们强调的方法和形式可以批判地继承和借鉴。全心全意为人民服务的中国共产党和人民政府，是代表最广大人民群众根本利益的，“以民为本”的核心是人民群众的利益高于一切，这是我们最根本的“德”。“全心全意为人民服务，立党为公，执政为民，是我们党同一切剥削阶级政党的根本区别。”② 因此，要以德治国，必须以民为本，做到“三个坚持”：一是要坚持群众观点。坚持群众观点，既是我们党的政治建设的需要，又是我们党以德治国的重要体现。二是要坚持群众路线。人民群众的根本利益是我们党和国家通过制定并执行适合客观实际的路线、方针和政策来体现的。要使路线、方针和政策制定得正确，使广大人民群众获得尽可能多的实际利益，就必须坚持“一切为了群众，一切依靠群众，从群众中来，到群众中去”的群众路线，以人民群众“拥护不拥护、赞成不赞成，高兴不高兴，答应不答应”作为最高衡量标准。这是我们以德治国的重要环节。三是要坚持发展是硬道理的思想。以经济建设为中心，集中力量发展社会生产力，是代

① 《论语·为政》。

② 江泽民：《在庆祝中国共产党成立八十周年大会上的讲话》。

表最广大人民利益的根本所在。只有这样，才能增强综合国力，不断提高广大人民群众的物质文化生活水平。这既是社会主义的本质要求和根本任务，又是我们以德治国的重要内容。

（2）要以德治国，必须强化“德教”。在我国古代的“德治”思想中，特别重要的方面就是“德教”。孔子提出了“导之以德，齐之以礼，有耻且格”等思想，意思是说用道德教育去感化和用道德规范去约束，老百姓不但不犯罪，而且还知道犯罪是可耻的。今天我们贯彻落实以德治国方略，可以批判地借鉴古代要“德治”必须强化“德教”的思想。要按照“三个代表”的要求，站在代表先进文化前进方向的高度，以马列主义、毛泽东思想、邓小平理论为指导，以全心全意为人民服务为核心，以集体主义为原则，以爱祖国、爱人民、爱劳动、爱科学、爱社会主义为基本要求，以职业道德、社会公德、家庭美德等教育为落脚点，坚持不懈地在全社会成员中加强社会主义道德教育。当前，要深入开展马克思唯物主义和无神论教育，反对迷信愚昧，抵制“法轮功”等各种歪理邪说。要大力加强党内的思想政治建设，使广大党员成为遵守社会主义道德的模范，以党员的模范作用带动和影响整个社会风气的好转。“加强社会主义思想道德建设，是发展先进文化的重要内容和中心环节。必须认识到，如果只讲物质利益，只讲金钱，不讲理想，不讲道德，人们就会失去共同的奋斗目标，失去行为的正确规范。要把依法治国同以德治国结合起来，为保持良好的秩序和风尚营造高尚的思想道德基础。”① 要在群众中加强诚实可信的教育，增加公民的信用意识，规范和养成良好的行为和习惯，约束和制止不文明行为，形成扶正祛邪、扬善惩恶的社会风气。要特别重视青少年的思想道德教育，使其树立建设有中国特色社会主义的共同理想和正确的世界观、人生观、价值观。要广泛开展群众性的精神文明创建活动，努力提高全社会文明程度和全民的道德素质。

（3）要以德治国，必须法、德并重。在中国历史上，“法治”和“德治”，一直是治理国家的两种根本手段，但有所偏重，重“德治”而轻“法治”。随着时间的推移，统治者越来越重视“法”的功用，

---

① 江泽民：《在庆祝中国共产党成立八十周年大会上的讲话》。

统治阶级在制定法律的同时，也建立了一套封建的道德体系，而且以法律的形式强制推行其道德观念。这从汉代到清代的刑法志中都可以看到类似的主张。其目的在于“制礼以崇敬，立刑以明威”，双管齐下，维护了当时封建统治阶级的政权。今天，在社会主义国家的治国方略上同样离不开“依法治国”和“以德治国”这两个并驾齐驱的轮子。法治属于政治建设，属于政治文明；德治属于思想建设，属于精神文明。两者虽然属于不同的范畴，但都是管理国家、治理社会成员的行为，而德治是以其说服力和劝导力提高社会成员内在自律意识，从而达到规范行为的目的。在建设有中国特色社会主义和发展社会主义市场经济实践中，必须全面、充分、深刻地认识江泽民同志所提出的“法治”与“德治”相结合的思想，自觉地把“以德治国”和“依法治国”联系起来。立法要注意法律的道义基础，把一些最重要、最基本的道德要求，直接纳入法律的规范中；同时，道德建设特别是道德教育，要把遵纪守法作为社会主义国家公民最基本的道德要求提出来，使法治和德治相互渗透，紧密结合。

(4) 要以德治国，必须“为政以德”。早在春秋战国时期，孔子就提出了“为政以德”的治国主张。他认为：“为政以德，譬如北辰，居其所而众星拱之。”意思是说只要以德为政，社会就像北极星在其位而有众星环绕那样得到臣民的拥护。虽然古代这种“为政以德”的思想带有明显的封建性、阶级性和局限性，但这种以德治国、以德治政的方式是可以批判地借鉴和继承的。在我们今天的社会主义国家里，我们的政府是人民的政府，其根本职责是全心全意为人民服务。因此，必须“为政以德”，做到廉洁、勤政、高效、务实。各级政府机关和每个工作人员都要遵纪守法，勤政廉洁，恪尽职守，无私奉献，高效务实，鞠躬尽瘁。要“为政以德”，还须从严治政：一是严格“入口”。选贤任能，事关重大。必须把好政府工作人员选录、任用的“入口关”。全面贯彻执行干部“四化”方针，坚持德才兼备，任人为贤原则，把干部的道德素质、道德品格作为一条重要标准。二是严格制度。“没有规矩，不成方圆”。要建立起一整套便利、管用、有约束力的机制，进行有效的管理。三是严格监督。“以德为政”，监督至关重要。要把法律监督、群众监督、社会监督、舆论监督、审计监督等有机地结合起来，做到干部的权力行使到哪里，监督工作就实行到哪里。四是严格查处。腐败现象与人民的根本利益水火不容。腐败现象不消除，“为政以德”无从谈起。因此，对腐败案件绝不姑息迁就，一旦发现，无论是谁，无论职位多高，都要严肃查处，坚决打击。

(5) 要以德治国，必须做到“政者，正也”。在古代的“德治”思想中，强调为政者的道德表率作用的很多。比如“政者，正也，子帅以正，孰敢不正”、“其身正，不令而行，其身不正，虽令不从”等，都是讲的统治者或领导者在社会中的示范作用。封建统治者都知道“为政要正”的影响作用，那么，作为全心全意为人民服务的国家机关工作人员更应严于律己，以身作则，率先垂范。各级领导干部和全体工作人员，依据人民授权，代表人民“以德治国”，其立身行事不仅关系到自己个人问题，而且影响到周围的干部群众，甚至影响到社会风气和党风。因此，只有“政者，正也”，才能使各级领导干部和全体工作人员发挥好榜样作用，增强影响力、感召力和凝聚力，带动党风、社会风气的根本好转，提高全民的思想道德水平，推动两个文明建设不断向前发展，使以德治国方略真正落到实处。

(二)“法治”的弱化

古代社会的“法”主要以“刑法（罚）”或“刑律”的方式体现，偏重于惩罚性，“刑罚怒罪”，“准五服以制罪”。① 但礼与刑相比，仍然是“隆礼轻律”、“德主刑辅”。宗法礼规仍然是统治者进行统治的主要手段，法律处于弱化状态。

孔子不否认刑法的作用，他只是认为无论如何应该更重视“礼法”的使用。他说过“导之以政，齐之以刑，民免而无耻”的话，但那主要是对“独任刑法”而言的。他认为“善人为邦百年”然后才可以“胜残去杀”，认为“王者必世（几十年）而后仁”，就是说他认为在社会发展的非常时期刑法不可少，只不过一定要符合“刑中”原则才可以用刑法：“刑罚不中，则民无所措手足。”②

---

① 转引自范忠信：《中国法律传统的基本精神》，山东人民出版社 2001 年版，第 103 页。

② 《论语·子路》。

怎样才能做到“刑罚中”呢？孔子认为，那就要“兴礼乐”，使礼法规范广泛传播，深戒处罚；经过了“导之以德”、“齐之以礼”两道工序之后仍然“导之弗变，化之弗从，伤义以败俗”者，再施之以刑法，强制“齐”之。他认为这样的三部曲是最理想的执法方式，只有在这样“仁至义尽”的情形下用才是适当的，才是“刑中”。如果不按这三步顺序，那么就是“不教而杀谓之虐，不戒视成谓之暴，慢令致期谓之贼”，就是故意设陷阱捕机残害老百姓。

孔子又说：“博学于文，约之以礼，亦可以弗畔（叛）矣夫！”①还说过：“其为人也孝弟，而好犯上者鲜矣！不好乱上而好作乱者，未之有也。”② 这都是讲“礼法”的作用优于“刑法”，“礼法”的约束久而久之能使人“有耻而格”，不犯国家刑法，不“犯上作乱”。

简言之，在古代社会中，全部社会规范大致可以分为三个层次：最高层次是“德”，即纯粹的道德准则或原则，应最优先使用以引导、指示百姓走正路，它是“礼法”和“刑法”的共同圭臬；其次是“礼”即“礼法”，是一种道德与刑法（制定法）之间的混合形态或过渡形态，是一种特殊的强制性的规则，用以约束处罚那些违反“德”的准则而有害社会者；最下是“刑”即国家政令、刑法（合而言之曰“制定法”），用以惩罚那些不守礼法有害国家的人。这三者的使用次序是不能颠倒的。在孔子看来，“生而知之者上也，学而知之者次也，困而学之又其次也，困而不学斯为下矣。”就是说，生而知道遵守道德准则的君子是极少的，而不堪教化蔑视“礼法”的小人也不会太多；社会成员中最多的是上不及“上智”、下不至“下愚”的“学而知”、“困而学知”礼法的人，“礼法”是对社会最大多数成员有用的一种法律形式。这就是儒家之所以特别重视“礼治”的原因。若除开第一个层次即“德”，仅就后两个法律层次而言，儒家更倚重“礼法”、轻视或贬低刑法的作用，并特别强调“刑法”之使用必须以“礼法”使用无效为前提，符合此前提才算是《尚书》所谓“义刑义杀”。

《大戴礼记》进一步阐扬了儒家的这些理论。它把全部社会规范

---

① 《论语·颜渊》。

② 《论语·学而》。

分为“天法”、“德法”、“刑法”三个层次。“天法”就是天旨意，是最高的道德原则；“德法”就是礼义法度，亦即“礼法”；“刑法者，所以威不行德法者也”。除开“天法”这个层次不谈，仅就“德法”、“刑法”两种法律形式而言，该书对这两种法律的轻重主次关系及各自功用作了极为形象的说明：“德法者，御民之衔也……刑者荚（马鞭）也……不能御民者，弃其德法，譬犹御马，弃辔勒而专以荚御马，马必伤，车必败；无德法而专以刑法御民，民心走，国必亡。亡德法，民心无所法循，迷惑失道，上必以为乱无道。苟以为乱我道，刑罚必不克，成其无道，上下俱无道……故曰：德法者，御民之本也。”就是说“德法”（即“礼法”）是治理百姓的最根本的最有效的一种法律。所以《礼记》也强调：“为政先礼，礼其政之本与!”①

“礼法”为什么能成为“经国家、定社稷、序民人、利后嗣”的最有效、最重要的法律呢？这主要是由它本身的特殊性质决定的。为什么“刑法”作用不如“礼法”且常使人“免而无耻”呢？同样是由其自身性质决定的。对这两种法律形态稍作一番比较就可以看出：

第一，“礼法”生于民间，生于社会生活，是自发形成的，似乎体现了共同生活的需要，不是任何外在权威强加给人们的。虽然有统治阶级的有意认可、整理、加工的因素杂于其间，但表面上仍未降低其自发自生、集体无意识共同创作、积久成习的特征。《礼记》云：“夫礼之初，始于饮食”，继而产生“乡饮酒之礼”、“婚姻之礼”、“丧祭之礼”，更后则产生其他吉、凶、军、宾、嘉五礼以及许多指导人们日常交际生活的礼法规范。这些规范与古时人民之间似乎亲密无间，不存在隔阂，不感到有任何外在强加。人们自幼就生活于这些“礼法”规范的氛围中，这些规范不知不觉地成为人们性情、习惯的一部分，深入血液中，即使不完全懂或不能完全按“礼法”细则去做，但对礼法的虔敬是真诚的；感到必须学懂或完全践行，也是人们自发的真诚的心愿。相比之下，“刑法”或国家制定法就是另一种情形。它是国家为了特别的目的有意制造的，强加给人们的。例如国家为了开垦荒地、征集战争费用、强化治安、巩固皇权、打击商业、惩

① 《礼记·礼运》。

治盗贼等目的制定的政令、刑法，往往与传统的社会生活有冲突，所以它往往不得不靠残酷的刑罚去保证法律的实施。商鞅在秦国的立法，与比他稍早一点的希腊雅典执政官德拉古立法，都被称为“血腥的立法”。人们对这种立法的排斥、反感是必然的。所以商鞅特别强调反对“六虱”① ——六种为法律禁止却为社会舆论进而“礼法”肯定的行为；韩非子也大肆声讨“六反”② ——六种“刑法”与“礼法”逆反评价的现象。与民心、“礼法”逆反的制定法当然是难以贯彻实施的。这就是为什么汉代以后统治者特别注重“以礼入律”、“礼法结合”的原因。

第二，“礼法”的适用或执行方式是比较温和的，后果也是比较易于让人接受的，也无明显副作用。在古时，“礼法”的执行手段和“刑法”的执行手段之间有时并无明显区分，但是一般说来，“礼法”的执行手段是在“墨、劓、刖、宫、大辟”五刑之外或“死、流、徙、杖、笞”五刑之外的。如《左传》中所举案件统计的十一种处罚也因为其违背的是“礼法”而不是国家制定法，违背的是大家公认应该遵守的规范，大家也不会认为处罚残酷。社会成员普遍认为刑罚残酷、惨重的，一般是那种“罚非其罪”的情形，如“殷法，弃灰于公道者断其手”及法家李悝的“窥宫者膑，拾遗者刖”、“议国法令者诛，籍其家及其妻氏”、“越城，一人则诛，十人以上夷其乡及族”的立法和商鞅的“民人不能相为隐”的立法。就是说，凡违背众人之情，违背“礼法”的立法，哪怕刑轻也叫残酷，更何况重刑！西汉中期以前的刑事立法，大多是这种情形。因为其违背“礼法”，为众心所排斥、厌恶，所以没有重刑威督简直无法实施。

在古代，“礼法”的强制实施，对那些正在“礼法”的边缘上即将脱出规范的人是一种温和而严厉的警告，而对守“礼法”的人是一种表彰、鼓励，对那些已经违反礼法的人来说则是一次给其留了自新之路的有限惩罚，也不会逼着其“破罐子破摔”下去。这三方面的后果，今日看来，若暂且不分析其阶级性的话，应该说基本上是符合人性和人道的。这种“礼法”的实施监督，是全社会的力量，大

---

① 《商君书·去强》。

② 《韩非子·六反》。

家之间自然而然地互相监督。其强制实施也不会留下什么后遗症。相反，刑法的强制实施，往往违背人心、人性和人道。汉人贾谊就此作过极有力的阐述："以礼义治之者，积礼义；以刑罚治之者，积刑罚。刑罚积而民怨背，礼义积而民和亲……道（导）之以德教者，德教者洽而民气乐；驱之以法令者，法令极而民风衰。"① 这就是说，独任刑法或过分倚重刑法都有败坏民心、败坏社会风气，使人们习惯于残忍或欺诈，使人们道德观念尽丧，最后只剩下畏惧重刑这么一点本能可供统治者利用等副作用。特别是对已受刑罚者来说，反正已经躯体残缺、体面尽丧，虽欲改过自新，其道无由，不如干脆对抗到底。而"礼法"的强制实施就不会如此。可见"礼法"权力小（生杀予夺权力小），作用大；刑法权力大，作用小。两种法律的作用正是这样地二律背反，这也是人世间的规律之一。

由此可见，在中国古代社会中，儒礼宗法占有绝对优势的地位，是专制统治者维系其统治的"国教"，是广大人民群众安身持家的"护身符"。而"法制"则置于较次要的地位，"重礼轻刑"是一种普遍的社会现象，"德治"和"法治"长期处于一种严重失衡的状况。在我们今天的现代化建设中，要用"扬弃"的方法对待古代的"德"、"法"关系，在治理国家和社会时，坚持"依法治国"和"以德治国"并重，使二者有机结合起来。

三、依法治国与以德治国的有机结合

我们今天讨论的德治不是中国古代传统意义上的德治。传统意义上的德治，主张用伦理道德来治理国家、统治人民。这是儒家的一种政治思想。中国古代"德治"不仅仅是社会治理方法的概念，也是反映当时时代特征的概念。我们今天讨论的德治主要是从治理方法上而言的，同时德治的社会基础、性质特点都发生了根本性变化。另一方面，古代的"法治"和现代的"法治"也是差别很大的。古代的"法治"是专门用来惩治、镇压普通百姓的，官僚阶级是不受法律制约的，即所谓的"刑不上大夫"，法律的适用具有明显的不平等性。

---

① 《汉书·贾谊传》。

而且古代的法律非常残酷，“劓、劓、刖、宫、黥”五刑并用，连坐、族刑更显示出古代法律的滥用性，“文公二十年，法初有三族之罪”。对于百姓而言，只有绝对的服从，只有俯首听命的义务，而无任何权利的享有之说，“明主所操者六：生之、杀之、富之、贫之、贵之、贱之”。可见，古代的“法治”和现代意义上的“法治”有着质的差别。但是，对于古代的“德治”和“法治”我们应用“扬弃”的观点来对待它们，要充分吸收其中的合理性和积极性，以有助于我们今天的建设。

法制建设经过近几十年的不断发展和深化，已取得了一定的成绩，但随着对外开放的扩大，西方的一些腐朽生活方式也随之而入，侵蚀了一些思想阵地不稳固的人的灵魂；市场经济的负面效应，使一些人“铜”臭味十足；思想政治工作的弱化、道德和法制教育的滞后也使人们的思想水准不高，这些不良因素的影响造成了在法制建设取得长足进步的同时道德逐步沦丧的畸形局面，各种丑恶现象、腐败行为以及大量的违法、犯罪层出不穷，职业道德、社会公德、家庭伦理大幅度滑坡，有时严重混乱或错位。这种道德的倒退现象不仅给单个的家庭，而且对于整个国家和社会，对于法制建设都带来了不同程度的阻碍甚至破坏。

党的十五大提出了“依法治国”的基本方略，法治化建设正蒸蒸日上。2001 年年初，江泽民同志又提出了“依法治国”和“以德治国”并重的治国之举，“法治”和“德治”相辅相成，互相调剂，有机结合，使我国的现代化建设在“法治”和“德治”的保障下健康有序地向前发展，社会各方面事业协调并进，共创辉煌。

（一）依法治国和以德治国有机结合的必要性和重要性①

1. 依法治国与以德治国相辅相成、相互促进，是一个紧密结合的整体

马克思主义认为，法律和道德都是由一定经济关系决定并为其服务的上层建筑。社会主义法制和社会主义道德作为上层建筑，都产生于社会主义经济基础之上，是社会主义经济关系的反映，共同为社会

---

① 郝铁川：《论依法治国与以德治国》，载《求是》2001 年第 6 期。

主义经济基础服务；都是工人阶级和广大人民意志和利益的体现。它们之间是相辅相成的关系。

首先，社会主义法律和社会主义道德在内容上相互吸收。社会主义道德规范是社会主义法律规范的重要来源。党的十四届六中全会决议指出："社会主义道德建设要以为人民服务为核心，以集体主义为原则，以爱祖国、爱人民、爱劳动、爱科学、爱社会主义为基本要求，开展社会公德、职业道德、家庭美德教育，在全社会形成团结互助、平等友爱、共同前进的人际关系。"这是对我国社会主义道德主要内容的集中概括，而我国的根本大法——《中华人民共和国宪法》已吸收了这些内容。宪法第 27 条第 2 款规定："一切国家机关和工作人员必须依靠人民的支持，经常保持同人民的密切联系，倾听人民的意见和建议，接受人民的监督，努力为人民服务。"第 24 条第 2 款规定："国家提倡爱祖国、爱人民、爱劳动、爱科学、爱社会主义的公德，在人民中进行爱国主义、集体主义和国际主义、共产主义的教育，进行辩证唯物主义和历史唯物主义的教育，反对资本主义的、封建主义的和其他的腐朽思想。"这就把社会主义道德的主要内容上升为国家根本大法，以根本大法的形式肯定其重要性。

不仅如此，许多道德规范通过立法程序已转变为法律规范。例如，围绕孝敬老人这一美德，我国《法安管理处罚条例》、《婚姻法》、《继承法》、《刑法》从财产、人身等不同方面作了保障性规定。经过多年的努力，我国的宪法、刑法、民法、治安管理条例等已对社会公德的主要内容作了吸收；教师法、会计法、法官法、检察官法、人民警察法等法律已对职业道德的主要内容作了吸收；婚姻法、继承法、老年人权益保障法等婚姻家庭方面的立法，已对家庭美德的主要内容作了吸收。

今天的立法是如此，过去的立法也是如此。一部人类法制史已确凿无疑地告诉我们，历来的统治者在立法时，总是努力地把一个社会中最基本、最重要的道德规范挑选出来，通过立法程序上升为法律。从这一点来说，统治阶级的道德不仅是立法的基本原则，许多法律规范也是由道德规范转化而来，法律是一种具有强制性的道德。

社会主义法律意识是社会主义道德的重要组成部分。我国思想道德建设的主要目标之一是提高公民的素质。公民素质包括哪些内容呢？党的十四届六中全会决议指出，当前我国公民素质的主要内容是“思想道德修养”、“科学教育水平”和“民主法制观念”。当通过宣传教育，法律由外在的规范成为公民自觉自愿遵行的规则时，法律规范对公民来说便成为一种道德规范。

其次，社会主义法律和社会主义道德在功能上相辅相成。法律的特点是强调强制和他律；道德的特点是强调教育和自律。法律通过运用强制手段着力约束人的行为，道德通过运用教育的手段着力约束人的动机。法律着重要求的是人的外部行为的合法性，单纯的思想不是法律调整的对象。而道德所要求的不仅仅是人的外部行为，它还要求人们行为动机的高尚、善良。对人们行为的“内在”影响，是道德发挥作用的特殊机制。动机与行为，教育与强制，是道德和法律的不同功能，但又是相互补充、不可分割的。

法律与道德在调整范围方面既有分工，又有协作，而且在一定程度上相互转化。法律调整的一些社会关系，如国家机关的某种职权划分、工作程序、技术规定等，道德是不去调整的；而道德调整的一些社会关系，如爱情关系、友谊关系等，法律同样是不去调整的。但法律与道德调整的范围又不是固定不变的。有些问题原来属于法律调整的领域，根据新的情况，法律可能不再过问而交由道德调整；而有些原来由道德调整的问题，由于新的需要，则可能进入法律调整的领域。

再次，社会主义法律和社会主义道德在实施中相互支撑。社会主义道德的实施主要依靠社会舆论的力量，法律的实施则主要依靠国家强制力，但两者殊途同归，目标都是促进民族素质的提高和社会文明的进步。一个民族素质的提高，单靠国家推动和单靠社会力量推动都是不够的，只有两者形成合力，共同推动，才最为有效。

社会主义法律的制定与实施，有赖于道德素质高的立法者和执法者。保证立法者和执法者不滥用权力，廉洁奉公的重要措施，是建立健全依法行使权力的制约机制，加强对权力运行的监督，使廉政建设法制化。只有人的素质与制度约束之间的良性互动，才能促成廉政、善政。

2. 依法治国与以德治国的结合，是人类历史经验教训的深刻总结

上层建筑可以反作用于经济基础，良好的治国方略可以促进经济

文化发展和社会秩序的稳定。中国封建社会之所以能够长期延续与发展，原因固然很多，但与其“德主刑辅”、“霸王道杂之”的治国方略不无关系。“德主刑辅”的思想肇始于周公的“明德慎罚”，孔子则明确地把德治放在第一位，把法（刑）治放在第二位。用他的话来说，就是“道（导）之以政，齐之以刑，民免而无耻；道之以德齐之以礼，有耻且格”。孟子继承并发挥了孔子的“德主刑辅”思想，突出强调实施德政的重要性，认为只有实行德治，重礼义教化，方能统一天下。既“隆礼”又重法的荀子，主张先礼后法，先教后刑。董仲舒用阴阳学说阐释“德主刑辅”思想，提出“天道之大者在阴阳。阳为德，阴为刑；刑主杀而德主生。”因此，要“大德而小刑。”至此，“德主刑辅”成为封建社会的正统的指导思想。此后一些著名的思想家、政治家的主张，如王充的“文武张设”；李世民的“明刑弼教”；韩愈的“德礼为先而辅以政刑”；丘睿的“礼教刑辟交相为用”；康熙的“以德化民，以刑弼教”等等，都在一定程度上反映了“德主刑辅”的思想。而汉宣帝所说的“汉家自有制度，本以霸王道杂之”，则表明“德（王道）主刑（霸道）辅”的思想已转化为统治者的治国方略。并且大量历史事件告诉我们，凡是只用德治或只用法治的王朝，都走向了衰落、灭亡。战国时期的鲁国和齐国单纯用“德治”，很快被吞并；秦国“专任刑罚”，则至二世而亡。

列宁曾指出，资本主义的国家往往具有牧师和刽子手两种职能。所谓牧师职能，是指资本主义国家利用宗教来约束人的内心活动；所谓刽子手职能，是指资本主义国家利用法律对劳动人民实行专政。宗教是神化的道德，是剥削阶级道德观念的宗教化、神化。剥削阶级用神的力量来宣传和推行自己的道德观念。在一定意义上说，宗教既是“神治”，又是“德治”。因此，与中国“德主刑辅”历史传统不同的是，西方国家有借助神的信仰推行德治的传统。第二次世界大战以后，西方发达国家比较重视由政府来推进道德建设。大体上有两种做法，一是由国家制定统一方案、政策和设置专门机构，统一进行德育管理，如日本、法国、新加坡等国家采取这一方法；二是由国家制定政策，仅仅规定德育的目标，至于具体的道德教育工作，则由相关机构、部门根据对象与工作性质，自由实施，不作强行规定，如美国、加拿大、北欧一些国家采取这一方法。

我国的依法治国与以德治国虽然要借鉴中外历史经验，但在本质和内容上不同于过去，不同于资本主义国家。社会主义国家的道德与法律改变了过去少数人的道德与法律居于支配地位的历史，转而由多数人的道德与法律居于支配地位，这是性质的不同。我们实行依法治国和以德治国，根本目的是为了保证人民群众真正成为国家的主人。依法治国，就是党领导的国家权力机关、行政机关、司法机关和其他社会组织，要按照体现人民意志和利益的法律和制度来治理国家；以德治国，就是要以马列主义、毛泽东思想、邓小平理论为指导，积极建立适应社会主义市场经济发展的社会主义思想道德体系，发展社会主义精神文明。我国社会主义道德以为人民服务为核心，以集体主义为原则，以爱祖国、爱人民、爱劳动、爱科学、爱社会主义为基本要求。这就在内容上既不同于以“三纲五常”为核心的中国封建道德，亦不同于以个人主义为核心的资本主义道德。

3. 坚持依法治国与以德治国的紧密结合，是由法律和道德在调整社会关系中的不同作用及其相互关系决定的

法律和道德都是社会上层建筑的重要组成部分，都是规范人们行为的重要手段，二者相互联系，相互促进，不可偏废。法律是外部强制性的管束，道德是发自内心的自我约束。法律是由国家制定并强制实施的行为规范，属于社会制度范畴；道德是依靠人们的内心信念、传统习惯和思想教育自觉调整的行为规范，属于意识形态范畴。法律和道德虽然不能混淆和相互取代，但是也不能割裂和相互对立。两者建立在共同的经济基础之上并为经济基础服务，都以权利和义务为调整内容，都是维护社会秩序的重要机制和手段，存在着相互渗透、相互转化、相辅相成的关系。如“五爱”已载入我国宪法，同时也是社会主义道德的主要行为规范。一般地说，在我国凡是法律所禁止的行为，也是社会主义道德应当谴责的行为。当某些行为不能够或不便于实施法律制裁时，便用道德手段进行调解；一旦这些行为已经不能靠道德手段调解，则需要采取法律措施。法律的基础是道德，法律的立意和归宿是为了公正。但在现实生活中，法律和道德往往难以达到一致。因为法律难以触及人们的灵魂，只能解决“不敢”和“不准”的问题，却很难解决“不想”和“不愿”的问题。而只有道德，才能启发人的思想觉悟，帮助人们树立正确的世界观、人生观和价值

观。历史上，不论哪一个统治阶级，都总是一方面利用本阶级的法律来维护他们的统治和推行他们的道德规范，另一方面又借助本阶级的道德规范来为他们的统治和法律规范进行辩护。我国古代就有所谓"制礼以崇敬，立刑以明威"；"礼者禁于将然之前，而法者禁于已然之后"，即道德可以引导人们尊重和遵守法律，法律可以作为维护道德的威慑力量；道德可以用来防范尚未发生的违法行为，法律可以制止已经发生的违法行为。法律和道德这种相辅相成的关系说明，无论是单独依靠法律还是单独依靠道德，都难以建立良好、正常的社会秩序。对于一个国家的治理来说，法治与德治，从来都是相辅相成、相互促进的。把"依法治国"与"以德治国"紧密结合起来，合理地开发利用法治和德治两种资源，是建设有中国特色社会主义、发展社会主义市场经济的必然要求。

4. 坚持依法治国与以德治国基本方略，是有中国特色社会主义伟大事业发展的客观需要

(1) 建设有中国特色社会主义的经济，需要依法治国与以德治国相结合。党的十五大报告指出："建设有中国特色社会主义的经济，就是在社会主义条件下发展市场经济，不断解放和发展生产力。"市场经济是法治经济，如今已成共识。主要理由是：市场主体资格要由法律来确认；市场主体的财产所有权要由法律来保护；市场的交易规则要由法律来规定；政府对市场经济的宏观调控主要依赖法律；市场经济带来的贫富分化要由法律确定的社会保障制度来调节。但是，市场经济又是一种信用经济，诚实信用是市场经济活动的道德标准。"信用是推力，推动大家积极讲信用，推动企业发展。毫无疑问，诚信之德的提倡，信用体系的建立是绝不可以缺少的。"在现代市场经济条件下，诚实信用已成为一切市场主体所应遵循的基本原则，它要求市场主体符合于诚实信用的道德标准，在不损害其他竞争者，不损害社会公益和市场道德秩序的前提下，去追求自己的利益。由于市场经济既是法治经济，又是德治经济，所以，依法治国与以德治国相结合，是建设有中国特色社会主义经济的必然要求。

(2) 建设有中国特色社会主义的民主政治，需要依法治国与以德治国相结合。党的十五大报告指出："建设有中国特色社会主义的政治，就是在中国共产党领导下，在人民当家作主的基础上，依法治

国，发展社会主义民主政治。”社会主义民主是依法治国的坚实基础，依法治国又是民主的根本保障。推进社会主义民主政治建设，使人民当家作主真正在中国落实，必须以依法治国作为根本保证。而依法治国又离不开社会主义道德建设。没有浓厚的、与社会主义市场经济相适应的道德气氛和强有力的道德舆论，就没有团结一致的纪律和为建设有中国特色社会主义奋斗的自觉行动，就没有安定团结的政治局面，也就建设不了社会主义法治国家。江泽民同志提出，坚持依法治国，一个重要任务是要不断提高广大干部、群众的法律意识和法制观念。法律意识和法制观念，也是一种道德信念、道德理想。思想是行动的向导。广大干部和群众的思想道德水平的高低，直接影响着依法治国的进程。实践经验说明，法律不健全，制度上有严重漏洞，坏人就会趁机横行，好人也无法充分做好事。实践经验也说明，仅仅只有比较健全和完善的法律和制度，如果人们的法律意识和法制观念淡薄，思想道德素质低，再好的法律和制度也会因为得不到遵守而不起作用，甚至会形同虚设。一种观念的树立，一种意识的培养，需要一个相当长的过程。我们必须坚持不懈地做好法律宣传教育工作，搞好社会主义道德建设，为坚持依法治国打下坚实的思想基础。这是以德治国的重要内容之一。

(3) 建设有中国特色社会主义的文化，必须坚持依法治国与以德治国的结合。党的十五大报告指出：“有中国特色社会主义的文化，就其主要内容来说，同改革开放以来我们一贯倡导的社会主义精神文明是一致的。”社会主义精神文明建设是以德治国方略的具体表现，只有牢固树立以德治国的指导思想，才会对精神文明建设常抓不懈；忽视以德治国的指导思想，则势必对精神文明建设掉以轻心。

社会主义精神文明建设离不开法制保障。教育科学文化事业和思想道德是精神文明建设的两大内容。关于前者，我国已制定了一系列的法律法规。关于后者，党的十四届六中全会决议亦明确指出：“社会主义道德风尚的形成、巩固和发展，要靠教育，也要靠法制。”现在，社会主义精神文明建设作为一项工作已逐步纳入法治化轨道。所以，依法治国与以德治国相结合是建设有中国特色社会主义文化的必然要求。

（二）依法治国和以德治国相结合的途径

既然法治和德治对我们的现代化建设有着如此重要的作用，那么，我们必须采取多种行之有效的措施来使二者有机地结合起来，使二者相得益彰，发挥出良好的互动功效。

1. 坚持依法治国与以德治国的紧密结合，必须在加强法制建设的同时，重视道德教育

在发展社会主义市场经济的条件下，我们不仅必须建立与社会主义相适应的法律体系，不断健全和完善法律制度，而且必须建立与社会主义相适应的思想道德体系。在具体实施中，一方面，要把民主法制教育纳入道德教育的目标任务之中，教育公民树立法治观念和法律意识。要在全社会广泛开展宪法等法律知识和与人们工作、生活密切相关的法律法规的教育，引导人们充分认识法律就是最基本的行为规范，自觉地遵纪守法，在遵纪守法的基础上实践社会主义道德。另一方面，要进一步研究、制定和完善各种道德规范和行政规范。道德规范是靠社会舆论和人们的良知自觉执行的，属于软约束，在被约束对象素质不高的情况下，很可能流于形式。因此，对于社会政治经济活动中的不道德行为，必须借助法律的强制性手段，以弥补道德作用的不足之处，从而保证道德规范的实施。在当代社会，东西方都出现了用法律来规范道德的趋势。这一做法，我们可以借鉴。要认真总结我们自己的经验，借鉴其他国家的有益做法，结合公民目前的道德认知水准，把直接关系到社会稳定、进步的社会公德、职业道德和家庭伦理道德建设中的某些行为纳入法律的范围加以规范，使人们在道德实践领域中尽可能做到有法可依，有规可循。对那些不便于用法律法规约束的道德行为，也要通过德治教育，培育出规范良好的自我养成机制。

2. 运用立法、执法、法制宣传等手段，促进依法治国与以德治国的结合

首先要通过立法，直接把社会主义道德中最低限度的义务法律化，使之取得全社会一体遵行的法律强制力。社会主义道德靠个人的良心和舆论来促障实施。然而，在利益多元化和价值观念多样化的条件下，良心和舆论尚不足以防止反道德的行为发生。在道德体系中，

有一些道德义务是最低限度的义务，它们能否得到普遍遵守意味着社会基本秩序能否存在，必须利用法律手段使之上升为法律义务，以法律制裁为后盾予以强制执行。这样就会大大增强道德义务的约束力，使“软约束”变为“硬约束”。从这种意义上说，法律是道德的底线。我们还可通过立法，以奖励性的手段促进社会道德水平的提高。在对违反最低限度道德义务的行为予以制裁的同时，对见义勇为等先进行为，法律给予各种物质和精神的奖励，积极引导人们向先进榜样学习，培育良好的社会风尚。二要通过公正执法，惩治不道德行为，增强公民社会公德意识、职业道德意识和家庭美德意识。例如，政务公开、审判公开，既可增强公民的监督意识，又可强化公务人员的廉政意识；依法从重从快打击严重的刑事犯罪活动，既可增强公民对国家、社会的信任意识，又可起到预防犯罪的作用；依法打击制造假冒伪劣商品活动，可以促进职业道德；依法惩处虐待老人行为，可以促进家庭美德的培育。三要通过各种形式，开展法制宣传活动，增强公民的法律意识，为社会主义法治的实现奠定道德基础。

3. 倡导责任伦理，加强制度约束

所谓责任，指根据某一社会角色的“义务”来衡量其行为的后果，倘若这一实际后果严重地与其义务要求相悖，就应当承受相应的惩罚。所谓责任伦理，是指担任某一社会角色的人在履行其角色义务时，必须考虑到这一行为的可能后果，并为其承担责任。这应当成为其角色行为的主观道德准则。孟子说：“有官守者，不得其职则去，有言责者，不得其言则去。”其意为：担任着行政官职，没有把事情办好，不能履行其义务，那就应该“辞职”。担任着进言的官职，如果在上者不采纳其进言，那就应该主动辞职。可见，所谓责任伦理就是不允许什么“好心办坏事”，即使真的是出于好心，事情办坏了，也必须承担责任。倡导责任伦理，建立相应的制度制约，可以使各级干部意识到自己肩负的重任，自己的所为皆关乎国计民生，不可不慎，从而提高内在的自觉性；同时借助于有效的制度制约，建立外在的道德制裁机制，以激励负责任的优秀干部，惩戒失职人员。它将有利于增强和巩固党的执政地位。

4. 真正做到“德”与“位”的统一

传统德治的一个基本要求就是“德”与“位”的统一。德治的实施是通过领导者的道德垂范和对民众的道德教化来进行，所以，在德与位的关系上，就要求以德定位，德位一致。这一思想强调了道德水平在选拔领导干部中的决定意义。这是德治在用人方面的突出特征，是德治得以实现的组织、人事保证。尽管在长期的封建社会中由于封建统治阶级道德的虚伪性，这一要求在实际生活中难以实现。但是，我们不能否认，这一原则确实起到了一定的作用，对民族心理也有相当的影响。其集中表现是，中国传统的人才观，强调“立德、立功、立言”，强调“德、识、才、学”；在用人上强调“德才兼备”。总之，在能力和德性的关系上，主张把德放在首位。我们党在干部政策上，也一贯强调“德才兼备”。在进入新时期后，又着重强调干部的“革命化、知识化、专业化、年轻化”，始终把政治觉悟和思想道德放在首位，这是马克思主义政党的根本性质和中国文化传统相结合所使然。这一传统应当继承与发扬。

我们党处于执政党的地位，肩负着管理复杂的现代社会的使命，又面临着世界范围的综合国力的激烈竞争。在这种情况下，对于干部能力的要求就显得十分突出。没有扎实的知识基础，没有世界的眼光，没有较强的管理能力，就难以胜任治国的重任。但是，在突出强调能力的时候，应当在干部选拔、任用上坚持把思想和道德的要求放在首位，同时处理好能力和德性之间的关系。① 中共中央在关于印发《2001 年—2005 年全国干部教育培训规划的通知》中强调了“加强对干部的学习和思想政治教育，是一项长期而紧迫的任务”，最近中组部和中纪委也对领导干部选拔任用方式作了更进一步的规定，要求在选拔各级领导干部中坚决杜绝任人唯亲、搞裙带关系、买官卖官等现象的发生，公开、公正地选拔一批年青的、德才兼备的优秀干部充实到各个机关和各个部门。

5. 依法监督党的工作

从严治党，使广大党员特别是党员领导干部成为遵守社会主义法律和实践社会主义道德的表率，成为法治和德治相结合的有力推动者。依法治国与以德治国是党领导人民治理国家的基本方略。因此，

---

① 上海市邓小平理论研究中心：《论德治与法治的结合》，载《光明日报》2001 年 3 月 27 日。

坚持这一方略，关键在党，特别是党的各级领导干部。党要在宪法和法律范围内活动，督促党员领导干部依法办事。同时，党要成为代表中国先进文化（包括先进思想）前进方向的党，党要成为代表中国先进生产力发展方向的党，党要成为代表中国最广大人民群众根本利益的党，党员干部要成为道德的楷模。榜样的力量是巨大的，示范群体的作用是不可低估的。"党要管党，从严治党，是保持党的先进性和纯洁性，巩固党的执政地位的重要保证。治国必先治党，治党必然从严。……从严治党，必须全面贯彻于党的思想、政治、组织、作风建设，切实体现到对各级党组织、广大党员和干部进行教育、管理、监督的各个环节中去。"①

6. 社会公德不断法律化

将社会公德全部纳入法律调整范围是不可能的，但是，将那些经过社会检验和筛选，并经过实践证明行之有效的，为广大人民群众接受和拥护的一些社会公德法律化，是完全必要的和可能的。我国宪法第24条已明确规定："国家通过普及理想教育、道德教育、文化教育、纪律和法律教育，通过在城乡不同范围的群众中制定和执行各种守则、公约，加强社会主义精神文明建设。"根本大法的这一规定，不仅为我们适度地将某些社会公德法律化确立了指导原则，也为社会公德法律化提供了立法依据。因此我们有理由、有根据把那些关系到群众极为不满，社会公德劝诫又苍白无力的，危害社会风气、社会秩序，毒害人民心灵的"缺德"行为，上升为法律，纳入法律规范所调整的范围，成为公民的法定义务，在国家强制力的保障下，那些丧尽天良，缺德至极的不义之举，慑于法律的威力，会得到抑制，会得到制裁。

7. 树立制度权威，创建良好法治环境

从新世纪开始，我国进入全面建设小康社会、加快推进社会主义现代化建设步伐的新的发展阶段。我们所说的小康社会，不单纯指物质生活水平的提高，也包括思想和精神文化生活的不断进步。只有把法制建设和道德建设紧密结合起来，才能巩固党的执政地位和社会的安定团结，推动社会的全面进步，建设全面发展的小康社会。为此，

---

① 江泽民：《在庆祝中国共产党成立八十周年大会上的讲话》。

要严格执法、执纪。有了法律、法规、制度、纪律，如果不执行、不落实，就会形同虚设，将会破坏制度性约束特别是法律约束的尊严和权威，就会从根本上削弱必须遵纪守法的社会心理和意识，从而导致思想道德水平的滑坡和社会秩序的混乱。必须坚决按照有法必依、执法必严、违法必究、在法律面前人人平等的原则，严格执法、执纪，超越或破坏制度性约束的行为就要受到相应制裁，以此引导、影响人们自觉按照社会倡导的价值观念和道德规范约束自己的行为。

积极探索依法治国与以德治国相结合的途径是我们执政党的一项长期任务。我们要立足于本国实际，认真总结人类历史上的法治和德治实践经验，大胆吸收和借鉴人类社会创造的一切文明成果，“古为今用、洋为中用”，推陈出新。要尊重人民群众的首创精神，总结人民群众在实践中创造的法治和德治的有益经验，最终形成有中国特色的社会主义的依法治国与以德治国相结合的制度和模式。

（本文为在贵阳金筑大学、贵州省教育厅、贵阳市政协、贵阳医学院演讲稿，载《中国法学》2002年增刊）

廉洁从政，执政为民

孔子曰："从心所欲不逾矩"。说的是人的修养达到一定的境界，便可以做到从心所欲而不会超越规矩。作为一名年轻的领导干部，不逾之矩应当引申为党章国法的要求。从心所欲便是执政为民，全心全意为人民服务。如何在执政实践中不逾矩，我认为，必须强化执政为民的理念、牢记"两个务必"，做到"吾日三省吾身"。只有从思想深处把住廉政观、弘扬正气观、坚持服务观，才能在执政实践中"从心所欲"，不仅不"逾矩"，而且通过"矩"的力量（制度建设）推进全面建设小康事业的发展与和谐社会的构建。

一、强化"执政为民"的理念

立党为公与执政为民是紧密联系的，是从不同角度强调"民惟邦本，本固邦宁"。落实到执政的实践中，更为强调的是后者，即执政为民。这是执政党必须牢记的根本理念。

中国的民本思想源远流长。古人为官执政，也多强调"为民"。比如，"民为贵，社稷次之，君为轻"；"民可载舟，亦可覆舟"。由此可见，执政者如果忽视人民的利益，其统治地位不可能牢固。根本上讲，历代统治者"为民"是手段，"执政"才是目的。中国共产党人与历代统治者不一样，执政不是目的，为民才是我们的目的。一句话：为能从根本上"为民"而"执政"。"过去的一切运动都是少数人的或者为少数人谋利益的运动。无产阶级的运动是绝大多数人的、为绝大多数人谋利益的独立的运动。"① 有的同志没有认识到这一点，

① 《马克思恩格斯选集》，人民出版社 1995 年版，第 1 卷，第 283 页。

把中国共产党人与历代统治阶级的"为民执政"相提并论而产生认知上的误区。如果没有廓清这一认识，也就无所谓"强化"。因此，共产党人所想的、所做的、从性质到宗旨，都是以民为本。要说"从心所欲"，就是要从"执政为民"之心所欲。

从"执政为民"之心所欲，其本质是从广大人民的根本利益出发。中国共产党是中国工人阶级的先锋队，同时也是中国人民和中华民族的先锋队。我们党从建立那天起，就把实现共产主义作为党的最高理想和最终奋斗目标，把全心全意为人民服务作为根本宗旨。毛泽东同志指出："共产党是为民族，为人民谋利益的政党，它本身决无私利可图。"① 邓小平同志把中国共产党党员的任务概括为，"全心全意为人民服务，一切以人民利益作为每一个党员的最高准绳。"② 江泽民同志进一步指出，"全心全意为人民服务，立党为公，执政为民，是我们党同一切剥削阶级政党的根本区别。任何时候我们都必须坚持尊重社会发展规律与尊重人民历史主体地位的一致性，坚持为崇高理想奋斗与为最广大人民谋利益的一致性，坚持完成党的各项工作与实现人民利益的一致性。"③

从"执政为民"之心所欲，其行为最终是以人民的利益为归宿。党的十六大报告指出，"贯彻'三个代表'重要思想，关键在坚持与时俱进，核心在坚持党的先进性，本质在坚持执政为民。"④ 立党为公，执政为民，就要"保证把人民赋予的权力真正用来为人民谋利益。"邓小平同志在建设中国特色社会主义实践中，把"人民答应不答应、赞成不赞成、满意不满意"，作为我们各级领导干部做任何事情的出发点和检验依据；把"三个有利于"作为各级领导干部做任何事情的出发点和检验依据。党的十六大提出的全面建设小康社会的目标，这是一个惠及十几亿人的宏伟目标，这是广大人民的初衷，也是中国共产党人的初衷。"执政为民"的理念应该渗及每个党员干部

---

① 《毛泽东选集》，人民出版社1991年版，第3卷，第809页。

② 《邓小平文选》，人民出版社1994年版，第1卷，第257页。

③ 江泽民：《论党的建设》，中央文献出版社2001年版，第505页。

④ 江泽民：《全面建设小康社会，开创中国特色社会主义事业新局面》（2002年11月8日）。

的骨髓，方能堪称“强化”。

二、牢记“两个务必”

胡锦涛总书记在西柏坡考察学习时，要求全党同志一定要牢记毛泽东同志倡导的“两个务必”，首先要从自身做起，从每一位领导干部做起。胡锦涛同志提出，必须牢记“两个务必”，这是在新的历史时期对全党同志的号召。早在党的七届二中全会上，毛泽东同志针对新民主主义革命胜利在即、我们党的工作重心由农村转向城市的新形势，高瞻远瞩地提出了全党同志必须做到“两个务必”的著名论断，即“务必使同志们继续地保持谦虚、谨慎、不骄、不躁的作风，务必使同志们继续地保持艰苦奋斗的作风”。① “两个务必”是我们党永葆艰苦奋斗的政治本色，抵制剥削阶级腐朽思想侵蚀的重要思想武器。

改革开放以来，特别是十三届四中全会以来，我国的社会主义经济建设和社会发展取得了举世瞩目的成就。不少党员领导干部在这期间建功立业，取得了可喜的成绩。这些是值得称颂的。可也有些同志“执政为民”观念不够坚定，在思想深处考虑的是自己的政绩，骨子里藏着的是自己的地位。在各种相关的场合，为已经取得的成绩沾沾自喜。背后隐藏的是居功自傲的情绪，是安逸享乐的情绪。毛泽东同志在党的七届二中全会上指出，“因为胜利，党内的骄傲情绪，以功臣自居的情绪，停顿起来不求进步的情绪，贪图享乐不愿再过艰苦生活的情绪，可能生长”，甚至“经不起人们用糖衣裹着的炮弹的攻击”。② 在成绩面前，稍不留神，就会“福兮，祸之所伏”！须知戒奢以俭，居安思危。党的十六届四中全会指出：党的执政地位不是与生俱来的，也不是一劳永逸的。稍不留神，我们的干部便会犯错误，我们的事业便会受损失。如果听任骄傲情绪蔓延，听任各种享乐现象蔓延，不注重党的建设的加强，我们便可能丧失执政地位。胡锦涛同志让我们重温“两个务必”、牢记“两个务必”具有深刻的内涵和

① 《毛泽东选集》，人民出版社 1991 年版，第 4 卷，第 1439 页。
② 《毛泽东选集》，人民出版社 1991 年版，第 4 卷，第 1438 页。

意义。

有什么样的权力观，就有什么样的地位观、利益观。工作在不同岗位的各级领导干部如果放弃对党的执政地位、党的建设的思考，放弃对自己人生观、价值观的反思，便可能迷失方向。如果每一个党员，特别是每一位领导干部，经常想一想，过去参加革命是为什么，现在作为一名党员尤其是一位领导干部应该做什么，将来身后能为后人留下什么？我们便可以对待权力、金钱、地位抱有坦然的态度。对于领导干部来讲，“两个务必”集中体现为一个权力观的问题。如果想到自己的权力是人民给的，是用来为人民办事的，自然就会多一些忧患意识而谦虚、谨慎、不骄、不躁；自然就容易保持艰苦奋斗的作风。

三、吾日三省吾身

《论语》有言：“吾日三省吾身，为人谋而不忠乎？与朋友交而不信乎？传不习乎？”作为一名领导干部，在执政实践中应当每天多反省自己几次——看看为党和人民办事是否尽心竭力？看看与人的交际是否超出原则？我们应当通过不断学习来提高和加强自身的理论修养，时刻检点自己的言行；应当把廉洁从政、执政为民当作晨钟暮鼓，警钟长鸣。

当下，我们正处在全面建设小康社会与构建和谐社会的关键时期，更要注意领导干部的自省、自律，不断加强理论修养，把执政兴国作为第一要务。领导干部不仅要有良好的权力观，更要有良好的利益观。目前党和国家在经济改革与建设中允许和鼓励一部分地区、一部分人通过诚实劳动和合法经营先富起来，目的是为了加速经济发展、通过先富带动后富，最终实现共同富裕。作为党和国家的各级领导干部，不能看到群众和基层党员中有人先富起来就坐不住了，就想自己也先富起来。这种思想，非常危险。它是以权谋私、权钱交易的根源。领导干部要正确对待合法致富获得的财产，不能以权力限制合法致富，更不能以权力换取财富，搞权钱交易。对于年轻的领导干部，如果没有正确的权力观、利益观和得失观，没有把“执政为民”、“执政兴国”作为自己的理想，而想的更多的是自身的得失，便容易犯下错误。

“三省吾身”要求不仅反思，而且要有结论，还要见之于行动。反思的目的是为了工作的提高和改进。我们年轻领导干部应当做到一日数省，要不断反思，不断提高，努力践行“三个代表”重要思想，时刻体会党代表先进生产力、先进文化发展方向和广大人民根本利益的内涵与意义；要求我们牢牢把握发展这个党执政兴国的第一要务，紧紧围绕经济建设中心，开拓创新，廉洁从政，维护改革、发展、稳定的大局，为全面建设小康社会服务；要求我们继承和发扬党的艰苦奋斗的优良传统和作风，坚决抵制拜金主义、享乐主义，制止奢侈浪费，发扬与时俱进的精神，以良好的领导作风带动政风、带动本单位本地区社会风气的好转；要求我们坚持立党为公、执政为民，保证自己切实为人民掌好权、用好权，切实维护好、实现好、发展好人民群众的根本利益。

廉洁从政，执政为民。这是对党的领导干部的基本要求。廉洁有廉洁的规矩，执政有执政的纪律。二者统一于依法执政。这是新的时代对执政的质的规定性，也是构建和谐社会的首要特征。胡锦涛同志提出和谐社会的首要特征是民主法治。党的十六届四中全会关于执政能力建设的决定也明确要求实现科学执政、民主执政和依法执政。执政实践中，某些同志对依法执政理解不够深入，工作时谨小慎微、放不开手脚，容易满足于现状，不思进取，缺乏开拓创新精神。一方面，他们想从心所欲，进行制度创新，通过创新开拓工作局面，但他们害怕逾越规矩；另一方面，为了不逾越规矩，他们不敢从心所欲，便只能安于现状，做“太平官”。

要做到“从心所欲不逾矩”，必须以强化“执政为民”理念为基础，以“人民利益”为根本的出发点和归宿，牢记“两个务必”，实现科学执政、民主执政、依法执政。执政实践中，常“吾日三省吾身”，与时俱进，充分发挥执政为民的聪明才干。换句话说，以人民的利益为中心，以不损害人民的利益为界限，方能“从心所欲”，真正做到心系百姓、执政为民。

（本文系2002年9月在中共贵州省委组织部组织的青年领导干部成才座谈会上的发言稿）

第二部分 知…易…行…难…

刑事法治・刑法改革

西部开发之刑事法治问题研究

西部开发是一项宏伟的系统工程。解决西部问题，不仅仅是区域经济发展问题，还包括民族团结问题和政治社会稳定问题。社会政治稳定是西部开发顺利进行的前提和保障。因此，本文拟对西部开发中常见犯罪的惩治与防范进行探讨性研究，提出相关刑事对策，以期对西部开发之刑事法治建设有所裨益。

一、西部开发之法治选择与犯罪原因分析

西部开发不只是经济的开发，而是社会的全面互动和协调发展。法律制度是决定和保证经济长期稳定协调发展和社会稳定的基础性力量，是根除观念滞后的关键。

（一）西部开发之法治选择

我们认为，西部开发必须选择法治建设主要是基于以下一些理由：其一，加强法治建设是西部开发顺利进行的重要保障。如同波斯纳之说，经济发展如果离开了法治化的轨道，就会因一时的表面繁荣而走向崩溃的深渊。① 西部开发作为一项系统工程，不仅要求在经济上取得显著的开发成效，而且在民主政治、法制建设、公民素质、民族繁荣和周边关系等诸多方面要求有一个长足的进展。健全完善的法制体系和公正合理的法律程序是西部经济发展的重要保障。其二，加强法治建设是健全和完善我国法制体系的需要。自党的十一届三中全会以来，我国已经形成了一个以宪法为核心、以基本法为框架的较为

---

① Richard · A · Posner, *A Economic Approach to Law Studies*, 1973, p. 382.

健全的社会主义法律体系。这些法律为我国经济发展和政治稳定起到了重要的保障作用。但毋庸讳言，相当一部分的法律法规制定时间较早，不能适应经济的迅速发展和社会形势的变化。对此问题，已经引起理论界和实务界的诸多研究与探讨。① 在立法方面，必须使现有法律适应社会经济发展而立、改、废，健全固有的法律体系；在司法方面，必须顺应西部省情公正执法、培植西部的法治意识。

同时，从国内和国外经济发展的比较来看，法治建设是西部经济发展的前提和基础。东部经济的高速发展对西部开发具有深刻启示：改革开放以来，中国东部地区经济的高速发展（甚至可以形容为"腾飞"）不能不归功于两个因素——一是优惠经济政策的引导，一是完备法制的保障。以广东省为例，系列开发法规为经济的发展营造了良好的法治环境。法治经济取得了显著的成效：地区吸收投资比重由"五五"末的45.6%，迅速上升到"六五"末的52.8%，"七五"末的58.1%和"八五"末的62%。② 西部要发展，必须形成市场观念，建立市场经济体制。市场经济是法治经济，需要完备的法律制度作为保障。借鉴国外开发落后地区的经验，法治建设亦为西部开发所必需。一国在经济发展的过程中必然存在有先有后的地域不平衡现象。这一点非独中国特有。许多国家在开发落后地区（欠发达地区）的进程中积累了许多有益的经验，其中最为重要的一条是：制定相关法律制度，为开发提供坚强有力的法治保障。如美国的《麻梭浅滩与田纳西河流域开发法》（1933）、联邦德国的《联邦区域规划法》（1965）、《投资补贴法》（1969），英国的《特区法案》（1934）、《工业分布法》（1945），日本的《山村振兴法》和《工业再配置促进法》等。这些法律都先后为该国欠发达地区的开发和发展提供了坚实的保障，达到了立法的初衷。立足于我国西部开发的具体国情，借鉴国外的先进立法经验和立法技术，我们认为，西部开发必须坚持经济发展与法治建设同步进行，甚至需要强调法治先行的地位，以便为

① 西南政法大学主办的《现代法学》开辟专栏，展开对西部开发法制建设的研讨；在全国政协九届三次会议上，李雅芳同志提出第74号提案，即建议"制定《中华人民共和国西部开发法》"，以规范西部开发。

② 费洪平：《中国区域经济发展》，科学出版社1998年版，第355页。

西部发展营造良好的社会环境。

（二）西部开发中犯罪原因之分析

西部开发中，影响社会稳定乃至诱发犯罪的诸因素包括：

第一，体制转换导致的社会价值观念、道德体系变迁。西部社会限于地理环境的制约，长期处于贫穷、落后、闭塞的境地，许多地方计划经济体制根深蒂固，人治观念盛行。在向市场经济形态的转换中，城市化进程加快，旧有价值观念、社会道德体系遭到破坏，继起的是一个无序的过渡期。一段时期内，旧社会道德规范失律，新道德伦理观念尚未建立。各种思想观念流行，人们多元的价值观念冲突在失范状态下可能导致越轨行为甚至犯罪行为的产生。

第二，人治观念的盛行和腐败的泛滥。西部长期处于计划经济形态控制下，人治观念深入人心，人们在处理事务、解决纠纷时都诉求于政策力量，对法制存在排斥心理。人治观念和非讼心理的形成导致西部法治观念难以生成。西部腐败现象具有不同于东部的特征，且较东部具有更为严重的危害性。腐败在西部不再是一个表层现象，也不局限于道德范畴。西部开发中，腐败成为一种体制性腐败。在巨大的利益驱动下，将导致一大批党政干部陷入腐败浊流，借“开发”之机行腐败之实。这一点应引起党和政府的高度重视。

第三，西部开发中蕴含的巨大商机是激发贪利性违法犯罪滋生的原因之一。改革开放以来，我国采取的是一种“向东倾斜、梯度推进”的非均衡发展战略。① 在“梯度推进”非均衡战略指导下，各类投资向东部倾斜，中西部地区投资逐年减少：“六五”时期（1981—1985年），东部地区国有单位基本建设投资占全国国有单位基本建设投资

---

① 梯度发展战略在国家宏观调控体系健全、宏观调控机制完善、配套方案兼备的条件下，具有一定的合理性和必要性。但市场经济条件下宏观调控机制不健全、配套方案不完善，便可能导致“先富已富、后富难富”、东西部差距逐步扩大，区域经济差距达到警戒线局面：1978年，东、中、西占全国GDP比重为52%、31%、17%，到1997年则变化为61.46%、23.74%、14.8%。目前，全国近600个贫困县（综合贫困目标）90%以上集中在中西部。徐逢贤等著：《跨世界难题——中国经济发展差距》，社会科学文献出版社1999年版，第147～150页；张敦富主编：《区域经济开发研究》，中国轻工业出版社1998年版，第186页。

比重达47.7%，比“五五”计划时期上升5.5%，“七五”计划时期（1986—1990年）上升到52%，“八五”计划时期进一步上升到55%。1995年，东、中、西部地区投资比重为55.4%、24.26%、14.42%，东部地区为西部地区3.84倍。① 西部大开发的方针政策制定后，投资倾斜力度势必加大对这片曾经荒芜的土地的资金注入。开发中蕴含的巨大商机诱惑的不仅仅是“唯利是图”的合法商人，而且许多不良因素势将诱发贪利性违法犯罪的产生。

第四，西部开发涵盖广西、贵州、云南等10省市区。民族杂居和部分地方少数民族聚居是西部地区显著特点之一。民族关系问题是西部地区最敏感的社会政治问题之一。随着东西部发展差距的不断扩大，西部地区群众心理失衡加剧，加之民族风俗民情多样化问题处置不当，旧社会遗留问题的存在和国外敌对势力的煽动，都可能引发新的民族矛盾，带来民族纠纷，产生社会不稳定因素。

第五，西部大开发过程中，随着公路、铁路、民航、水利、电力等大批基础设施重大骨干工程项目的上马，农业结构要调整优化，工业要加快调整改组和改造步伐，旅游业等第三产业要大力发展。昔日“孔雀东南飞”，今朝“孔雀西部飞”、“民工家乡回”。庞大的“经商潮”、“民工潮”形成巨大的人口流动，流动人口给社会各方面造成巨大的压力，引发系列危机。如不妥善处置，势将产生违法行为乃至犯罪，危及社会治安。

二、适应开发进程，有力打击各类犯罪

犯罪是社会的肿瘤。西部开发中产生的大量违法犯罪势将严重危害开发的顺利进行。这些违法犯罪主要表现在以下这些领域：基础设施建设、资金运用、生态环境保护、知识产权保护和国家安全等。为此，我们必须针对开发中常见的不同犯罪，正确而合理地运用刑罚，予以有力惩治。

---

① 徐逢贤等著：《跨世界难题——中国经济发展差距》，社会科学文献出版社1999年版，第147～150页。

（一）严厉打击基础设施建设领域的多发犯罪

中国有句俗谚：要想富，先修路。实际上，这反映的是经济发展必须以基础设施建设为龙头。基础设施是地区经济发展的“瓶颈”，理应成为地方政府投资建设的重点。当前，发生在基础设施建设领域的犯罪数不胜数，“豆腐渣”工程垮掉的不仅仅是工程本身，还有决定工程上马和招投标的官员。震惊中外的重庆市綦江虹桥垮塌惨案便是一起典型的官员收受贿赂导致工程质量不合格的案件。① 中国刑法典在基础设施建设领域确立的罪名包括：工程重大安全事故罪、教育设施重大安全事故罪、重大责任事故罪、非法转让、倒卖土地使用权罪、串通投标罪等。围绕这些罪名，可能涉及的还有官员的贪污受贿等腐败行为。对此，中国刑法典专门设立专章即第八章“贪污贿赂罪”加以惩治和防范。基础设施建设领域的犯罪危害的是西部开发的基石和“瓶颈”，必须严厉打击方能有效保证开发的顺利进行。

（二）刑法应介入开发资金运用的规范

当前，在加大西部开发力度的大趋势下，西部经济启动基金匮缺。资金不足成为制约西部发展的瓶颈。在力倡西部开发的今天，必须营造良好的投资环境以拓广投资渠道、规范资金去向。西部经济发展条件先天不足，目前国内外投资资金的注入只会着眼于长远的战略考虑，短期行为难以获得高额回报。只有通过完善投资立法，营造一个稳定的法治环境，消除地域间的壁垒，确保国内外资金安全，才能吸引和调动人们去西部“冒险”。对于拓宽投资渠道，主要是依靠经济法的推动作用；对于规范资金运用，便需要刑法的介入以确保资金的有效运用。

目前，西部开发中涉及资金运用的犯罪主要是资金的挪用和侵占。以扶贫资金的挪用为例，它是以有限的财力、物力解决群众温饱，各级政府不得侵占、挪用。然而，在西部部分省区，“吃财政饭”严重，普遍存在挪用扶贫资金发放工资的现象，甚至个别地方挪用扶贫资金大兴土木、超标购车等。国家政策倾斜过程中，大量的

---

① 《法制日报》1999年4月4日；《中国律师报》1999年4月16日。

政府资金投入会由政府运作，尽管存在《招标投标法》可以规范，《政府采购法》也在拟定之中，但对政府官员利用政府采购贪污和挪用建设资金不能起到足够的威慑作用。中国刑法典对贪利性犯罪规定了职务侵占罪、挪用资金罪和挪用特定款物罪；针对国家工作人员的特殊身份，中国刑法典特设“贪污贿赂罪”一章（包括15条12个罪名），以强化对国家工作人员利用职务便利侵占、挪用国家资财的行为的打击与防范。

（三）加强生态环境保护领域的刑法保护

从西部十省市自治区面临的情况来看，西部开发必须采取三大战略：知识战略、人才资本开发战略和可持续发展战略。可持续发展是一种“既满足当代人的需要，又不对后代人满足其需要的能力构成危害的发展”的战略，是本世纪四大挑战之一。① 从西部开发的现状看来，资源浪费、环境破坏现象不断发生，水土流失严重，土地荒漠化加剧，矿产资源掠夺性开采，物种生存条件恶化，教训十分深刻。中国国务院西部地区开发领导小组召开西部地区开发会议，强调必须加强生态环境保护和建设，要求采取“退耕还林（草）、封山绿化、以粮代赈、个体承包”等政策措施，推进西部开发。对于西部开发中严重破坏生态环境的犯罪，应当合理运用现行刑法典，做好各项环境保护法和环境保护政策的后盾。

中国现行刑法典第6章第6节“破坏环境资源保护罪”以8条共规定14个罪名。诸如重大环境污染事故罪、非法处置进口的固体废物罪和擅自进口固体废物罪规定严重污染环境的行为构成刑事犯罪，形成对环境污染犯罪的有力保护；非法占用耕地罪规定滥占耕地、造成耕地大量毁坏的行为构成犯罪；非法采矿罪和破坏性采矿罪要求对开发中违反矿产资源法规无证开采和破坏性开采造成资源严重破坏的行为追究刑事责任；盗伐林木罪等罪名规定对破坏森林资源的行为予以刑事制裁。具体运用刑罚手段时，必须把握四个原则：发展经济与保护环境相协调；现实性与超前性相统一；借鉴国外先进经验和从我

① 中国科学院可持续发展研究组：《2000年中国可持续发展战略报告》，科学出版社2000年版，第13页。

国实际出发相结合；明确与适度相结合。① 我们必须注意合理运用刑罚手段，有计划地、合理地开发和利用资源，以避免资源浪费和生态环境破坏。否则，不仅仅是我们后代不能实现可持续发展，不久的将来我们便可能尝到资源匮乏和环境破坏的恶果。

（四）适应开发需要，关注知识产权领域的刑法保护

知识产权保护是知识经济时代对于刑罚的必然要求。知识经济，根据联合国经济合作与发展组织 1996 年报告，是指建立在知识与信息的生产、分配和应用之上的经济。西部开发不能走劳力密集型的道路，必须跟上知识经济时代的步伐。知识经济时代必须加大对知识产权的保护力度，刑法作为后盾立法应当对商标权、专利权、著作权和商业秘密等知识产权做出规定。

中国刑法典专设“侵犯知识产权罪”共 7 个条文 7 个罪名对知识产权犯罪做出了专门规定。诸如假冒商标罪、销售假冒注册商标的商品罪和非法制造、销售非法制造的注册商标标示罪对违反商标管理法规严重侵犯商标权的行为需要追究刑事责任；假冒专利罪规定对违反专利法规严重侵犯专利权的行为需要追究刑事责任；侵犯著作权罪和销售侵权复制品罪规定对违反著作管理法规侵犯著作权的行为予以刑事制裁。如此等等，形成了保护知识产权的严密刑事法网，逐步实现了同世界知识产权保护制度的接轨。② 随着我国加入世贸组织，知识产权的保护力度尚需加强。西部开发过程中，如不关注知识产权的保护（尤其是刑法对知识产权领域的介入——有力打击侵犯知识产权犯罪），我们在国际竞争领域势必将受到严重的教训。

（五）注意民族问题，加大危害国家安全犯罪的打击

我国自古以来就是一个多民族国家。民族杂居和部分地方少数民

---

① 杨春洗、向泽选、刘生荣著：《危害环境罪的理论与实务》，高等教育出版社 1999 年版，第 22～31 页。

② 黄京平主编：《破坏市场经济秩序罪研究》，中国人民大学出版社 1999 年版，第 593 页。

族聚居是西部地区的显著特点之一。① 如何协调民族关系、维护少数民族利益和民族地区稳定是开发民族地区、发展民族经济的必然面临的问题。民族关系问题是西部地区最敏感的社会政治问题之一。只有谨慎处理好民族关系、顺利解决民族问题，才能持续稳定地推进西部开发，促进西部经济发展。对于开发进程中制造民族矛盾、破坏民族团结的犯罪要及时打击和预防，同时对于利用民族矛盾挑起民族分裂、危害国家安全的犯罪要保持警惕，有力打击。

中国刑法典对于危害国家安全和涉及民族问题的犯罪向来较为重视。刑法分则第一章“危害国家安全罪”以 11 条共规定了 12 个罪名，涵盖背叛国家、分裂国家、武装叛乱暴乱、颠覆国家政权、投敌叛变、间谍、资敌等行为。刑法分则第四章“侵犯公民人身权利、民主权利罪”以 3 个条文 3 个罪名（煽动民族仇恨、民族歧视罪，出版歧视、侮辱少数民族作品罪，侵犯少数民族风俗习惯罪）规定了侵犯少数民族正当合法权利的犯罪行为，为维护少数民族的正当权利提供了刑法保障。对于民族地区发生的危害国家安全犯罪和涉及民族问题的犯罪的司法处理，注意一要及时二要准确。涉及少数民族犯危害国家安全的犯罪的，尚需贯彻中国政府在处理少数民族问题上的一贯刑事政策——“两少一宽”，即对少数民族犯罪分子要少捕少杀，在处理上一般要从宽。② 西部开发进程中，必须贯彻“两少一宽”的刑事政策，及时处理涉及民族的犯罪和危害国家安全的犯罪。

三、实施综合治理，有效预防犯罪

“最好的社会政策，即最好的刑事政策”。③ 因此，防范西部开发犯罪需要着眼于西部开发实施的宏观环境拟订有针对性的社会对策。

---

① 吴宗金著：《民族法制的理论与实践》，中国民主法制出版社 1998 年版，第 124 ~ 125 页。

② 肖扬主编：《中国刑事政策和策略问题》，法律出版社 1996 年版，第 261 ~ 264 页。

③ 转引自马克昌主编：《中国刑事政策学》，武汉大学出版社 1992 年版，第 2 页。

必须抓住根本层次的问题，处理好决定法治环境建设的关键因素，为西部开发营造一个良好的法治环境。

（一）弘扬奉献精神和法治观念

我国是社会主义国家，社会主义精神文明建设的核心之一就是弘扬奉献精神。只有弘扬奉献精神，让社会各个领域涌现更多的王进喜、孔繁森、李素丽，才能完成西部开发的宏伟事业。在治国上，选择政策还是法律，1999 年修改宪法时将“依法治国”写进宪法，这标志着整个国家治理观念的变化。奉法律为圭臬，可以防止人亡政息、一事一治的断裂局面。西部开发作为一项系统工程和长期任务，法治观念的贯彻和奉献精神的弘扬都是治本层面的任务，需要长期坚持下来，才能对西部开发产生效应。

（二）加强民族团结，妥善处理民族问题

西部地区为少数民族聚居区，“西进”运动中牵涉少数民族问题难以避免。作为一项经济振兴计划，西部开发计划的启动会触动社会的方方面面。触点超越经济的范畴，对开发地区人们的观念、思想、政治、文化、社会生活产生巨大影响。但区域开发必须因地制宜，尤其是在少数民族地区实施开发计划。少数民族地区的经济发展必须尊重民族习惯、照顾少数民族文化传统，不能以行政命令伤害民族感情，影响社会稳定。为避免产生民族矛盾，引发民族纠纷，西部开发应严格遵照宪法、民族区域自治法以及民族区域自治条例、单行条例的规定，保障少数民族风俗习惯，切实帮助民族地区因地制宜地脱贫脱困，实现经济发展。

（三）健全立法体系，加大反腐力度

西进运动中，伴随的巨大利益诱惑将诱发腐败现象的产生。如果不予防范和整治，腐败浊流会湮没整个西部开发进程。应当承认，反腐败立法体系尚不完善，立法技术失之粗糙。需要制定的反腐败法律法规包括：惩戒型，如反贪污贿赂法；监督型，如政务监督法；预防型，如财产收入申报法，政府采购法等。立法的道路漫长，司法的实现更是充满荆棘。在反腐倡廉的司法过程中，有法不依、违法不究的

现象相当普遍。同时，我国现行监督机制体系健全但监督不力，主要在于法律监督机关地位不高。要抵制体制性腐败，必须隆升法律监督地位，强化法律监督，形成对腐败的有力制约。法治精神的建构，法制观念的强化是反腐倡廉的必备前提。

（本文系2001年7月在贵州省法学界第二届法学论坛上的演讲稿，并于2003年3月为贵州松桃苗族自治县和沿河土家族自治县作专题报告，后收入《贵州法学论坛》第二届文集，贵州人民出版社2001年8月版）

中国“两少一宽”刑事政策与刑法对少数民族的特殊保护

中国是一个多民族国家，民族区域广泛，民族地区情况复杂。民族平等、团结、互助是我国民族政策的三大原则，党和政府一向反对民族歧视与民族压迫，禁止破坏民族团结和制造民族分裂的行为，保障各少数民族合法的权利和利益。民族区域制度是一项基本政治制度，已经通过宪法予以确立。刑事政策是对一国刑事法实践的抽象概括并用以指导一国的刑事法实践，包括一系列原则、精神和方针等。刑法作为一国刑事实体法，具体规定犯罪、刑事责任与刑罚，是在刑事政策指导下制定的。我国对少数民族一直采取“两少一宽”的刑事政策，刑法中也有具体体现，同时刑法专设条款保护少数民族的合法权益。本文拟针对“两少一宽”刑事政策和刑法对少数民族的特殊保护中的若干问题进行研究，希望能对这一政策的进一步发展和我国刑法的完善有所促进。

一、“两少一宽”——民族地区基本刑事政策

1984 年初，彭真委员长在一次说话中提出：“对于少数民族中的犯罪分子在处理上一般要从宽。”① 1984 年中央 5 号文件中指出，对于少数民族中的犯罪分子要坚持“少捕少杀”，“在处理上一般要从宽”)。“两少一宽”政策即对之的提炼和概括，是党和国家对少数民族中的犯罪分子实行的特殊刑事政策。

① 彭真：《论新中国的政法工作》。

（一）“两少一宽”刑事政策的含义与实质

“两少一宽”是指对少数民族犯罪分子应当“少捕少杀”、“在处理上一般要从宽”。对少数民族犯罪分子的少捕少杀，与一般意义上的少捕少杀原则上一致，但考虑到少数民族的特殊情况，是与汉族相比较而言的。① 对于“在处理上一般要从宽”，包括两层意思：一是是相对从宽，不是绝对从宽。所谓相对从宽，是指与犯罪的性质、程度和认罪态度最相类似的汉族中的犯罪分子相对而言的从宽。而不是不问罪恶程度，不加比较的绝对比汉族中的犯罪分子从宽。二是不是一切从宽而是一般从宽，对于符合法定条件同样应当逮捕，对于罪行特别严重的犯罪也应施以死刑。需要注意的是，认定犯罪的性质、程度、确认罪名，不管犯罪分子属于哪一个民族，都同样要根据犯罪构成要件，按照犯罪的事实，情节依法而定，不得法外另立标准。

这一政策的精神实质在于：对于少数民族中犯罪分子的处理，同罪行和认罪态度相类似的汉族中犯罪分子的处理相比较，一般要适当从宽，并要坚持少捕少杀。

（二）“两少一宽”政策的理性思考

“两少一宽”政策的提出，是有充分的理论根据和实际的法律意义的。我国是统一的多民族的社会主义国家，这是我们的一切工作的出发点。“两少一宽”刑事政策，就是从少数民族政治、经济、文化发展的特点出发，从少数民族聚居地区的社会治安发展形势出发而提出来的。它体现了区别对待的惩办与宽大的刑事政策和民族区域自治的原则和精神，有利于争取社会各界的广泛支持，进一步分化、瓦解、孤立、打击各类严重刑事犯罪分子，巩固和发展各民族间的平等、团结、互助的新型关系，维护民族地区的安定团结，巩固人民民主专政。

由于历史原因，少数民族地区到目前无论在经济上还是在教育、文化上，同汉族相比较，都仍然存在着较大的差距。这种事实上的差异状态，反映在犯罪产生的条件方面，则是抑制，预测犯罪的“社

---

① 肖扬主编：《中国刑事政策和策略问题》，法律出版社 1996 年版，第 263 页。

会化”因素较少、较弱，而诱发、刺激犯罪产生的消极因素较多、较强。例如，在一些少数民族中，反映群婚制残余的落后婚姻形态的原始方式往往导致发生流氓、强奸、重婚犯罪，成为打架斗殴、大规模械斗，发生伤害、凶杀的“导火索”。相比较而言，此类行为的社会危害性不大，其罪责就相对较轻，这是适当从宽的根据。从存在的这些客观事实出发，在处理少数民族中的犯罪分子时考虑这些特殊性，正是党的实事求是的思想路线的体现。因此，对于少数民族中的犯罪分子实行“两少一宽”的政策，就是对少数民族中的犯罪分子从实际情况出发给予变通处理，这是符合我国刑事政策和刑法理论的。

（三）“两少一宽”政策的具体执行

“两少一宽”如何具体执行？是在犯罪的起因上从宽，还是在触犯哪几种罪名上从宽呢？笔者认为，犯罪的起因和触犯的罪名都应当予以考虑，但主要是起因，其次才是罪名。

犯罪构成是认定犯罪的必备，四要件虽无主次之分，但在认定上犯罪主观条件和犯罪的客观条件往往是重要的因素。例如，在一些苗族侗族地区有一种习惯，女子出嫁后若受到男方的虐待，娘家亲属往往聚集家族众人前去报复。这种报复行动的结果，由于侵害的客体不同，有因此而构成故意毁坏财物罪，有因此构成故意伤害罪甚至故意杀人罪。这些案件尽管触犯的罪名各有不同，但犯罪的起因都由民族地区历史上形成的这种受虐待而聚众报复的落后习俗所致。类似情形如：有因科学知识极端贫乏，信神信鬼，为争“风水宝地”而大动干戈；有因历史积怨争田土山林；有因“乡规”、“款约”按族规土约惩罚违法犯罪等都会造成打砸抢、毁坏财物、破坏集体生产、暴力干涉婚姻、非法拘禁、妨害公务、侮辱、伤害甚至故意杀人等刑事案件发生。因此，在犯罪起因上，凡属少数民族中由于文化科学知识贫乏，听信迷信邪说而造成的犯罪；凡属当地少数民族中遗留下来的山林、田土、水源、宅基地、坟山争端而发生的案件，都要从发生的起因上去考虑执行“两少一宽”政策。

在罪名认定方面也需要考虑。各地少数民族风俗习惯各异，其独特的风俗习惯中间或存在被现代文明认为是犯罪的现象。例如：猥亵、抢婚、强行与14岁以下幼女发生性关系等。因此，处理民族地区此类事件，一般来说，对于发生在本民族同习俗中的流氓（只含侮辱妇女）等违法犯罪行为可以采取不告不理，告发的也要深入调查研究，对于确实构成犯罪的（如强奸、奸淫幼女等）需要按照“两少一宽”政策进行处理。诸如此类的还有妨害婚姻方面的犯罪，如暴力干涉婚姻自由罪、重婚罪等亦应作类似处理。

二、“两少一宽”刑事政策与中国刑事法实践

党和政府对少数民族犯罪案件一贯坚持“少捕少杀”、“处理时一般从宽”的政策精神，民族地区在刑事司法实践过程中，应当以此刑事政策为指导，加以变通。从各民族地区看来，具体措施包括：

（一）宏观政策控制

“两少一宽”，“少捕少杀”是重点，“一般从宽”是基本要求。①因此，从宏观方面的把握应当包括：

1. 少捕少杀是政策重点

坚持少捕少杀，是指对少数民族犯罪分子相较汉族犯罪分子而言更为慎重地逮捕、判处死刑。例如，在批捕人犯方面，采取了更加慎重的态度和严格的控制措施。如 1984 年 8 月 2 日，内蒙古自治区党委政法委员会批转内蒙古自治区人民检察院《关于对少数民族中的犯罪分子如何执行从宽政策的意见》。对少数民族中的少数民族，如鄂伦春、达斡尔、鄂温克族中的犯罪分子采取了更加慎重的态度，批捕权掌握在盟人民检察院；少数民族中有代表性的人物犯罪，需要逮捕时，由自治区人民检察院审批。② 又如，1959 年中共西藏工委制定

---

① 马克昌主编：《中国刑事政策论》，武汉大学出版社 1992 年版，第 426 ~ 428 页。

② 类似情形如，新疆维吾尔自治区人民检察院在严厉打击刑事犯罪活动中，提出在少数民族聚居的边远县城和农村、牧区不采取集中打击的统一行动，检察机关也不进行“集中批捕”。同时为了更加慎重地处理少数民族中有影响的人的犯罪案件，规定少数民族的区级干部和当地有影响的宗教人士中的犯罪分子，应报检察分院或州、市检察院审批；对县团一级干部中的犯罪分子，应呈报自治区人民检察院审批。

的《关于捕、关、管、训政策界限的几项暂行规定》中确定的少杀政策精神。从少捕少杀来看，这是一种量刑的从宽而非定罪的从宽。党和政府采取的系列控制措施正是“两少”政策的真实体现。

2. 一般从宽是政策基本要求

一般从宽是指相对汉族犯罪分子通常从宽。司法实践中，要求：凡可采取强制措施可不采取强制措施的，坚持不采取强制措施；凡可定罪可不定罪的，坚持不定罪；凡可免予刑事处罚的，坚持不判处刑事处罚；凡可判处轻刑可判处重刑的，坚持判处轻刑；凡可判处缓刑的，坚持适用缓刑；而且对行刑过程中减刑、假释条件适当放宽。① 例如，对于因民族风俗习惯影响民族地区定罪量刑的，便应本着“在处理上一般要从宽”的精神处理。例如，少数民族地区较多地残存着包办、买卖婚姻，干涉婚姻自由的习俗，对由此引起的刑事案件，一般不采取法律措施处理。即或对某些情节恶劣、后果严重的犯罪处理时，也要从宽处理。② 一般而言，对于少数民族保留下来的风俗习惯要加以尊重，③ 不以犯罪论处，即或对某些情节恶劣、确已构成犯罪的案件处理时，也要依法从宽处理。

（二）微观认定措施

微观层面，我们贯彻“两少一宽”刑事政策已经获得一些成功的经验，具体体现在：

---

① 马克昌主编：《中国刑事政策论》，武汉大学出版社 1992 年版，第 428 页。

② 贵州省台江县苗族女青年龙戛达旺自愿与本族男青年刘发平结婚，婚后第二天，其母张仰久叫全家人去将女儿强拉回家，第二天又包办将女儿嫁与施秉县苗族青年龙方胜为妻，该女在龙家五天后回娘家又与刘发平往来。一年后施秉县龙方胜来接龙戛达旺，龙戛达旺外出躲藏，其母四处寻找硬逼女儿前去，结果龙、刘二人含恨自杀。根据刑法（1979 年刑法）第 179 条第 2 款规定，对张仰久应处以 2 年以上 7 年以下有期徒刑，但考虑到当地少数民族较多地残存着父母包办婚姻的习俗，依法从宽判处被告人张仰久有期徒刑 2 年。

③ 例如，20 世纪 50 年代初期，西盟佤族地区有的村寨还残留着为求五谷丰登，不惜杀人祭田的旧习俗。毛泽东同志谈到这个问题时一直以商量的语气与民族首领交谈，最后说“这事还是由你们民族商量解决呢”。这种以平等的地位、尊重的态度、商量的口气，循循善诱的方式最终使这一旧的落后习俗终于在西盟佤族人民提高认识的基础上自觉自愿地彻底得以废除。

1. 一般不采用法律措施处理

即刑法上规定为犯罪，但在少数民族中属于传统习俗或因传统习俗引起的纠纷而又对社会没有造成较大危害的，一般不采用法律措施处理：一是对重婚行为一般不追究刑事责任。重婚是一种妨害婚姻、家庭的犯罪行为，但在少数民族地区，由于存在着严重的歧视妇女和重男轻女的思想，因民族习惯一妻多夫、兄弟共妻现象多有。民族地区对此类行为一般没有采取法律措施作为重婚罪追究刑事责任，而是对行为人进行批评教育，令其解除重婚关系。二是对"打砸抢行为"多采取民事调解解决。在有的少数民族中，男女结婚以后，按传统习惯，并不马上同房，女方仍然在娘家居住，甚至去参加本民族青年男女的传统社交活动，时间长了有的另有所爱，背弃前者，再娶再嫁。在这种情况下，男方带领多人到再嫁者家里宰猪、挑粮，甚至砸房，大吃一顿，以此作为"修赔"（赔礼）。这种行为按刑法可能构成抢劫罪、故意伤害罪等，考虑到少数民族的特殊情况和风俗习惯，对待这类案件凡是没有致人重伤或致死人命、仅造成经济损失或轻微伤害的，宜采取调解的方法解决，不以犯罪论处。三是对沿用习俗构成的轻微犯罪一般不采取法律措施。例如贵州黔东南自治州苗族、侗族地区的"议榔"、"起款"习俗执行过程中，可能发生抄家砸房、逐出村寨等行为。① 此类行为采取说服教育方式处理。

2. 构成犯罪但一般从宽处理

即某种行为在性质上触犯了刑律，应当依法处理，但要执行从宽的原则。

少数民族地区大多存在着比较浓厚的迷信思想和落后愚昧的习俗，由此而造成的各类案件也比较多。西双版纳州傣族、布朗族信奉小乘佛教，并保留有原始的万物有灵和浓厚的鬼神观念，傣族中自古以来就有"枇杷鬼"的说法，认为"枇杷鬼"会使人畜生病，甚至死亡，谁被认为是"枇杷鬼"，全村人就聚集其家门，荷枪持刀地"兴师问罪"，往往将其房屋放火烧毁，驱逐其出寨；有的被逼而死，甚至被杀，家人亦遭歧视和迫害。在办理这类案件中，既要确认这是

---

① 拙文："重视和加强少数民族地区犯罪控制的研究"，载《云南法学》1999年第3期。

一种严重侵犯公民人身权利、毁坏公民合法财产的严重犯罪行为又要考虑到这种陋习在一定区域内有一定的群众基础。因此应对迫害无辜的组织指挥者和迷信职业者依法追究刑事责任，但仍然要采取从宽处理的原则，对其他参与的群众则不以共同犯罪论处。苗族聚居的贵州省榕江县某村，从来就有“闹蛊”的陋习。1982 年农民向银光的耕牛病死，媳妇怀孕肚子大，说是 60 多岁的朱老鲁“放蛊”所致。在向的指认下，全村人出动“打蛊”用棍棒将朱老鲁活活打死。这是一起情节特别严重的故意杀人案件。但考虑到这个村地处边远、文化特别落后，历来有信“蛊”陋习，依法作了从宽处理，只逮捕了主犯和凶手 3 人，法院判处主犯向银光有期徒刑 12 年，凶犯杨某有期徒刑 4 年，另一个判有期徒刑 1 年缓刑 1 年。

在一些少数民族地区，至今还存在着封建宗法社会的痕迹，遇有刑事、民事案件、很少诉诸国家的司法机关解决，而是由族长、寨老、村长、宗教人士等行使“司法”权力，以族规、家法代替国家法律。这些族长、寨老、村长以神明裁判、非法拘禁、刑讯逼供、洗寨子，甚至随意杀人等手段处理案件，公民的权利受到严重侵犯。①这种情形因传统习惯形成，一段时间内难以消除，一般需要从宽处理。

三、刑法对少数民族的特殊保护

我国 1997 年刑法对比 1979 年刑法而言，在对少数民族的特殊保护上加大了力度，具体表现在：一是总则规定刑法适用效力范围上，

---

① 例如，广西壮族自治区田林县某村罗金妹，瑶族，72 岁，是该村最年老的人，当有人向她报告本村有小偷小摸劣迹而精神又不够正常的杨吉撬开了储粮工棚的锁，并问她应该怎么办的时候，罗金妹对她的儿子黄文宇和外甥罗德文说：“这样的人留他干什么？你们去看看，如果是杨吉撬开的锁，就把他杀了。”于是黄文宇和罗德文便持猎枪去到储粮工棚，看见杨正在里面烤火，便开枪打死了他。当地司法机关在处理这个案件时，性质上认定为故意杀人罪，但通过征求当地少数民族群众的意见，只依法处理了黄文宇和罗德文两名杀人犯，没有追究教唆犯罗金妹的刑事责任。这样，既维护了法律的严肃性，又照顾到少数民族地区的特殊情况，同时也起到了教育作用。

少数民族属于法律有特别规定的情形，部分地不适用刑法规定；二是分则规定专门维护少数民族合法权利与利益的单独罪刑条款，包括第249条的煽动民族仇恨、民族歧视罪，第250条的出版歧视、侮辱少数民族作品罪，第251条的非法剥夺公民宗教信仰自由罪和侵犯少数民族风俗习惯罪。以下将分总则和分则的规定进行具体分析。

（一）民族地区特别刑法①

我国刑法第6条第1款规定："凡在中华人民共和国领域内犯罪的，除法律有特别规定的以外，都适用本法。"这是我国刑法关于刑法空间效力的基本原则。根据本条规定，不论犯罪人是我国公民或外国人，也不论被侵害的是我国利益或外国利益，只要是在我国领域内犯罪的，都适用我国刑法。少数民族地区自然属于我国领域内，应无例外地适用我国刑法。但是，考虑到少数民族地区的特殊性（民族文化的差异、民族传统的不同、民族习惯的遵循），通行于全国的刑法不能适用于少数民族地区。我国刑事政策要求对少数民族采取"两少一宽"，为具体落实这一刑事政策，刑法在效力范围上要求将民族地区的刑法适用视为"有特别法律规定"，优先适用特别法。这一规定如果说在刑法第6条第1款中对少数民族地区作了例外规定是一种对立法的解释，那么刑法第90条则更为明确地规定民族地区可以制定变通或者补充的规定，报请全国人民代表大会常务委员会批准施行后优先于刑法在少数民族地区适用。

我国刑法第90条规定："民族自治地方不能全部适用本法规定的，可以由自治区或者省的人民代表大会根据当地民族的政治、经济、文化的特点和本法规定的基本原则，制定变通或者补充的规定，报请全国人民代表大会常务委员会批准施行。"这一规定主要是考虑到：我国是一个多民族的统一国家，各民族在政治、经济和文化等各

---

① 关于刑法变通补充规定的性质，理论上存在争议，有委托刑法、授权刑法、补充刑法、变通刑法、自治刑法、民族刑法、区域刑法等多种界定。宣炳昭、江献军：《民族自治地方的刑法变通补充问题初探》，载《新千年刑法热点问题研究与适用》，中国人民公安大学出版社2001年版。但我以为，无论界定如何，不改此类规定作为特别刑法的本质。

方面的发展很不平衡，历史传统、风俗习惯和宗教信仰也很不一致。法律规定，国家保障少数民族的风俗习惯和民族传统，因而刑法授权民族自治地方制定符合当地情况的变通或者补充的规定。① 但需要注意的是变通或者补充规定必须遵循刑法的基本原则，② 且必报全国人民代表大会常务委员会批准施行。

民族地区特别刑法的基本精神是考虑民族地区与少数民族的特殊性加以从宽处理，但这是否违反刑法面前人人平等原则？我以为，刑法面前人人平等与刑罚个别化应当结合起来进行理解。对行为人刑事责任的考察应当根据行为社会危害性与行为人的人身危险性，从社会危害性和人生危险性来看，因民族习惯文化等差异实施的“犯罪行为”在当时当地并不具有社会危害性或社会危害性有所减弱，且实施刑罚没有效果，应当尊重民族习惯和民族传统。例如，对于与不满14周岁的幼女结婚的，又如，对“抢婚制”等，不能入刑。因此，根据民族地区的这种特殊情况，刑法规定各民族可以制定变通补充规定并优先适用。民族地区特别刑法制定的参考因素包括：经济因素，一些少数民族地区因经济落后处于“刀耕火种”的原始时代，采取毁林开荒方式从事农业生产的可能构成犯罪；③ 文化因素，如哈尼族人若婚后多年无子，丈夫可以纳妾形成“一夫多妻”现象，即构成重婚罪；④ 宗教因素，如藏族地区陪命价、陪血价现象和因佛事活动或教派纷争造成人身伤亡等；习俗因素，如四川凉山地区的彝族盛行抢亲习俗，男方邀人去女方“接亲”，会受到女方亲人棍子击打。类

---

① 高铭暄、马克昌：《刑法学》，上编，中国法制出版社1999年版，第53～54页。

② 对于何种规定违反刑法基本原则，理论上存在争议，有学者认为增设新罪名不可，扩展少数民族刑事责任，增设新刑种较为妥当。宣炳昭、江献军：《民族自治地方的刑法变通补充问题初探》，载《新千年刑法热点问题研究与适用》，中国人民公安大学出版社2001年版。我以为，新罪名与新刑种均不妥，对于刑法中的罪名与刑种都应当由刑法制定，创设新罪名、新刑种均构成对立法权的违反，突破刑法基本原则。

③ 赵秉志：《犯罪主体论》，中国人民大学出版社1989年版，第320页。

④ 赵小锁：《论中国民族自治地方刑法变通或补充规定》，载《人民司法》2000年第8期。

似此类民族地区的种种因素皆可构成对刑法的变通与补充规定。

民族地区特别刑法的形式如何，在以民族为单位还是以地域为单位上存在争议。① 究竟是一个少数民族制定一部特别刑法还是一个民族地区制定一部特别刑法，我以为，应当参考目前的行政建制和司法体制，不能脱离实际地空谈，对于一个民族地区参考区域内聚居或杂居的少数民族风俗习惯、传统文化进行规定，按照一个民族一个特别刑法不符合我国民族大杂居小聚居的特点，司法实践中也难具操作性。因此，对一个民族地区制定一个特别刑法是妥当的。

（二）刑法分则关于少数民族的相关规定

我国刑法分则专门对少数民族合法权利与利益设置了专门罪名，包括第 249 条的煽动民族仇恨、民族歧视罪，第 250 条的出版歧视、侮辱少数民族作品罪，第 251 条的非法剥夺公民宗教信仰自由罪和侵犯少数民族风俗习惯罪。

对于这四种犯罪，理论上可以将其视为一个罪群加以研究。共同客体是少数民族的民主自由权利，煽动民族仇恨、民族歧视罪的客体是少数民族平等权；出版歧视、侮辱少数民族作品罪的客体是少数民族平等权与民族尊严；非法剥夺公民宗教信仰自由罪的客体是公民宗教信仰自由权；② 侵犯少数民族风俗习惯罪的客体是少数民族保持自己风俗习惯的权利。

从条文规定的罪状看，4 罪采取的是情节犯③的规定方式，即要

---

① 韩美秀：《民族自治地方刑法变通或补充立法探究》，载《新千年刑法热点问题研究与适用》，中国人民公安大学出版社 2001 年版。

② 严格说来，本罪不是一个专为少数民族规定的罪名，但立法主要是考虑到拥有宗教信仰的主要是少数民族。当然，对侵犯汉族宗教信仰自由的同样以本罪论处。

③ 有观点认为 4 罪为行为犯，李法文等：《正确运用法律武器、切实维护少数民族的合法权益》，载《新千年刑法热点问题研究与适用》，中国人民公安大学出版社 2001 年版。我以为不妥。法条表述上均采取“情节严重”、“情节恶劣”的方式，与行为犯仅仅要求实施行为即构成既遂存在显著差别。对于出版歧视、侮辱少数民族作品罪是否为情节犯，可能存在争议。罪状要求“造成严重后果”，理论上解释为：引起民族矛盾激化导致少数民族骚乱。这种情形是否构成结果犯，笔者以为这种抽象结果实际上是对情节严重的程度描述，同样是情节犯。

求“情节恶劣”或“情节严重”。实践中，煽动是指公开或秘密地以语言、文字、图像展示等方式宣传、鼓动、号召，并以民族仇恨和民族歧视为内容、以破坏民族团结为目标；歧视、侮辱少数民族作品是指丑化、诬蔑少数民族，贬低少数民族平等地位，至于作品表现形式，电子出版物应在此列，但对于网上散布贬低少数民族内容的，应视情节严重与否看是否构成煽动民族仇恨、民族歧视罪；非法剥夺公民宗教信仰自由是指对公民宗教信仰自由横加干涉，或强迫信仰或禁止信仰均在此列；侵犯少数民族风俗习惯是指采取一定方法迫使少数民族改变风俗习惯、干扰少数民族的节庆活动。而且，4 罪将情节一般的行为排除在犯罪圈之外，这是我国刑法定性与定量结合的一大表征。

在主体上，4 罪差异较大。非法剥夺公民宗教信仰自由罪和侵犯少数民族风俗习惯罪要求主体为国家机关工作人员，煽动民族仇恨、民族歧视罪的主体为一般主体，均无疑问。但关于出版歧视、侮辱少数民族作品罪的主体，存在较大争议。有观点认为应包括单位与个人，即不排除单位可以作为犯罪的主体，只不过该罪实行的是单罚制；① 也有的论著认为该罪是纯正单位犯罪，并非自然人犯罪。② 目前，绝大多数的论者认为该罪的主体是直接责任人员不包括单位。③ 笔者以为，不能排除单位构成本罪的可能，出版单位实施此类行为的应认定为本罪，只不过处罚的是直接责任人员。主观方面，对于 4 罪的构成为故意没有异议。

刑罚设置上，4 罪基本上刑罚较为轻缓，考虑到此类犯罪行为危害性并不十分严重。在资格刑适用上，只有煽动民族仇恨、民族歧视罪存在单处剥夺政治权利的规定。这种规定需要进一步完善，对于资格刑本身的完善，应对其拆解单项适用，就本罪群而言，涉及对公民

---

① 周道鸾等主编：《刑法的修改与适用》，人民法院出版社 1997 年版，第 551 页。

② 赵秉志主编：《新刑法全书》，中国人民公安大学出版社 1997 年版，第 907 页。

③ 王作富主编：《刑法》，中国人民大学出版社 1999 年版，第 385 页；杨春洗、杨敦先主编：《中国刑法论》，北京大学出版社 1998 年版，第 485、486 页；张明楷：《刑法学》，下，法律出版社 1997 年版，第 755 页。

民主自由权利的侵犯，尤其是后二罪应当设置单处剥夺政治权利刑的规定。

构成确认与刑罚设置仅仅是对刑事实体法静态的描述，尤其是在我国静态的平面的四构成要件理论指导下的刑事司法实践中。重要的是在动态的司法实践中如何认定犯罪并实施刑罚。根据民族地区的司法实践，我以为对于侵犯少数民族合法权利与利益类罪的认定和处刑需要把握四个原则：一是对于国家机关工作人员工作作风不当行为与故意侵犯少数民族合法权益的行为要严格区分；二是正确处理宣传无神论与保护宗教信仰自由的关系；三是注意鉴别正常的宗教活动与利用宗教实施违反犯罪行为的界限；四是构成犯罪的“情节严重”程度认定需要仔细认定，不可轻忽。

（本文提交2002年由中国社会科学院法学研究所、丹麦人权研究中心、湘潭大学联合举办的“死刑问题国际研讨会”，后收入《刑法问题与争鸣》，总第9辑，中国方正出版社2004年1月版）

论城市少数民族流动人口犯罪及其对策

流动人口是离开户籍地跨越一定行政区域，在异地暂住、滞留的人口。对流出地而言，是临时外出的人口；对流入地而言，是临时暂住的人口。基于造成流动人口的二重原因城乡二元经济结构与预期城乡收入差异在短期内无法消除，城乡流动人口的趋势今后仍然会维持一段时间。因历史之故，中国少数民族多聚居在西部欠发达地区、边远山区、农村，伴随改革开放，更多的少数民族进入城市并呈现散居、杂居样态。本文拟从城市少数民族的流动人口现状入手，研究该群体的犯罪态势及其原因，寻求控制此类犯罪的基本对策，为城市少数民族流动人口的权益保障和犯罪控制提出建议。

一、现阶段我国城市少数民族人口流动现状

计划经济体制下，个人被固定在单位的制度框架内，与单位存在较为紧密的依附关系。市场经济体制的改革为个人从身份到契约的转型提供了条件，同时加速了城市化的进程。少数民族人口流动是市场经济不可逆转的趋势，是社会发展和文明进步的标志。① 目前看来，少数民族人口的流动加快，由农村流向城市的趋势明显，由西部走向东部的趋势明显。

人口流动的解释学说多种，但关于迁移的理论与实证研究都欠完善。② 从目前的少数民族人口流动来看，主要动因是寻求良好的生存

---

① 刘培芝：《对协调城市民族关系问题的几点思考》，载《民族工作研究》2003年第6期。

② 周大鸣编著：《都市人类学》，中山大学出版社1997年版，第184～200页。

就业机会和改善自身的经济状况，也有投亲靠友、升学调动等原因，但所占比例不大。绝对量上，少数民族流动人口在城市少数民族人口中所占的比例不高，文化教育程度低，且从业多集中于商业和餐饮服务业。但伴随市场经济体制的建立和完善，社会开放程度的提高，城市少数民族人口流动加速，比例升高。现阶段，我国的城市少数民族人口流动大略分为四种类型：一是普通务工型。以青壮年居多，一般具有初、高中学历，适应性较强。此类少数民族流动人口进入城市多从事建筑工、搬运工等繁重体力劳动或经人介绍在饭店当服务员或做家庭保姆等。特点是分散，民族特征表现弱，民族意识略浅，权益易受侵犯但常选择退让与容忍，便于管理。以1994年贵州省劳务输出的农村剩余劳动力为例，松桃苗族自治县19万多苗族人口中有4万苗族妇女走出村寨进入劳动力市场，不仅活动于本县、本省，还有数千余人进入深圳、广州、厦门等东部城市。① 伴随西部开发和城市化进程的加快，普通务工型流动人口会越来越多。二是特色经营型。一般以新疆的维吾尔族，甘肃、宁夏等地的回族，西藏、四川的藏族、羌族等，多经营烤牛羊肉、卖葡萄干、切糕、拉面等。经营方式上有固定经营，也有流动经营，甚至沿街叫卖。特色经营型的少数民族人口多以数人聚集的方式出现，但仍属于弱势群体，权益受到侵犯时多选择暴力方式直接实施对抗，或者因经营同类行业形成团伙而不便管理。三是盲目流动型。一般文化素质不高，跟随熟人或依靠团伙游历各地，没有正当的谋生手段，往往遇到生活困难时便坑蒙拐卖、偷扒抢劫。此类少数民族流动人口以青少年居多，实施的多为抢劫、盗窃、诈骗等财产犯罪。北京、上海等天桥是他们经常实施犯罪的地方。四是迁徙城郊异地开发型。因为原住地人口与资源的相对不足，少数民族人口向资源相对丰富的城区迁徙，也是形成城市流动人口的一个重要原因。这一类型的少数民族人口一般实现群体的整体迁移，犯罪倾向不明显，能保持原有的民族内习惯法或固有规则的约束力，便于管理。以西部某城市2004年度的流动人口为例，共计40万人，务工人员为22万，占55%；经商人员为7万，占17.5%；服务人员

---

① 周竞红：《少数民族流动人口与城市民族工作》，载《民族研究》2001年第4期。

为3万，占9.75%；无正当职业者3.2万，占9.8%。在东部沿海城市化程度更高，第三产业更为发达的城市，流动人口呈现四种类型，分布更为典型。

少数民族流动人口进入城市，是社会主义市场经济发展的必然，也是经济市场化、政治民主化发展的必然，是民族关系融合的需要。少数民族流动人口对于我国正在完善中的市场经济体制和发展中的民族关系具有良好的正面效果。第一，少数民族流动人口对于城市的快速发展、市场经济的繁荣、市民生活的便捷具有正向功效。少数民族流动人口进入城市，大多进入建筑业、服务业，为城市建设、物业管理提供了很大的便利。根据笔者对贵阳市少数民族务工人群的调查，40%以上的少数民族务工者选择建筑业，45%以上的选择服务业。这与少数民族流动人口的文化素质和谋生技能密切相关。第二，少数民族流动人口对于缩小东西部差距、实现经济全面协调发展和共同富裕目标有利。我国的少数民族大多数居住于西部地区的边远山区、农区、牧区，生产力相对落后，经济上相对贫困，通过移民实现扶贫是一条途径，但在中国人口基数如此之大的情况下并不现实。人口的有序流动有利于促进共同富裕的进程，为西部的经济开发注入发展动力。第三，少数民族流动人口有利于促进民族团结和民族融合，发展新型的平等、团结、互助的民族关系。民族繁荣团结局面的形成有赖于民族之间的多方面交流与沟通。各民族文化具有多样性和差异性，相互交流与沟通能促进理解，增强文化多样性，促进城市民族关系的发展。改革开放以来，各民族基于民族平等关系在饮食文化、服饰文化、语言等方面实现了广泛的交流。以北京的餐饮业为例，各民族饮食都有表现，从南方的傣族、侗族、白族、藏族风味到北方的维吾尔族、朝鲜族、蒙古族风味都在北京能够找到代表性的地点。服饰、音乐（比如新疆的刀郎音乐、侗族大鼓等）都能在各类传媒上发现。历史上的数次民族大融合与文化的繁荣都与民族的迁徙相关。少数民族的人口流动促进了民族文化的传播，最终产生“谁也离不开谁”的效应。

然而，少数民族人口进入城市会给社会造成一定管理上的困难：一是城市管理难度增加。城市具有一定容量，市政设施只能承载有限的人口。进入城市的少数民族流动人口具体表现为三多：无照经营的多，乱摆摊设点的多，违反计划生育的多。当然，这些不仅仅是进入城市的少数民族流动人口造成，但因为少数民族流动人口在管理上的特殊性和复杂性更增加了工作的难度。二是民族关系协调难度上升。民族区域自治是中国的一项基本政治制度，民族区域自治是我国解决国内民族问题的基本政策和国家基本政治制度。① 我国的民族区域自治制度是以民族平等和民族团结为总政策而形成的经过历史考验证明成功的制度之一，并为1982年宪法所确认。处于区域自治范围内的少数民族实行民族区域自治，杂居、散居少数民族群众与汉族关系的协调存在许多问题，其文化与汉族的文化、生活习惯存在较大差异，如何协调是令各非民族区域自治的管理部门棘手的问题。

二、城市少数民族流动人口犯罪及其原因

根据对西部某民族资源丰富的城市进行调研，发现流动人口占破获刑事案件中各类刑事犯罪嫌疑人的40%～44%，并长期居高不下，显然，流动人口已经成为威胁社会稳定与城市发展的重要因素。城市少数民族流动人口呈现多、广、散特点，属于弱势群体。处于杂居和散居状况的少数民族人口可能呈现两种犯罪形态：一是主动性地纠集，多呈现群体性特征，比如有些少数民族犯罪分子进入城市后，以具有前科者作为中心，对抗社会；二是被动性地反抗，一般是个别少数民族流动人口受利益诱惑，铤而走险走上犯罪道路。少数民族流动人口进入城市之后一般会面临就业和住房问题，由此引发的“食无定餐、居无定所”的现象常常是引发城市少数民族流动人口犯罪的原因，除此之外，少数民族因风俗习惯、文化差异而犯罪的也不在少数。

城市少数民族流动人口犯罪有三个定义词：城市，是从犯罪地理学角度的限定；少数民族，是从犯罪主体民族身份的限定；流动人口，是从犯罪主体的角度加以限定。现阶段的城市少数民族流动人口犯罪，集中了城市犯罪、少数民族犯罪和流动人口犯罪的特征，主要

---

① 王铁志、沙伯力主编：《国际视野中的民族区域自治》，民族出版社2002年版，第3页。

体现为：

1. 犯罪性质上，多表现出流窜犯罪，串案现象多。犯罪分子往往“打一枪换一个地方”，不断地变换犯罪地点作案。不仅仅在一个城市变换地点作案，而且常常流窜到不同城市，甚至跨越多个省份，涉及多个城市。在同一城市的犯罪统计中，呈现一个规律：流动人口越频繁，犯罪发生率越高。

2. 犯罪类型上，多集中在侵财型犯罪。犯罪多样化是城市犯罪的一个趋势。杀人、抢劫、盗窃、强奸、诈骗、贩毒、卖淫等犯罪类型都有表现，其中尤以盗窃、抢劫、诈骗等侵财犯罪最为突出。比如，1997 年某东部沿海城市对外来人员犯罪类型统计中发现，谋财型犯罪 204 件，占 90%。目前各城市的“双抢”犯罪，即“抢劫、抢夺”犯罪较为突出。

3. 组织形式上，呈现团伙化向犯罪集团发展的趋势，有的已经形成黑社会性质组织。少数民族内部存在自身独特的文化，民族身份使得同一民族容易纠集起来。这种趋势越来越明显，组织形式日趋严密。诸如西部某城市在 2003 年初收容遣送的 35 名少数民族人员，分别由 6 名老大控制，未成年人实施扒窃，成年人“保驾护航”。未成年少数民族人员承认自己是被成年人拉入组织并专门实施扒窃的。

4. 犯罪手段上，作案手段残忍、突发性强。一般随意性强，往往为了抢劫一些小财物动辄杀伤人命，盗窃、杀人、强奸、抢劫等数种犯罪一并实施。许多情形下，会因为一起小口角与同民族或不同民族的人员产生纠纷，进而实施犯罪，更有甚者会引起群体性事件。这是我们需要特别引起注意的。

5. 犯罪主体上，青少年犯罪居多，女性犯罪有上升趋势，且文化程度不高。进入城市的少数民族流动人口多为青少年群体，这与中老年少数民族的“恋家”意识相关，走出农村、牧区或山区的多为青少年。这决定了城市少数民族流动人口犯罪主体的主要范围。同时，沿海地区劳动力的需求更多地向女性倾斜，越来越多的女性劳动力进入城市，这一整体比例的提高直接影响到女性犯罪的比例上升。某东部沿海城市的外来人员犯罪统计中发现，文盲占 11. 24%，小学文化程度占 39. 33%，初中文化程度占 46. 07%。

造成城市少数民族流动人口犯罪的原因是多方面的，既有流动人口犯罪的共性原因，也有城市犯罪的地理因素和少数民族犯罪的特殊因素。从城市少数民族流动人口犯罪控制的角度而言，我们不应当忽视三个方面的原因：

第一，大规模的人口流动。要解决流动人口犯罪，必须从城乡二元经济结构和城乡经济差异入手。作为此类犯罪的深层次的原因，只要不存在东西部乃至沿海与内地的巨大经济差距，不存在城乡之间的巨大差距，便不会产生大规模的跨越省境的人口流动。少数民族世居山区、牧区，经济发展相对落后，如果能够振兴当地的县域经济，发展农村、牧区的第三产业，缩小城乡差距、东西差距，便会从根本上减少人口流动，减少犯罪产生。

第二，少数民族文化的差异。各少数民族存在独特的民族文化、风俗习惯、价值观念，比如彝族流动人口中强烈的家支观念和地域观念会有所反映，表现为对同一家支的同胞无原则、无法律观念的支持、袒护。这在藏、羌、回等民族流动人口中也有类似情况。这些基于民族感情而引发的犯罪多是产生犯罪团伙、犯罪集团的重要基础。基于历史、地域等各种因素，少数民族文化与汉族文化存在一定的差异，少数民族流动人口进入城市便会与当地居民产生文化冲突，一旦不能相互理解和宽容便会矛盾激化。因各民族传统文化和风俗习惯的显著差异，城市居民对少数民族流动人口的服饰打扮、语言行为、生活习惯、处世方式等可能产生偏见甚至歧视，对流动人口不接触、敷衍或简单草率地处理，个别地方甚至存在明显的民族歧视，如住宿、就餐等方面。某些旅店往往以“客满”、“另有预定”等借口拒绝少数民族入住，或者对少数民族拒绝打折。

第三，流动人口管理的疏漏。我国正处于社会主义初级阶段，东西部差距、沿海与农村的差距在短期内不可能完全填平。当少数民族公民离开原住地涌入城市，势必形成流动人口。城市流动人口是人口学的目标，最基本的特征是没有所在城市的户口。我国现行的户籍制度将城市居民分为两类：市民和非市民居民。市民是指具有本市城市户籍的人，非市民居民是指居住在城市辖区但没有本城市户籍的人，包括常住人口与流动人口。因为各种制度条件的限制，非市民居民在所在城市不能实施选举权和被选举权，不能享受市民福利、补贴和社会保障，不能享受城市的各项公共设施。流动人口被视为城市的

"二等公民"，这主要是既往的二元制户籍制度造成。存在流动人口这一特殊群体，势必产生管理的需要。但是，许多城市更倾心于城市硬件建设而忽视城市制度建设、城市管理完善等各项软件的完备。流动人口聚居地往往成为治安的"死角"，少数民族流动人口因风俗习惯和文化差异更常常为城市管理部门所忽视。比如，北京的"新疆村"，过去尽管常常为城市管理部门视为重点，但治安仍然不容乐观。

三、城市少数民族流动人口犯罪之对策

消灭犯罪是不可能的目标，控制犯罪是现实的任务。控制城市少数民族流动人口的犯罪要从犯罪特征与犯罪原因来把握，注重流动人口的特质、少数民族的文化差异，同时关注城市犯罪的地理因素。

（一）加快经济发展，缩小城乡差距、东西部差距

经济发展是解决一切问题的基础。为何存在流动人口，为何少数民族公民会离开原住地到异地，为何会产生流动人口犯罪，其深层次的原因都是经济上的欠发达。正在实施的西部开发战略和东北振兴战略是正视这一差距、承认这一差距并试图改变这一差距的战略。党的十六届三中全会明确提出五项统筹：统筹城乡发展、统筹区域发展、统筹经济社会发展、统筹人与自然和谐发展、统筹国内发展和对外开放的要求。① 其中，城乡发展、区域发展是阻碍我们实现共同富裕的首要的两个问题。只有经济发展到一定程度，物质生产力发展到一定水平，犯罪才可能逐渐减少；只有城乡差距、区域经济发展达到略为相同的水平，人口才不会出现大规模的"谋生型"、"逐利型"流动，流动人口也不会因无法生存而走上犯罪道路。

（二）尊重并维护少数民族的风俗习惯与合法权益

少数民族犯罪的特征是文化、风俗、习惯影响到犯罪，比如"放火烧山"被认为是一种正常的生产方式；食物禁忌被认为是神圣

---

① 《中共中央关于完善社会主义市场经济体制若干问题的决定》。

的信仰，“抢亲”、“游方”、“背马”都被认为是合法合理的生活方式。① 根据上海市民委课题组《关于影响民族关系问题的调查》提供的材料：引发影响民族关系事端的各种因素中，清真供应问题、少数民族流动人口问题、新闻出版物中出现伤害民族宗教感情的作品问题占据前3位。② 因此，尊重少数民族的风俗习惯和维护少数民族的合法权益是减少城市少数民族流动人口犯罪的一个重要应对措施。

民族自治区域中，少数民族的风俗习惯与合法权益在聚居状态和自治条件下能得到很好的尊重和维护，但在散居、杂居状态下，少数民族合法权益常常受到侵犯，这是引发少数民族流动人口犯罪的重要原因。应当承认，我国为维护城市少数民族合法权益做了不少工作，并取得了相当大的成就：（1）充分保障少数民族的政治权利，设置专门的民族事务机构并配备相当的民族干部，少数民族和汉族一样平等地参与国家事务和城市事务的管理；（2）关注城市少数民族的教育，加大政策支持和资金投入；（3）尊重风俗习惯、宗教信仰以及语言文字，出台各种政策措施和相应的规定以全面保障少数民族保持其风俗习惯和宗教信仰的权利及使用本民族语言文字的权利，例如对清真食品的生产、加工与管理十分重视。但是，大量的城市少数民族流动人口尚未真正纳入城市民族工作范畴中，表现为缺乏少数民族流动人口的数量统计，流动人口的就业、居住、子女教育普遍存在问题，工作停留在事后调节和管理上，缺乏流动人口管理与权益保护的有效机制。③ 这一评价是中肯的。

基于这种状况，笔者以为：关键在创建良好的法治环境，健全民族法制，切实执行民族法律。1984 年我国颁行了民族区域自治法，民族区域自治法是我国宪法之下与刑法、民法等相平行的基本法。在实行十余年之后，我们在 2001 年适应民族区域自治的情况对民族区

① 吴大华：《民族法律文化散论》，民族出版社 2004 年版，第 460～479 页。

② 邓行：《少数民族流动人口权益保护初探》，载《中南民族大学学报（人文社会科学版）》2002 年第 3 期。

③ 周竞红：《少数民族流动人口与城市民族工作》，载《民族研究》2001 年第 4 期。

域自治法进行了局部修改。一定意义上讲，我国已经由宪法——民族区域自治法——自治条例或单行条例构成较为完善的民族法律体系，但民族区域自治立法的规范性和可操作性的专门法律、实施法律的具体措施以及自治条例和地方性法规都很欠缺，尤其针对杂居、散居少数民族的法律极为欠缺。如何保障杂居、散居少数民族成员的权利，根据不完全统计，已经有广东省、河北省、湖北省、湖南省、辽宁省、重庆市等省市出台了散居少数民族权益保护法。全国人大民族委员会 1986 年开始起草《散居少数民族权益保障法》，至今尚未出台，不能不说是民族法律体系的一个缺憾。具体就城市民族工作而言，1993 年国务院颁布实施的《城市民族工作条例》是中国第一部专门为城市民族工作而制定的行政法规，共有 30 条。继之，各省市制定实施办法。城市民族立法涵盖面广，但条文较少，原则性规定多，配套性、可操作性不强。因此，完善城市民族立法需要注意的问题包括：（1）立足于民族平等，解决现实问题如就业、住房、子女受教育等；（2）与自治条例衔接，出发点是构建民族法律体系以保护少数民族合法权益。

（三）建设并完善城市社区，加强流动人口管理

社区是现代城市的微观单位。适应“单位人”向“社会人”的转变，以公众参与为基础和保证的犯罪预防思想成为我国现代刑事政策的主流，社区必将成为新世纪中国犯罪预防的基地，在犯罪预防中居于基础性地位。① 对城市少数民族流动人口进行有效管理，必须对流动人口有一个基本的统计，并在流入地与流出地之间建立有效的沟通渠道，有效地利用社区的管理模式和民族的固有组织，促进流动人口的有序化。

少数民族流动人口管理的基础是流动人口的登记制度。它要求在各地民委的领导下，各区、街道工作人员登记居住在本辖区的少数民

---

① 李伟：《社区：21 世纪中国城市犯罪预防的基地》，载《福建公安高等专科学校学报》2003 年第 2 期。

族人口，以备实施跟踪和动态管理。① 目前的可行性措施是：在民族事务局的领导下，通过民族事务局下属的各区、乡、街道办事处的工作人员对居住在辖区的少数民族流动人口进行登记，实时报告本辖区少数民族流动人口的状况。

流动人口的管理必须由流出地与流入地加强协调与合作，加强工作的统一管理。流入地的政府对民族工作不熟悉，对民族风俗习惯不了解，处理相关民族问题时缺乏知识背景，需要流出地地方政府的合作。② 流出地的地方政府应当将流出人口作为带动本地经济发展的重要群体，不能推给流入地政府不管。两地的合作主要在流动人口信息、管理；流出地对流动人口开展相关的法制、政策、秩序方面的教育工作；流入地则在具体的技术培训、管理中发挥作用。应当承认，流动人口的管理现阶段职责权限不清，必须扭转由公安一家唱独角戏的局面，并完善各类配套法规，保证足够的经费和人员。

社区化管理是现代城市的成功管理模式，它倡导服务、参与型的管理思想，引入民间社会组织对社区进行管理。通过城市社区为流动人口提供服务和安全保障，增强其社区意识，引导少数民族流动人口参与社区建设，从而与现代文明发展相协调。北京和上海已经在社区建设上取得了一定的成功。管理过程中，引入法制打击违法犯罪的同时保障少数民族的合法权益。条件成熟，可以对自然形成的少数民族聚落予以行政上的承认，③ 类似北京海淀区批准“新疆村”。

少数民族的固有组织可以较好地维护民族的自身秩序。民族区域

---

① 韩敏：《少数民族流动人口与城市民族工作》，载《理论月刊》2003 年第 12 期；邓行：《少数民族流动人口权益保护初探》，载《中南民族大学学报（人文社会科学版）》2002 年第 3 期。

② 比如，南方某城市公安机关对一贩卖随身携带的管制刀具的藏族青年进行治安拘留，引发其同伴数十人静坐上访要求放人，后经多方协调，才妥善化解矛盾。刘培芝：《对协调城市民族关系问题的几点思考》，载《民族工作研究》2003 年第 6 期。

③ 城市少数民族聚落的形成，可以因世居、民族工作机关设立、民族教育发展、民族地区政府设立办事机构、特色旅游景点、进城经商等形成。李德洙主编：《都市人类学与边疆城市理论研究》，中国民航出版社 1996 年版，第 307 ~ 311 页。在我看来，进城少数民族流动人口只要遵守国家政策法律，自然形成民族聚落，都是允许的。

自治中，一般要求利用民族固有组织以维护民族地区稳定。比如，彝族的家支、侗族的房族、瑶族的油锅等。① 少数民族流动人口进入城市后，同一民族之间的固有关系依然存在，并且围绕这种关系形成核心人物。比如，北京甘家口一带的“新疆村”，就有“村长”。通过这些少数民族的内部组织，对少数民族流动人口的犯罪进行有效的控制。

国家统计局的数据显示：中国城市化已进入加速发展期，城市化率已由1993年的28%提高到2003年的40.5%。2003年，中国共有建制市660个，其中直辖市4个，副省级城市（计划单列市）15个，地级市267个，县级市374个。同年，中国总人口为12.9亿，其中市镇人口为5.2亿。伴随城市化进程的加快，越来越多的少数民族流动人口进入城市将是一个发展趋势。城市少数民族流动人口犯罪将成为威胁城市治安，妨害民族关系的障碍，我们必须加强这方面的研究与工作，才能促进中国的城市化进程有序化和民族关系的和谐发展。

（本文系2004年7月18～20日在国家民委民族问题研究中心、中山大学主办的“城市化进程中的民族问题”研讨会上的主题发言稿。在这次研讨活动期间，本人被中山大学聘为人类学系兼职教授）

---

① 吴大华：《中国少数民族犯罪问题及对策研究——以贵州世居少数民族为视角》，中国社会科学院2004年版，第190～192页。

中国少数民族犯罪之控制

基于对贵州省世居少数民族及其犯罪和对策长达十余年的调查分析，我对如何更有效地控制少数民族犯罪进行了若干思考。少数民族犯罪的控制必须考虑到少数民族特色，照顾少数民族的风俗习惯，尊重少数民族的文化传统，这是我研究的基点。我将少数民族犯罪控制分为三个部分，即立法控制论、司法控制论和社会控制论。

一、少数民族之立法控制

如何有效地实现对少数民族犯罪的立法控制？少数民族刑法文化与主体民族（汉族）刑法文化存在不同的特征，民族自治地方的变通与补充立法是对少数民族犯罪的独特规律与原因的照应。少数民族地处偏远落后之域，刑法文化中受传统习惯、风俗影响深远，民族习惯法作为国家刑事立法的重要补充，应当予以特别讨论。主旨在如何完善民族自治地方的变通立法，如何传承与创新民族习惯法，从而从立法上宏观地实现对少数民族犯罪的控制。

（一）民族自治地方刑事变通立法

民族地方变通立法是民族自治地方立法体系中不可缺少的组成部分，也是民族法体系不可缺少的组成部分。民族自治地方的刑法变通规定同样是整个刑事立法体系的特别规定，必须依据宪法、民族区域自治法和刑法的规定，适应民族地区特色作出规定。

民族变通立法要求我们注意：第一，注重地方特点。即“依照当地民族的政治、经济和文化的特点”，区情、州情、县情是地方立法工作的客观依据，只有符合当地实际，有地方特点，法规才有可行性，才能在社会实践中发挥积极作用。第二，注重民族特点。自治法赋予民族自治地方诸多自主管理本民族、本地区各项事务的自治权，在制定变通规定时，要把这些自治权具体化、条文化。

针对少数民族刑事变通立法问题，刑法第 90 条规定，民族自治地方不能全部适用刑法典的，可以由自治区或者省的国家权力机关根据当地民族的政治、经济、文化特点和刑法典规定的基本原则制定变通或者补充规定。民族自治地方的刑法变通立法权肇源于此。立法法第 66 条第 2 款规定自治条例与单行条例对法律和行政法规作出变通规定，但并未规定可作补充规定，故今后的民族自治地方需要变通刑事立法规定时，当由自治地方通过自治条例或单行条例予以变通，“补充规定”不再采用。在部门法归属上，民族自治地方刑法变通立法隶属于刑法范畴，它是在宪法、民族区域自治法和刑法的指导下制定的。但在变通立法上，究竟如何变通？理论上存在争论，即究竟以族籍为单位（一个少数民族制定一部本民族统一的刑事法规）还是以地域为单位（一个自治区或行政区域制定一部多民族合一的刑事法规）。① 我认为，原则上应当以行政区域为依据，参考各个民族的具体情况制定变通立法。

从刑法变通立法的现状来看，民族地方刑法变通规定尚付厥如。但刑法理论界和司法实务部门对民族自治地方刑法变通立法的研究一直未停止过，对已经或正在实践中的民族刑法变通立法进行了有益的探索，但是研究多观点纷呈，不成系统，自说自话、没有回应，而且政策上的提升，多限于技术操作层面。加快民族自治地方刑法变通立法的步伐，必须处理好以下两个关系：一是处理好党对少数民族的刑事政策和刑法变通立法的关系，二者不能互相代替，必须将刑事政策法律化、条文化。二是处理好民族刑法变通立法与制定单行刑事条例的关系，在条件不够成熟的情况下，民族自治地方立法机关可以结合本民族地区的特点制定一些单行刑事法规，比如针对《枪支管理办法》出台的单行条例涉及刑事方面的条款。具体变通内容应充分考虑少数民族的风俗习惯、传统观念、文明程度、宗教信仰、封建迷信

① 梁华仁、石玉春：《论刑法在少数民族地区的变通》，载《新千年刑法热点问题研究与适用》，赵秉志主编，中国方正出版社 2000 年版，第 483 页。

等因素，比如：(1) 风俗习惯。比如，云南省屏边苗族自治县在每年三月的对歌中流行抢婚的习俗。其中，既有自愿也有非自愿的。也有部分少数民族地区，一旦形成婚约，男方便合乎习俗地与女方成为夫妻，如果女方反悔则强行抢亲、强行同居。一般这类犯罪行为受到民族风俗的鼓励和允许，因此，应当对刑法第236条（强奸罪）作出变通性的规定，除非造成特别严重后果否则不作为犯罪处理。(2) 生产生活方式。比如，贵州省的从江、黎平、榕江等苗族、侗族聚居县的男青年多以土枪作为一种装饰品，因而形成土枪市场，对于在族内制造、买卖枪支弹药以供狩猎和装饰用的，不能认定为犯罪。因此，应当对刑法第125条（非法制造、买卖枪支罪）作出变通立法，考虑不作为犯罪处理。(3) 封建迷信。比如，贵州榕江县的苗族、云南景洪县的傣族相信有"蛊"，有"枇杷鬼"、"酿鬼"，有"龙脉"等迷信说法，"放蛊"、身有"枇杷鬼"、"酿鬼"以及破坏"龙脉"的人，会受到整个村寨的人冷落甚至被伤害、杀害。一般在此类伤害或者杀人案件中，犯罪者会获得全寨的拥护，而被害者甚至亲人都会背弃。因此，应当对刑法第232条（故意杀人罪）、第234条（故意伤害罪）加以变通，作轻刑化处理。

(二) 传承与创新民族刑事习惯法

民族习惯法自原始社会末期出现，包括彝族、苗族、瑶族、侗族、壮族、维吾尔族，都有自己较为成熟的习惯法，而且往往与乡规民约结合在一起。比如，苗族的"团规"、"联团合约"，侗族的"款"，瑶族的"石牌制"。民族刑事习惯法同样分为犯罪与刑罚两个部分，对具体犯罪行为及其刑罚措施均作了详细的规定。

习惯法既是法律规范，对人民具有强制的法律效力；同时习惯法又是道德规范。民族刑事习惯法是少数民族社会物质生活条件的反映，在这些民族的形成和发展过程中产生和发展。民族刑事习惯法是少数民族的社会意识形态之一，是上层建筑主要组成部分。民族刑事习惯法对于生存和发展，对调节社会的矛盾，巩固民族团结，保持和发扬民族传统道德方面均起了不可低估的作用。尽管存在各种各样的消极因素，目前应当最大可能地发挥民族习惯法在控制少数民族犯罪、维护民族地区秩序方面的积极作用，继承和创新民族刑事习惯法中的优良因素，采取科学、理智的态度对待民族刑事习惯法，引导民族刑事习惯法发展。

二、少数民族犯罪之司法控制

立法控制仅仅是少数民族犯罪法律控制的一个部分，司法控制作为直接应对犯罪的部分更为重要。主要讨论两个问题：（1）少数民族地区的严打问题；（2）民族地区非犯罪化与轻刑化如何实现？

（一）反思少数民族地区的严打斗争

反思民族地区的少数民族犯罪的严打，存在对“两少一宽”和严打把握不准，出现极端司法、只顾一头的现象。总结起来包括：

一是严打的对象的界定失当。严打限于某一阶段的某些严重犯罪，中央每次提出的“严打”的对象都是非常明确和具有针对性的。但是，这种限定需要与民族地区的司法实践结合起来。部分地区在严打过程中，对因文化习俗不同引发的犯罪也进行严打，从而拓宽了严打的对象范围。比如，对于抢亲案件中的“强奸”行为，不能一律按照严打来加以处理；又如，对于因民族封建迷信而发生犯罪不能一律采取严打措施。少数民族多有自己的宗教，并信奉鬼神，对于涉及封建迷信的犯罪不能一律严打。如果对此类犯罪采取严打，会使法律与政策在民族地区的进一步推行受到阻挠。

二是严打与“两少一宽”的协调问题。“两少一宽”作为民族地区少数民族犯罪的基本刑事政策，经过数十年的检验，发挥了维护民族地区治安稳定和民族文化认同的功效。应当说，它是一条成功的考虑到犯罪地理学和犯罪人类学的特殊的刑事政策。“两少一宽”与严打在民族地区应当同时适用，在一定意义上说，“两少一宽”作为特殊的刑事政策应当优先使用。“两少一宽”要求“少捕少杀”、“一般从宽”，而严打则要求从重从快。在民族地区的严打斗争中，个别民族地区为了执行严打刑事政策，对少数民族罪犯没有体现“少捕少杀”、“一般从宽”的政策精神，可捕可不捕的一律照捕，可杀不可杀的一律照杀，更严重的是，为了维护民族地区的治安，对“一般从宽”不予考虑。这是置民族刑事政策于不顾的错误做法。适用两项政策处理民族地区少数民族犯罪时需要注意如下问题：（1）民族地区的少数民族犯罪中严重犯罪必须从重从快，不应当搞例外。但是，“两少一宽”作为一项特殊的刑事政策，如果满足一定的条件，应当按照“一般之例外适用例外”的原则进行处理。（2）根据犯罪类型加以判断，是否严格地执行严打政策。严打的依据是犯罪的轻重，而犯罪的轻重是群体对犯罪的感受程度。民族地区因风俗习惯而产生的犯罪，一般能够得到本民族公民的谅解和宽容。考虑到这种因素，因此，对于少数民族实施危害国家安全犯罪的，一般不做从宽处理，如在严打范围内应当严厉打击，从重从快；对于实施故意杀人、抢劫、重大盗窃、强奸等严重侵犯人身权利和财产权利的犯罪（这里不包括因风俗习惯而发生的案件），如在严打范围内应当严厉打击，从重从快；对于因破坏婚姻自由或争山林坟地等发生集体械斗的类似的民族地区的侵犯人身权利的犯罪，即使在严打范围内，应当略作调整，按“两少一宽”政策处理。（3）少数民族犯罪与汉族犯罪的处理相比较，应当有所区别。

（二）非犯罪化与轻刑化问题

非犯罪化（Decriminalization）是与犯罪化（Criminalization）和过度犯罪化（Over-criminalization）相对应的；轻刑化是与重刑主义相对应的。当代世界刑法改革运动中，非犯罪化与轻刑化代表一种趋势。粗略判断我国刑法究竟采取犯罪化还是非犯罪化，理论上尚没有定论；而一般认为，我国存在重刑主义的传统，轻刑化应当成为刑罚价值的一个重要考量。对于少数民族聚居地区发生的少数民族犯罪，如何适应非犯罪化和轻刑化的思想，实现对少数民族犯罪的司法控制，必须进行一种现实而前瞻性的思考。

1. 少数民族犯罪的非犯罪化

作为一种世界性的刑法改革趋势，非犯罪化已经影响到各国刑事立法。理论上一般认为，非犯罪化包括两种：一种是取缔上的非犯罪化，即立法上的非犯罪化，通过刑事立法的废、改、立重新确认犯罪范围、划定犯罪圈。比如堕胎、通奸、自杀等犯罪的不再规定。这种非犯罪化的原因因各国的法律传统、社会制度、道德伦理观念以及经济发展水平的不同，在非犯罪化的时间、范围和进程上表现有所不同。这种非犯罪化的途径在少数民族地区主要是通过变通或补充条例对某些犯罪行为予以非犯罪化，比如在“抢亲”风俗盛行的地方，便应当在变通或补充条例中规定抢亲中的情节较轻的人身伤害行为予以非犯罪化。另一种是司法上的非犯罪化，即刑事司法实践中对某些轻罪案件通过诉讼程序排除出刑罚措施之外。主要是通过刑法第13条的“但书”进行出罪化操作。少数民族犯罪的司法上的非犯罪化，同样只能在“但书”规定的范围之内操作。关键在如何理解“情节显著轻微危害不大”。犯罪的危害程度的评价，是一个客观的范畴，但也取决于人们对犯罪的主观容忍程度。对同一犯罪行为，汉族地区与少数民族地区可能存在程度不一的判断。比如，对于集体殴斗行为，少数民族地区可能认为是解决问题的有效途径，也对殴斗造成的伤亡持一种相对宽容的态度；又如，对婚姻家庭犯罪中的干涉婚姻自由，当父母之命受到青年男女的阻挠而暴力介入的，较汉族地区而言，少数民族地区的公民会普遍地对干涉婚姻自由的父母抱有一种同情的态度。因此，在“情节显著轻微危害不大”的把握上，应当适应各民族地区的风俗习惯、地理环境、经济发展水平作一种较汉族地区更为宽容的解释，使得少数民族犯罪更为广泛地依赖出罪途径实现除罪化。

2. 少数民族犯罪的轻刑化

轻刑化是适应刑法人道主义和刑法谦抑原则提出来的。它与轻微犯罪的除罪化和非刑罚化在功能上是同向的。在世界各国的非犯罪化过程中，往往通过轻刑化再到非刑罚化，最终实现非犯罪化的渐进过程。比如，通奸和流浪等行为，最初由配置重刑到配置轻刑，再到非犯罪化。

我国是一个具有重刑主义传统的国家，在1979年刑法颁行之后，各单行刑法不断增加规定罪名且攀升刑罚，对各类犯罪大量地规定死刑和长期自由刑。这种惯性在1997年刑法的修订中并未得到全面的纠正，可以说，1997年刑法仍然是一部刑罚相对过重的法典，尤其是死刑罪名过多，导致刑法典的总体刑罚投入量过大。立法的重刑规定导致司法实践中的刑罚适用过重。立法设定了一个“重刑”的制度前提，司法如何在有限范围内纠正？我们需要强调轻刑的价值，即基于谦抑主义的立场要求适度刑罚从而对犯罪进行有效遏制。

少数民族地区具有特殊情况，经济不发达、地域偏僻，文化落后。相对于汉族地区而言，少数民族地区风俗习惯、文化传统均有差异。立法授权少数民族地区制定变通或补充的规定，适应民族特点对某些犯罪予以非犯罪化或轻刑化。这是立法意义上的少数民族犯罪的非犯罪化与轻刑化。司法上的少数民族犯罪的轻刑化要求在维护国家法制统一的前提下，兼顾少数民族地区的特殊情况，司法实践中从宽处理少数民族犯罪。对少数民族犯罪轻刑化不仅仅是量刑上的总体轻缓，还体现在更多地选择短期自由刑，更多地判处缓刑。

三、少数民族犯罪之社会控制

犯罪原因结构系统中，立法的应付阙如和司法的控制疏漏是犯罪生成的重要因素，但并非全部的致罪因素；犯罪控制系统中，立法与司法的对策仅仅是一个部分，而且是一个技术化的部分。正如 Hans－Grünther Heiland 与 Souiese Shellley 所考察的那样，犯罪及其控制与文明、现代化伴生，无论在发展中国家还是发达国家，都重视犯罪行为与社会控制。① 犯罪的社会控制是一个法律控制外的空间，更多更有效的反应来自犯罪的立法与司法控制之外的领域。作为一种与犯罪作斗争的社会事业（工程），犯罪控制是社会遏制犯罪蔓延的整体方略。② 犯罪控制因不同的文化背景、现代化程度而存在差异，我国的犯罪控制是在综合治理的实践中逐渐形成的。这种控制模型总体上是一种国家本位型的，对于维持低水平的犯罪和稳定局面确实贡献颇巨，但在经济发展和社会变迁的今天，我国的犯罪控制面临着转型，更侧重从社会本位思考犯罪及其控制。因应这种犯罪控制转型，设计中国少数民族犯罪控制机制。

（一）两种不同类型的犯罪控制形态

犯罪控制按理念、制度与实践可以划分为两种基本类型：一是国

---

① Hans－Grünther Heiland , Souiese Shellley, *Civilization* , *Moderniazation and the Development of Crime and Controll*, *in Crime and Controll in Comparative Perspectives*, edited by Hans－Grünther Heiland etc. , New york: de Gruyter, 1991, pp. 1～18.

② 储槐植等主编:《犯罪控制论》，贵州人民出版社 1993 年版，第 4 页。

家本位的，一是社会本位的。国家本位的犯罪控制强调国家权威、公法规范发达，从刑事政策上注重重刑控制；社会本位的犯罪控制强调社会自治、私法规范发达，从刑事政策上讲注重通过恢复性司法回复社会秩序。

1. 国家本位的犯罪控制形态

基本特征表现为：（1）强调国家权威。国家本位的犯罪控制的理念上强调国家权威，采取国家主导组织对犯罪的反应的方式。国家权威无论在社会司法实践还是民众法律意识中都拥有国家作为“庞然大物”、无处不在，无所不包的形象。以“亲亲相隐”为例，传统文化强调“父为子隐，子为父隐”,① 但国家本位的犯罪控制要求亲属互相告发，否则将受到惩罚。这固然能够对犯罪的侦查和审判起到一定的作用，但其他方面的负面作用更大。（2）公法规范发达。在国家本位的犯罪控制中，一切以国家为核心为出发点来考虑法律规范的设置，更为重视国家对个体行为的严密监视。国家与个人处于较为紧张的关系之中，需要庞大的公法规范加以维持。在国家本位的犯罪控制制度中，以国家为主体颁行的各种禁止性与命令性规范大量存在，追求一种“组织化”状态，宪法、刑法与行政法规范细密而发达，并且为国家留下过多的“其他”型的堵截性条款。（3）注重重刑控制。注重刑罚的威慑作用，刑罚实践中注重重刑主义，把刑罚作为对付犯罪的主要乃至惟一的工具。刑罚万能观念在国家本位的犯罪控制实践中处处皆在，他们认为只有刑罚（重州）才是对付犯罪的惟一有效手段，早已忘记200多年前贝卡利亚关于重刑只会造成人的心灵残酷的振聋发聩的伟大预言。

2. 社会本位的犯罪控制观

基本特征表现为：（1）强调社会自治。社会本位的犯罪控制观是法律社会化的结果，强调社会能够自我生成秩序。这种自治理念是一定地域群体的成员基于自己的真实意愿，依托一定的组织体，自我认知、自我管理、自我决定的活动方式和能力。在西方国家，刑法学之父贝卡利亚早在200多年前就反对基于背叛、出卖为基础的证词，

---

① 《论语·子路》。

并认为即使这些证词是确定无疑的，也不应当采信。(2) 私法规范发达。在社会自治的理念指导下，社会本位的犯罪控制的制度形态是私法规范发达、私法文化滥觞。在民间，存在着许多自发生成的规范，协调个体与个体之间的关系，重组社会的组织结构。比如，对于故意伤害罪中，犯罪人与受害人都是亲戚朋友，一方出于间接故意造成另一方轻伤，如果一定强调公法规范介入，或者实行治安行政处罚或者直接定罪判刑，本来可以通过私法规范解决的问题因为公法规范的强势介入导致亲戚朋友的反目成仇，最终导致社会关系的破坏。(3) 注重恢复性司法。“恢复性司法”（Restorative Justice）的刑事政策含义在于：改变传统刑事司法过于关注报应与改造的刑罚模式，聚焦在犯罪人与被害人的关系上，聚焦在被害人的权利回复上。我国有学者研究认为，恢复性司法已经成为一种世界趋势，成为现行刑事司法的全功能替代模式。① 恢复性司法是否能发挥到此种功效，尚待研究。但是，必须承认的是，恢复性司法较传统刑事司法模式确实具有前所未有的活力。

（二）转型之中的中国犯罪社会控制

从两种不同类型的犯罪控制观的比较来看，国家本位的犯罪控制观将逐渐让位于社会本位的犯罪控制观。一个国家究竟采取国家本位还是社会本位的犯罪控制观，取决于国家理念、经济发展与法治成熟度等，但也没有一个国家属于完全典型的国家本位或者社会本位。中国传统的犯罪控制侧重国家本位，但在社会控制上采取综合治理的方针，具有社会本位的因素。现代国家的转型将沿着“小政府大社会”的方向，政府理念向“有限政府”转型，因此，犯罪控制应当更多地依赖社会本位的控制，这势必要求我国向社会本位的犯罪控制转型。

1. 刑事政策观念的调整

现代刑事政策理念是在犯罪控制的指导下形成的。刑事政策的中

① 张庆方：《恢复性司法——一种全新的刑事法治模式》，载《刑事法评论》，第12卷，陈兴良主编，中国政法大学出版社2002年版。

心在科学合理地组织对犯罪的反应，即要求拓宽刑事政策的内涵与外延，更广义地看待刑事政策。当代西方刑事法存在一种“刑事法刑事政策化”的趋势，在米海伊尔·戴尔玛斯·马蒂那里形容为“刑事范畴特殊性的消失”——“这一现象归功于两个不同的趋势：在内，因为刑法日益复杂，刑事范畴分崩离析；对外，相邻范畴迅速发展，如或多或少被整合进刑法途径的调解，带有惩罚性的行政法，最后是国家对受害人的赔偿”。① 我们的时代将渐倾向于从更广义的角度去看待刑法，不再把其仅仅视作静态的固有的规范，而是一个动态的运行机制。探求机制的内在规律便是刑法也是刑事科学（包括刑事政策学）的职责所在。刑事政策处于刑事科学的巅峰，宏观地指导着刑事法的发展。我曾在提交中国刑法学2001年年会的一篇文章中写道：反观我国刑事政策与刑事政策学，零散堆陈，缺乏系统性，亟待理论的深化。在犯罪控制的目标下，讲求刑事政策的系统性，既要处理好同向运行政策的功能的正相关关系，又要调和好逆向运行的政策的负相关关系，才能获得效益的最优化。我以为，从目前的刑事政策观念来看，如何淡化刑事政策的国家主导色彩，发挥社会组织和私法规范的力量是至关重要的。

2. 重视非刑法规范的功能

刑事法不是万能的，这是刑法谦抑主义的必然结论。对于社会越轨行为，刑法与刑罚措施仅仅是一种最后的应对方式。轻微刑事犯罪，如果能够采取非刑法规范予以应对，便不需要动用刑法资源。这是一个总体的判断。就时空而言，刑法上的犯罪以一个社会的主流社会规范为背景，应当是严重侵犯一个社会绝大多数人共同利益的行为，而一个社会的绝大多数人的共同利益是与该社会的反映历史发展的物质生活条件相适应的，不同地区的经济条件、文化差异与风俗习惯决定了犯罪评价标准的时空差异。比如，A地的盗窃3 000元的行为可能不被视为严重的违法行为（犯罪），但在B地则可能构成对一部分人的生存的严重侵犯，而被视为犯罪。在民主权利意识不发达的

---

① ［法］米海伊尔·戴尔玛斯·马蒂：《刑事政策的主要体系》，卢建平译，法律出版社2000年版，第3页。

地方，民主权利受侵犯并不被认为是严重的刑事犯罪，而在民主权利意识兴起的地方则可能视为犯罪。因此，并不存在一个普适性的犯罪概念，犯罪应当是有地域性的，同定义犯罪的法律概念一样，它同样是一种“地方性知识”。对应犯罪而言，并不存在惟一的措施即刑法。通过社会措施同样能够预防和控制犯罪，又能省却刑罚措施的社会成本和对社会造成的进一步伤害，应当鼓励刑罚替代措施的运用。

3. 社会而非政府主导

市场经济形态中，倡导市场作为资源配置的主要力量，国家宏观调控仅仅是在市场失灵的状态下出现。因此，新型的政府理念应当是“小政府、大社会”，即一种有限政府的形态。有限政府要求政府提供公共产品服务，包括犯罪预防和控制等公共安全服务。然而，在小政府的形态下，政府的公共安全服务在一定意义上已经部分移转给社会中间组织，单靠政府行政力量很难保证一个有效的安全体系。政府能够提供的是最低限度的公共安全需要，更高层次的安全需要体系则交给社会组织来进行。

我赞同普林斯的观点：对于社会弊端，我们要寻求社会的治疗方法。① 一味强调政府运用刑罚措施和法律手段并不能为公共安全提供可靠的保证。只有社会本身的组织化力量和程序才能为市场经济提供秩序的保证，保证社会越轨行为（乃至犯罪）的不再产生。比如，行业协会对行业内部纪律的维护，对行业内部各经济个体的规范；又如，社区内各种民间组织对社区治安的保护，对社区内各居民行为的约束。我们可以从社会对政府在公共安全上的功能替代发现，社会中间力量因为接近民众而更为具体而微观地对犯罪控制起着作用，相反，政府承担的是一些更为宏观的抽象的指导工作。这种犯罪控制主体由政府向社会转移的趋势是市场经济所倡导的。

（三）中国少数民族犯罪社会控制的完善

中国少数民族犯罪如何实现社会控制，是在提出中国犯罪控制由

---

① 菲利著，郭建安译：《犯罪社会学》，中国人民公安大学出版社 2004 年版，第 181 页。

国家本位向社会本位转型的背景下讨论的。少数民族的经济地理和人文状况决定着犯罪控制不可能不关注民族地区的此类因素，而在犯罪控制的既往实践中，我们正是在尊重民族政策发展民族平等的框架中进行。对于今后的少数民族地区犯罪的社会控制如何完善，应当根据国家民族政策的精神结合民族地区的具体情况进行研究。

1. *发挥少数民族传统习俗的积极作用*

在少数民族地区进行犯罪控制，发挥少数民族传统习俗的积极作用，是一个有效的办法。正如哈特兰所描述的那样：原始人远非卢梭想象中的那样，是自由自在而又无拘无束的生灵。相反，他的一切都处于其所在群体的习俗的禁锢之中，这不仅反映在社会关系上，也包括在其宗教、巫术、劳作、工艺行为中，总之，他生活的方方面面都被束缚在历史悠久的古老传统的锁链上。① 美国顶级的人类学权威之一洛伊博士同样表述：一般说来，和我们成文法相比，（原始人）更愿意服从习俗惯例这类不成文法，或者确切地说，他们自发地服从于不成文法。② 居住在少数民族地区的少数民族居民，一定意义上是一种类型的“原始人”。少数民族地区的某些传统习俗，自古以来就是少数民族群众管理社会，调整人与人之间各种关系的无形的行为准则。少数民族公民，会更为服膺习俗的统治。例如，在贵州省黔东南苗族侗族自治州，许多苗族、侗族村寨从很早以前就有“议榔”、“起款”的习俗（就是起誓遵守某一款约）。议榔之前选出几个“榔头”、“理老”拟定款约，经全村寨人举行喝鸡血酒的仪式后，款约就对人们有了约束力，任何违犯它的行为，都要受到一定的处罚，轻者赔礼认错，罚款，重者抄家砸房，殴打体罚，甚至逐出村寨。实践证明，“议榔”和“起款”的形式是易为群众接受的，只要剔除落后的、有害的内容，赋予它新的内容，加以改革，就会起到很大的作用。比如，侗族聚居的黎平县尚重镇，地处边远，是一个居住着7千

① 西德尼·哈特兰，原始法律（Primitive Law），第138页，转引自马林诺夫斯基：《原始社会的犯罪与习俗》，云南人民出版社2002年版，第3、4页。

② 西德尼·哈特兰，原始法律（Primitive Law），第387页，转引自马林诺夫斯基：《原始社会的犯罪与习俗》，云南人民出版社2002年版，第5页。

多人的小镇。1985 年前，各种刑事案件的发案数在 30 起以上，尤其是盗窃，抢劫，流氓、强奸几种犯罪，严重地威胁着人民生命财产的安全。镇党委从实际情况出发，布置各村寨订立各项村规，不少村寨沿袭过去的传统习俗，通过了款约。通过款约，维护了当地的社会治安。

2. 利用和改造少数民族中原有的某些组织形式

利用和改造少数民族地区中原有的某些组织形式控制犯罪、维护社会治安，是少数民族地区实行综合治理的一条成功经验，在今后的民族地区犯罪控制工作中也要坚持并发展完善。例如，在四川凉山彝族地区和云南宁蒗彝族地区的“家支”制度，原先是奴隶主阶级专政的工具，并在一定意义上具有政权性质，它虽然对家支成员之间没有统治和隶属的关系，但对个人或家庭具有一定的约束力。在控制犯罪的过程中，凉山彝族自治州对彝族中的家支活动，采取一分为二的态度，对于家支非法行使司法权，如对业经国家政法机关判处的案件，家支再行处罚和算人命金等，予以制约和取缔；对于家支主动出面调解各种刑、民案件解决纠纷的，则大力支持，并将家支组织纳入基层调解委员会和治保委员会，帮助他们学习法律知识，逐步把之改造成为维护社会治安的基础力量。以四川凉山家支犯罪控制为例：

1981 年 2 月，喜德县海来家支因索取买卖婚姻的身价与加洛家支发生聚众斗殴，械斗中，海来日缺将加洛吉体的左耳咬掉。加洛家支提出赔偿 1200 元，海来家支不从，双方分别聚集 200 余人，准备继续进行大规模械斗，当地检察院了解这一情况后，立即会同区、乡领导人，通过纳入调解委员舍洛家支出面调解，商定海来家支杀羊 1 只，打酒 50 斤，向加洛家支赔礼道歉，加洛家支退还海来家支 54 元，作为婚姻身价的补偿。双方喝酒表示同意，伤害案和婚姻案一并解决。后来当地检察院进行了回访考察，双方信守协议，关系正常。这样做，既巩固了民族内部的团结，有利于社会治安，又能逐步改变家支活动的性质，消除奴隶制的残余。

从当地政府与司法机关对凉山家支聚众斗殴事件的处理过程中，我们注意到：一方面，家支是一种部分民族地区盛行的民间权威，这种潜在权威的生成甚至比正统的国家秩序权威还要强大；另一方面，如果合理地利用这种组织形式，把家支纳入基层调解系统，等于将民间权威纳入国家渠道，使得各方面的力量得以平衡，犯罪得到控制，秩序得以维护。同样，侗苗族的“房族”和瑶族的“油锅组织”，也是一种类似于彝族“家支”的可以利用的组织形式。

侗苗族的家庭结构是以同姓同宗近亲血缘组成“房族”，若干个近亲房族又联合组成同姓大族即“宗祠”。“房族”和“宗祠”建有严格的“族规”。“款”是侗苗民族以地域为纽带结成的地方联盟组织，并有大小之分。“小款”相当于一个村，“大款”由数十个村构成，可以跨乡、跨县，跨州。侗苗人民的“大款”组织是一个协商解决不同地区之间纠纷的议事机构，具有平等性和联防性的特点。比如说，侗苗民族“款坪说款”是由“族长”或“寨老”主持召集纠纷当事人以“款约”来明辨是非、解决纠纷的一种传统方法。根据我的走访观察，实践中多将“大款”改建为地区民间纠纷联防联调协作委员会，这些联防联调组织吸收“族长”或“寨老”参加，每年定期召开会议，共商联防联调事宜，组成公议会或公议庭，依据法律、法规、政策以及乡规民约处理调解各类纠纷。

瑶族中的“油锅组织”是瑶族社区中类似于彝族“家支”的一种形式。瑶山地处黔桂的荔波、从江、榕江、三都及广西南丹、环江等两省几县交界的月亮山麓，远离县城，山高林密，交通闭塞，商旅不通，与落后的社会生产力相适应，个体家庭每遇灾害和不幸，只有依靠群体间的相互关怀和帮助，才能渡过难关。古老的民族“油锅”组织由此产生并长期发挥着重要的社会职能作用，时至今日，仍为广大瑶族群众所竭力拥戴，呈现顽强生命力。油锅组织要求有事互相商量，大事人人到场，互相间全力支持和帮助。“油锅”，瑶语称为“玻卜”，意思是“爷崽”，汉译为“油锅”，意为“同在一口锅里吃饭的人”。这是一种以家族为单位建立的一种特殊社会组织，可以是一个父系家庭组成的血缘集团，所有的成员同出于一个父系祖先的亲属，彼此间都有血缘关系，聚族而居，互相照应。每个“油锅”都有自己的名称、有自己的头人。各“油锅”成员同住一地，都有自己的保护神。各“油锅”有自己的领地、有公共墓地。同一“油锅”

的成员严禁通婚，成员有互相继承财产的权利，并且有定期的会议制度。① 这种油锅组织应当在瑶寨中继续完善并发挥作用，剔除消极因素，发挥积极因素，维护瑶寨的社会治安秩序。

3. 利用民族地区的宗教组织形式

宗教在少数民族地区是一个不可忽视的力量，少数民族的宗教信仰非常坚定。少数民族中的宗教神职人员或宗教理论造诣较深的学者，他们仍然是少数民族中有代表性的人物。宗教组织是一种可以利用的犯罪控制形式，在信教徒中神权被看成是至高无上的力量，教徒对宗教的信仰和崇拜超出对国家法律的崇仰。

民族问题与宗教问题一直处于紧密联系之中，以我所长期工作和生活的贵州省为例，民族地区的宗教问题较为复杂。黔西南早在19世纪末，外国传教士就在民族地区设教堂、做洗礼并发展信徒，以致在少数民族中培养了一大批神职人员，这些神职人员一直是群众的"精神领袖"。根据统计，黔西南近四万天主教徒中布依族占大多数，回族自清朝雍正朝迁入贵州，并逐步定居在黔西南中部、北部的城镇及农村。回族基本上是全民族信仰伊斯兰教，伴随人口的迁徒，伊斯兰教在黔西南也得以扎根。根据1990年统计全州有伊斯兰教活动场所21个，阿訇18人。可以说，贵州省境内少数民族的宗教信仰已经

① 新兴的"威赏"瑶寨的个例，可以为我们观察残存的"油锅"提供一些有益的启示："威赏"寨是党的十一届三中全会以后兴盛起来的瑶寨，位于樟江河谷黔桂交汇处，全寨8户瑶族人家，33口人，分布于4个互相呼应的小山坡。威赏寨8户人家都姓何，3户来自板告寨，5户来自董蒙寨。董蒙寨和板告寨原来就同属一个大"油锅"。在威赏寨，凡大小事务，由一退休的原乡干部出面、接洽和组织实施，因其曾是乡主要干部，见识广、通汉语、晓政策。他接受任务后，就先与两老住户商量，协商确定后，再通知全寨施行。寨中"秩序"井然，一切有"法"可依。从立寨到今10多年中，从未发生争吵斗殴事件，喂养的家禽家畜，如有损害他户庄稼的，少量则免为不计，只是互相道歉即可，如数量多的，则全寨共同讨论赔偿，当事人不提苛刻要求。起房盖屋全体参加，若造房日子选对主家生日时辰的，主家还行回避，由全寨代为营造。因威赏寨靠近荔波至南丹公路干线，1993年时，一住户两头水牛被外族强盗偷走。半夜被偷，清晨主家才发现，主持祭祀寨神的巫师立即赶到寨神坛前，撒上几粒米，念动诵词禀明寨神。全寨大小全体火速出动，兵分几路查找失落的水牛。很快将失丢的两头水牛找回，只是未抓得贼人。失主备办酒肉，感谢全寨支持。

成为民族地区稳定和民族地区安全的一个不可忽视的因素。我们应该化被动为主动，变消极为积极，因此，发挥宗教组织对民族地区犯罪控制、秩序维护的积极作用应当是我们今后的努力方向。

4. 发挥少数民族上层人物的作用

在过去的民族工作中，我们曾经利用少数民族上层人物发挥了许多作用。这些上层人物有的在政府工作，有的产生于民间，但不无例外的是，他们对少数民族地区具有极大的影响力。根据我对少数民族地区的走访和观察，少数民族地区民族、村寨、姓氏基本上都有自然领袖和长者，深得民族群众的敬重，并负责处理民间纠纷维护民间秩序。他们是民间自然生成的权威。在处理少数民族犯罪案件时，只有团结和依靠少数民族上层人物，才能解决各类纠纷，处理好民族矛盾，实现对少数民族犯罪的有效控制。

贵州省麻江县龙昌乡 1982 年在苗族内部因婚姻发生了一起群众性械斗案。16 岁的苗族青年王××找了一个 19 岁的苗族姑娘，未经结婚登记即同居一年多。后女方嫌男方年幼，提出与男方离婚，法庭调解无效。女方又与苗族吴姓青年同居，并生一小孩。为此男女双方又再次扯到区法庭解决，法庭调解无效，问题悬而未决。由于女方不返回王家，王率领本族群众 100 余人，分别拿着匕首、土枪，棍棒去抢亲。吴家闻讯躲避。结果把吴家房屋，家财捣毁，肥猪杀掉，东西拿走。吴姓青年的堂弟愤然相阻，被王××用匕首刺成重伤。见此情景，吴姓青年与本族头人商量后，牛角一吹，全村老幼出动相助，又发生了群众性的械斗。案发后，王、吴两姓头人出面，各护一边，酝酿着再次组织械斗。司法机关受理此案后，及时深入当地调查了解，充分听取两边头人的意见。首先按民族习俗承认了王姓的事实婚姻，吴姓青年后与女方同居是错误的，同时向他们讲明刑法有关条文的规定，实事求是地指出当事人中谁的行为错误，谁的行为违法，谁的行为犯罪。在做好两边头人的工作，提高他们的认识后，都认为王××不仅带人去打砸抢，而且动手杀伤无辜，触犯了刑律，应受到惩罚。此案处理后，两边头人都各自向群众做宣传解释工作。

从这起案件的处理来看，是充分地利用了少数民族上层人物的积极作用。因为少数民族居住在偏僻边远的山区，行政权力不能有效地到达个体民族公民。这种情况服膺乡土自然生成的秩序。根据笔者的走访，进入调查视野的每个聚居的边远民族山寨，都有“头人”之类的自然领袖来仲裁寨内、族内事务。南盘江边板其乡马黑村，清道光27年（公元1847年）秋，所立乡规民约镌于石上：“我等生居乡末弹丸，少睹王化之典。”又坝江村碑述：“凡于寨中，虽属壤地褊小，亦皆莫非王土”；并且规定：“一切田土婚姻之事者，最要投明寨老里长人等。宽容理论了息”。由此观之，即使在少数民族的视野中，他们也认识到自己的“边远”，文化与汉族存在不同，需要民族上层人物对社会治安秩序的维护。根据我的理解，当前民族工作中的上层人物一般是在民族地区和少数民族中以及在某一方面有一定的代表性和影响力的少数民族人士，可能具备行政干部身份，也可能不具备行政干部身份。他们包括少数民族中的高级知识分子和学有专长的专业技术人才、归国人士、海外侨胞、非公有制经济人士、宗教人士、社团及其他方面的负责人士以及少数民族上层人士的后裔等，从中央到地方，从政府到民间分为不同的层次。控制少数民族犯罪，维护少数民族地区的治安秩序，必须依赖少数民族上层人物的良好群众基础，发挥他们在少数民族群众中的巨大影响力，才能处理好民族纠纷和民族矛盾。

5. 尊重和倾听本民族群众的意见

少数民族犯罪，一定意义上因民族内部习俗引起，对于少数民族犯罪，各民族有自己历史传承的处理办法。我们在维护法制统一的前提下，对某些轻罪案件不予追究刑事责任或采取非刑罚化处理，都是尊重少数民族群众意见的结论。司法实践中，对于民族内部发生的犯罪案件，如何处理，不能采取鲁莽的工作作风，否则，既伤害民族感情，又不能顺利开展工作。走访过程中，笔者曾经获悉两起案件因采取不同的处理方法而获得不同的结果：

案1：

广西融水苗族自治县苗族高中女学生杜某挑草木灰回家存放，引起火灾，不仅自家房屋被烧毁，且蔓延全村烧毁50户，烧死1小孩，损失很大。有关机关未征求苗族群众的意见即批捕杜某，结果当公安人员前去捕人时，被全村苗族群众包围，不让捕杜某。提出的理由是：杜某不是有意放火，是不慎失火，其家先被烧毁，且她是该村苗族祖祖辈辈惟一的高中生，至于因失火造成的损失，群众愿意自己解决。根据苗族群众的意见，有关机关决定对杜某的失火行为不予追究。

案 2：

广西田林县有个瑶民犯罪，但公安机关未向瑶族群众讲明情况就将犯人逮捕。当民警将被捕者押至半路时，瑶族群众追赶上来，强烈要求放人。在经过法制教育，说明犯罪分子罪行的严重危害性和刑法的严肃性后，结果瑶族群众自己把罪犯交送出来，表示任由政法机关依法处理。

案 1 首先采取的是不顾及民族感情，不尊重少数民族群众意见的方法，故受到抵制。但在有关机关征求群众意见之后，同群众商量对杜某免予刑事追究，才获得群众的支持。案 2 中，公安机关因为没有与瑶族群众沟通就贸然地逮捕瑶族公民，自然会受到不理解的瑶民的围攻，在顺利沟通之后，公安机关获得瑶族群众的支持，他们表示将主动交出犯罪的瑶族公民。由此可见，在办理少数民族犯罪的案件时，必须尊重和倾听少数民族群众的意见，否则会引起民族纠纷，酿成事端。

6. 培养一支少数民族执法队伍

宪法规定少数民族聚居区实行民族区域自治。在区域自治的范围内，各少数民族对经济、政治、文化各项事务享有自治权。少数民族公民在民族聚居区内更能贴近群众，同时也熟悉民族的语言文字和风俗习惯。因此，培养少数民族执法队伍，整顿少数民族社会治安控制少数民族犯罪是实行民族平等政策必须的。少数民族出身的工作人员在执行刑法、控制犯罪的过程中表现出三个突出作用：一是在接待群众来访，在处理不懂汉语地区的案件和平息械斗，保证案件的及时、准确处理上，起着重大作用。二是较易深入当地民族群众完成调查、侦查任务，广泛收集证据和意见，有利于查清案件事实，也便于审判人员与被告人和其他诉讼参与人之间直接对话，这有益于全面了解案情，防止主观片面，使案件得到公正的处理。三是在少数民族聚居地区或多民族杂居地区，他们可用当地通用的语言进行审判，用当地通用的文字发布判决、布告和其他文件，能够使当地居民清楚地了解案件审理的情况，知道被告人犯的什么罪，犯罪的原因和思想根源，以及犯罪行为的危害性和应受什么样的惩罚。这不仅能够教育犯罪分子，促使其认罪伏法，接受改造，而且还可以加强当地民族群众的法制观念，提高他们同违法犯罪行为作斗争的自觉性，起到预防犯罪和减少犯罪的作用。

（本文系2005年1月15日在中国人民大学刑事法律科学研究中心“名家论坛”上的演讲稿。在此学术研讨活动期间，本人被聘为国家重点基地中国人民大学刑事法律科学研究中心客座教授）

关于“加强死刑案件辩护项目”的调研报告

刑事诉讼法的修改已经列入了新一届人大议事日程。在国家尊重和保障人权已经成为宪法规定，国内外对死刑问题高度关注的背景下，被指控犯有可能适用死刑的犯罪的被告人的人权保障问题，在当前成了立法、司法、学术界共同关注的热点问题。中国社会科学院法学研究所承担的“加强死刑案件辩护项目”，对于该问题的深入研究具有重大理论和实践意义。该项目的内容之一是对贵州省部分地区的100件死刑案件进行调查以了解西部地区对于被指控犯有可能适用死刑的犯罪的被告人在诉讼中的人权——即犯罪嫌疑人、被告人的辩护权的保障情况。本次贵州地区的调研活动自2004年9月下旬开始，10月下旬完成。

一、概况描述

1. 调研选点

由于时间紧，贵州点的调研选点定在3个地、州、市，即在A市、B州及C地区抽取一定数量的初审适用死刑的案件进行调研。

A市，行政区域总面积8 034平方千米，辖6个区，3个县，1个县级市。总人口346.27万人，其中非农业人口158.49万人。人数较多的少数民族有苗、布依、土家、侗、仡佬等族。

B州，全州行政区域总面积2.62万平方千米，辖10个县（其中1个水族自治县），2个县级市。总人口387.53万人，其中非农业人口48.41万人。

C地区，全地区行政区域总面积1.80万平方千米，辖8个县（其中4个民族自治县），1个市，1个特区。总人口382.85万人，其中非农业人口33.69万人。人数较多的少数民族有侗、土家、苗、仡佬等族。

贵州点调研组对A市中级人民法院提供的59个死刑案件、B州中级人民法院提供的39个死刑案件、C地区中级人民法院提供的2个死刑案件进行了调查。现对这100个死刑案件着重从如下两方面进行分析：

2. 案件类型

就案件类型来讲，在调查的100个案件中财产类（抢劫）案件42件；毒品类11件；暴力类案件46件，其中故意杀人40件，故意伤害5件，拐卖妇女儿童1件；破坏社会主义市场经济秩序类1件；其中共同犯罪案件达到49件。尤其是从上述54件贪利性犯罪案件(从犯罪学角度讲，以图财为动机的犯罪均称为贪利性犯罪，故将财产类案件、毒品案件和破坏社会主义市场经济秩序类案件并称为贪利性犯罪)、46件由于各种矛盾处理不当而发生的案件来看，人们的利益观和人与人之间的紧张关系在某种程度上已经威胁到了社会的健康发展。

3. 案件发生时间

就案件发生时间看，1999年发生的案件中，抽查了7件，即抢劫1件，占该年抽查案件总数的14.29%；毒品2件，占该年抽查案件总数的28.57%；故意杀人2件，占该年抽查案件总数的28.57%；故意伤害0件；拐卖妇女儿童1件，占该年抽查案件总数的14.29%；票据诈骗1件，占该年抽查案件总数的14.29%。2000年发生的案件中，抽查了10件，即抢劫6件，占该年抽查案件总数的60%；毒品0件；故意杀人4件，占该年抽查案件的40%。2001年发生的案件中，抽查了34件，即抢劫12件，占该年抽查案件总数的35.29%；毒品0件；故意杀人18件，占该年抽查案件总数的52.94%；故意伤害4件，占该年抽查案件总数的11.76%。2002年发生的案件中，抽查了27件，即抢劫13件，占该年抽查案件总数的48.15%；毒品5件，占该年抽查案件总数的18.52%；故意杀人8件，占该年抽查案件总数的29.63%；故意伤害1件，占该年抽查案件总数的3.70%。2003年发生的案件中，抽查了19件，即抢劫10件，占该年抽查案件总数的52.63%；毒品4件，占该年抽查案件总数的21.05%；故意杀人5件，占该年抽查案件总数的26.32%；故意伤害0件。2004年发生的案件中，抽查了3件，即故意杀人3件，占该年抽查案件总数的100%。可见，抢劫案件和杀人案件总体上呈现上升趋势。

4. 被告人的自然情况

就自然情况来讲，调查所及案件共有被告人191人，其中被一审判处死刑立即执行的有127人，占总人数的66.49%，被判处死刑缓期二年执行的有15人，占总人数的7.85%；在一审中被判处死刑的127人中有111在二审被判处死刑，维持率为87.40%；有12人被改判为死刑缓期二年执行，有1人被改判为无期徒刑，有1人被改为有期徒刑，改判率为11%，另有发回重审在案卷中未见最终判决书的2人。在被判死刑的127人中，从性别特征上看，男120人，占被判死刑人数的94.45%，女7人，占被判死刑人数的5.55%；从居住地特征上看，居住在农村的69人，占被判死刑人数的54.33%，居住在城市的58人，占被判死刑人数的45.67%。在被判处死刑立即执行人数的111人中，从民族特征上看，汉族84人，占被判处死刑立即执行人数的75.67%，布依族8人，占被判处死刑立即执行人数的7.20%，苗族8人，占被判处死刑立即执行人数的7.20%，彝族4人，占被判处死刑立即执行人数的3.60%，土家族1人，占被判处死刑立即执行人数的0.90%，穿青人（待识别）3人，占被判处死刑立即执行人数的2.70%，回族1人，占被判处死刑立即执行人数的0.90%，壮族1人，占被判处死刑立即执行人数的0.90%，水族1人，占被判处死刑立即执行人数的0.90%；从职业特征上看，无业人员65人，占被判处死刑立即执行人数的58.55%，工人4人，占被判处死刑立即执行人数的3.60%，商业从业人员3人，占被判处死刑立即执行人数的2.70%，其他从业人员39人，占被判处死刑立即执行人数的35.13%；从年龄特征上看，18～25岁46人，占被判处死刑立即执行人数的41.44%，25～35岁35人，占被判处死刑立即执行人数的31.53%，35～50岁26人，占被判处死刑立即执行人数的23.42%，50岁以上4人，占被判处死刑立即执行人数的3.60%。这组数据反应出，居住在农村的18～25岁的居民成了最严重犯罪人员的主要组成部分。

5. 其他

就案件中犯罪人与被害人关系看（不含毒品、票据诈骗犯罪），家庭关系 6 件，其他关系 13 件，朋友关系 5 件，陌生人对陌生人 64 件。

二、辩护权保障情况分析

1. 辩护情况

在调查的 100 件案件中，被告人供认的超过 50%。律师申请精神病鉴定的 2 件，其中 1 件被驳回，1 件被鉴定认为被告人具有刑事责任能力。从辩护种类看，在一审中有指定辩护人 105 人，占 74.46%；委托辩护人 36 人，占 25.53%；在二审有指定辩护人 97 人，占 74.05 %；委托辩护人 34 人，占 25.95%。

2. 审判情况

就一审判决结果而言，有罪判决的 100 件，其中死刑立即执行 99 件，死刑缓期两年执行 1 件，无罪判决的 0 件。就上诉的 97 件案件的结果而言，不变更原判的 77 件，变更刑度的 18 件，发回重审的 2 件，维持率 79.38%。在最终判决中，判处死刑立即执行的 89 件，判处死缓的 8 件，判处有期徒刑 1 件，还有 2 件发回重审的案件在案卷中未见最终判决书。

3. 审判期限

从犯罪嫌疑人被羁押到逮捕的平均时间看，抢劫类案件要 25.95 天，暴力类案件要 21.87 天，毒品类案件要 48.13 天，全部案件平均时间要 26.52 天。从犯罪嫌疑人被羁押到被移送检察官的平均时间看，抢劫类案件要 88.38 天，暴力类案件要 100.14 天，毒品类案件要 89.37 天，全部案件平均时间要 93.95 天。从一审开始到一审结束的平均时间看，抢劫类案件要 47.88 天，暴力类案件要 40.20 天，毒品类案件要 77.27 天，全部案件平均时间要 47.57 天。从上诉开始到上诉结束的平均时间看，抢劫类案件要 142.07 天，暴力类案件要 134.91 天，毒品类案件要 146.36 天，全部案件平均时间要 149.22 天。从犯罪嫌疑人被羁押到执行死刑的平均时间看，抢劫类案件要 388.43 天，暴力类案件要 436.16 天，毒品类案件要 436.10 天，全部案件平均时间要415.90天。从犯罪嫌疑人被羁押到律师介入的平均时间看，抢劫类案件要170.87天，暴力类案件要148.95天，毒品类案件要174.67天，全部案件平均时间要161.17天。

4. 死刑复核程序

在100件死刑案件中，有97件的死刑复核程序与二审程序合二为一，有3件没有上诉，直接进入死刑复核程序。在调查的100件案件中无审判监督程序和赦免程序。

5. 死刑执行情况

从执行时间看，一般集中在某些特定的时间（如，禁毒日等）。从死刑立即执行的执行方式看，只有两个罪犯被采用注射方式执行死刑，其余的罪犯被采用枪决的方式执行。

6. 分析意见

通过对以上数据的比较分析，可以得出以下结论：

（1）辩护效果受到限制。原因在于：A 律师介入时间太晚，律师一般在犯罪嫌疑人被羁押后平均161.17天才介入，这极不利于犯罪嫌疑人合法权益的维护。B 指定辩护远多于委托辩护。就目前刑事辩护的实践情况看，由于经济原因，承担指定辩护任务的律师为死刑所作的努力非常有限，大多流于形式，表现在辩护词说理不透，过分简单。C 畏于被追究伪证罪责任，承担法律援助的律师大多较为消极，一般仅出庭简要发表辩护意见。D 终审裁定往往不及时送达给辩护人，剥夺了辩护人在被告人被执行之前对于终审裁定进一步反映有关情况的机会。

（2）从羁押到逮捕，平均用时为26.52天，犯罪嫌疑人、被告人的人身自由受到严重侵犯。按照刑事诉讼法第69条第2款的规定，流窜作案、多次作案、结伙作案的重大嫌疑分子，提请审查批准逮捕的时间才可以延长至30天。即使个别案件需要延长，总体上看，从羁押到逮捕所耗费的时间明显侵犯了被告人的诉讼权益。

（3）从被羁押到被执行死刑，平均用时为415.90天。如此短暂的诉讼期间，明显不利于保护被指控犯有适用死刑的犯罪的被告人的生命权。同时，也难以保证死刑案件的审判质量。

（4）上诉程序和死刑复核程序合二为一，实质上取消了死刑复核程序。这减少了发现和纠正错误裁判的机会。

(5) 相对集中处刑不利于死刑立即执行适用标准的把握。

(6) 审判监督程序没有发挥作用。终审裁定宣判后，很快执行死刑立即执行的做法，不利于充分发挥审判监督程序的作用，更难以显示国家对剥夺生命应有的谨慎。这不利于防止错误的发生，也不利于培养生命神圣的观念。

(7) 采用枪决方式执行死刑仍然是死刑执行的重要方式。行刑方式的文明进程非常缓慢。行刑的人道性很难体现。

调研组成员：

主持人：吴大华

调研组成员：杨正万、张　雯、杨　琼、王开武、陈子军
罗　鹰、王　飞、朱文君

（本文系2004年11月8日参加中国社会科学院法学研究所与英中协会举办的“加强死刑案件辩护”国际学术研讨会的主题发言稿，论文以“限制死刑的理性思考”为题发表于《政治与法律》2005年第3期）

金融犯罪与金融刑法

农行的业务人员应当是复合型人才，既要精通金融业务知识，又要熟悉法律知识和技巧。我今天准备与大家谈谈“金融犯罪与金融刑法”这个题目，共同探讨三大问题：金融犯罪的现状、特点及原因；金融犯罪的构成与分类；金融刑法与金融刑法学。

一、金融犯罪的现状、特点及其原因

（一）金融犯罪的现状

随着经济体制改革的日渐深入，金融业在整个国民经济中所处的地位越来越重要。但是，由于我国金融市场尚处于起步阶段，相关的监管运作的规范制度尚未完全确立，一些领域甚至处于失控状态，金融领域内的各种违法犯罪现象大量增加，这一状况已引起党和政府、司法界、金融界的高度重视。

近几年来，发生在金融领域的大案要案时有发生。如1993年中国农业银行河北衡水支行的信用证诈骗案。尽管经过我国政府、中国农业银行以及司法机关的全力挽救，加上国际刑警组织、国外金融机构的合作，罪犯诈骗阴谋未能得逞，但其造成的恶劣国际影响却无法消除。1985年至1986年浙江乐清发生的抬会事件，严重影响了当地农业生产，社会秩序几乎完全失控。针对此案所暴露出的问题，当时的李鹏总理先后作了两次批示。1989年至1994年，无锡发生了新中国成立以来最大的非法集资案，非法聚敛财富竟达32亿元之多。另据公安部门的统计，近年来，伪造货币、贩运假币的案件越来越严重，不仅数量日增，而且犯罪数额越来越大，案件发生率逐年升高。① 另外，各种金融诈骗活动也很猖獗，尤其是利用信用卡、金融票据、金融凭证进行诈骗。从 1988 年起至 1994 年，全国金融系统一共发生经济犯罪案件 4 万余起，金额达 30 多亿元，其中金融诈骗案件占 1/3 强。

据新华社报道，西安市中级人民法院 3 日公开审理检察机关提起公诉的周利民、刘怡冰、岳军、李小进等 12 名被告金融凭证诈骗、诈骗、伪造公司印章、伪造金融凭证、窝藏、包庇罪一案。西安市人民检察院指控，1996 年初，时任中国建设银行西安市分行北郊支行自强西路办事处主任的被告人周利民，与任该办事处信贷内勤的被告人刘怡冰预谋后，以高息存款为诱饵，用虚假金融凭证诈骗储户存款。作案初期，周利民、刘怡冰采用私拿空白存单、私盖印鉴、给储户出具“大头小尾”存单，骗取储户存款。为非法制作假存单，刘怡冰找到被告人原陕西秦奋物业发展有限责任公司总经理张宪忠，在该公司制作假存单。后来，周、刘又密谋私刻公章，通过被告人岳军及李勃、董浩、金暹东、李小进、赵某私刻存款单位的印模。被告人王能显、刘益宁在明知周利民负案在逃的情况下，还为其通风报信；被告郭茂在公安机关将岳军抓获后，帮其转移工具。自 1996 年初至 2000 年 10 月，周利民、刘怡冰以高息存款为诱饵，用伪造的金融凭证、虚假承诺书等手段，在社会上大肆进行诈骗活动，共骗取个人存款 6 237 万多元，支付高息 755 万多元；共骗取公司、企业等存款单位的存款 43 106 万元，支付高息 1 691 万多元，案发前归还28 467万元。周、刘二人将所获赃款 12 306 万多元非法转给其“关系单位”及个人使用外，还大肆进行挥霍和占用。案发后，周、刘二人分别潜逃到香港和印度尼西亚。在 6 月 3 日的庭审中，公诉人指控周利民犯有金融凭证诈骗罪、诈骗罪；刘怡冰犯有金融凭证诈骗罪；岳军犯有金融凭证诈骗罪、诈骗罪；李小进犯有金融凭证诈骗罪；张宪忠、董浩、李勃犯有金融凭证诈骗罪；金暹东犯有诈骗罪；赵（王加君）犯有伪造金融凭证罪、伪造企业印章罪；王能显、刘益宁犯有窝藏

① 许成磊：《金融犯罪的惩治与防范》，西苑出版社 2000 年版，第 10～11 页。

罪；郭茂犯有包庇罪。① 由此可见，金融犯罪极其严重、猖獗，迫切需要刑法抗制。

（二）金融犯罪的特点

从目前司法实践的具体情况来看，当前金融领域内的犯罪活动具有如下特点：

1. 犯罪活动有预谋、有步骤、有组织、分工明确、团伙犯罪突出。近年来，金融管理机制与打击金融犯罪的执法力度不断加强，作案的风险增大，但是攫取巨额资金的诱惑驱使犯罪分子铤而走险。为了使其犯罪活动不被发现，一些犯罪分子在作案前精心策划，周密安排，甚至在作案前就办好了出国护照。一旦得手或感觉情况不妙立即逃离出境。如果银行未能在办理业务过程中及时识别出真假，资金一旦被骗，便难以追回。此外，金融领域犯罪复杂的作案活动、诸多的作案环节使这类犯罪活动趋向职业化、集团化，犯罪手段呈多样化，极具隐蔽性、狡猾性，具有反侦查手段，以逃避打击。如伪造汇票委托书诈骗银行资金的案件，作案者结成团伙，有负责开户的、有购买或伪造汇票委托书的、有办理汇票以套取银行印模的，有持假汇票委托书到银行办理汇款的，还有专门负责接收汇款的。一些制贩假币犯罪分子也是结成团伙，有专门研制模具的，有专门寻找印刷窝点进行印刷的，有专门进行运输的，有专门进行销售的。

2. 犯罪地域跨度大，涉及面广，作案人员成份复杂。经营人员既有一般经商人员、社会无业人员，也有金融单位内部人员，有法人和非法人的组织、单位，还有境外犯罪团伙。境外犯罪分子向境内人员传授诈骗方法，将国内资金骗到国外的事例也屡见不鲜。有的“外商”实际是偷渡境外非法取得境外护照的中国人，其“外商”身份具有一定的欺骗性。如中国银行广西钟山支行被骗 2.09 亿元一案中，主要犯罪嫌疑人廖某即是偷渡澳门后取得澳门身份证又以外商身份在桂林办公司，以所谓外商身份作掩护实施诈骗的。1996 年以来，辽宁、河南、广东等地相继破获了几起外国人使用假外币行骗案件，抓获二十余名外籍犯罪分子，缴获大量假美元、假港币。其主要作案

① 《法制日报》2003 年 6 月 4 日第 3 版。

方法是用大面额假外币购买小商品，兑换回真人民币；用假外币购买电脑等高档商品；以低于国家外汇牌价的价格兑换人民币。

3. 内部人员或内外勾结作案较为突出。由于我国的金融监管机制尚不完善，管理中的漏洞较多，一些金融机构内部人员素质不高，与社会上一些不法分子相互勾结进行诈骗活动，特别是在数额巨大的金融诈骗案件中，内部人员参与作案的情况尤其突出。除了一般的业务工作人员外，还有部门负责人或银行领导，一旦参与作案，其犯罪更容易得逞，造成的经济损失也十分严重。这类案件还往往与贿赂、贪污、挪用、渎职等犯罪交织在一起，侦破一起案件会带出“窝案”、“串案”。

4. 手段多样化、专业化、科技化。随着印刷、制版、彩色复印机等技术的发展，特别是照像分色制版技术的提高与普及，犯罪分子大肆利用这些先进技术和设备进行伪造货币活动，如台湾机制版假人民币制版精美，工艺先进，水印、防伪线一应俱全，仿真度很高，不易识别。一些犯罪分子利用人们忽视小面额人民币的心理，大肆印制小面值假人民币，造成小面值假人民币大幅度增长。犯罪分子为了快速、安全地获取银行资金，越来越注重了解各项金融业务的程序、制度，了解各种金融法律、规定，以寻找漏洞伺机作案。1997 年初，成都市公安机关发现一伙不法分子采用高科技彩印技术复制存款单位的介绍信和印鉴，更换存户原印鉴后进行诈骗。5 月，海口市某银行分行发现某公司 1 000 余万元资金被人冒支，在对转账支票上的公司财务专用章进行检验核对时，几经检验，最后通过中国刑警学院最先进的文检设备才认定印鉴均系伪造。

5. 案件潜伏期长，给破案工作造成很大困难。各种金融犯罪案件的潜伏期较长，大多在半年以上，甚至几年。有的在存款、贷款到期后才发现被骗，有的是单位发现被骗时，先是隐瞒不报，到了实在捂不住的时候，才向公安机关报案。一些不法分子在国内诈骗到巨额资金后，利用金融工具将赃款转移到境外或直接携款潜逃到境外，给追赃工作造成相当大的难度，而且这些犯罪分子多早已潜逃至国外，使公安机关侦查工作陷入被动。①

（三）金融犯罪的原因

金融犯罪的原因既有宏观社会环境方面的，也有微观个体的具体原因。我想在这里，从两个方面对金融犯罪的原因加以探讨。

1. 金融犯罪的外部原因

金融犯罪发生的外部原因包括：

（1）金融领域中供求失衡。我国现在正处于发展阶段，资源短缺现象将在较长时间内存在，尤其是资金短缺。我们从高利贷、地下钱庄的大量存在加以推测证明。目前银行的农业贷款月利率不到2分，而实际上现在5分月息的高利贷仍有些人愿意贷。不少人因通过正常的渠道无法获得贷款，就采取非法的手段诸如行贿、欺诈，骗取金融机构工作人员的信任，获取贷款，然后非法占有。

（2）现代企业制度不健全。近几年来，各种非法金融机构及非法集资活动之所以大行其道致使成千上万的无辜百姓遭受巨大损失，重要原因之一是企业从银行借不到钱，由于大批国有企业欠债不还，甚至早已失去偿还能力，银行坏账大量存在，使得银行“惜贷”——有钱也不愿借。企业贷款渠道只好转向。银行存在大量的呆坏账，导致形成不正常的银企关系，不仅孳生大量的金融组织犯罪，而且直接导致银行的经营风险，甚至导致银行金融危机。因此，必须尽快建立产权明确、政企分开、权责明晰、管理科学的现代企业制度。

（3）立法滞后与执法不严。伴随金融改革，新的金融领域不断产生，原有的法律和行政法规已不能适应现实之需，而新的法律、法规尚未及时出台，形成一定时期内金融监管无法可依，致使某些行为处于法律的真空。合法与非法，罪与非罪之间的界限变得模糊不清。比如，证券领域。我国已经颁布有关证券方面的法律、法规，但仍不健全、不完备，而且缺少相关配套措施，有些法规本身尚存有问题，缺乏可操作性。证券市场出现的许多违法犯罪行为如资讯不公开、信

---

① 公安部：《当前金融犯罪活动主要情况及特点》，载《金融领域犯罪与对策文集》。

息误导、内幕交易、黑市交易、证券业务不正当竞争等，严重危害证券市场的健康发展和正常运行。证券法规模糊的规定，不利于有效打击证券违法犯罪行为。金融领域的巨大经济利益，造成对金融违法犯罪在执法过程中的有案不报、降格处理、超期办案等各种执法不严的现象，一定程度上助长了犯罪分子的嚣张气焰。尤其是一些地方政府出于局部利益，大搞地方保护主义，对市场干预过多，有法不依，执法不严。

2. 金融犯罪发生的内部原因

造成金融犯罪频发的内部原因，主要是行业的积弊与无序。主要表现在：

(1) 金融秩序混乱。与其他产业部门相比，我国金融业的发展相比改革开放的步伐明显地处于相对滞后状态。适应现代市场经济要求的专业银行商业化尚未取得成效，整个金融秩序较为混乱。主要表现为：A. 筹措资金混乱。非银行金融机构非法吸收公众存款、违法揽储、金融机构转移挖走中央银行资金的现象十分严重。B. 资金拆借混乱。各种对象违规、期限违规、利率违规、拆借渠道违规的现象时有发生。C. 放贷混乱。各种人情贷款、关系贷款、超规模贷款比较严重。D. 结算秩序混乱。比如，违规给企业多头开户，乱拉客户；无理拒付承付结算凭证；涂改跨系统或本系统开户企业结算票据的开户行、账号、时间等；不按规定办理大额汇划款项，不通过人行转汇或直接划汇或化整为零。所有这些都为金融犯罪提供了孳生的温床。

(2) 风险防范意识薄弱。一些金融机构领导干部风险防范意识较差，内部监督管理不到位，重业务开拓，轻队伍建设；重网点建设，轻内部管理；重组织存款，轻资产质量，对内部监控和风险防范没有真正落实。有些银行有章不循，违规操作，导致印、押、证三分管理制度在不少单位实际变成了两分管或一人独管，复核监督也不起作用。我国金融系统对领导干部缺乏有效的监督制约机制，以致某些人不按规章制度办事，滥用职权，玩忽职守，进而实施金融犯罪。

(3) 人事管理弊端较多。从20世纪80年代初以来，金融机构的调整和扩充呈现出一种粗放式的增长，过分注重扩大分支机构，扩充人员。人员增加过快，加上录用时没有坚持严格的标准和程序，致使一些思想品质差，有不良习惯甚至有前科劣迹的人员混进金融系统。

金融系统是一个高度专业化分工的服务业，要求从业人员拥有专业化的金融知识。人员的粗放式增长为金融犯罪埋下隐患。

（4）有章不循，制度松弛。从宏观上看，我国缺乏一套完整有效的金融监管体系，从微观上看，金融机构缺少有效的内部监控体系，来防止金融机构内部成员违规违法。尽管金融系统内部存在一定的规章制度，内部的各项规章制度一般具有双重属性：一方面作为融资活动的规则具有很强的专业性，另一方面又是一种相互制约、相互监督的手段，具有防范非法侵吞金融资产的重要作用。然而，金融单位多执行不力，监督不严，规章制度形同虚设，起不到应有的规范与制约作用。

二、金融犯罪的构成与分类

（一）金融犯罪的构成

1. 金融犯罪的概念

理论界对金融犯罪概念的界定比较混乱，归纳起来，大致有以下几种观点：（1）金融犯罪就是以金融机构或相关主体为被害对象的财产欺诈行为。①（2）金融犯罪有广义和狭义之分。广义的金融犯罪是指金融活动中一切侵犯社会主义经济关系，依照法律应当受到刑罚处罚的行为。而狭义的金融犯罪是指金融系统工作人员在金融活动中，侵犯社会主义经济关系，依照法律应当受到刑罚处理的行为。②（3）金融犯罪就是侵犯金融管理资金或破坏金融管理秩序和侵犯与金融有关的其他财产所有权，依法应受刑罚处罚的行为。③（4）金融犯罪，是指行为人在货币资金的融通过程中，以获取非法利润为目的，违反金融管理法规，非法从事融资活动，破坏金融秩序，情节严

---

① 白建军：《金融欺诈及其预防》，中国法制出版社 1994 年版，第 261 页。

② 谭秉学、王绪祥主编：《金融犯罪学概论》，中国社会科学出版社 1993 年版，第 9 页。

③ 舒慧明主编：《中国金融刑法学》，中国人民公安大学出版社 1997 年版，第 48 页。

重的行为。①

上述诸种观点均在一定程度上揭示了金融犯罪的基本内涵，各有优点，但都存在不足之处。第一种观点明确了金融犯罪的受害对象，较为合理地限定了金融犯罪的范围，具有一定合理之处。但该观点认为金融犯罪就是一种欺诈行为的观点并不准确，大量金融犯罪并非是一种财产欺诈行为。比如，刑法规定的违法发放贷款罪、非法出具金融票证罪，尽管从犯罪行为的对方角度可能具有欺诈的因素，但对于违法发放贷款、出具金融票证行为本身而言则并不含有骗的因素。再比如，出售、购买、运输假币罪，尽管这些假币在最终的流向上要归于行使使之进入流通，从而具有欺骗的性质，但对于出售、购买、运输假币行为本身而言，并非财产欺诈行为。

第二种观点概括出金融犯罪的两个重要特征：一是侵犯的客体为社会主义经济关系；二是发生在金融系统内部触犯刑法而应受到刑罚处罚的行为。同时根据犯罪主体的不同，又分为广义和狭义的金融犯罪。这种从刑法学意义上对金融犯罪的界定有利于加深对金融犯罪的构成特征的理解，是刑法本体意义上的金融犯罪。但结合我国刑法典来看，这种观点存在一定的问题。按广义说，则会无限制地扩大金融犯罪的范围，导致对金融犯罪研究领域的拓宽。按照狭义说，仅将金融系统内部工作人员实施的在金融活动中的犯罪行为作为金融犯罪，这又过于限制了金融犯罪的范围，从而从一个极端走向另一个极端。我认为，目前情况下不是应将金融犯罪研究领域范围进行扩大的问题，当务之急是要加强对新型金融犯罪研究的深化问题。

第三种观点与第二种观点中的广义说存在同样的问题。第四种观点对金融犯罪的范围限定较为合理，同时具有立法依据，可以说是较为妥当的观点。但该观点将金融犯罪的概念表述为“以获取非法利润为目的”，这是不妥当的。通观现行刑法典对金融犯罪的规定，并非所有的金融犯罪都要以获取非法利润为目的。一方面，在由故意构成的金融犯罪中，有些犯罪法律并未规定以此为要件，尽管实践中行为人常常具有此目的。比如，购买假币罪、持有假币罪、洗钱罪等；另一方面，在金融犯罪中存在许多的过失犯罪，如违法发放贷款罪、

① 王新著：《金融刑法导论》，北京大学出版社1998年版，第43页。

违法向关系人发放贷款罪等，而过失犯罪中显然并不以此犯罪目的为要件。

我国刑法分则第3章第4节、第5节分两节分别对金融犯罪作了明确而具体的规定，共有31个条文。这些规定是我国界定金融犯罪的重要根据。根据刑法的规定，金融犯罪侵害的对象十分广泛，包括银行、保险、证券、票据、信用卡、信用证等领域。刑法之所以将金融犯罪分为两类，即破坏金融管理秩序罪和金融诈骗罪，主要是因为金融诈骗罪在犯罪手段上都属于诈骗性质，具有犯罪手段上的一致性。但从刑法所保护的社会关系上看，金融犯罪都是侵犯国家金融管理秩序的犯罪。

我认为，所谓金融犯罪，是在货币资金融通过程中，行为人违反国家金融管理法规，破坏国家金融管理秩序，使国家、人民经济利益遭受严重损害的行为。

2. 金融犯罪的构成

金融犯罪的犯罪构成是立法对金融犯罪的类型化，是对金融犯定罪量刑的法律依据。以下，分别从客体特征、客观特征、主体特征、主观特征四个方面对金融犯罪的构成作一剖析。

（1）客体要件

金融犯罪的同类客体是金融秩序。金融是指货币资金的融通，这是一个有序的、动态的流体过程。这一过程的有序性赖于国家金融法律法规等规范的保障。金融秩序被侵犯具体表现在对构成金融秩序的三大系统的严重侵害上。①

第一，规范金融市场主体行为的秩序被侵害。金融市场主体是指融资活动的参与者。这些主体自身的融资行为及其相互关系构成金融市场主体行为的秩序。个人与单位参与金融市场各种行为必须遵循这些规范秩序，否则即导致规范主体行为的秩序混乱，并导致金融秩序的紊乱。比如，一些地方政府未经中国人民银行批准，擅自批准和非法、变相设立各种从事金融活动的机构，政府非法集资的现象至今尚未得到根本的解决。

第二，金融市场客体机制的秩序被侵害。金融市场客体机制，是

① 王新著：《金融刑法导论》，北京大学出版社1998年版，第45～49页。

指货币和资金的内在联系和相互转化过程。比如，证券投资者要想获利，首先要购买股票或债券，股票、债券就成为证券市场主体间交易的对象，若证券投资者购买了证券发行人伪造的有价证券或对方实际上并不持有的证券，则势必影响投资者的合法利益，并扰乱了证券市场的秩序。因此，国家必然要对伪造有价证券的行为人、虚买虚卖的行为人予以处罚，严重者要施以刑事制裁。

第三，金融市场规则的秩序被侵害。国家为保障金融活动的有效、良性运行，要对金融市场本身的一些内容制订规则，规范和调节整个金融市场。金融市场规则的秩序是金融秩序的"神经系统"。一般包括自主原则、公平互利原则、信用原则等。行为人若违反这些规则，严重者将会扰乱金融秩序，动摇金融市场有效运行的支撑点，因此，有必要对严重侵犯金融市场规则秩序的行为予以刑罚惩治。

侵犯金融秩序是金融犯罪的同类客体，但金融犯罪中包含着许多具体的犯罪行为，这些犯罪行为因发生的具体领域不同、行为方式的不同，不仅侵犯了金融秩序中的某些具体的制度、秩序，而且有些犯罪还侵犯了国家、集体或个人的财产权利。比如，违法向关系人发放贷款罪、违法发放贷款罪、各种具体的金融诈骗罪。金融犯罪的犯罪对象是指金融犯罪行为所直接作用的具体的人或物。从自然人这一角度看，这里的人不仅包括普通公民，更主要地包括金融机构的工作人员；从单位这一角度，这里的单位常常是银行或其他金融机构。作为金融犯罪对象的物，主要包括货币、金融票据、金融凭证、信用卡、信用证、保险金、股票、债券等。

(2) 客观要件

金融犯罪在客观方面表现为违反有关金融管理法律法规，进行危害国家货币、外汇、证券、期货、保险、金融机构等方面的金融管理活动，破坏金融管理秩序，情节严重的行为。客观方面特征如下：

第一，违反金融行政管理法规。构成金融犯罪的前提是行为人违反了国家有关金融管理方面的法律法规。金融犯罪是一种法定犯。金融管理法律法规是指国家为了维护正常健康的金融秩序，保障金融安全，降低乃至避免金融风险而颁布的一系列金融管理方面的法律法规，比如人民银行法、商业银行法、票据法、保险法以及有关外汇、证券等方面的法律法规。

第二，实施了破坏金融秩序的行为。从行为方式上看，刑法规定的金融犯罪主要有作为和不作为两种方式。其中作为方式最为常见。刑法规定的伪造货币罪，出售、购买、运输假币罪，金融机构工作人员购买假币、以假币换取货币罪，变造货币罪、使用假币罪、擅自设立金融机构罪，伪造、变造、转让金融机构经营许可证罪，洗钱罪、非法吸收公众存款罪、泄露内幕信息罪等皆是由作为方式构成的金融犯罪。只有少数犯罪可以由不作为构成，但在我国刑法中没有纯正的不作为金融犯罪。需要指出的是，在金融犯罪中只有一种行为即持有假币罪，其行为性质如何评价即属于作为犯罪还是不作为犯罪，这在我国理论界颇有争议。有的学者认为，这种行为是一种不作为犯罪，即行为人违反国家规定的应当将法律禁止的物品上交国家而行为人没有上交，构成不作为犯罪；也有的学者认为行为人不应当持有而积极地持有，这符合作为犯罪的特点，因而是作为的犯罪；也有的学者认为，持有假币罪是一种介于不作为和作为之间的特殊的行为形式；更有学者指出，持有犯罪是既不同于作为也不同于不作为的一种独立的犯罪类型，即持有型犯罪。我认为，应将持有假币罪看作一种独立类型的犯罪为好。从行为手段上看，金融犯罪的犯罪手段一般表现为以下几种：

其一，欺骗手段。欺骗，是指采取虚构事实或隐瞒真相的方法，使他人产生认识上的错误而上当受骗。在金融犯罪中许多犯罪是以欺骗为手段的，最集中的体现就是刑法规定的金融诈骗罪一节。其二，伪造变造手段。由于伪造、变造的手段能够带来成本相对低而利润巨大的效益，行为人往往采取伪造、变造的手段实施金融犯罪行为。这突出地体现在伪造货币罪，变造货币罪，伪造、变造、转让金融机构经营许可证罪，伪造、变造金融票证罪，伪造、变造国家有价证券罪，伪造、变造股票、公司、企业债券罪等。其三，其他手段。这主要是指犯罪分子利用职务上的便利实施的犯罪以及其他采取规避法律的手段实施的犯罪，比如，内幕交易罪、违法发放贷款罪、非法出具金融票据罪、擅自设立金融机构罪、非法吸收公众存款罪等。

衡量金融违法行为是否构成犯罪一般要从犯罪数额、犯罪情节和犯罪后果等方面着手。比如，刑法规定伪造货币罪，出售、购买、运输假币罪，持有、使用假币罪，变造货币罪等以犯罪经营数额作为构成要件或加重构成要件。又如，刑法规定非法吸收公众存款罪、金融诈骗罪等以犯罪所得数额作为构成要件或加重构成条件。金融犯罪中的严重情节一般包括：向银行或者金融机构的工作人员行贿，数额较大的；挥霍金融犯罪获得赃款的，或者用赃款进行违法活动，致使到期无法偿还的；隐匿赃款去向，还款期限届满后拒不偿还的；等等。涉及“严重后果”的犯罪有编造并传播证券、期货交易虚假信息罪，诱骗投资者买卖证券、期货合约罪等；涉及“较大损失”或“重大损失”的犯罪有违法向关系人发放贷款罪，违法发放贷款罪，用账外客户资金非法拆借、发放贷款罪，非法出具金融票据罪，对违法票据承兑、付款、保证罪等。

(3) 主体要件

金融犯罪的主体既可以是个人，也可以是单位。具体说来，可以由一般主体实施的犯罪有：伪造货币罪，出售、购买、运输假币罪，持有、使用假币罪，变造货币罪，擅自设立金融机构罪，伪造、变造、转让金融机构经营许可证罪，高利转贷罪，非法吸收公众存款罪，伪造、变造金融票证罪，伪造、变造国家有价证券罪，伪造、变造股票、公司、企业债券罪，擅自发行股票，公司、企业债券罪，内幕交易、泄露内幕信息罪，编造并传播证券、期货交易虚假信息罪，操纵证券、期货交易价格罪，洗钱罪，金融诈骗罪等。可以说金融犯罪的大部分犯罪都可以由一般人实施。少数犯罪的主体限定为金融机构的工作人员。如刑法第 171 条第 2 款规定的金融工作人员购买假币、以假币换取货币罪，违法向关系人发放贷款罪、违法发放贷款罪、非法出具金融票据罪等。

根据刑法的规定，单位可以构成的许多金融犯罪主要包括：擅自设立金融机构罪，伪造、变造、转让金融机构经营许可证罪，高利转贷罪，非法吸收公众存款罪，伪造、变造金融票证罪，伪造、变造国家有价证券罪，擅自发行股票、公司、企业债券罪，内幕交易、泄露内幕罪，操纵证券、期货交易价格罪，违法向关系人发放贷款罪，违法发放贷款罪，非法出具金融票据罪，对违法票据承兑、付款、保证罪、洗钱罪，逃汇罪，骗购外汇罪等。

实践中应注意的是，单位内部下设的具体部门能否成为金融犯罪的主体？我认为，不能一概而论，而应具体分析。确定单位内部下设的具体部门能否成为金融犯罪的主体，关键是看该部门是否具有独立的对外经营活动权。若具有独立的对外经营活动权，则可以按单位犯罪处理；若不具有独立的对外经营活动权，则不应按单位犯罪处理。所谓的对外经营活动权，是指单位下属部门对自己的人、财、物具有相对独立的支配权，对外有独立的缔结经济合同的能力。

（4）主观要件

金融犯罪在主观方面一般由故意构成。但对于金融犯罪能否由过失以及间接故意构成，则有不同意见。持否定论者认为，从金融犯罪的行为人的意识因素来看，行为人都明知自己的行为会发生危害金融秩序的后果。这说明危害金融犯罪的行为人对自己的非法行为、危害后果是有认识的，也体现了行为人对金融秩序的蔑视和积极侵犯态度，因此金融犯罪的行为人的意识因素明显属于故意范畴。再者，金融犯罪是一种以非法手段谋取不法利润的犯罪，对于这种行为手段是否会造成金融秩序的混乱，能否侵害国家、单位或个人的合法利益，不会影响他们谋取不法利润的心理。因此，行为人的主观上只有一个意志——追求不法利润，对危害结果的发生持积极和肯定的态度。因此，过失不能构成金融犯罪。同时，由金融犯罪的追求不法利润的犯罪目的决定了金融犯罪不能由间接故意构成。① 这种观点不妥。

这种观点建立的前提是金融犯罪以获取非法利润为目的。在这种前提下，显然逻辑性的结果是金融犯罪不能由过失和间接故意构成。然而论者得出结论所赖以存在的前提本身就是错误的。从错误的前提出发得出的结论当然不可能正确。这种观点无视现行刑法对金融犯罪的规定，对具体的金融犯罪缺乏深入的考察。金融犯罪既可以由故意构成，也可以由过失构成。

3. 金融犯罪的刑罚

（1）金融犯罪刑罚的特点

从我国刑法的规定来看，对金融犯罪的处罚有以下特点：第一，刑种多。金融犯罪是一种经济犯罪、财产性犯罪，立法规定将主刑与从刑并重。一般情况下，对绝大多数金融犯罪都规定了罚金刑，严重者规定了没收财产刑。在主刑方面，刑罚种类从拘役到有期徒刑、无

---

① 王新著：《金融刑法导论》，北京大学出版社1998年版，第67、68页。

期徒刑、死刑，比较全面。第二，处罚重。在金融犯罪中，有不少罪名挂有死刑，如伪造货币罪、集资诈骗罪、票据诈骗罪、金融凭证诈骗罪、信用证诈骗罪等。第三，犯罪数额影响大。从刑法规定来看，关于金融犯罪的犯罪数额标准可分为三个等级：数额较大、数额巨大、数额特别巨大。以犯罪数额作为大部分金融犯罪定罪量刑的标尺，一方面具有司法的可操作性，另一方面有利于做到罪刑相适应。

（2）金融犯罪的死刑适用

从当今世界发展趋势来看，削减与废除死刑是不可逆转的世界潮流。减少死刑包括死刑的立法控制与死刑的司法适用限制应是努力的方向。我国新刑法典对死刑制度的总则性的规定体现了这一主旨，但是刑法分则条款挂有死刑条文实际并未得以实质性的削减。对此，多数学者认为，在经济犯罪中具有如此高的死刑配刑率是值得认真反思的。金融犯罪作为经济犯罪之一种，在34个金融犯罪罪名中，配有死刑刑种的就有5个，它们分别是伪造货币罪、集资诈骗罪、票据诈骗罪、金融凭证诈骗罪、信用证诈骗罪。立法者之所对以这5种犯罪配以死刑，主要是这5种犯罪严重危害国家、人民利益，危害金融的安全。就伪造货币罪而言，在1979年刑法中，其法定最高刑为无期徒刑，后来，一些学者陆续提出对伪造货币罪应增设死刑。① 而且立法者在进一步征求《关于惩治破坏金融秩序的犯罪分子的决定》草案意见时，有的委员和单位提出，当前一些犯罪分子以集资为名，在社会上进行非法集资，并将骗得的巨款卷逃、挥霍的犯罪情况比较突出，这类犯罪活动严重破坏金融秩序和人民群众的正常生活秩序，影响社会稳定，建议对集资诈骗罪增设死刑。还有的委员、地方和单位建议将金融票据诈骗罪和信用证诈骗罪的法定最高刑从无期徒刑提升到死刑。② 最后人大常委会吸收了上述意见，将伪造货币罪、集资诈骗罪、金融票据诈骗罪、信用证诈骗罪的最高刑规定为死刑。1997年刑法完全吸收了《决定》的内容。我以为，应严格限制适用死刑。

---

① 赵秉志主编：《刑法修改研究综述》，中国人民公安大学出版社1990年版，第176页。

② 全国人大常委会关于《全国人大常务委员会关于惩治破坏金融秩序的犯罪分子的决定（草案）》审议结果的报告。

只有这5种犯罪中罪行极其严重、犯罪数额特别巨大、情节特别恶劣的才应该适用死刑。

（3）金融犯罪财产刑的适用

综观刑法对金融犯罪的规定，财产刑的设置呈现以下特点：（1）适用范围广泛。金融犯罪34个罪名中，对自然人犯罪而言，除了非法出具金融票据罪、对违法票据承兑、付款、保证罪外，所有的罪名都挂有罚金刑。对单位犯罪而言，全部适用罚金刑。（2）大部分犯罪刑法都规定了一定幅度的罚金数额。从刑法的立法方式来看，共有以下几种方式：其一，倍比罚金制。比如，内幕交易、泄露内幕信息行为，情节严重的，并处或单处违法所得1倍以上5倍以下罚金；情节特别严重的，并处违法所得1倍以上5倍以下罚金。其二，比例罚金制。如擅自发行有价证券罪、洗钱罪，即是以非法募集的资金或洗钱的数额为基数，乘以若干百分比以计算应判处的罚金额。但须指出的是，刑法对比例罚金制的规定对有些犯罪如洗钱罪是否合理尚值得进一步思考。其三，幅度罚金制。即规定一定罚金数额的幅度，司法机关在此幅度内根据犯罪情节确定应判处的罚金额。金融犯罪大部分犯罪皆属于此种情形。其四，无限额罚金制。这主要适用于单位犯罪的情形。（3）在罚金刑的适用方式上，基本采取并科制。（4）对没收财产刑适用于法定刑为有期徒刑10年以上的金融犯罪。低于该刑度的不适用没收财产而仅适用罚金。如变造货币罪、擅自设立金融机构罪、非法吸收公众存款罪、擅自发行有价证券罪，内幕交易、泄露内幕信息罪，操纵证券、期货交易价格罪，洗钱罪等罪不能适用没收财产。

（4）金融犯罪资格刑的适用

刑法对金融犯罪除了对被判处无期徒刑、死刑的犯罪分子根据刑法总则的规定要剥夺政治权利终身外并未规定有其他资格刑。建议增设剥夺犯罪人从事金融业务的资格，这种刑罚具有惩罚犯罪人与防止其再犯的独特功能。

（二）金融犯罪的分类

目前，理论界对金融犯罪的分类标准不一。比较有代表性的观点有以下几种：（1）有的学者从金融犯罪行为方式的角度进行分类，将金融犯罪分为诈骗型金融犯罪、伪造型金融犯罪、利用便利型金融犯罪、规避型金融犯罪。① （2）根据金融管理制度以及具体的金融管理秩序的不同划分，有的学者建议将金融犯罪分为危害银行管理罪、危害证券管理罪以及危害保险管理罪。有的学者将之分为危害货币管理制度的犯罪，危害信贷管理制度的犯罪，危害票据管理、结算管理制度的犯罪，危害保险管理制度的犯罪，危害金融业务经营管理制度的犯罪，危害股票、有价证券管理制度的犯罪，危害证券市场管理制度的犯罪，危害外汇管理制度的犯罪。（3）以犯罪客体分类法为主要标准，兼采其他标准。比较有代表的有：第一种是将之分为妨害货币的犯罪，妨害金融机构管理的犯罪，非法贷款、吸收存款的犯罪，妨害金融票证的犯罪，妨害证券的犯罪，金融诈骗的犯罪；② 第二种是将之分为货币犯罪、金融组织犯罪、破坏金融管理秩序的犯罪、金融诈骗罪、金融证券犯罪、金融渎职犯罪（外加金融相关公司犯罪、金融相关财产犯罪、金融贪污贿赂犯罪）；③ 第三种是将之分为贪污贿赂犯罪、外汇犯罪、货币犯罪、金融许可证犯罪、金融诈骗犯罪、金融渎职犯罪。④ 各种分类方法出发点不一，都具有其独特价值。

三、金融刑法

（一）金融犯罪与刑事立法沿革

1. 1979 年刑法颁布前的金融犯罪与刑事立法

新中国成立后，关于金融方面的刑法规范很不健全。为保护国家货币，稳定与巩固国家金融，政务院于 1951 年颁布了《妨害国家货币治罪暂行条例》和《中华人民共和国禁止国家货币出入国境办

---

① 王新著：《金融刑法导论》，北京大学出版社 1998 年版，第 92 页。

② 周振想主编：《金融犯罪的理论与实务》，中国人民公安大学出版社 1998 年版，第 1～3 页。

③ 舒慧明主编：《中国金融刑法学》，中国人民公安大学出版社 1997 年版，第 2～5 页。

④ 秦醒民主编：《金融犯罪的惩治与预防》，中国检察出版社 1996 年版，第 1 页。

法》。《条例》按照行为目的和行为方式的不同，规定对以下犯罪行为予以刑事制裁：（1）以反革命为目的伪造、变造国家货币或贩运、行使伪造变造的国家货币；（2）意图营利而伪造国家货币；（3）意图营利而变造国家货币；（4）意图营利而贩运、行使伪造、变造的国家货币；（5）以散布流言或其他方法破坏国家货币信用；（6）收受后查觉为伪造、变造的国家货币，明知不报而继续行使。其中，对实施第一种、第二种行为的首要分子或情节严重者，最高刑可处死刑。《条例》的颁布实施，对维护人民币的公共信用，巩固新中国成立初期的金融秩序，起到了重要的作用。

2. 1979 年刑法及单行刑法的相关规定

1979 年刑法涉及金融犯罪的条文寥寥无几，仅有走私罪、伪造国家货币罪、贩运伪造的国家货币罪、伪造有价证券罪（违反金融法规的）、投机倒把罪以及以银行为侵害对象的诈骗罪、抢劫罪、盗窃罪等。单行刑法如《关于严惩严重破坏经济的罪犯的决定》、《关于惩治走私罪的补充规定》、《关于惩治违反公司法的犯罪的决定》，加重了对有关金融犯罪的处罚；增设了走私伪造的货币罪、逃汇罪、套汇罪、非法募集资金罪等新的罪名。全国人大常委会于 1995 年 6 月 30 日专门通过了《关于惩治破坏金融秩序犯罪的决定》（以下简称《决定》），对刑法关于伪造国家货币罪、贩运伪造的国家货币罪等罪名作了补充和修改，明确规定了出售、购买、运输伪造的货币罪，同时增设了许多新的罪名，涉及到危害货币管理罪、金融票证诈骗罪、保险诈骗罪等方面。

3. 1997 年刑法与单行刑法的相关规定

1997 年刑法修订过程中，刑法理论界和司法实务部门强烈呼吁完善我国的金融犯罪刑法规范。立法机关在听取各方面意见的基础上，针对我国社会主义经济体制建立过程中金融犯罪的特点及其发展趋势，总结吸收了单行刑事法律及人民银行法、外汇管理条例、保险法、票据法和禁止证券欺诈行为暂行办法等经济、行政法律法规中的有关内容，将金融犯罪分设两节，并作了进一步的修改与补充。

（1）完善金融犯罪的类罪体系

刑法将全国人大常委会通过的单行刑事法律中有关破坏金融管理秩序的犯罪进行了吸收归纳，同时针对由计划经济向市场经济转型中出现的新情况和新问题增设了相应的犯罪，修改补充的主要内容，计有8个条文，规定了10个罪名，占破坏金融管理秩序罪的1/3以上。考虑到金融诈骗罪的特殊性，新刑法专设一节作了规定。

（2）修改补充金融犯罪的罪状和法定刑

现行刑法对某些具体金融犯罪的罪状和法定刑作了进一步的修改与补充：

第一，对某些具体犯罪的罪状所作的修改补充

首先，对擅自发行股票、公司、企业债券罪作了修改补充：取消了以“制作虚假的招股说明书、认股书、公司债券募集方法”的行为方式的限制，将之修改为“未经国家有关主管部门批准”；增加了犯罪对象即企业债券，这样就涵盖了擅自发行股票、债券的所有犯罪行为。

其次，对保险公司工作人员虚假理赔的行为作了修改补充：增加了骗取保险金“归自己所有的”规定，这样就进一步明确了该罪的性质和特征，更为符合刑法第271条规定的职务侵占罪的构成特征；增设了第2款的规定，即国有保险公司工作人员和国有保险公司委派到非国有保险公司从事公务的人员有前款行为的，依照刑法第382条、第383条的规定定罪处罚，也就是按照贪污罪定罪并依照贪污罪所规定的相应法定刑处罚。

再次，对金融机构工作人员受贿罪作了修改补充：（1）增加了索取或收受各种贿赂“归个人所有的”规定；增加了国有企业金融机构工作人员和国有金融机构委派到非国有金融机构从事公务的人员有前款行为的，依照刑法第385条、第386条的规定定罪处罚的规定。

又次，对金融机构工作人员挪用资金的犯罪作了补充修改。现行刑法第185条分别两款作了规定：金融机构的工作人员利用职务上的便利，挪用本单位或者客户资金的，依照刑法第272条规定的挪用资金罪定罪处罚；国有金融机构工作人员和国有金融机构委派到非国有金融机构从事公务的人员有前款行为的，依照刑法第384条规定的挪用公款罪定罪处罚。

最后，对违法发放贷款犯罪所作的修改补充：删去了原有关规定中违章发放贷款是由于“玩忽职守或者滥用职权”所致的规定。同

时对关系人的范围如何确定作了明确的规定。

第二，修改补充了某些具体犯罪的罚金刑

1997 年刑法对 1979 年刑法某些具体犯罪罚金刑的补充，主要体现在相应的刑罚幅度内增加了并处或者单处罚金刑的规定。包括：第 170 条伪造货币罪修改为均须并处相对确定的罚金刑，在其第二档次法定刑增加了可以并处罚金刑。在第 171 条第 1 款出售、购买、运输假币罪、第 2 款规定的金融工作人员购买假币、以假币换取货币罪，第 172 条持有、使用假币罪和第 177 条伪造、变造金融票证罪等犯罪中，均作了类似的修改补充。

第三，保留逃汇罪，增设骗购外汇罪

1988 年 1 月 21 日全国人大常委会通过了《关于惩治走私罪的补充规定》，该《补充规定》对违反外汇管理的犯罪行为作了专门规定，即逃汇、套汇罪。1997 年刑法将违反外汇管理的套汇行为非犯罪化，但对于逃汇行为仍追究刑事责任。需要指出的是，在新刑法颁布后，全国人大常委会又通过了《关于惩治骗购外汇、逃汇和非法买卖外汇犯罪的决定》。该《决定》增设了骗购外汇罪，并对逃汇罪作了一些修改，即：扩大了逃汇罪的主体范围，刑法典将该罪的主体限定于国有公司、企业或者其他国有单位，而《决定》则将非国有公司、企业也纳入本罪主体范围之内；修改了逃汇罪的罪状。将该罪由情节犯改为数额犯，即只有数额较大的才构成犯罪；罚金刑数额明确化；提高了法定刑幅度。

第四，证券犯罪的修改

1997 年刑法修订过程中，一些学者建议参考国外立法例，将证券业中已经发生和可能发生的犯罪尽可能全面地规定出来，以利规范、约束证券行为。有的学者甚至建议应增加有关期货犯罪的规定。但有的部门和同志持慎重态度，认为我国证券业，特别是期货市场并不发达，许多行为介乎违规与犯罪之间，依法管理的经验尚不成熟，依刑罚制裁的尺度难以把握清楚，因此建议证券犯罪立法宁慢勿快，宁不足勿过头。最后，立法机关充分考虑各方面的意见，决定不涉及期货犯罪。

4.《中华人民共和国刑法修正案》（1999 年 12 月 25 日）的相关规定

1999年刑法修正案除了增添有关会计、公司方面的犯罪外，主要是对期货犯罪的增加，对原来有关金融机构、证券等方面的修改、补充。在1997年刑法典修订过程中，立法机关已经充分认识到新增加期货犯罪规定的重要性，但是，鉴于对期货犯罪理论研究以及立法设想得不够成熟，加之1997年刑法典修订本着“拿得准的就规定，拿不准的就不规定”这一原则精神，刑法典没有关于期货犯罪的规定。但经过两年多来的立法论证以及理论研究的深入，立法上增设期货犯罪的条件已经成熟，同时，鉴于期货犯罪同证券犯罪的相近性，主要在原有的证券犯罪内容规定之基础上进行补充。内容包括：

（1）修改补充刑法擅自设立金融机构罪的规定

除了刑法明确列举的“商业银行”外，增加了对其他金融机构的列举性规定，即证券交易所、期货交易所、证券公司、期货经纪公司、保险公司；将“未经中国人民银行批准”修订为“未经国家有关主管部门批准”。

（2）修改补充伪造、变造、转让金融机构经营许可证罪

与擅自设立金融机构罪相同，罪状中增添了对金融机构的列举性规定，内容同擅自设立金融机构罪。

（3）修改1997年刑法典关于危害证券市场管理的犯罪，增加期货犯罪

在内幕交易、泄露内幕信息罪、编造并传播证券交易虚假信息罪、诱骗投资者买卖证券罪、操纵证券交易价格罪的内容中增加期货交易的内容。由于这种修改带来的犯罪主体、犯罪对象、行为方式上的诸多变化，必然会带来罪名上的变化，建议最高司法机关尽快出台相关司法解释。①

（二）金融刑法与金融刑法学

1. 什么是金融刑法

金融刑法，是指金融运作中所产生的犯罪和如何惩罚的规定。它在我国法学界孕育、产生的时间是十分短暂的。它是金融法律关系和刑事法律关系发展到一定阶段的产物。

---

① 许成磊：《金融犯罪的惩治与防范》，西苑出版社2000年版，第11～15页。

金融刑法具有以下特点：

第一，专业性。金融刑法是指与金融活动、金融经济利益有关的刑法规定。即指所有与金融活动有关并规定有刑罚条款的刑法规定，包括一些财产刑法以及一切金融管制的附属刑法，如分散规定在商业银行法、保险法等中的刑事法律规定。但就整体而言，它都是针对金融犯罪形态等而特别制定的刑法，即为金融事项所制定和形成的专业刑法。所以，就行业来划分，金融刑法具有专业性。

第二，分散性。在我国，金融刑事法律规定主要包括以下几个方面：①刑法分则第 3 章第 4 节、第 5 节及其他章节中规定的金融犯罪条款；②单行刑事法规，如 1999 年《关于惩治骗购外汇、逃汇和非法买卖外汇犯罪的决定》；③其他金融法规中所规定的金融犯罪条款以及刑事处罚规定，例如人民银行法、商业银行法、保险法的有关规定。从这三个方面可以看出，金融刑事法律规范不是规定在一部刑法典中，使得金融刑法明显具有分散性的特点。

第三，相联性。金融刑法与金融法规具有密切联系，这种内容和形式上的联系比各种专业刑法之间更加紧密。如商业银行法中第八章第 79 条、80 条、81 条、83 条、84 条对犯罪的规定，它与商业银行法有着直接联系，是商业银行法不可分割的一部分，这种联系甚至超过它和其他刑法规定的联系。因此，商业银行法律的刑法规范又是金融刑法的不可分割的一部分，由此而使商业银行法中的刑法规定具有交叉性，其他专业刑法也是如此。金融刑法与金融法规具有内容上的交叉性，罪与非罪界限不像其他经济犯罪那样明确，必须认真加以研究和分析。

2. 什么是金融刑法学

金融刑法学，是刑法学的一个分支，是一门以金融犯罪为研究对象的科学。具体地讲，它是以研究金融犯罪及其刑罚的规律为中心，并对金融刑事立法和金融刑事司法的预防进行全面研究的科学。它所研究的内容范围是介于金融法学和刑法学之间的犯罪和预防问题。它是我国社会主义国家的工人阶级和广大劳动人民为维护自己的政治和经济利益，根据自己的意志，通过国家的立法机关，制定什么行为是金融犯罪以及对金融犯罪予以刑事处罚的法律规定。因此，传统的一些与金融无关的财产刑法不应包括在金融刑法的概念之内。同时，金融刑法作为刑事法律，它也不包括对金融一般违法行为的规定及其处罚。金融刑法，就是在金融刑法理论与金融刑事司法实践相结合的基础上，对金融犯罪及其惩治规律，从金融刑事立法、刑事司法和社会控制等方面，进行理论概括和经验总结的一门学科。

金融刑法学研究的对象不限于金融犯罪，要包括金融合法行为、金融违法行为和金融犯罪行为。金融刑法学是一门交叉的边缘科学，它不同于一般刑法学由国家立法来规定它的任务，恰恰相反，金融刑法学的任务，是通过自身的立法、司法和执法来实现其目的。金融刑法学的任务，是根据国家制定的刑法和金融法规及其与之相适应的金融经济规律，运用刑罚、行政、经济和社会控制等多种手段，惩治和预防金融违法犯罪活动，治理金融环境，整顿金融秩序，为发展社会主义市场经济和进行社会主义现代化经济建设服务。

3. 金融刑法学及其相邻学科

传统刑法学由四个部分组成：第一篇为绪论，主要论述一些根本性、概括性的问题，包括刑法的概念、本质、任务、指导思想和基本原则、适用范围等；第二篇为犯罪总论，论述有关犯罪的普遍性问题；第三篇为刑罚总论，论述的是有关刑罚的一些普遍性问题；第四篇为犯罪各论。

金融刑法学体系相对普通刑法学体系存在特色。创立金融刑法学体系，应当把握以下几点：

第一，金融刑法相对于普通刑法来讲，是专业刑法，它具有普通刑法的一般特征。刑法学的基本原理适用于金融刑法学。但金融刑法学只研究与金融犯罪有关的内容，其他与金融犯罪无关的内容则不予研究，金融刑法学不像普通刑法学的体系那样完整，具有本身的特殊性。

第二，金融刑法规定的各种金融犯罪大多由金融法规规定，有的则是与金融犯罪有关的其他犯罪，在很大程度上超越法条，具有散在性的特点，不像刑法分则那样自成体系。金融刑法学侧重于划分一些具体犯罪罪与非罪的界限，特别是对一些金融法律尚无明文规定的行为进行一些超前研究。

4. 与相邻学科的关系

金融刑法学与邻近学科关系密切，应当注意学科之间的相互借鉴。比如与金融法学。金融法是国家制定和认可的有关金融活动的各种法律规范的总称。金融法里有金融刑法学的一部分内容。但两者是有区别的，金融法学重点是研究与金融有关的法律规范，而金融法学则重点研究与金融有关犯罪的规定与刑罚处罚。又如，与刑法学。刑法学是对犯罪和刑罚的法律规范以及对刑事立法和司法实践进行理论概括的学科。金融刑法学，只是对金融犯罪和对其惩罚的规律和实践进行理论总结和概括的分支学科。相对来讲，刑法学研究的范围要广，内容要多，侧重点不一样。再如，与刑事诉讼法学。金融刑法学是刑事实体法，即关于何者为金融犯罪和如何惩罚的实体规定。刑事诉讼法是刑事程序法，即关于对犯罪如何侦查、起诉、审理和判决的程序性规定。研究金融刑法学，必须联系刑事诉讼法学，以便更好地追究金融犯罪的刑事责任，预防和控制金融犯罪。

（本文系2003年6月28日在中国农业银行贵州省分行“法律事务及法律法规培训会议”和2003年7月10日在中国建设银行贵州省分行“法制专题讲座”上的演讲稿）

金融犯罪态势分析与制度防范

金融是现代市场经济的核心，是联结一国经济的纽带。良好的金融秩序是市场经济有序运行的前提。金融犯罪是指在金融活动中侵害金融管理制度，妨害金融市场秩序以及其他社会经济关系的犯罪行为。主要包括两类：一是破坏金融管理秩序的犯罪，如伪造货币，非法吸收公众存款，伪造、变造金融票证等犯罪；二是金融诈骗犯罪，如贷款诈骗、票据诈骗、金融凭证诈骗等。加入 WTO 后，我国金融体系运行的独立性增强，政府行政干预进一步淡化，这要求金融市场更多地依靠市场调节，金融稳定必须通过法治来维持。现阶段金融犯罪发案率高、案值大、隐蔽性强，不仅给金融机构带来了经营风险，而且危及金融的稳健运行和国家经济安全。因此，理论界与实务界研究金融犯罪，分析原因，并提出制度性的防范措施，具有重大的理论与实践意义。

一、金融犯罪态势分析

金融犯罪具有行业性（发生在金融行业的各个领域）、主体多元性（金融从业人员与非金融从业人员、自然人与单位）、犯罪预谋性（作为故意犯罪，系蓄意实施）、智能性（犯罪人拥有金融知识甚至现代先进技术）。根据我们对现阶段金融犯罪行为的分析，认为金融犯罪的主要发展态势包括：

（一）犯罪手段智能化、复杂化、隐蔽化

伴随金融业深入发展，国内银行业金融电子化、信息化建设不断推进。传统金融业务的处理手段和程序已经转变为电子化的资金转账

系统、数据清算系统、自动柜员系统以及银行数据交换中心、数据备份中心等一整套金融电子化、信息化体系，形成了纵横交错的电子化资金流转网络，打通了资金调拨、转账、清算、支付的“银色通道”。金融电子化的实现与发展，从根本上改变了传统银行的业务处理和管理的旧体制，建立了以信息为基础的自动化业务处理和科学管理的新模式，采取电子货币的支付方式逐步代替传统的现金交易和手工凭证的传递与交换，大大加快了资金的周转速度。金融业已从单一的信用中介发展为一个全开放的、全天候的和多功能的现代化金融体系。以高科技为特征和服务手段的电话银行、网络银行、企业银行、汽车银行、自助银行等，逐渐进入我们的生活。但是，伴随金融深化带来的是金融风险与金融安全的思考。金融资本经营相对集中，能顺利实现对实体经济的全面渗透乃至控制，使得金融部门成为现代市场经济资源配置的核心。金融资本的集中，尤其是以金融资本为直接经营对象的“金融创新”形式的发现与广泛使用，致使金融资本极易脱离实体经济而单独运行。金融风险与金融安全为金融犯罪留下了较大空间。

在犯罪手段上，金融犯罪的主要特点表现为：一是智能性和专业性。实施这种犯罪必须具有一定的专业知识和技能，才能逃避金融安全系统的监管，掩饰犯罪行为。金融业务行为具有明显的行业特点，必须具备金融行业的知识与技能才能顺利实施犯罪，而在侦破时必须拥有该方面的技能才能发现金融犯罪。近几年，利用计算机实施金融犯罪的案件以每年 30% 的速度递增，其中金融行业发案比例占 61%，平均每起金额都在数十万元以上，单起犯罪案件的最大金额高达 1 400余万元，每年造成的直接经济损失近亿元。分析这些案件，实施行为者都具有高学历，具有高智商，拥有一定的金融技能。二是隐蔽性强，欺骗性大。金融犯罪分子多具有高智商，是一种智能型犯罪，犯罪后行为人都习惯于运用高科技手段消除犯罪痕迹。此类犯罪案件往往在事隔数月、多年以后才被发现。比如，1996 年 7 月到 1997 年 6 月间，丁某伙同他人以支付高息为诱饵，先后将 11 家单位的巨额钱款 1.94 亿元骗存至中国银行崇文支行劲松分理处，私刻公章、伪造转账支票，盗提巨款给国家和集体造成特别巨大的损失。此案经历一年多时间才案发。

实践当中，从当前发生的金融犯罪来看，犯罪手段多样化、智能化、隐蔽化。犯罪人主要从贷款、信用证、票据、信用卡等方面打开突破口，有的通过设立普通公司、开立账户以假汇票、假合同骗取钱款然后携款潜逃；有的以假担保、假抵押骗取银行贷款，通过假破产实现真逃债；有的甚至明目张胆地搞非法集资、违法融资性租赁等。在种类上，利用计算机实施的金融犯罪、跨国性的国际金融犯罪、洗钱犯罪逐渐增多。在犯罪形态上，金融犯罪呈现复杂化倾向，多表现为内外勾结、上下联手实施犯罪，更加注意伪装和内外勾结以冲破越来越严密的制度和安全措施，往往以正常的业务名义和正常的业务程序实施，具备较强的反侦查能力。

（二）新型金融犯罪不断增加

伴随金融产品的增加，新兴金融业务领域的出现，这些产品多成为金融犯罪首选对象，这些新兴金融业务领域成为金融犯罪的多发地区。比如利用个人住房按揭贷款、汽车消费贷款骗取银行资金和针对电话银行、自助银行、证券交易系统的资金实施金融犯罪不断增多。比如，被列为2004年中国金融界的十大事件和中央政法委督办的25件大案之列的金融诈骗一案。国洪起的犯罪领域涉及金融、房地产、建材、化工等行业。国洪起犯案手法主要是如下三种：一是虚增国债标准券；二是勾结营业部内部人员挪用券商公司其他国债；三是和营业部人员串通，将已经回购的国债再向银行骗贷。又比如，电话银行服务成为某些犯罪分子瞄准的目标。利用电话银行转账实施盗窃的案件。郑某是某集团的装配工，他利用午休时间车间无人之机，通过车间统计员的电脑分多次窃取了本车间多名职工的工资卡——中国建设银行储蓄卡卡号。郑某得知可以通过建设银行的电话银行系统转账，把银行卡上的存款转移到指定的手机账号上时，他庆幸发财的机会到了。于是，郑某弄了一张名为“王力军”的假身份证，以此办理了一张联通手机卡。接着，他利用多数职工疏忽大意未更改银行卡原始密码和建设银行“95533”电话银行客户服务系统转账功能的便利，先后64次通过电话银行服务系统将其他职工储蓄卡上的账款转移到“王力军”的手机上，金额达51 760元，其间碰到两人的原始密码被改动而致使盗窃未能得逞。这种类型的犯罪会随着金融产品的越来越多而呈现出更多的类型。

（三）跨国金融犯罪不断发展

入世后金融犯罪进一步跨国发展。全球金融一体化是金融发展的一个重要趋势。金融犯罪必然向跨国化发展。跨国金融犯罪主要发生在国际贷款、跨国资本流动等国际金融业务中。以伪造、欺诈为主要形式。比如假融资、信用证欺诈、金融票据欺诈和信用卡欺诈等。另外，国际经济犯罪组织为在全球范围内争取更多的犯罪空间，其触角已开始伸入我国的金融领域，比如洗钱作为犯罪分子转移、隐匿非法所得并使之合法化从而逃避追缴的重要手段，将被犯罪分子更多地利用。比如，中国银行广东开平支行原行长许超凡与中国银行广东开平支行原行长许国俊伙同中国银行广东开平支行的另一位负责人余振东盗用 4.83 亿元后，分别远遁海外。后余振东被引渡回国。

（四）网络金融犯罪日趋严重

网络技术的运用在提高金融业务效率的同时也给新型犯罪带来机会。不法分子利用网络实施犯罪的方式很多，主要有：改变或破坏存储在网络银行中的信息、截取网络传递中的资料、加载不实记录或信息、侵入网络银行中的客户账户转移资金。国际上，由于黑客入侵给互联网造成极大损失的事例时有发生。根据英国 PV 咨询集团公司调查，近 5 年来，电脑诈骗每年使英国银行损失 40 亿至 50 亿英镑，美国每年因计算机犯罪造成银行损失也多达 55 亿美元，德国银行每年因此也损失约 50 亿美元。在我国，1986 年 7 月发生首例银行计算机犯罪案件。1998 年 9 月，扬州发生郝氏兄弟利用电脑侵入银行网络并窃取 28 万元巨款的特大犯罪案件。2001 年 2 月，华夏证券公司上海分公司发生了一起职员涉嫌利用电脑网络挪用客户 1 290 万元保证金炒股的特大案件。据统计，金融领域的电脑犯罪占电脑犯罪总额的 40% 以上，居各行业之首。在我国，其比例更是高达 60% 以上。这是今后货币电子化后尤其需要注意的。

（五）金融诈骗型犯罪比较突出

诈骗是以虚构事实，隐瞒真相的手段骗取公私财物的行为。在危害金融机构的犯罪中，金融诈骗是最为突出的一种。比如中国银行黑龙江省分行哈尔滨市河松街支行行长高山金融诈骗案、北京福尼特家具城幕后老板刘付臣诈骗案、北京华运达房地产开发公司董事长邹庆以开发“森豪公寓”骗取中行贷款案、广东佛山民营企业主冯明昌从工商银行南海支行骗取贷款案、建行长春市朝阳支行、铁路支行金融诈骗案等。这类犯罪涉案金额特别巨大，动辄上亿元、十亿元甚至几十亿元。如中行“森豪公寓”案涉案金额达6.4亿元，中行高山案、刘付臣案涉案金额均达10亿元，农业银行河北衡水中心支行被骗100亿美元的备用信用证、河南“三仁”集团在两年多的时间里诈骗资金3.47亿元，涉案金额达5.1亿元。广西灵川县建行被骗资金2.7亿元；工行南海支行案涉案金额达74亿元，数额之巨，令人震惊。这些案件多采取私刻印鉴、印章，制作假合同、假凭证等手段，犯罪分子与金融机构工作人员内外勾结合伙作案。由此可见，金融诈骗犯罪对银行资金安全造成极大危害，必须引起银行界的高度重视。

二、金融犯罪的原因分析

关于金融犯罪产生的原因，理论界与实务界都进行了探索，形成了各种不同的理论观点：(1) 转轨时期矛盾论。认为金融犯罪是社会转轨的产物，金融犯罪的上升，是体制转轨时期社会控制机能弱化的规律性表现。转轨时期金融行业竞争加剧，导致违规操作，进而诱发犯罪。近年来，随着金融体制改革的深化，行业竞争日益激烈。一些单位片面追求利润，违规操作，致使无法按严格的规章制度进行管理，也不能进行正常的稽核检查，少数职工便趁机作案，中饱私囊。(2) 打击不力。转轨时期的各项规章制度正在建立和健全中，有的执行不严，监督制约乏力，使金融犯罪形成恶性循环。有的金融机构对案件性质把握不准，习惯于内部处理；有的从自身经济利益和部门声誉出发，瞒案不报，压案不查，等问题大了才追究刑事责任，移送检察机关处理，这种打击不力，滋长了金融犯罪分子的嚣张气焰。(3) 个体原因论。金融机构工作人员的思想政治工作方面重视不够，力量薄弱，一向忽视思想政治教育和法制教育是金融犯罪产生和大量发生的重要原因。（4）改革代价论。认为改革一方面从根本上高速发展着生产力，调整生产关系；另一方面则由于社会商品化倾向的经济势必造成社会生活张驰失度，紊乱多变，引起一定程度上的社会震荡，造成一时的、局部的失控。金融制度的改革，必然导致金融领域的震荡，引起金融犯罪的产生。我以为，金融犯罪的产生，是社会原因与个人原因共同作用的结果。这既包括经济和政治状况、法律环境、社会伦理、道德、社会意识形态、金融企业对金融犯罪的控制状况等社会原因，也包括犯罪人的人生观、价值观、个人偏好等个体原因。

（一）金融犯罪有两方面的原因

美国著名犯罪学家埃德温·萨瑟兰（Edwin H. Sutherland）认为，犯罪行为决定于两种因素的结合："一是适宜于犯罪的一切条件的存在；二是个人赋予这些条件存在的意义"，并举例道："客观状态在能够造成犯罪机会的范围内，对犯罪的产生具有决定性的意义。小偷在戒备森严的商店内是不会偷盗的，而疏于防范的银行却屡遭抢劫；汽车制造商很少会触犯食品卫生法，而食品加工厂则可能屡屡触犯这一法律。但是这还不是犯罪的全部条件，从另一方面看，犯罪还必须由个人赋予这些条件存在的实际意义。也就是说，在心理学和社会学意义上，现状不排斥个人的作用。只有当小偷从内心意志上希望盗窃时，疏于防范的商店才可能被盗；只有抢劫人决定抢劫时，疏于防范的银行才会遭到抢劫。这正是一部分人会犯罪，另一部分人不会犯罪的原因，即两因素的结合"。① 犯罪的社会原因是犯罪的条件，而犯罪的个人原因才是犯罪的原因。只有从犯罪条件与犯罪原因两方面才能正确分析金融犯罪是如何发生的。例如，被告人王定香、陈圣忠无视国家金融法规，为了侵吞国家财产，以帮助吸纳存款为幌子，假借承接工程需要借用资金并保证按时归还，诱骗王泽锋（建设银行海南支行德胜沙储蓄所主任）利用其储蓄所主任的身份，以支付高息为诱饵，利用伪造的银行定期存单，换取客户的活期存折及密码。之后，王定香使用王泽锋骗取的客户存折，在银行冒领客户资金

---

① 转引自张筱薇：《比较外国犯罪学》，百家出版社 1996 年版，第 119 页。

共计人民币 1 820 万元。其中大部分被陈圣忠挥霍使用，造成损失高达人民币 1 400 余万元。正是建设银行海南支行德胜沙储蓄所的防范疏漏，才为行为人实施犯罪提供了条件；也正是行为人自身对金钱的贪婪和非法占有欲望，才驱使他们不顾国家金融法规非法盗取他人钱财。

（二）金融犯罪的社会原因与个体原因

从社会原因和个体原因分析金融犯罪的产生，包括两个方面：第一，金融犯罪的社会原因既包括我国处于经济转轨这样一个阶段，也包括金融行业本身的特殊因素。经济转轨时期，金融体制还不能适应社会主义市场经济的客观要求，存在着政企不分、政银不分、投融资体制不合理等问题，尚未建立起符合市场经济的政府、企业、银行三者之间新型的关系。我国属于发展中国家，在社会主义初级阶段，供求矛盾还会长期存在，各方面的短缺现象尤其是资金短缺还很严重。伴随改革开放的深入，社会主义市场经济的不断建立和完善，相应的金融监管体系、金融监管制度不能跟上，金融犯罪因此大量增加。同时，我国金融领域存在筹措资金混乱、资金拆借混乱、入股投资混乱、放贷混乱、存贷利率混乱、结算秩序混乱、内部管理混乱等现象，进一步导致大量金融犯罪案件产生。比如某市农业银行信用卡部副总经理黄某违规搞信用卡“协议透支”，实际变相发放贷款 588 万元给企业使用，导致案发时有本金 486 万元无法追回。第二，金融犯罪的个体原因。金融犯罪行为人的人生观、价值观发生扭曲，贪欲膨胀，经不起金钱的诱惑进而实施金融犯罪。面对市场经济浪潮的冲击和巨大利益的诱惑，一些金融机构的工作人员价值观发生重大变化，崇尚金钱万能主义，贪图享乐，千方百计寻找可以“发财”的捷径，寻找金融监管的漏洞，实施金融犯罪。比如，河北曲阳县支行喜峪储代办所代办员葛敏开与不法分子互相勾结，采用虚列户名、开假证明、私盖公章等手段，填写巨额存单、存折，然后交由同伙流窜至北京、石家庄等地大肆进行抵押诈骗活动，共涉及金额 2 272.87 万元。这里，需要提及不法分子的拉拢腐蚀。金融机构工作人员长期与金钱打交道，当面对金钱动摇时，便会有人“游说”动不法之财的脑筋。一些不法分子有组织、有预谋地拉拢腐蚀金融机构工作人员，是金融犯罪产生的一个重要原因。个别企业为了从银行搞到贷款，不惜以重金贿赂金融工作人员，教唆金融工作人员犯罪，从而内外勾结，共同作案。比如某市交通银行原行长周某在审批给远华公司贷款时，与远华走私集团走私分子相互勾结，并接受贿赂50万元，违法为其提供贷款4 000万元，目前仍有3 500万元贷款无法收回，给国家造成巨额损失。又如，农行某分理处22岁的储蓄员王某，利用职务之便，伙同无业人员李某先后五次采取在“金穗卡”上虚存实取的手段，套取公款24万元予以贪污，之后，二人携赃款潜逃外地大肆挥霍，案发后仅追回9万元。

三、金融犯罪的制度防范

金融犯罪的制度防范主要讲四个问题：一是刑事制裁。刑事立法关于金融犯罪的规定，侧重从总体讲金融犯罪的一般规定，尤其是刑法修正案关于金融犯罪的两个新增犯罪。二是银行内控制度上健全金融犯罪的防控体系。三是金融监管体系的完善。四是加强国际合作，共同打击金融犯罪。这是应对金融犯罪国际化的需要。其中，银行内控机制是基础，外部监管是关键，刑法制裁是后盾，加强国际合作是必要的应对措施。

（一）完善法律监管，尤其是刑法金融犯罪的规定

金融法治是依法治国、建设社会主义法治国家的必然要求，也是金融稳定与经济安全的必然要求。金融法治要求加强金融立法，大力完善和建立健全多层次、多方位、相互配套的金融法律体系，给金融活动参与者规定其活动的基本框架和若干行为准则，使其做到有法可依，有章可循，防范各种金融犯罪行为。金融法治体系包括信托融资法、涉外金融法、金融机构登记管理条例、金融行政处罚条例等。以下，我重点对刑法关于金融犯罪的内容进行梳理，以便各位对金融犯罪有更为清晰的认识。

1. 1997年刑法与单行刑法规定的金融犯罪

1997年刑法共10章，452条，比1979年制定的刑法增加了260条，是一部统一的比较完备的刑法。1997年刑法在吸收《关于惩治

破坏金融秩序犯罪的决定》的基础上增设了34个金融犯罪罪名，为打击金融犯罪、防范金融风险提供了强有力的法律保障。1999年关于外汇犯罪的单行刑法增设骗购外汇罪，修改了逃汇罪的构成与法定刑。

1997年刑法与单行刑法中金融犯罪的规定表现为：（1）篇幅大，条文多。金融犯罪分为“金融管理秩序罪”和“金融诈骗罪”两节共31条，是刑法分则中条文最多的一类犯罪。这表明金融业在国民经济中的地位日趋重要。（2）刑罚规定较重。1997年刑法规定，集资诈骗罪、金融票据诈骗罪、信用证诈骗罪、伪造货币罪以及国有金融机构工作人员受贿罪的法定最高刑为死刑，并处没收财产或5万元以上50万元以下罚金。对许多金融犯罪科以重刑，表明国家对惩治金融犯罪、防范金融风险的强硬态度和坚定决心。（3）处罚多主刑、附加刑并用，重视刑法的预防功能。在金融犯罪中除金融机构工作人员挪用公款罪，非法出具信用证、保函、票据、存单、资信证明罪，非法承兑、付款、保证罪和逃汇罪四种单处主刑，虚假理赔罪和金融机构工作人员受贿罪处主刑的同时可以并处罚金，其余29种罪判处主刑的同时必须并处罚金。刑法对以非法牟利为主要目的的金融犯罪处以经济重罚，主要是考虑到罪责刑原则，希望通过采取财产刑来预防这类谋利性犯罪。（4）确立单位作为金融犯罪的重要主体。刑法规定金融犯罪的主体可以是自然人，也可以是单位。商业银行可以作为金融犯罪的主体，商业银行分支机构虽不是独立法人，但它在总行授权的范围内开展业务，是一种合法的经济组织，也可以作为单位犯罪的主体。刑法规定，单位金融犯罪，对单位判处罚金，并对其直接负责的主管人员和其他直接责任人员判处刑罚。单位金融犯罪实行双罚制。

金融犯罪不一定是特殊主体的犯罪，但是作为特殊主体的银行工作人员实施的金融犯罪案值大、发案率高，应当引起重视和特别的注意。刑法关于银行工作人员作为特定主体的金融犯罪主要包括：（1）徇私发放贷款罪。指银行或其他金融机构的工作人员违反法律、行政法规规定，向关系人发放信用贷款或者发放提供贷款的条件优于其他借款人同类贷款的条件，造成较大损失的行为。根据《商业银行法》第40条规定“关系人”是指：商业银行的董事、监事、管理人员、信贷业务人员及其近亲属；前列人员投资或者担任高级管理职务的公司、企业和其他经济组织。根据最高人民法院的司法解释，“近亲属”包括配偶、父母、子女、兄弟姐妹、祖父母、外祖父母、孙子女、外孙子女。(2) 非法发放贷款罪。指银行或其他金融机构的工作人员违反法律、行政法规的规定，向关系人以外的其他人发放信用贷款或者发放担保贷款，造成重大损失的行为。(3) 非法拆借、发放贷款罪。指银行或其他金融机构的工作人员以非法牟利为目的，采取吸收客户资金不入账的方式，将资金用于非法拆借、发放贷款，造成重大损失的行为。实践中，搞账外经营等现象时有发生，新刑法施行后，这类行为将被绳之以法，追究刑事责任。(4) 非法出具信用证、保函、票据、存单、资信证明罪。指银行或其他金融机构的工作人员违反规定，为他人出具信用证或者保函、票据、存单、资信证明，造成较大损失的行为。(5) 非法承兑、付款、保证罪。指银行或者其他金融机构的工作人员，在办理票据业务中，对违反票据法规定的票据予以承兑、付款或者保证，造成重大损失的行为。(6) 金融机构工作人员购买、调换伪造货币罪。指银行或其他金融机构的工作人员购买伪造的货币或者利用职务上便利，以伪造的货币换取货币的行为。(7) 金融机构工作人员受贿罪。指银行或其他金融机构工作人员在金融业务活动中索取他人财物或者非法收受他人财物，为他人谋取利益，或者违反国家规定，收受各种名义的回扣、手续费，归个人所有的行为。(8) 金融机构工作人员挪用资金罪。指银行或其他金融机构工作人员利用职务上的便利，挪用本单位或客户资金的行为。以上8个要求具备特定的银行工作人员身份才能构成的犯罪，反映了国家对银行工作人员实施金融犯罪的惩治决心和力度。

2. 刑法修正案新增的两种金融犯罪

2005年2月28日第十届全国人民代表大会常务委员会第十四次会议通过的《中华人民共和国刑法修正案（五）》（简称《刑法修正案（五）》）新增了两种犯罪，即妨害信用卡管理罪，窃取、收买、非法提供信用卡信息资料罪。这里特别介绍一下修正案增加的两个新罪名。

一是妨害信用卡管理罪。《刑法修正案（五）》第1条规定了妨害信用卡管理罪。妨害信用卡管理罪，是指以法律明令禁止的各种方法，妨害信用卡管理的行为。信用卡是由商业银行或者其他金融机构发行的具有消费支付、信用贷款、转账结算、存取现金等全部功能或者部分功能的电子支付卡，包括借记卡、贷记卡等多种形式的电子支付卡。司法实践中，对于行为人误将他人伪造的信用卡或作废的信用卡当作真实有效的信用卡而故意非法持有的情况，构成认识错误，不影响定罪，但处罚上可以酌情从轻。对于行为人伪造居民身份证又使用该伪造的身份证骗领信用卡的，或者将使用伪造的身份证骗领的信用卡用于诈骗犯罪的，构成刑法第 280 条第 3 款规定的伪造居民身份证罪和《刑法修正案（五)》修改后的刑法第 196 条规定的信用卡诈骗罪，同时构成本罪。这构成刑法理论中的牵连犯，应按其中法定刑最重的一个罪定罪并从重处罚，而不实行数罪并罚。立法规定，“数量巨大或者有其他严重情节的”是本罪的加重情节。“数量巨大”的具体标准，在司法解释出台之前，一般是参照相关司法解释对近似犯罪（如出售、购买、运输假币罪，持有假币罪，伪造金融票证罪等）所规定的数额标准。

二是窃取、收买、非法提供信用卡信息资料罪。窃取、收买、非法提供信用卡信息资料罪，是指以秘密手段获取或者以金钱、物质等换取他人信用卡信息资料的行为，或者违反有关规定，私自提供他人信用卡信息资料的行为。“窃取”是指以秘密手段（包括偷窥、拍摄、复印以及高科技方法等）获取他人信用卡信息资料的行为；“收买”是指以金钱或者物质利益从有关人员（如银行等金融机构的工作人员）手中换取他人信用卡信息资料的行为；“非法提供”是指私自提供合法掌握的他人信用卡信息资料的行为。在相关司法解释出台之前，以下窃取、收买、非法提供信用卡信息资料构成本罪：（1）银行或者其他金融机构的工作人员利用工作上的便利，窃取、收买、非法提供他人信用卡信息资料的；（2）窃取、收买、非法提供他人信用卡信息资料数量较多的；（3）窃取、收买、提供他人信用卡信息资料致使国家和公民的利益遭受较大损失的；（4）造成其他较重后果的。

（二）健全银行内控制度

从刑法乃至法律的角度防范金融犯罪是具有实效的。但是，更有效的是从源头上采取防范金融犯罪的措施。即必须加强内控机制建设。严密的内部监管制度，不给内部人员留下犯罪的诱惑，阻断了诱发犯罪的动机，这是金融监管最基本的约束机制，也是实行金融监管的基础。金融机构的内控机制的加强一般包括：强化和健全银行间的垂直管理体制，基层银行从严管理，增强监管意识，建立健全规章制度，增强银行监督保障机制，加强金融机构内部的监督体系，加强监督检查，促进制度落实。在建立和健全内控机制时，必须坚持“教育是基础、制度是保障、监督是关键、惩治是手段”的方针，教育方面，做好金融干部的政治思想教育、职业道德教育、业务水平教育和金融法治教育；在制度方面，要建立起符合市场经济条件下的金融违法与犯罪防范制约机制；在监督方面，要改革金融机构内部稽核机制，改进稽核方法，增强稽核工作的权威，提高稽核工作的独立性、自主性和超脱性；在用人方面，要克服忽视金融犯罪的思想，必须用好人，用对人。

从目前我国的金融犯罪的现实来看，金融机构内控机制的具体措施主要包括：一是建立金融机构的垂直管理体制，健全各级岗位责任，将各项金融业务活动纳入有效监督之中。二是强化金融机构内部审计工作，突出内审部门的监督和警示功能。改进审计项目的组织方式，突出重点创新方法，增强金融审计的针对性和时效性。三是建立金融机构内部岗位轮换制度。四是加强会计、储蓄、出纳、信贷、计划、信用卡等业务部门的联系，建立信息交流与反馈制度，联系会制度、联合检查制度，落实制度的责任制和协同办案制度等。五是贯彻高级管理人员的任期经济责任。在内外勾结诈骗和内部盗用案件中相当部分涉及高层管理人员滥用职权挪用盗用资金的问题。当前，应当着力于构建金融机构的主要负责人的内部控制。

最近各大银行都加强了内控制度的建设，比如建设银行的内控制度建设便已启动三项改革举措：一是对风险管理实行垂直管理体制，已选定四个分行进行试点，然后在全行推开；二是尝试风险经理与业务经理协调配合的作业模式，把风险管理的关口前移到业务第一线；三是在全辖范围内实施内部审计垂直管理，强化内部审计机构的独立性和权威性，争取用 3 至 4 年时间，建立起科学、规范、有效的内部审计体系。这种尝试是值得借鉴的，各金融机构都可以尝试建立这种内控机制。

（三）完善金融监管法律制度

金融监管是外部监督，形成金融犯罪的高压环境。最近，国务院要求继续加强和改进金融监管，要求金融监管部门要加强协调合作，突出监管重点，着重加强对市场准入、公司治理结构、内部控制、重要金融业务和高级管理人员的监管。这充分说明必要的金融监管的重要性。

金融监管是指一国在中央政府领导下，对商业、专业金融机构经营行为进行宏观调控、监督、管理的制度、机构和组织。我国金融监管机关主要有银监会、证监会、保监会等。其中，银监会是监管体系中的主体，代表国家行使对商业银行、国内外资银行和其他金融机构的监管权力。我国目前的金融监管体系的现状是：银监会作为我国金融业的监管当局，与中国证监会、保监会密切合作，在金融风险的防范和控制中发挥着重要的作用。金融监管队伍的建设正在加强，人员素质正在提高。建立和完善了金融监管人员的培训制度、资格考试和任职制度、监管岗位工作人员的奖惩制度，不断提高监管人员的业务管理水平。

金融监管法律制度在西方早期就有，我国目前也有相关金融法律制度。从全球发展趋势来看，金融监管正在进行四个转变：从分业监管向混业监管转变，从机构性监管向功能性监管转变，从单向监管向全面监管转变，从封闭性监管向开放性监管转变。银监会作为我国金融业的监管当局，与中国证监会、保监会密切合作，在金融风险的防范和控制中发挥着重要的作用。近年来，金融法规的建设、金融监管机构的调整、监管队伍的部署、监管手段的开发，都表明我国的金融监管能力得到了很大提高，制定了较为完善的法律制度，并逐步形成较为完善的金融法律法规体系；建立和完善了各种监管制度，健全了金融监管体系；监管范围不断扩大，包括所有商业银行和政策性银行、城市信用社和农村信用合作社、国有银行、非银行金融机构以及金融市场；既包括独资商业银行和其他股份制商业银行，也包括国内的外资和中外合资商业银行；监管队伍建设正在加强，人员素质正在提高。从目前来看，已经形成银监会、证监会、保监会三家并立的中国金融监管的“三驾马车”，并逐步放开对混业经营的法律限制，探讨金融控股集团监管的统一框架。我国的金融监管机构（包括银监会、证监会、保监会等）在防范和化解金融风险方面做了不少工作，解决了不少问题，但是金融监管的水平、能力仍然有待提高。在金融市场上，证券回购、高利吸存、账外账、假数据等各种非法金融活动严重干扰了正常的金融秩序，给改革中的中国金融带来了不少障碍，也提出了严峻的挑战。比如，银行高居不下的不良资产比例、频频发生的非法融资现象等。改进现行的金融监管体制，我以为主要有如下几个措施：

第一，加强金融监管机构建设，完善金融监管组织体系。我国金融服务业发展现状不容乐观，根据目前金融监管机构缺乏协调性、各自为政、条块侵害的状况，结合金融业内各行业间相互开放、相互进入的发展趋势，在现有金融监管机构的基础上，完善金融服务业的投资融资体制、汇率体制、信贷及保险服务体系，考虑逐步建立符合国际标准和我国国情的独立、统一和分级负责的金融监管机构体系。

第二，加强金融立法建设，按照 WTO 金融规则，完善金融监管法制体系。金融监管法律已先后出台中国人民银行法、商业银行法、票据法、保险法、证券法等金融法规，金融监管立法体系初步形成。但是，立法细则方面、金融创新的立法方面以及金融监管执法方面有待加强，以改变目前存在的金融法制建设滞后和执法不严的现状。

第三，加强金融工作建设，完善金融监管操作体系。在金融监管目标体系、评价标准、金融监管操作规程或办法和监管人员守则方面还需要不断健全规章制度，健全金融风险的监管操作规程，适应持续性的金融监管要求。必须根据各金融机构的资产负债管理情况，对内部结构的控制情况和财务状况以及风险程序，综合考虑其网点设置和经营范围的限制、各项变更和高级人员任职资格等问题。必须根据金融市场的变化进行动态调整，由合规监管向风险监管转变；改进监管工作方式，实行委托监管（经审计师审计）、非现场监管，提高现场稽核的权威性和震慑力，提高监管的效率；改进监管的技术装备和手段。

第四，加强金融监管队伍建设，完善金融监管人员素质体系，建立和健全金融监管人员资格考试和任职制度，加强现有人员的培训制度，实行监管岗位定期交流制度和工作人员奖惩制度。当前，我国金融监管人才匮乏，应当尽快扭转目前被动的局面，建立完善的人力资源开发和管理机制，培养一支精干高效的金融监管队伍，提升监管人员素质。

（四）加强国际合作，共同打击金融犯罪

经济全球化背景下，金融犯罪势必网络化与国际化。比如，我国的贪官携资本外逃现象，其中就有大量的洗钱犯罪。河南省服装进出口公司原总经理董明玉现住新泽西州，生活闲适；新中国成立以来最大的银行系统监守自盗案——中国银行广东开平支行原行长许超凡等人把4.83亿美元转移到美、加等国并顺利出逃；2002年携百万巨款出逃的河南省烟草专卖局原局长蒋基芳；2003年4月携家人逃往美国的浙江省建设厅原副厅长杨秀珠。这些都需要我们思考如何追击外逃贪官、追缴外逃资本。我国应当对经济全球化和经济金融化背景下的金融犯罪思考如何应对，形成更为深刻认识和出台更具有操作性的措施。

我国已经加入《联合国打击跨国有组织犯罪公约》和《联合国反腐败公约》。国内法如何与之衔接、配合，以处理好国内法与国际法的关系，否则，即使在国际公约上签了字，也解决不了问题。举一个明显的例子，我国刑事诉讼法不支持"缺席审判"，对在逃的犯罪嫌疑人，不可能提起公诉。按照传统的"刑事优于民事"的司法原则，法院在民事诉讼中也不可能对在逃人员的财产作出没收的裁决。而要与外国司法机关进行没收事宜的合作，国外司法机关大多数却只承认法院的没收判决。这样就使抓捕潜逃国外的犯罪分子和追缴赃款处于十分困难的境地。因此，加强刑事法律与国际的合作和接轨，是当前打击金融犯罪特别是涉外金融犯罪的一个重要方面。

又如，打击贪官外逃与洗钱犯罪。跨国金融犯罪与洗钱问题专家杨诚教授列举了洗钱犯罪追究的三个最大的障碍：首先，目前中国的相关法律没有同国际接轨，也不是全球性反洗钱组织的成员，所以合作起来会有很多困难。其次，目前与中国签订引渡条约的国家只有泰国、蒙古等十几个，很多被出逃者视为理想避难所的国家都不在其列，其中包括美国。再者，一些国家要求必须先与中国签订《赃款

分割协议》后才同意合作，也就是说该国要求分享部分追缴的贪官赃款，但中国不同意。这些需要在今后的国际合作中深入思考并拟定对策。

再如，针对网络金融犯罪，随着信息技术的进步和因特网的发展，整个世界正日益成为一个基于因特网之上的“地球村”。跨地域、跨国界作案已是网络上普遍存在的事实。在因特网发展的今天，各个国家间存在许多共同的利益，而且，这些共同点和共同的看法还将会随着网络的发展而增加。目前，打击网络金融犯罪的国际合作往往流于形式，最大的原因就是各国利益的分歧和法律的冲突。欧盟布鲁塞尔计划早已于 1998 年开始实施，但由于欧盟各国法律的冲突，这些举措并未落实到网络犯罪的追查和惩治中，对跨国性网络犯罪更是无能为力。在建立一个完整的国际网络安全体系问题上，美国与欧盟存在着严重的分歧，美国认为应当组建一个全球性的国际网络警察部队，对全球网络进行监控，防止网络犯罪的发生；而欧盟国家认为，对网络的监控必将导致侵犯个人的隐私权的问题，还是应该采取传统的打击跨国犯罪的方法进行国际合作对付网络犯罪。因此我国还应加强与世界刑警组织以及其他国家金融监管部门和司法部门的联系和磋商，共同制定打击网络金融犯罪和确定网络银行风险责任的国际条款，开展国际合作，以确保网络金融的顺利发展，同时学习世界各国先进的打击网络金融犯罪的司法经验，促进我国司法实践。研究国际合作中的问题对于联手打击全球范围内的金融犯罪具有重大意义。

金融是国民经济的命脉，是现代经济的核心。金融安全与稳定事关我国经济发展和社会稳定的大局。金融犯罪主体多元、情况复杂、危害严重，关系到国家的金融安全与经济运行。金融犯罪及其防范对于国民经济的稳定运行和中国经济的可持续发展具有重要意义。诸位在座者重任在肩。我的报告仅仅是一个从制度层面、从法律角度的简略的剖析，希望能得到在座各位的批评。

谢谢各位！

（本文系 2005 年 7 月 23 日在交通银行贵阳分行“法律法规知识讲座”上的演讲稿）

第三部分 知…易…行…难…

西部开发·民族法治

中国西部大开发战略及其法治思考

一、西部大开发战略的背景

西部大开发是中国政府针对中国西部欠发达地区制定的一项重要战略。1988 年，中国共产党的第二代领导集体的核心邓小平同志提出“两个大局”的思想。他在一次谈话中提到：沿海地区要加快对外开放，从而较快地先发展起来，带动内地更好地发展，这是一个大局；沿海地区发展到一定时候，要拿出更多力量帮助内地发展，这也是一个大局。共同富裕是社会主义初级阶段的目标。中共中央和中国政府在 1999 年的中央经济工作会议上部署 2000 年的经济工作时，提出：抓住时机，着手实施西部地区大开发战略。1999 年 9 月 22 日在北京召开的中共中央十五届四中全会正式提出西部大开发战略，强调：西部大开发战略是直接关系到扩大内需，促进经济增长，关系到东西部协调发展和最终实现共同富裕的重大问题。

为何开发中国西部地区？出于两个考虑：

一是经济与社会发展落后。这是事实，也是现状。实事求是地讲，东中西部地区的经济发展差距存在，并且差距很大。以 1999 年的统计数字为例，东部沿海的广东省人均国内生产总值 11 728 元，而西部欠发达地区的贵州的人均国内生产总值仅 2 475 元；再以 2002 年的统计数字为例，广东省的人均国内生产总值为 15 030 元，而同期的贵州省人均国内生产总值 3 153 元。

一是国外经验的借鉴。世界各国在经济发展过程中，都会存在地区间经济发展不平衡的状况。这些国家，既包括发达国家也包括发展中国家。他们是怎么办的呢？无一例外地是出台优惠政策、采取各种措施以推动欠发达地区的经济发展。比如美国开发麻梭浅滩和田纳西州、日本开发北海道、前苏联对西伯利亚和远东地区的开发。在韩国，岛屿开发也是一种谋求岛屿住民所得的增大和福利提高的措施。

中国政府的西部大开发正是在借鉴国外经验，反思国内经济发展不平衡现状的基础上提出的大战略。

二、区域化定位：地理位置

中国的西部欠发达地区包括5个自治区、30个自治州、120个自治旗、县。广西、云南、贵州、四川、重庆、西藏、青海、新疆、宁夏、甘肃、陕西、内蒙古12个省市自治区，面积为638万平方公里，占中国国土总面积的71%，人口3.2亿，占中国人口总数28.4%，其中少数民族人口占全国少数民族人口75%。但是，在如此广袤的国土上，1999年的人均国内生产总值仅相当于全国平均水平的60%左右，中国人均国内生产总值（1999年的为6 551元，2002年为8 188元，2003年为9 030元），在实施西部大开发以来有所上升。①

三、西部大开发的战略内容

西部大开发是一项宏观的战略，涉及经济发展和社会进步的方方面面，而不是如国外所报道的单纯的西部经济问题，当然，经济建设是中心，是首要的问题。

缩小地区差距，协调区域经济发展。中国实行社会主义制度，以广大人民的共同富裕为目标。东中西部的地区差距和区域经济发展的不平衡已经影响到共同富裕的进程。西部大开发是在西部欠发达地区经济与社会发展滞后的情况下启动的，是中国政府为全面建设小康社会而实施的必要步骤。这是经济发展的意义。从现在的西部经济发展来看，西部大开发战略的实施状况良好：第一，经济总量稳定扩张，经济实力不断增强；第二，已经由农牧业时期进入到初步工业化时期；第三，对外开放逐步扩大，西部地区的开放城市和边境经济开发

---

① 《中国统计年鉴》(1999，2002，2003)。

区已经形成一定规模；第四，交通、通讯迅速发展，重大基础设施已经建成或在建。比如，“兰西线”光缆工程，宝成-成昆-南昆铁路线、三峡工程、西气东输工程都是为促进西部大开发而设立的。

改善生态环境，实现可持续发展。可持续发展是一种新型的发展观，是一种基于生态学、伦理学理念的发展观。它最初由挪威前首相布兰特朗夫人领导的世界环境与发展委员会（WCED）于1987年在其报告《我们共同的未来》中首先提出。报告形象地称可持续发展为“既满足当代人的需要，又不对后代人满足其需要的能力构成危害的发展”。可持续发展是人类对经济发展与资源环境之间关系审视后的必然选择，它强调理性经济活动应当高效合理利用资源，强调环境保护和生物物种多样性建设，而不应“竭泽而渔、焚林而猎”。中国的西部是长江、黄河的源头（在中国，长江被称作父亲河，黄河被称作母亲河），上游的生态环境保护与建设关系着中下游的经济与社会发展，当然，这其中最多的是水资源的考虑。1998年的洪水与西部长江上游地区的生态环境保护不无关系。中国的西部开发应当采取一种可持续发展的战略，不能“先污染后治理”，不能以牺牲生态资源和环境保护的代价来获取经济发展。

中国西部开发关系到边疆的社会稳定。西部地区幅员辽阔，与十余个国家比邻而居。如何处理边境关系，是西部地区沿边人民群众必须考虑的。经济与社会的全面发展能够使国家更有凝聚力，国民更富有民族自豪感，更有利于国家的统一，防止境外敌对势力的分裂活动。中国是一个单一制的国家，只有一个中央政府和一部宪法，各级地方政府隶属于中央政府。中国西部开发是一项推动西部地区经济、社会、文化等各个方面的发展战略。

中国西部开发关系到民族的团结和少数民族的发展。西部地区占有5个自治区，其余七省市的少数民族比例也较高。只有谨慎处理好民族关系、顺利解决民族问题，才能持续稳定地推进西部开发，促进西部经济发展。新中国成立以来，党和政府实行各民族一律平等的民族政策。宪法规定，国家保障少数民族的合法权利和利益，维护和发展各民族的平等、团结和互助关系。如何协调民族关系、维护少数民族利益和民族地区稳定是开发民族地区、发展民族经济的必然面临的问题。西部经济不发达地区中，民族地区分布较广，涉及少数民族人口众多。民族杂居和部分地方少数民族聚居是西部地区显著特点之一。民族关系问题是西部地区最敏感的社会政治问题之一。随着东西部发展差距的不断扩大，西部地区群众心理失衡加剧，加之民族风俗民情多样化问题处置不当，旧社会遗留问题的存在和国外敌对势力的煽动，都可能引发新的民族矛盾，带来民族纠纷，产生社会不稳定因素。

因此，中国的西部大开发战略应当是一个经济、社会全面发展的战略，无论是从经济发展、生态资源和环境保护、社会稳定和民族团结，西部开发都应当关注。

四、西部大开发的具体实施

如何实施西部大开发？中国国务院专门成立西部大开发领导小组，由国务院的一位副总理担任组长，下设西部大开发办公室（设在国家计划委员会，2002 年国家机构改革后这个部门更名为国家发展与改革委员会，2003 年为振兴东北老工业基地成立东北办，同样设在国家发展与改革委员会），由发展与改革委员会副主任担任办公室主任，具体负责实施。

我想在此介绍一下中国西部开发具体实施中的重点：

第一是加强西部地区基础设施建设。中国西部地区流行一句俗话：要想富，先修路。长期以来，西部地区交通、能源、通讯等基础设施建设的滞后是制约西部发展的关键因素。中国政府已经计划对西部地区的基础设施建设优先考虑。计划投入 8 000 亿元用于交通建设，每年按 800 亿元拨付，2050 年实现公路交通现代化。鉴于西部地区蕴含丰富的油气资源、水电资源，启动“西气东输”工程并在长江上游和金沙江上游增设水电站，大力开发水力发电资源。

第二是调整产业结构，大力发展非公有制经济。低水平重复建设和产业结构趋同是发展中国家必须面临的一个问题。中国政府鼓励西部地区调整产业机构，实现产品升级换代，提高竞争能力，根据各地的实际确定自己的优势产业和培植经济增长点。非公有制经济已取得与公有制经济同等地位。这是 2004 年新近通过的宪法修正案所确认的。宪法修正案第 11 条第三款规定：国家保护个体经济、私营经济等非公有制经济的合法权利和利益。这次宪法修改着重平等保护，即赋予非公有制经济与公有制经济的同等地位。西部地区的经济发展，应当根据市场经济和竞争规律的要求，减少公有制经济的比重，大力发展非公有制经济。

第三是发展科技与教育，加大人力资本的投入。“科教兴国”是中国政府提出的一个基本方略。科技与教育的落后、人才的匮乏一直是西部地区经济与社会发展滞后的重要原因。中国政府已经意识到人力资本的重要性，西部大开发中增加教育投入，大力发展科技，努力实现“两基”工程（基本扫除青壮年文盲、基本实行九年制义务教育），从而使西部地区的人的素质有一个全面的提高。而且，积极引进、培养和用好人才，重视人才的流通机制，创造人力资本发挥效用的空间，为西部大开发做好人力资本的储备工作。

第四是宏观经济政策倾斜，加大中央财政转移支付的力度。中国政府正适度地将其财政、税收、信贷等政策向西部倾斜，为西部的经济发展和社会进步提供更多的资金支持。中国政府正在有计划地加大对西部地区基础设施建设、生态环境建设、重点投资产业的信贷投资力度；同时，随着中央财力的增加，逐步加大中央对西部地区一般性转移支付的规模，对西部地区投资建设的项目加大信贷支持。对于设在西部地区国家鼓励类产业的内资企业和外商投资企业，给予一定期限内的所得税税率优惠，对于民族自治地方的企业经省级人民政府批准可以减征或免征所得税。

这些是西部大卅发中迄今为止出台的若干政策，成效是突出的，如何进一步更好地实施，需要更多的摸索和实践。

五、法治角度的思考

加大力度扶持西部地区，促进区域经济协调发展，需要制度运行以贯彻开发战略的规范性实施。但制度如何形成，各国在欠发达地区开发进程中存在两种模式即法律主导与政策主导的选择。

计划经济体制下，一般以政策为主要手段，认为政策灵活性大，易操作，便于及时贯彻政府意志。前苏联的西伯利亚开发中，采取的便是由党或政府“一事一议”，临时制定各项政策，以应对开发中的各种事项。虽短期内收到“令行禁止”的效果，但总体上，西伯利亚的开发并不成功。然而，奉行法律主导型开发欠发达地区的国家均先后取得了成功。如美国的西进运动和日本的北海道开发。比较政策主导型和立法主导型两种开发模式：西伯利亚开发采取政策主导，以计划为依靠，导致经济过度集中，开发成为政府短期行为，阻滞了欠发达地区进一步发展。以立法主导开发，形成规范、持续、稳定的制度，保证开发的持续一贯性，欠发达地区基本上得到了成功而有效的开发，甚至某些地区赶超原有的发达地区，一跃成为高科技产业汇集、全国经济发展的领头羊，如美国的中西部地区在开发后甚至领先于东部地区。①

中国需要什么样的制度以保障西部大开发的顺利进行？我认为，需要基于法律与政策双重因素，以立法为主导、在法治轨道上运作政策，形成系列开发制度。制度作为一定历史条件下的政治、经济、文化体系，既包括长期性的较为稳定的定型化制度，也包括短时间内针对特定事项的具体制度。西部大开发既需要长期性制度作为保障开发的持续一贯性，也需要短期性制度以灵活处理开发各种具体事项。应当既重视立法的先行地位和主导作用，但也不应忽视政策在宏观导向、具体运作中的作用。因此，我们选择的西部开发制度的形成是二元的，即：一方面，以立法为主导，立法体制上包括中央立法与地方立法两个层次，立法内容上包括开发基本法、专门事项立法以及开发保障法；以法律严格规制下的政策处理具体事项，弥补立法不足。

借鉴国外的立法，中国需要形成自身的西部开发法律体系。这是立足于中国基本国情、考察世界各国开发欠发达地区的经验获得的科学结论。从美国、日本、英国、德国等国家对境内欠发达地区的开发中可以看出，立法先行对欠发达地区开发起到了巨大的作用。综观这些国家的欠发达地区开发的立法，基本内容包括：（1）地区协调发展的基本法，主要是关于欠发达地区开发的总方针、政策及制度保障的明确性规定，如日本的《国土综合开发法》、德国的《改善区域经济结构法》；（2）欠发达地区振兴的法律，主要是针对欠发达地区的

① 吴大华主编：《国外开发欠发达地区法律法规汇编》，民族出版社 2001 年版，第 2 页。

特别振兴措施，如韩国的《促进特别地域综合开发特别措施法》、日本的《山村振兴法》与《不发达地区开发工业促进法》；(3) 重组产业布局的法律，主要是调整发达地区与欠发达地区的产业，以进一步协调一国之内的经济互补性发展，实现一国内的经济一体化；(4) 大型项目的专项立法，主要是针对国家投入大量资金、关系到国家在一个地区内进一步发展的重大项目进行立法，如美国的《麻梭浅滩与田纳西流域开发法》；(5) 特定事项的专门立法，主要是对特定事项加以立法，以刺激加快该特定事项的发展，如德国的《投资补贴法》；(6) 欠发达地区开发的其他立法，主要是为防止经济开发和振兴中的短期行为，实现可持续发展，如日本的《公害对策法基本法》等等。

中国2000年通过《中华人民共和国立法法》。这部法律规范了中国的立法活动。立足于中国西部大开发的具体国情，借鉴国外的先进立法经验和立法技术，根据立法法，西部开发立法需要解决两个问题：

一是立法体制问题。必须从中央和地方两级考虑立法的权力分配。中国立法体制集中了一元立法体制与二元立法体制的一些特点，结合中国具体情况形成了“一元、两级、多层次”的立法体制。西部开发立法，必须基于中国立法体制的类型，中央立法对宏观问题做出安排，地方立法因地制宜对各地的具体问题做出规定。

一是立法内容问题。西部开发立法，不仅要做到既有构建长期制度的宏观性的指导性法律，又要有针对具体事项设计具体制度的专门法律，还要有为经济振兴和保护方面的法律。整个西部开发的法律体系应当包括：(1) 西部开发的基本法，它是指导西部开发的基本法律，应当规定西部开发的明确目标、实施步骤，规定西部开发的方针、政策、原则、实现途径，以及制度保障和机构设置，明确开发的责权利、明确西部开发是由中央“输血”逐渐形成中央给政策给优惠，地方渐渐形成“造血”功能。(2) 西部开发的专项立法，对基础设施建设、金融投资、能源开发等做出专门规定。中国西部经济的发展存在资金和资源两个问题，而资金问题更关系到西部大开发的成败，因此投资等方面的专门立法是必不可少的。(3) 经济振兴的保障法。对西部开发中的环境问题、资源问题、稳定问题和民族问题做出专门规定，以防止经济开发中的政府短期行为引发社会矛盾、民族矛盾，造成生态环境破坏和资源严重浪费等现象，化解开发进程中的矛盾，实现可持续发展。

（2004 年 4 月 3 日、5 日访问韩国时在韩东大学、全州大学的演讲，原文发表于《贵州日报》2001 年 3 月 20 日）

坚持依法治国，推进西部大开发

党的十六大报告对依法治国、建设社会主义法治国家提出了许多新任务，也给西部大开发、区域经济发展提供了新契机新机遇，“西部地区要进一步解放思想，增强自我发展能力，在改革开放中走出一条加快发展的新路”。西部地区涵盖十二个省（区、市），它们的具体省（区、市）情又千差万别，如何才能充分发挥各地方的区位优势，并使它们协调发展，从而为西部大开发战略的实现提供源源不断的发展动力？西部大开发，法治要先行，已成为一种公认的、行之有效的开发方式。只有在西部大开发中贯彻“依法开发”的思想，才能使整个开发有一个明确的行动指南，为各项开发行为提供可靠的法制保障。而依法开发和依法治国虽然有一些差异，但二者的实质是一致的，都是用法治来为西部各地方、各部门的开发建设保驾护航。可见，依法治国在西部大开发中占有重要的地位，其作用巨大。

一、依法治国能为西部大开发营造良好的法治环境

“法律如同一个民族的特有的语言、生活方式和素质一样，是一个民族特有的机能和习性。”① 各省（区、市）的地方性法律法规是依照宪法和基本法并结合各地方的具体情况而制定的，既体现了宪法和基本法的原则和精神，又反映了地方特色，它的贯彻、实施有助于各地方的政治、经济、文化、社会等各方面事业的发展、进步。西部

① 萨维尼：《论当代立法和法理学的使命》，北京大学出版社 1994 年版，第 237 页。

大开发不仅是西部各省的“局部”开发，而是整个西部十二省（区、市）的联动开发，同时也是整个国家各行各业的大发展。而西部大开发只有纳入法制化轨道，才能富有成效。否则，缺乏法制保障的开发，要么开发无法可依、无章可循，开发成果得不到法制保障；要么一哄而上，盲目开发，造成资源的浪费、项目的盲目引进、环境的破坏等不良后果。因此，只有依法开发西部地区，这一宏伟工程才能在法制的保障下循序渐进地、卓有成效地开展下去。而依法开发西部与依法治国的实质是一致的，只有西部各省（区、市）治理好了，各省（区、市）的开发富有成效，各省（区、市）之间能够很好地协调发展，整个西部地区的开发才算是成功的。

只有依法治国，才能为西部大开发构建一个完备的立法体系，使各项开发行动有法可依；只有依法治国，才能使各地方政府依法开发，依法行政，在西部大开发中发挥主导作用；只有依法治国，才能在各开发主体的合法权益受到非法侵犯时给予及时、公正的司法救济，司法公正是西部腾飞的有力保障；只有依法治国，才能把各级地方政府和其他开发主体的开发行为纳入到法律的监督控制之下，既防止其权力的滥用，又要监督各种开发行为的合法性、合理性和有序性；只有依法治国，才能增强广大人民群众的法律意识，提高他们的整体法律素质，培养他们学法、用法、守法、护法的积极性。由此可见，依法治国能为西部大开发营造一个良好的法治环境。这一宏伟工程只有置于一个良好的法治环境中，才能使各项开发行动在法制的保障下取得丰硕的开发成果。

二、依法治国能有效保护各开发主体的合法权益

“只要法必须防御来自不法的侵害——此现象将与世共存，则法无斗争将无济于事。”① 法律的一般价值取向是对合法权益的保护，同时对违法犯罪行为进行制裁。“凡是由于非法行为而使权利受到侵

---

① 耶林：《为权利而斗争》，胡宝海译，法律出版社 1992 年版，第 53 页。

犯的地方，国家当然必须阻止它们，并强制行为者赔偿所造成的损失。”① 在西部大开发中，各开发主体云集西部各省区，由于多种因素的影响，则必然产生各种利益冲突。而法在本质上是一种利益的调节器，是针对各种冲突、纠纷的一种有效解决方式。西部各省区要充分利用法律这一强有力的武器，依法打击在开发中出现的各种违法犯罪现象，保护各开发主体的合法权益，并逐步营造一个有利于开发建设的法治环境。只有各开发主体的既得利益受到法制的有效保护，并使后续的投资开发有一个宽松的、良好的法治环境，才能使各开发主体的利益不断得到增加，从而激发他们的投资热情。

三、依法治国有助于实施可持续开发战略

可持续发展是“既满足当代人需求，又不危及后代人满足其需求的发展”。② 可持续发展是21世纪人类发展的主题，也是中国经济发展的必然选择。1992年，联合国在里约热内卢召开的环境与发展大会把可持续发展作为未来共同发展的战略，并在大会通过的《关于环境与发展的里约宣言》及《21世纪议程》中得以体现。1994年3月，我国发布的《中国21世纪议程——中国21世纪人口环境与发展白皮书》（以下简称《中国21世纪议程》）从人口、环境与发展的相互关系出发，提出了我国可持续发展的战略、对策及行动方案；1996年3月，第八届全国人民代表大会第四次会议通过的《中华人民共和国国民经济和社会发展“九五”计划和2010年远景目标纲要》把实施可持续发展作为现代化建设的一项重大战略固定下来，并将它实施于我国的经济建设和社会发展过程中。西部大开发虽然是局部地区的经济发展，其短期目标是缩小与东部的差距，实现全国经济均衡发展，但西部大开发依然要纳入全国经济建设的轨道，最终还要纳入世界经济发展的轨道。因此，只有在可持续发展的战略指导下

---

① ［德］威廉·冯·洪堡：《论国家的作用》，林荣远、冯兴元译，中国社会科学文献出版社1998年版，第125页。

② 世界环境与发展委员会：《我们共同的未来》，世界知识出版社1989年版，第5页。

进行西部大开发，才能避免重复建设，使西部的发展步伐尽快赶上东部乃至世界的发展。同时，我国西部各省区现已面临着长期的生态赤字和生态破坏的局面，土地退化与耕地占用严重，森林减少，水土流失加剧，草原退化，沙化面积不断扩大，而黄河断流每年最长可达200多天……如继续对自然资源进行掠夺式开发，造成环境进一步恶化和生态失衡，则不但会影响开发效果，延缓开发进程，而且将贻害子孙。美国等国家进行西部大开发的教训也提醒我们，必须走可持续发展的道路，在可持续发展战略指导下进行西部大开发。

《中国21世纪议程》明确指出："要建立健全与可持续发展有关的法律、法规体系"，"与可持续发展有关的立法是把可持续发展战略和政策定型化、法制化的途径。与可持续发展有关的立法和实施是把可持续发展战略付诸实现的重要保障，在今后的可持续发展战略和重大行动中，有关立法和法律法规的实施占重要地位"。但迄今为止，我们还没有促进西部地区开发的专门性法律、法规，一系列体现西部发展战略的重要措施如产业调整等，都未以法律形式固定下来，这些都不利于可持续发展战略在西部大开发中的实施。因此，为保障可持续发展战略在西部大开发中的实施，最重要的是要为西部大开发营造一个良好的法治环境，首先，应加速并逐步完善西部大开发的国家立法，如制定《西部开发法》等，使西部大开发有法可依；其次，还应根据西部各省区的实际建立健全西部大开发的地方法律法规体系；第三，加强依法治省的其他各项工作，从而建立从上至下完备的法律保障体系，使西部大开发沿着法律保障的可持续发展之路高速前进。

（本文系2003年2月湖南省新晃县经济工作会议和2003年11月在贵州省法学界第四届"贵州法学论坛"上的演讲稿，发表于《法学论坛》2003年第2期。）

营造西部大开发的良好法治环境

当新世纪的曙光煦照神州大地之时，党的十五届四中全会决定的西部大开发的号角已经吹响。而西部地区涵盖12个省、市、自治区，地理、人文、经贸、体制等方面情况异常复杂，如何才能把握好这一历史机遇从而做到因地制宜地发展，缩小东西部的差距，最终实现共同富裕，这是一个当前开发西部的重大理论性和政策性问题。

20世纪50年代中期，毛泽东同志就高屋建瓴地提出了包括内地工业发展、汉族和少数民族的关系在内的十大关系理论。80年代初，邓小平同志提出了“两个大局”的战略思想。2001年以来，江泽民同志在有关会议上多次强调这一重大构想，党的十五届四中全会后这一伟大工程正式启动。党的十六大又明确提出：“积极推进西部大开发，促进区域经济协调发展”，“争取十年内取得突破性进展”。①

然而，西部地区地处内陆，交通、信息不畅，条块分割严重，民族关系盘根错节，人文脉络较为错杂，法治观念较为淡薄，这种种地域痼疾的根除只有对症下药而不能讳疾忌医，更不能凭一时的热情而盲目施行，否则，不但不能有效地开发西部，反而因“一哄而上”，凭一阵时尚的躁动而造成无以估量的后果。这种前车之鉴，我们不能重蹈覆辙了。因此，我们必须深入剖析这些区位惰性，采取切实有效的政策、措施，营造一个具有良好态势的法治环境，走出一条崭新的西部开发的康庄大道。

---

① 江泽民：《全面建设小康社会，开创中国特色社会主义事业新局面》（2002年11月8日）。

一、对西部地区传统法治环境的反思

（一）法文化地理环境的阻却性和“小国寡民”的法域关系

西部地区东邻华南、华北地区，北面、西面和南面紧毗蒙古、哈萨克斯坦、俄罗斯、阿富汗、越南等国，处于向心地带从而具有地理位置上的封闭性和阻却性。西部地区的山脉、高原、沙漠和大量的沼泽、盐碱地等占全国的72.4%。气候带分布十分复杂，“一山有四季，十里不同天”。水资源分布不均，水土流失严重。青海、新疆、宁夏、甘肃、西藏等省区的森林覆盖率分别占全国的0.35%、0.79%、1.54%、4.33%、5.8%。① 西部地区的地貌形态既相互分割又交错盘杂，从而衍生出复杂的生态环境。而每一种相对独立的生态环境，又孕育繁衍出不同品格、不同形态的文化范式和居民生存方式。进而体现出不同的法律内涵，有不同的法制信仰。“一个从事商业与航海的民族比一个只满足耕种土地的民族所需要的法典，范围要广得多。从事农业的民族比那些以牧畜为生的民族所需要的法典，内容要多得多，从事牧畜的民族比以狩猎为生的民族所需要的法典，内容那就更多了。”② 由于自然位置的根深蒂固的隐性制约作用，就必然孕育出“常青不衰”的天赋区位惰性特质以及皈依身份意识、差序观念而食古不化的“小国寡民”式的社区网络。“盆地生文弱，谷地有柴夫，长廊藏盗贼”这句民间俗话是对西部人昔日的一种地域生发性的概括。其历史的褒贬性姑且不论，仅就人文气息的蕴涵而言，这种带状分割的低迷型经济脉冲和鼓吹人伦而又排斥个性的政治“萧瑟”是令人窒息苦闷的。

溯及历史长河，虽有始皇的一统、两汉的征辟、明清时的安抚而呈现出普天俱昌、华夏一荣的西部地域的“光彩”，但在这些缤纷光环闪烁的歇翕之中，也仅有丝绸之路这一极为狭窄的对外通道。而郑和千里迢迢捎给南洋的是江浙的丝绸和瓷罐，鉴真携传道箱漂泊到日

---

① 《人民日报》2000年4月5日。

② 孟德斯鸠：《论法的精神》（上册），商务印书馆1963年版，第239页。

本带去的是吴越地带的感悟、茶叶、端砚和湖笔。而西部人则津津乐道于自然经济桎梏着的“物华天宝”，“甘其食，美其服，安其居，乐其俗，邻国相望，鸡犬之声相闻，民至老死不相往来”，饱受宗法儒礼的蹂躏却异常循规蹈矩，息事宁人而安于一介“子民”的忌讼心理却悄然助长了索纳、唯诺的官民阶等意识。偶有陶朱公之辈“跨国经商”，但顷刻一道“崇本息末”的律令便紧闭国门从而扼杀了商机。戊戌变法、西学风潮、辛亥革命、新文化运动等等，无不是在东部地区狂飙怒吼、生机迭起。即使在西部人中间或有几声纤弱“呐喊”，但在“放烽火”、“鸡毛信”式的信息传递链上却黯然滑落。那种小富即安、忍让和息、惧怕革新、人人追求从容平淡的“小国寡民”式的“意蒂牢结”（Ideology）被奉为神圣的人生准则。①“万物并存而不相害，道并行而不相悖”，② 传统的纲常礼规遗风尚存。

（二）宗法礼教传统法俗的根深蒂固和条块法文化的困惑

恩格斯说：“随着家长制家庭的出现，我们便进入成文历史的领域，同时也进入那比较法学能给我们以很大帮助的领域了”。③ 而家庭在中国是儒礼、宗法宣谕的最佳天然载体。孔孟推崇以“德、礼”仁学养民，④ 老庄笃信“齐物外生”而“无为”逍遥，荀子提倡“移孝作忠”。这些斐然成章的儒道法文化是传统型自然经济和家国一体的宗法制度相互催化的必然产儿，这种本土资源以一种巨大的亲和力塑造出随遇而安、不思进取的理念信条。“为政不以礼，政不行矣”。⑤从齐家到治国平天下皆“以吏为师”、“以伦德为鉴”。心悦诚服的无偿性和唯马首是瞻的命令力是民众的良心“预期”，把官员的飞扬跋扈和欺世盗名以及自身的被草菅、被盘剥视为天意而忍气吞声，这种“无意识”的权利观和逆来顺受的行为观铸就了西部人的法性劣根性，“政教习俗，相顺而后行”。这种“柔褊法性”擅长于

---

① 苏力：《法治及其本土资源》，中国政法大学出版社 1996 年版，第 21 页。

② 俞荣根：《儒家法思想通论》，广西人民出版社 1992 年版，第 319 页。

③ 《马克思恩格斯选集》，第 4 卷，人民出版社 1972 年版，第 53 页。

④ 萧公权：《中国古代政治思想史》（一），辽宁教育出版社 1998 年版，第 61 页。

⑤ 荀子：《大略》

治人而不是治国，专于“霸术”而不解齐民要术。

“焚书坑儒”的文化扫荡奠定了儒学法统的统治地位，各朝统治者纷纷立牌筑庙，颁诏定律以求其思想的“大一统”。在这森严壁垒的亲缘法文化秩序中仍然绽放出了朵朵芬芳馥郁的地方法文化花朵。吐鲁藩的盆地法文化、秦陇的墓藏法文化、西域古路法文化、青藏高原的高原法文化、滇黔民族法文化等等地方性法文化群异彩纷呈，其地域性与民族性丰盈厚重，时空性与影响力浩博远弥。其中秦陵兵马俑和广汉三星堆法文化遗迹代表着西部法文化的特色和杰出结晶。这些璀璨明丽的地方性法文化不仅是茹苦力行的汉族民众智慧和勤劳的印证，而且是无数少数民族兄弟携手共创辉煌文明的历史轨迹。虽然有这诸多令人称赞不已的特色法文化，但我们仍深刻意识到其间的隐形缺陷。首先，地方法文化的条块分割严重。这些明显饱藏地方特质的法文化单元，散乱分布在西部地区的各个地方。这种条块分割的现状不仅不利于开发研究，而且也有碍于对外的交流互动。其次，无法进行有效的协作和统一管理。条块分割状的地方法文化群由于其本身是由突出的地方情节和民族图腾杂糅而成的混合多面体，这就难以从千差万别的纷繁形态中构造出一种有效的协作、管理模式，从而将它们串联成既富有特色又婀娜多姿的一幅中华文明长卷画。

（三）淡薄的民众法意识与忌讼和息的亲情社会网

由于个人与家庭之间超血缘的凝聚力把宗法制度“豢养”成为一种人情重于理智的高度情感化的乡土社会，一方面，它使个人和家庭之间根据血缘关系而确立起一种普遍的连带责任，整个社会因家庭的防范功能而变得秩序井然，“忠孝”成了治国齐家的最高标准，教化愚民则是地方官的“神圣”职责。另一方面，亲情关系排斥了平等诉讼和是非争辩，整个社会难以形成一种良性而谨严的法治环境。正是基于这种亲缘的政治人化和政治的亲情异化，造成一种家国不分、公私不立的社会形态，在法律上则表现为内外无别、法律与道德合体。这种伦理法观念也孕育出普遍的仰仗人治而忽视法治的民族意识，贯穿这种畸形法思想的主线是防范重于建设，镇压多于调解。法律成为政治的附庸，蜕变为一种政治斗争的工具，丧失了自身作为社会调整规范应具有的科学性和独立性。

在血亲关系、等级制度、种姓差别等各种因素的诱导下，市民社会的自治权与国家的人治权一元化为集权式的金字塔，义务法观念便被内化得淋漓尽致，“中国自古以来就不许让人民具有什么基本的权利观念，所以他们对于任何自身基本权利被剥夺、被蹂躏的事实，很少从法的角度去考虑是非，至多只在伦理的范围去分别善恶”。① 而这种伦理道德强调“忍”、“内省”、“修己顺天”，使他们不愿争取权利而安贫乐道、屈辱求生。“安泰如息”、忌讼讳法是民众的普遍心理，官民之间扭曲为一种请求——体恤关系。而法律本身的模糊性、紊乱性和“引经决狱”的历史传统，使得老百姓习惯于“揆理准情，缘情定法”，息事和妥协成为法官处理“非常词讼”的优先目标。官僚主义和唯意志论便假借决策、计划的名义兜售出来，加上旧的法理念长期磨蚀浸淫，西部社会主体的法意识便成为夹杂着许多惰性因素的混合体。在这种病态法律心理结构中，无偿的索纳捐奉关系和随意盲从心理是民众“义务本位论”的直接表现。

在西部地区的民间日常习俗中，人们习惯用血亲复仇或物的叠加替换赔偿来息事平争，“私设公堂”、“擅用刑罚”的事例屡见不鲜，这种非秩序化的蒙昧状况比比皆是。据统计，汉族和回族群众的法意识较为接近，而哈萨克族、藏族、门巴族、维吾尔族民众的法律意识则较为苍白，一些地方往往通过对偶像的神化塑造以及用潜移默化的自然熏陶来使民俗教规和神职布道人员的箴言成为“圣经”而赋予绝对的权威，僭越者必遭唾弃和杀戮。

（四）法制的偏废与失衡

源远流长的法统专制政体是生发在权力贪欲的无限盗掠之中的，“卑劣的贪欲是文明时代从它存在的第一日起直至今日的动力”，② 专治主义者毫无廉耻地把权力视为囊中财富而据为己有，假托玄秘天命和暴虐无道的国家机器大口吸取人民的膏血，建立起以政代经、以国为家的一元化官僚集权政体。传统法制的运作由于主观上受制于集权的桎梏和人治先在的恶习，整个运作机制不仅路径狭窄、弹性空间封

---

① 王亚南：《中国官僚政治研究》，中国社会科学出版社 1981 年版，第 45 页。

② 《马克思恩格斯选集》，人民出版社 1972 年版，第 173 页。

闭，而且“严刑重律”、“明科强令”，民权民益被完全剥离于纸文甚至可以随意践踏，法制运作的根本核心是官方权力的强烈维系和专制统治的日益紧固。

从立法机制看，立法的目的是“制礼作教，立法设刑”，“治民御下，莫正于法，立法施教”，① “立法所以静乱”，其鲜明的阶级性特征显而易见。而对于人民大众的人身、财产等权益根本没有虑及和设定任何保护。在内容上，更多的是反映“制民”和“制官”等方面，表现为“刑法”、“吏法”，而且制律者推行深督严责，重刑酷罚的刑事政策，以致“苛法繁于秋荼，而法网密于凝脂”。② 加之律条令辞晦涩难懂，法律体系庞大，律令繁多杂乱，“凡断罪所当由用者，百有余万言”，③ 给执法工作带来极大困难。

从执法机制看，各执行机构依官阶品衔而照章颁律，对于民刑俗事则辅之以国家暴力。而且“重实体，轻程序”的习惯作风贯穿于各个行道。执法无定准，尽管有“四善”、“二十七最”的考绩标准和“三步黜陟”的监察制度，执法的不规范和随意性仍然大量存在。

从司法机制看，由于百姓的护权意识淡薄，盛行忌讼讳诉的惧法之弊。而且司法与行政往往是合二为一的，三司会审与九卿会审等制度使众多行政官员参与司法审判，司法严重的不独立是为当然。审判时“引经决狱”，礼德精神时常成为断罪依据。“刑不上大夫”使得法律失去了公平、平等的本来特质，“官当”、“亲亲相为隐”又使法律的权威刻上人治的烙印。

二、对目前西部地区法治环境的解剖

（一）西部主体的法律意识不强

维权、护权意识淡薄。西部人由于长期受到传统儒礼崇德的训化，“顺民”、“子民”意识极为浓厚，把自己的人身、财产等权利牢

---

① 刘勰：《新论》

② 《盐铁令》

③ 《晋书·刑法志》

牢系在统治者们的官符上，把自己是权利的主体“谦让”到权利客体的地位，变成权力者的奴仆。对于权利取得的途径则仅仅是官方的“恩赐”。对于权利的侵害，他们大多数往往不是诉诸法律，而是忍受或者是私了。特别是在农村地区，农民的法律意识则更显淡漠。虽然经过这些年法制建设的不断发展，人民群众的法律意识都有所提高，但由于受到传统和现实的影响，其维权、护权思想仍然不强。

主体法律意识在分布上的不均衡性。从地域分布看，城市法律主体比农村法律主体的法律意识要强；从职业上看，公务员、知识分子的法律意识相对较强，商人的契约观念和自我保护意识强于企业职工，村组干部和乡镇企业厂长的法律意识高于农户户主和乡镇企业工人，农户户主高于一般家庭成员；从年龄和性别上看，青壮年的法律意识强于老年人，一般而言，男性的法律意识比女性高；从民族分布看，汉族明显比其它少数民族的法律意识要高些。

（二）法治经济落后，物质保障不力

市场经济实质上是法治经济。而西部地区内在的经济结构严重失衡，农业占主体，而轻工业、商贸业、信息业、服务业以及其它新兴产业所占比例很小。而且产业的地域化现象十分突出，山区盛行农耕业，城市老工业步履维艰，乡镇企业普遍不景气。西部地区较东部地区而言，其经济水平是较为落后的。

由于地域辽阔、地形多变、气候迥然等多种自然因素和历史传统的综合作用，整个西部地区形成了平原地区的耕作经济、山区的垦植经济、草场的牧畜经济、江河的渔业经济、城镇的商贸经济等多种类型的经济形态，粱谷鱼米哺育了四方儿女。但仅就同一时期横向作比较，东部地区已进入现代化的高技术生产阶段，而西部却仍在恋恋不舍地使用着战国时期就已发明的锄头、犁耙；平原地区已是产、销联营，而山区却是一家一户的单干自给；汉族已把市场经济搞得锦上添花，而少数民族中仍然存在着简单的游牧方式。这种参差不齐的经济形态制约着整个社会的协调发展，地区差异性和发展的非平衡性难以调平，共生的协作力也极受阻碍。如贵阳市虽然在规范非公有制经济的发展方面颁布了《进一步发展个体、私营经济的意见》、《贵阳市发展非公有制经济办法》等文件，但还存在着一些问题，如“对政

策调控较为倚重，地方立法相对滞后；行政执法亟待加强、规范；管理乏力，自律性较差”等等，制约了贵阳市经济的发展。

（三）法制运作机制不健全

立法机制不健全。西部地区行政区划较多，层级复杂，少数民族自治地区多，这使得立法工作出现“法无定法”、“法出多门”的混乱局面。一些立法部门任意扩大立法权限，地方保护主义色彩较浓。立法技术不规范、不科学，主观随意性强，而且过分笼统、原则，操作性较差。而且，民族区域的自治立法也较为滞后。虽然对宪法中关于民族区域自治的规定作了具体规定，但仍然比较原则，实践中难以直接引用操作，带来执法上的困难。

执法机制不健全。首先，执法主体的素质不高。一些执法主体文化水平不高，对法律理解不透。据统计，在公安系统中，本科毕业的仅占 23.5%，专科占 35.9%，高中及中专占 38.2%，其他类占 2.4%。① 个别人员道德修养较差，执法方式机械、粗暴，以强制命令的方式来施行执法。其次，执法机构不健全。条件好、收入高、交通便利的执法部门人满为患，机构臃肿。而地处偏远、效益又不好的执法部门则门庭冷落，严重缺人，在需要执法时，由于人员不够，往往还要从其他部门借调“援军”。第三，执法责任不明确。执法不严格，操作不规范，出了问题无人负责。没有建立明确的岗位责任制。工作互相推诿、互相扯皮，给执法工作带来了不利影响。

司法体制不健全。首先，司法尚未完全独立。目前我国的司法体系在一定程度上仍然受制于政府，政府仍然插手一些司法事务，使得法院、检察院不能依法办案，秉公处理。如重庆虹桥垮塌案，在最初的审理中，就受到了重庆市市政府个别领导的干预，使案件的审理受阻。虽然该案件最后得到了公正处理，但也可以从中看出司法是尚未完全独立的。而且，政府掌握着司法系统的财权，这也决定着司法部门必然要受制于政府。其次，司法人员素质有待提高。据统计，目前我国司法队伍中，具有法律本科及其以上学历者占 53.7%，法律专科占 35.6%，其他类占 11.7%，特别是基层司法人员，素质则更为

---

① 《法制日报》1999 年 6 月 3 日第 3 版。

参差不齐。① 有的司法人员不仅文化素质低，而且思想道德水准也不高。大搞法与钱的罪恶交易，“吃了原告吃被告”，司法腐败现象屡禁不止。律师队伍目前尚无统一的建制，有的律师公开与法官勾结，狼狈为奸，严重损毁了法律的尊严。第三，司法运作不理想。在案件的受理上，审查不严格，久拖不决，或者是敷衍了事；在起诉阶段，程序不够严谨；在审判过程中，操作不够规范，不能很好地引导双方当事人陈述和论辩；合议草率，不充分尊重不同意见者的主张；判决有时不公正、不公平，畸轻畸重；只判决而不执行或执行不力，或无法执行，使判决书成为一纸空文。

法律监督机制不健全。首先，法制系统内部监督不力。在《立法法》颁布之前，我国的立法系统尚无明确的监督体制和监督形式。立法的主观随意性大，对立法者只是授予其立法权限而没有相应的控权、督查制度，立法的不科学、不规范现象时有发生。而且地方立法由于主体分散，缺乏协作，监督则更难到位。其次，法制系统外部监督不畅通。权力机关的监督又太原则，不便于操作。党的监督时常变成一种行政干预。司法系统对人民群众的监督往往置若罔闻，新闻监督又常常受到各种限制。而且外部监督的渠道极为封闭，信息来源不广，其监督作用就得不到应有的发挥。

（四）法制教育不够深入持久，法律人才匮乏

“忽视教育的领导者，是缺乏远见的，是不成熟的领导者，就领导不了现代化建设。”② 而我国虽然经过三个“五年普法教育”打下了一定的法制基础，但呈现出断断续续、教育面过窄的局限性。通过学校进行法制教育的方式多，而较少采用社会教育的方式；在城市法制宣传的力度大，而在农村则力度较小，农村的法盲普遍比城市多；接受法制教育、宣传的对象过窄，以青少年居多，而中青年、老年人居少；法制教育、宣传的制度和设计不健全，监督机制运作不力。

“人才缺乏、劳动力素质低下是西部地区发展过程中的关键制约

---

① 《中国年鉴》，中国文史出版社 1998 年版，第 6 页。

② 《邓小平文选》，第 3 卷，人民出版社 1993 年版，第 121 页。

因素”,① 在西部的法制队伍中，专门的法律人才非常奇缺，而各种非法律“出身”的人员却人数众多，这给法制队伍的建设带来了巨大的压力。而且在法制队伍中，仍有一些人员知法犯法，公然置法律于不顾。就人才机制而言，吸引人才的优惠政策难以落实，人才的使用、保障机制不健全，人才的培训缺乏系统化和实用性，形式主义严重。律师、公证人员、基层法律人员职业道德、执业纪律和业务水平尚待大力提高。②

三、营造西部大开发的良好法治环境

由于西部地区弥漫着生命力极强的人文惰性，加之传统专制主义经年累月的积淀，人治之风大有市场，家长制的陋习时有显现。家庭式耕耘严重阻碍着经济的发展，闭塞的交通更是“雪上加霜”。条块分割的文化差异，产业结构的严重失衡，政治思想的固步自封、画地为牢，“闭关锁国”的“夜郎自大”，都极大地阻挡了西部地区法治建设前进的步伐。加上现实法治状况不理想，给西部地区的法治建设更带来许多障碍。而西部地区要取得翻天覆地的发展，西部开发要最终取得胜利，都必须自始至终处在一个良好的法治环境中，才能使各项开发建设在法制的保障下有序进行。所以，营造一个功能齐全、运作协调、管理高效、法制完备的法治环境，是为当前的燃眉之急。

（一）树立科学的法治观念，确立依法治国的新思维

传统的人治道统只关注人的“生物性”，无视人的主体意识、权利本位观念，把百姓当作无理性的“草芥”，“君意”、“家长意志”具有至高权威而成为“法令”。百姓在权益受损时，或者私了宁事或者忍气吞声，不敢进行官讼庭争，“耻讼”、“贱讼”的面子思想将“律令”束之高阁。时至今日，这种人治作风和民众无法可言的状况，在某些地方特别是西部的农村和少数民族中仍然存在。所以，要营造一个良好的法治环境，人们的法律思想观念的转变和创新，是至

---

① 《光明日报》2000年3月20日第1版。

② 《法制日报》2000年3月19日第4版。

关重要的第一步。

首先，要树立科学的人本法治思想。人是自我权利的主体，是能动的社会人，是生而“等贵贱”，权利和义务的相依相生是人的天然性。权益的损害只有依“民本之法”才能获得公正补救。现代法治以“公平、公正”为灵魂，以法这架天平来称量是非曲直，“法无赦”、“法无亲”，追求官民平等、世事以法为核心的尚法生活。“人无法，则怅怅然”，法应成为人们立身行事的护身符。

其次，培育执法者的法治信仰。一是公仆意识的确立。国家工作人员的薪俸主要来自税收，因而国家工作人员是纳税人养活的说法是顺理成章的，由此，国家工作人员在树立法治信仰时，首先应当具备纳税人意识，将自己置于公仆的地位，自觉地接受公众的监督和参与。二是守法意识的生成。一个社会的守法状态，往往既是衡量这个社会的法治状态，又是衡量社会文明程度的重要标志；而执法者的守法程度又将直接影响到社会公众对法律的信任，因而，执法者的守法意识对建设社会主义法治国家，对实施西部大开发战略具有特别重要的价值。而现实的情况是，我国传统法律文化中缺少法治传统，使得我国相当一部分执法者的守法意识极为淡薄。所以，守法必须从执法者做起，其中最现实、最直接的选择是依法行政。三是法律至上意识的培训。所谓法律至上并不是指只有法律才是治国的手段，而是说我们的一切活动都必须在法律规定的范围内进行，这里至关重要的是要正确把握权与法的关系，使其权力运作受制于法律的引导而不是相反。

再次，加强普法教育。为增强全体公民特别是西部地区的广大人民群众的法治意识，提高运用法律的水平，从而为西部大开发营造良好的法制氛围和法制基础，就必须对目前的法治宣传和法治教育进行改革和调整，为此，必须重点实施以下措施：一是进一步明确把塑造公民的法律意识，培养公民的法律精神和对现代法治的信念作为普法教育的根本战略目标。在大力进行社会主义市场经济和民主政治建设的同时，还要在公民中进行普遍的现代法律精神的教育和现代法律意识的大力培养，转变法制教育导向，变单纯的守法教育为公民法律意识的培养，特别是普法教育、宣传媒介等更应把引导和强化公民对国家制度、法律制度的合理性、合法性的认同，作为重中之重，进而塑造公民积极的守法精神，逐步实现对遗毒尚存的历史法文化传统的创造性转换，形成富有中国特色的现代公民法意识体系，确立对现代法律的信仰。二是大力进行现代法律观念的教育。应采取如前文所述的举行学法轮训班、开展法制讲座、进行法律咨询、新闻报刊进行全方位宣传和报道等多种多样的形式进行宣传和教育，要杜绝形式主义和走过场的不良现象，对于进行宣传、教育的人员应建立责任制，并与职务、工资挂钩；对于接受宣传、教育的人员要实行考勤制和考试制，并将其结果如实通报其单位，以便进行奖惩，从而督促其认真地接受法制教育。通过严格的法制教育，培养公民的各种现代化观念，其中需要重点把握以下几个方面的内容：第一是关于法的概念、功能、体系等方面的基本知识和法与政治、法与社会以及法的运作过程的一般理论；第二是各个部门法的主要精神和价值取向，如依法行政观念、司法公正观念、男女平等观念、罪刑法定观念、程序正义观念、生态保护观念、可持续发展观念等；第三是依法解决纠纷，依法维护自己合法权益，自觉守法、护法。同时，在现阶段，应注重西部地区广大农村、少数民族地方的普法教育，逐步提高广大农民和少数民族群众的法制观念和法制意识，大力支持他们学法、懂法、用法，从而形成整体上的法制联动局面，为营造一个有利于西部大开发顺利进行的法治环境提供基础性保障。

（二）深化体制改革，扩大开放途径，为西部开发塑造一个健康的法治机体

中华民族这个东方巨人曾被专制主义的政治高压、宗法儒礼的文化教义、重农抑商的小农经济、孤芳自赏的锁关外交折腾得遍体鳞伤，西部地区就更是贫病交加。而现在西部人的那种固有的人文惰性又阻碍了改革开放的深入发展。所以，深化体制改革，克服自身中的顽疾，使之逐步痊愈而“雄姿英发”，方能展露“惊涛拍岸”的旷世宏略。

首先，大力进行政治体制改革。克服家长制的歪风习气，依法行政，精简机构，简政放权，扩大基层的自治权和自主权，特别是要简化一些重大项目上马的审批程序，缩短资金、优贷的下放路径，使地方和基层更容易操作，运行效益更高。如重庆市市委、市政府实施的

“十个一批工程”，使重庆市的发展软环境得到了极大改善。惩治腐败，肃清党风，克服官僚主义和文牍主义，树立党的崇高威信和良好形象，提拔和任用一批富于开拓进取思想而又年富力强的青年干部和科技先锋。搞好党政分开特别是政企分开，让企业真正能按市场经济运营。正确实施民族政策，坚决摈弃大汉族主义，大力支持少数民族的发展，加大少数民族人才培养力度，扶持民族特色产业，使各民族共同富裕。“坚持民族平等、实行民族区域自治、实现各民族共同繁荣是中国共产党民族政策的基本内容。而培养、使用包括党政干部在内的高素质的少数民族各级各类人才是顺利实施民族区域自治、实现民族平等和各民族共同繁荣、解决中国民族问题的关键。”①

其次，深化经济体制改革。对西部地区进行所有制结构的重大调整，降低国有企业的比重，大力发展非公有制企业，给予国有企业的破产、兼并、改组以特殊政策。西部的重庆、陕西、四川是国有企业相对集中的省份，要在出口配额、债转股、纺织企业压绽的分配上，倾斜西部，加大西部的所占份额。鼓励国企债券上市，拓宽融资渠道，降低国企职工交纳的社保基金，以增加资本的积累。对非公有制经济成份，国家要鼓励并采取有效措施予以保护，为三资企业、私营企业提供资金、信贷、税收等方面的特殊优惠政策。对地方的特色经济和民族产业，也要大力发展。形成多种经济成份、多种产业的协同发展，才能逐步改变经济落后而又停滞不前的局面。如贵州省为鼓励非公有制经济的发展，省委、省政府联合下发了《关于进一步加快个体、私营经济发展的决定》（省发［1996］23号）；省人大常委会制定了《贵州省个体工商户私营企业条例》、《贵州省民营科技企业条例》、《贵州省股份合作企业条例》等地方性法规，这些法规对于发展贵州的非公有制经济提供了可靠的法制保障。

第三，扩大对外开放。“方国肘域”的“井蛙”习性已使我们备受列强凌辱和欺诈。放眼四海和学习他人优点，才能“师夷长技”、弥补自身的差距。如贵阳市尽管“截至1999年10月止，经批准在我市设立的外商投资企业926家，合同外资金额9.51亿美元，实际利

① 郝文明：《加强人才培养，促进西部开发》，载《民族团结》1999年第12期。

用外资 2 亿美元。”但是，其外商投资法治环境还存在着“政出多门，透明度不够，合同不兑现，手续繁琐”等问题。① “把自己孤立于世界之外是不利的。要得到发展，必须坚持对外开放、对内改革，……我们要继续开放，更加开放。”② 这种开放应是“三位一体”的开放总格局即面向国际市场、东部发达地区和西部各省区内部的相互交流这三个维度的全方位、多层次、宽领域的开放阵式。西部地区可以利用边境线长的地缘优势，发展与邻国的边境贸易，同时可以通过欧亚大陆桥积极参与中亚、西亚的国际合作。特别是在向西方发达国家引进资金、技术和人才方面给予政策扶助，尽快适应国际经济的“游戏规则”，发挥自己资源丰富、劳动力密集的比较优势，将垂直分工变成水平分工，形成特色经济和优势产业。把东部雄厚的资本、拥挤的人才和高新产业逐步转移到西部，帮助西部实现技术更新、产品换代升级、管理高超化以及资产重组和资源的重新配置。西部各省区更应交流互动，携手开发，同舟共济，优势互补，形成“比、学、赶、帮”的良好发展态势。

西部过去往往只重视“物的开发”，常以“地大物博”引以为自豪。而现代的竞争是人才、技术和管理的竞争，特别是中国加入 WTO，严峻的国际、国内形势不容乐观。要把重视物的开发转移到重视知识、教育、信息、技术等“人的开发”上来，大力发展外向型经济，探索出一条既符合国际经济发展趋势和国内产业转移趋势，又能充分发挥西部在国际、国内两种环境下的比较优势，具有西部特色的发展道路。“政府工作人员和行政执法人员要适应 WTO 要求，不仅要懂自己的经济，还要懂世界经济；不仅要懂国内法，还要懂国际法；不仅要懂 WTO 的规矩，还要懂美国的规矩、欧盟的规矩。知己知彼，才能立于不败之地。”

---

① 中共贵阳市委政法委员会、贵阳市对外经济贸易委员会、贵阳市法学会：《西部大开发与法治环境——贵阳市外商（内联）投资行政执法环境存在的问题及建议》（2000 年 6 月 15 日），第 1 页。

② 《邓小平文选》，第 3 卷，人民出版社 1993 年版，第 202 页。

（三）完善立法体制，切实搞好依法行政

“人之道在法制，其用在是非。”① 法制是否完备在于立法体制的健全程度。西部地区幅员辽阔，各方面情况较为复杂，没有一部驾驭全局的法律就会出现无章可循、无法可依的混乱现象。国务院西部开发办公室应配合国家立法机关尽快拟制一部《中华人民共和国西部开发法（试行草案）》（以下简称《西部开发法》），规定西部开发的总体规划、倾斜政策、各省区的行政责任、政企权责问题、招商引资、发展民族产业等方面的法制内容。各省区及其地方，在具体制定开发的法规、规章时，皆以此法为准，抵触无效。形成一个以《西部开发法》为基本法，各地方的具体法规、规章相辅相成的、较为完善的立法体制，为西部开发提供有力的法制保障。各级行政领导，务必认真学习《立法法》和《西部开发法》，并因地制宜地制定各项发展措施，依法决策，依法行政，使各项工作紧锣密鼓地开展下去。

依法治国的关键是依法行政，而依法行政首先是依法治“官”，依法治权。帕金森定律揭示了权力寻租的必然，而孟德斯鸠倡导“以权制权”，所以，推行行政责任制，完善监督体系，实现行政权力、司法权力的法制化，是依法行政的内在要求。各级国家机关及其工作人员须依法定职权、按照法定程序办事，防止滥用权力。依法行政，是权责相统一的，既有权也有责，既不能失职，又不能越权；既不能面临这一大好时机而无所作为，又不能无规无矩地乱作为，是“合法”、“有序”的有机结合。同时，政法综治宣传部门要结合各地实际，宣传法制建设中的先进集体、先进个人，尤其要大力推广新时期的“小事不出村，大事不出镇”的枫桥经验，做到典型引路。② 创造一个良好的舆论法治环境，使行政上的“务实”和舆论宣传上的“务虚”相得益彰，发挥更大的合力优势。

依法行政的关键是行政执法。严格执法，不仅有利于法律、法规、政策、措施得以实施，而且可以更好地维护人民群众的合法利益。严格执法，首先要提高执法人员的素质。对执法人员要进行严格

---

① 刘禹锡：《天论》（上）

② 《法制日报》2000年4月12日第1版。

筛选，剔除不懂法和职业道德差的人员；对在职人员进行政治思想教育，树立科学的人生观和世界观；对执法人员进行定期培训，提高其业务技能；聘请有关专家、学者讲课，提高其有关理论水平。其次要建立执法责任制，对每一职位应包含的责任种类、大小，履行方式、程序、法律后果等诸多方面进行细致地规定，并落实到人，而且还要签订责任书，对各个执法人员定期或不定期地进行严格考核，考核时必须制定严格的标准、科学的方法、简略的程序，而且对事不对人，公平考核，并将考核的结果及时反馈给本人，以补缺、修正，然后交由有关主管部门进行相应的奖惩。如贵州省大力改善投资执法环境，制订了《贵州省投资环境评价目标体系及评价方法》，对各地的投资硬环境将以"经济发展状况"和"经济发展基础"两大目标来评价，采用定量考核的办法，由省统计局根据现有渠道采集数据。对投资软环境则以"舆论环境"、"政策法治环境"和"行政服务环境"来评价，采用定性考核的办法，制定统一表式，对境外、省外投资企业进行随机抽样调查，请外来投资者填写问卷。获得定性、定量目标评价结果后，再由相关部门组织专家进行分析，分类计算出各考核对象投资环境的综合评价分值。从今年起，每年 6 月和 12 月定期对全省州市地、县级市、国家级和省级开发区的投资环境分类进行两次考核评价工作，建立投资环境综合目标评估机制和公示制度。考评结果纳入各地政府的目标考核内容，并定期在媒体上公布结果。①

（四）逐步培育公正的司法环境

司法环境是法治环境的最集中表现，而司法环境的核心问题是司法公正。为西部开发培育公正的司法环境，一方面可以公正地审理有关在开发中出现的各类案件，从而保护各种合法权益；另一方面可以树立良好的司法形象，从而为西部开发提供各种司法保障。

首先，要优先审理有关西部开发的案件。凡有这类案件，应先予立案，不得以枝节问题拒绝受理；应先于其他案件进行审理；不得拖延审判，导致招商引资时机的丧失或推迟；不得以消极态度对待执行，杜绝"法律白条"现象的发生。

---

① 《中国纪检监察报》2002 年 5 月 30 日第 2 版。

其次，要制止司法工作中的地方保护主义。对于行政官司，由于司法机关和行政机关存在着利益关系，司法的地方保护主义体现得最为明显；对于本地方的大企业、创收大户或名牌产品，司法机关也易受地方保护主义所左右。有的地区，地方保护主义与不正之风融合在一起，使司法信誉和司法形象大受贬损。审判工作中的地方保护主义“实质是个人保护主义”（朱镕基语）。所以，一定要克服这种倾向，公正审判，严格执法。

第三，重塑司法机关形象。由于市场经济的负面影响，加上西方腐朽生活方式的侵蚀和思想教育的放松，某些司法人员徇私枉法，大搞司法腐败。不仅不能公正地判案、执法，而且严重败坏了司法机关的良好形象。在西部开发的新形势下，重塑司法形象，尤为必要。其一，要从整体上提高司法人员的素质，树立法官和检察官的维护司法公正的理念；其二，要彻底转变审判作风，坚决杜绝“司法专横”；其三，要建立司法人员、当事人和律师之间的正确关系，坚决制止法官成为“匿名代理人”的现象继续存在；其四，整顿法官和检察官队伍，把不具备条件的人员分流或清理出去；其五，认真落实错案追究制，追查到底，决不手软。

（五）提高国民素质，进行公、检、法、司等部门齐抓共管的综合治理

首先，提高国民的整体素质。据统计，我国 15 岁以上人口中的文盲有 1.35 亿，成人文盲率为 14.5%，青壮年文盲率为 5.5%。而文化素质偏低的人口大都分布在西部地区尤其是农村、山区和少数民族地区。由于文化素质的低下，就必然产生思想的愚昧无知，行为上的行尸走肉、亦步亦趋和苟且偷生，严重阻碍着西部的发展。教育兴国，科技振邦。实施科教兴国的战略，任重而道远。第一，全面普及九年制义务教育，扩大大学招生人数，扫除青壮年文盲。大力推进素质教育，注重创新意识和实践能力的培养。实施远程教育工程，构建终身学习体系。第二，开展全民健身活动和丰富多彩的文娱活动，建设更多、更好的健身房、体育场馆和设施，举办各种类型的体育竞赛活动，提高国民身体素质。第三，广泛宣传卫生保健知识，健全多层次、多渠道的社会卫生保障体系，实现医疗卫生系统的法制化管理，

建设更多的疗养、康复中心，严厉打击制造、贩卖假药，整顿医疗秩序，提高系统化的防病、治病能力。第四，积极开展科普教育，大力支持科技下乡活动，举办岗前培训班、科技宣教班、技术普及示范等多种形式的培训形式，鼓励科技标兵和致富带头人。通过这些措施来综合提高国民的整体素质，为西部开发提供取之不尽、用之不竭的人力资源。

与此同时，还要造就一支精通业务、有良好职业道德的法律人才队伍。其一，严把司法部门的入口关，禁止不懂法律人员的鱼目混珠，以保证司法人员的质量。其二，提高法官、检察官、公证员及律师的业务水平，定期进行轮训，使司法人员的知识跟上时代发展的步伐。其三，建立优胜劣汰的竞争机制，严格考核。其四，提高职业道德，纠正不正之风，惩治司法腐败。培养一批既精通法律，又熟谙外语外贸的"优质"法律服务人才。

其次，加大综合治理力度。各级行政部门和公、检、法、司等职能部门要分工合作，各司其职、互相监督。首先，党和政府应制定出行之有效的方针、政策，同时搞好党的自身建设和政府机构改革，起好"领头羊"的表率作用。其次，公、检、法、司等部门要通力配合，坚决依法惩治违法犯罪分子，尤其是危害国家安全、破坏民族团结的犯罪分子，重大经济犯罪分子和严重危害社会秩序的犯罪分子，以维护国家安全、民族团结和社会的稳定，保护广大人民群众和非公有制经济者的合法权益。第三，围绕重大工程建设，做好预防和打击贪污、贿赂、渎职犯罪的工作，严惩腐败分子。第四，严格执法，促进司法公正。要建立起健全的监督机制，强化执法监督，促进行政部门依法行政、司法部门公正司法，努力营造一个有利于招商引资、吸引人才、促进市场秩序化等各方面协作发展的执法、司法保障体系。第五，搞好普法教育工作，提高人民群众的法治思想觉悟，让广大人民群众以高涨的热情投入到法治建设的大潮中来，形成"普天兴法"的大好局面。

我们只有脚踏实地，痛定思痛，用坚韧不拔的意志和破釜沉舟的决心以及立竿见影的方法去透视、剖解进而克服西部地区所固有的天然惰性，并采取因时而化、因地制宜的方针、政策，调动社会各方面力量来整治法治环境，“两个大局”的宏伟战略就一定会实现。

（本文于2000年7月20日曾作为贵州省人大常委会第17次全体会议法制讲座讲稿，系中共贵州省委宣传部2001~2003年度“五个一”工程课题，发表于《中国法学》2004年第1期。）

西部大开发的法治环境建设

江泽民同志于1999年6月17日在西北五省区国有企业改革发展座谈会上强调要“抓住世纪之交历史机遇，加快西部地区发展步伐”，提出西部开发的原则为“把加快西部经济社会发展同保持政治社会稳定、加强民族团结结合起来，把西部发展同实现全国第三步发展战略目标结合起来，在国家财力稳定增长的前提下，通过转移支付，逐步加大对西部地区的支出力度；在充分调动西部地区自身积极性的基础上，通过政策引导，吸引国内外资金、技术、人才等投入开发，有目标、分阶段地推进西部地区人口、资源、环境与经济社会的协调发展”。① 这一指示表明，西部开发问题包括区域经济发展问题、民族团结问题和政治社会稳定问题。我们认为，必须倾力进行西部法治环境建设，才能确保西部开发的顺利进行。以下，我们将围绕西部开发立法主导模式的选择、借鉴国外立法完善西部开发法律体系、民族法制建设、投资立法、环保立法以及西部综合治理等问题阐述，给立法部门和政府机构提供参考，同时希冀抛砖引玉，引发研究西部问题学者的更多关注。

一、西部开发：法律主导型模式的选择

加大力度扶持西部地区，促进区域经济协调发展，需要制度运行以贯彻开发战略的规范性实施。但制度如何形成，各国在欠发达地区开发进程中存在两种模式即法律主导与政策主导的选择。

---

① 江泽民：《在西北五省区国有企业改革和发展座谈会上的讲话》（1999年6月17日）

计划经济体制下，一般以政策为主要手段，认为政策灵活性大，易操作，便于及时贯彻政府意志。前苏联的西伯利亚开发中，采取的便是由党或政府“一事一议”，临时制定各项政策，以应对开发中的各种事项。虽短期内收到“令行禁止”的效果，但总体上，西伯利亚的开发并不成功。然而，奉行法律主导型开发欠发达地区的国家均先后取得了成功。如美国的西进运动和日本的北海道开发。比较政策主导型和立法主导型两种开发模式：西伯利亚开发采取政策主导，以计划为依靠，导致经济过度集中，开发成为政府短期行为，阻滞欠发达地区进一步发展。以立法主导开发，形成规范、持续、稳定的制度，保证开发的持续一贯性，欠发达地区基本上得到了成功而有效的开发，甚至某些地区赶超原有的发达地区，一跃成为高科技产业汇集、全国经济发展的领头羊，如美国的中西部地区在开发后甚至领先于东部地区。

我国需要什么样的制度以保障西部开发的顺利进行？我们认为，需要基于法律与政策双重因素，以立法为主导、在法治轨道上运作政策，形成系列开发制度。制度作为一定历史条件下的政治、经济、文化体系，既包括长期性的较为稳定的定型化制度，也包括限于短时间内针对特定事项的具体制度。西部开发既需要长期性制度作为保障开发的持续一贯性，也需要短期性制度以灵活处理开发各种具体事项。应当既重视立法的先行地位和主导作用，但也不应忽视政策在宏观导向、具体运作中的作用。因此，我们选择的西部开发制度的形式是二元的，即：一方面，以立法为主导，立法体制上包括中央立法与地方立法两个层次，立法内容上包括开发基本法、专门事项立法以及开发保障法；另一方面，通过宏观政策导向指导法律的废改立，同时以法律严格规制之下的政策处理具体事项，弥补立法不足。

二、借鉴国外立法，形成西部开发法律体系

西部开发必须以法律为主导形成制度体系，在法治轨道上运作中央与地方的各项政策。这是立足于我国基本国情、考察世界各国开发欠发达地区的经验获得的科学结论。

从美国、日本、英国、德国等国家对境内欠发达地区的开发中可

以看出，立法先行对欠发达地区开发起到了巨大的作用。综观这些国家的欠发达地区开发的立法，基本内容包括：（1）地区协调发展的基本法，主要是关于欠发达地区开发的总方针、政策及制度保障的明确性规定，如日本的《国土综合开发法》、德国的《改善区域经济结构法》；（2）欠发达地区振兴的法律，主要是针对欠发达地区的特别振兴措施，如韩国的《促进特别地域综合开发特别措施法》、日本的《山村振兴法》与《不发达地区开发工业促进法》；（3）重组产业布局的法律，主要是调整发达地区与欠发达地区的产业，以进一步协调一国之内的经济互补性发展，实现一国内的经济一体化；（4）大型项目的专项立法，主要是针对国家投入大量资金、关系到国家在一个地区内进一步发展的重大项目进行立法，如美国的《麻梭浅滩与田纳西流域开发法》；（5）特定事项的专门立法，主要是对特定事项加以立法，以刺激加快该特定事项的发展，如德国的《投资补贴法》；（6）欠发达地区开发的其他立法，主要是为防止经济开发和振兴中的短期行为，实现可持续发展，如日本的《公害对策法基本法》等等。

立足于我国西部开发的具体国情，借鉴国外的先进立法经验和立法技术，结合新近通过的《中华人民共和国立法法》，我们认为，西部开发立法需要解决两个问题：

一是立法体制问题。必须从中央和地方两级考虑立法的权力分配。我国立法体制集中了一元立法体制与二元立法体制的一些特点，结合我国具体情况形成了“一元、两级、多层次”的立法体制。西部开发立法，必须基于我国立法体制的类型，中央立法对宏观问题做出安排，地方立法因地制宜对各地的具体问题做出规定。

二是立法内容问题。西部开发立法，不仅要做到既有构建长期制度的宏观性的指导性法律，又要有针对具体事项设计具体制度的专门法律，还要有经济振兴法保护法方面的法律。整个西部开发的法律体系应当包括：（1）西部开发的基本法，它是指导西部开发的基本法律，应当规定西部开发的明确目标、实施步骤，规定西部开发的方针、政策、原则、实现途径，以及制度保障和机构设置，明确开发的责权利、明确西部开发是由中央“输血”，由中央给政策给优惠，地方渐渐形成“造血”功能。（2）西部开发的专项立法，对基础设施建设、金融投资、能源开发等做出专门规定。我国西部经济的发展存在资金和资源两个问题，而资金问题更关系到西部开发的成败，因此投资等方面的专门立法是必不可少的。（3）经济振兴法的保障法。对西部开发中的环境问题、资源问题、稳定问题和民族问题做出专门规定，以防止经济开发中的政府短期行为引发社会矛盾、民族矛盾，造成生态环境破坏和资源严重浪费等现象，化解开发进程中的矛盾，实现可持续发展。

三、加强民族法制建设，注意处理民族问题

西部经济不发达地区十省（自治区、直辖市）中，拥有广西、宁夏、新疆、西藏四个自治区，其余六省市少数民族比例也较高。根据宪法规定，国家根据各少数民族的特点和需要，帮助各少数民族地区加速经济和文化发展。各民族有保持或改革自己风俗习惯的自由。西部开发面临艰巨的民族问题，只有谨慎处理好民族关系、顺利解决民族问题，才能持续稳定地推进西部开发，促进西部经济发展。我们呼吁，对西部开发中的民族问题应引起高度关注，加强民族法制建设，以保障西部开发的正常有序进行。

对于西部开发中的民族法制建设，我们拟提出如下建议：第一，修改和完善民族区域自治法。自1984年制定和颁行民族区域自治法以来，民族地区产生了许多新的问题，民族问题发生了许多新的变化。但过去的民族区域自治法存在计划经济色彩鲜明、行政命令充斥、法规原则性过强等特色，无法适应现在的民族自治中的问题。修改和完善民族区域自治法已是当务之急。第二，西部开发法中应体现“尊重民族习惯、照顾民族文化环境”的宪法原则和民族区域自治地方自主发展经济文化事业的权利；系列开发专项立法中，应体现少数民族地区优先发展的精神。第三，开发进程中，一方面应尊重少数民族习惯，不得强行以开发名义更改少数民族习惯；另一方面，对少数民族不合现代的风俗习惯在征得民族同意前提下，加以更易，以适应开发之需。第四，大力兴办少数民族地区教育，培植少数民族群众的法制观念。

四、完善投资立法、营造投资环境

当前，在加大西部开发力度的大趋势下，西部经济启动基金匮缺。资金不足成为制约西部发展的瓶颈。资金短缺的局面明显束缚了西部的发展。在力倡西部开发的今天，必须营造良好的投资环境以拓广投资渠道、规范资金去向。但改善投资环境，首要推进改善法治环境。西部经济发展条件先天不足，目前国内外投资资金的注人只会着眼于长远的战略考虑，短期行为难以获得高额回报。只有通过完善投资立法，营造一个稳定的法治环境，消除地域间的壁垒，确保国内外资金安全，才能吸引和调动人们去西部“冒险”。因此，需要加快投资立法、改善投资环境，吸引更多的国内外资金涌向西部促进西部发展。

西部投资立法应注意两个问题：一是拓宽筹资渠道。法律可以规定建立西部开发银行，作为区域政策性银行，以中央财政资金作为资本金，发行金融债券作为长期资金，通过国际资本市场筹措长期外汇资金；还可规定设立西部开发基金，以中央财政为主渠道、地方财政为辅渠道、吸纳各种财政扶贫资金；发行“西部开发债券”，用于长期贷款。债券由商业银行购买，也可向个人和法人发售，在交易所挂牌交易，给以国债待遇。二是规范资金用途。在筹措资金之后，需要注意的是规定资金的利用方向问题。其一，规定中央财政向发展文化、教育、科技、卫生、社会福利事业等非竞争性行业倾斜；其二，加大对交通运输等基础设施、环保项目的倾斜；其三，强化对软件的投资和软环境的建设。

五、健全环保法制，确保可持续发展

可持续发展是一种基于生态学、伦理学理念的发展观。它最初由挪威前首相布兰特朗夫人领导的世界环境与发展委员会（WCED）于1987年在其报告《我们共同的未来》中首先提出。报告形象地称可持续发展为“既满足当代人的需要，又不对后代人满足其需要的能力构成危害的发展”。我国西部开发中，可持续发展是核心首选模式。

可持续发展是人类对经济发展与资源环境之间关系审视后的必然选择，它强调理性经济活动应当高效合理地利用资源，强调环境保护和生物物种多样性建设，而不应“竭泽而渔、焚林而猎”。

西部地区矿产资源、自然资源丰富；生物物种多样，生态系统极其复杂。就目前西部开发来看，呈现大规模的资源浪费，环境受到连年破坏。长江上游滥砍滥伐，植被破坏、水土流失，长江下游河道淤积，一旦再次出现1998年那样的洪水，后果不堪设想。黄河上游地区（主要是青海、西藏等河源地带）生态环境日益恶化，导致黄河近年来的断流，严重影响下游人们生产生活。

我们认为，实现可持续发展，加大资源利用和生态环境保护，必须完善资源利用和生态环境立法，摒弃有法不依的人治观念。西部开发的相关法律是可持续发展的法律依靠。西部开发的资源利用和环境保护的法制建设包括：（1）以现有的资源利用、环境保护法律体系为框架，严格加强资源的保护，依法治理生态环境。我国目前已形成以宪法关于环境保护规定为基础，由环境保护基本法、保护自然资源和环境、防治污染和破坏的系列单行法规和具有规范性的环境标准组成的完整体系。必须坚持既严格遵守又不断完善环保法体系的原则，将资源合理利用并将生态环境保护纳入法制化轨道。（2）广泛深入地进行资源和环境保护的国情教育，培植全社会可持续发展意识和法治观念。可持续发展意识的培植不能仅靠正面教育，必须依靠法制力量作为规范性的保障和有利后盾。依靠政策难以保障可持续发展战略的持续实施，必须一方面健全环境立法、严格环境执法，另一方面加强环境法制教育、培植西部人们的环境观念，才能收到以法律促环保的成效。(3) 在制定西部开发法及其相关开发法规中，必须确认西部大开发不是大开荒、大开采、大开矿，决不能以牺牲生态环境为代价获取西部经济发展，决不能搞“建设性破坏”。不仅应在作为基本法的西部开发法中加以规定，而且更应在专项立法中如地区性的资源利用和环境保护法规或条例中加以特别规定。

六、加强综合治理，维护社会稳定

江泽民同志在关于西部开发的指示中谈到，西部开发必须将西部经济社会发展同政治社会稳定和民族团结结合起来。西部开发中，影响社会稳定的诸因素包括：第一，体制转换导致的社会价值观念、道德体系变迁。旧有价值观念、社会道德体系遭到破坏，继起的是一个无序的过渡期。各种思想观念流行，人们多元的价值观念冲突在失范状态下可能导致越轨行为甚至犯罪行为的产生。第二，人治观念的盛行和腐败的泛滥。西部长期处于计划经济形态控制下，人治观念深入人心，人们在处理事务、解决纠纷时都诉求于政策力量。西部腐败现象具有不同于东部的特征，不再是一个表层现象，也不局限于道德范畴。作为一种体制性腐败，它将导致一大批党政干部陷入腐败浊流，借“开发”之机行腐败之实。第三，民族杂居和部分地方少数民族聚居是西部地区显著特点之一。民族关系问题是西部地区最敏感的社会政治问题之一。随着东西部发展差距的不断扩大，西部地区群众心理失衡加剧，加之民族风俗民情多样化问题处置不当，旧社会遗留问题的存在和国外敌对势力的煽动，都可能引发新的民族矛盾，带来民族纠纷，产生社会不稳定因素。第四，西部大开发过程中，公路、铁路、民航、水利、电力等大批基础设施重大骨干工程项目上马，农业结构要调整优化，工业要加快调整改组和改造步伐，旅游业等第三产业要大力发展。其中蕴含着巨大的商机和就业机会。昔日“孔雀东南飞”，今朝“孔雀西部飞”、“民工家乡回”。庞大的“经商潮”、“民工潮”形成巨大的人口流动，流动人口给社会各方面造成巨大的压力，引发系列危机，势将产生违法行为乃至犯罪，危及社会治安。

如何处置影响西部社会稳定的因素，我认为应当在各级党委和政府的领导下，把各条战线、各个单位和各个方面的力量组织起来，实行综合治理。为了给西部开发营造一个良好的法治环境，不仅需要对人们的不法行为加以制裁，而且还需要从以下几个方面做好工作：

1. 弘扬奉献精神和法治理念。只有弘扬奉献精神，让社会各个领域涌现更多的王进喜、孔繁森、李素丽，才能完成西部开发的宏伟事业。1999 年修改宪法确立了“依法治国”的理念。奉法律为圭臬，可以防止人亡政息、一事一治的断裂局面。

2. 加强民族团结，妥善处理民族问题。为避免产生民族矛盾，引发民族纠纷，西部开发应严格遵照宪法、民族区域自治法以及民族区域自治条例、单行条例的规定，保障少数民族风俗习惯，切实帮助民族地区因地制宜地脱贫脱困，实现经济发展。

3. 完善监督机制，加大反腐力度。我国现行监督机制中，体系健全但监督不力，主要在于法律监督机关地位不高。要抵制体制性腐败，必须提升法律监督地位，强化法律监督，形成对腐败的有力制约。

（本文为2002年10月30日在贵州省黔南布依族苗族自治州人大常委会第11次会议上的法制讲座讲稿，发表于《黔南民族师范学院学报》2001年第2期。）

西部开发与少数民族人权保障
——理念、政策与制度

西部开发是中国政府世纪之交提出的一个振兴西部欠发达地区、实现国家经济均衡发展的宏观战略。但众所周知，西部地区民族杂居、聚居情况复杂，5个自治区均处于中西部地区，因此，协调民族关系、维护少数民族利益和民族地区稳定是开发民族地区、发展民族经济必然面临的问题。而从理念、政策与制度三个层面探讨西部开发与少数民族人权保障的关系，是我们推动西部开发，促进西部地区经济与社会发展的前提，也是我们贯彻民族区域自治政策，切实保障少数民族人权的必要条件。

一、平等、自治与发展：中国特色的少数民族人权观

人权是什么？一般认为，人权包括政治、经济、社会等各项权利。1948年发布的《世界人权宣言》是人权发展史上的一个重要文献，这一文献为我们理解人权的基本内涵、框架体系提供了基础。但是，对于《世界人权宣言》的解释因各国的文化传统、历史背景而理解各异。邓小平同志曾经指出："什么是人权？首先一条，是多少人的人权？是少数人的人权，还是多数人的人权，全国人民的人权？西方世界的所谓'人权'和我们讲的人权，本质上是两回事，观点不同。"① 他明确地指出，人权的概念存在东西方的差异，不能用西方的人权概念与内涵来观察、审视和套用中国的人权。因此，中西方人权的标准体系应当有一定差异，研究中国人权不能忽视这种差异。

研究中国的人权，需要注意两点：一是强调国权高于人权。国权

---

① 《邓小平文选》第3卷，人民出版社1993年版，第125页。

是邓小平同志晚年阐述中国国家战略和对外关系提出的。① 国家主权与国家安全高于人权是从终极意义上讲的，国家主权与安全是个体生存和发展的前提。一是强调生存权和发展权。恩格斯指出：正像达尔文发现有机界的发展规律一样，马克思发现了人类历史的发展规律，即历来为繁茂芜杂的意识形态所掩盖着的一个简单事实：人们首先必须吃、喝、住、穿，然后才能从事政治、科学、艺术、宗教等等；所以，直接的物质的生活资料的生产，从而一个民族或一个时代的一定的经济发展阶段，便构成为基础，人们的国家设施、法的观点、艺术以至宗教观念，就是从这个基础上发展起来的，因而，也必须由这个基础来解释，而不是像过去那样做得相反。② 只有在生存和发展的基础上，才谈得上人的全面解放。中国是一个发展中国家，生存权与发展权是第一位的。

自古以来，中国就是一个统一的多民族国家。相对汉族而言，其他55个民族是少数民族，一定意义上与西方国家人权体系中的"少数人的权利"类似。在西方人权体系中，"少数人的权利"是对在任何情况下都必须得到尊重并同等适用于少数人和多数人的普遍人权的补充。③ 中国人权的基本观念是维护多数人的普遍人权，但同样不能忽视少数民族合法权利与利益的维护。中国充分尊重各民族的平等权、自治权和发展权，帮助少数民族发展本民族的经济、社会、文化各项事业。各民族是否平等，是少数民族人权的核心问题；而自治权是民族区域自治制度的核心。④ 西部开发从本质上说，是政府重视民族经济发展、社会事务的表现，是少数民族生存权与发展权的体现。我国政府正是意识到整个国家经济发展的非均衡状态，才决定实施西

---

① 1989年10月31日、11月23日、12月1日邓小平同志在会见美国、日本、坦桑尼亚客人时三次指出：国权比人权重要得多。罗玉中、万其刚：《人权与法制》，北京大学出版社2001年版，第256~258页。

② 《马克思恩格斯全集》，第19卷，人民出版社1963年版，第374~375页。

③ [瑞典]格德门德尔·阿尔弗雷德松、[挪威]阿斯布佐恩·艾德编，中国人权研究会组织翻译：《〈世界人权宣言〉：努力实现的共同标准》，四川人民出版社1999年版，第742页。

④ 杨侯第等：《平等自治发展——中国少数民族人权保障模式》，新华出版社1998年版，第21~46页。

部大开发，意在开发西部欠发达地区，维护少数民族的发展权。

民族杂居和部分地方少数民族聚居是西部地区显著特点之一。① 西部开发是一个现代化的进程，对中国西部欠发达地区的文明将造成一定程度的震动。② 西方各国针对欠发达地区的开发史，一定意义上是一部土著居民的“血腥史”。国家通过对西部地区土地的廉价征收导致广大土著居民失地失业，没有生活保障；同时，政府通过牺牲土著居民利益为代价实现原始积累和国家经济的发展。正因为存在对“少数人”权利的漠视，联合国大会鉴于世界人权宣言没有针对“少数人”问题做出特殊规定，委托经济及社会理事会提交文本，形成第217C（Ⅲ）号决议。③ 但是，决议没有提出实质性的内容，它仅仅表达了在既定的根本不同的情况下要找到一个统一的解决办法十分不易。因此，对于少数人权利的规定是公民权利与政治权利公约第27条，即：在那些存在着人种的、宗教的或语言的少数人的国家中，不得否认这种少数人同他们的集团中的其他成员共同享有自己的文化、信奉和实行自己的宗教或使用自己的语言的权利。欧洲理事会对“少数人”权利的重视是值得引起我们关注的，《关于地区性和少数人语言的欧洲宪章》（1992）和《保护少数民族的欧洲框架公约》（1994）等系列文本是一个良好的开端，值得我们借鉴。中国西部大开发的宗旨在“富民为本”，促进西部地区发展、改变西部地区贫困现状。因此，中国的西部开发是西部地区人民包括少数民族人民发展的一个机遇，西部开发是中国政府维护少数民族人权的一大战略措施，西部开发与少数民族人权的保障在价值上是同向的，功能上是互补的。反过来说，中国西部地区少数民族杂居聚居，维护少数民族合

① 吴宗金：《民族法制的理论与实践》，中国民主法制出版社1998年版，第124～125页。

② 在夏勇先生看来，中国传统社会忽视人权，是追求礼法政治、重视义务本位的治国主张和权利主体的发展状况的当然结论。夏勇：《人权概念起源》，中国政法大学出版社1992年版，第180～186页。中西部地区的人的群体应当获得全面的发展，这是西部开发的宗旨，也是人权发展的宗旨。

③ 世界人权宣言之所以没有规定少数人的权利，是考虑到联合国在少数人命运上不能达成共识、各国国家的特殊因素和人权宣言的普遍性质。但是，这种规定的缺失并不意味着少数人的权利在人权宣言中已经获得一体的认可。

法权利和利益，对顺利推进西部开发，促进西部地区经济发展将产生助推力。

二、民族地区“两少一宽”刑事政策：一个例证

“两少一宽”是我国民族地区的基本刑事政策。1984 年初，彭真委员长在一次说话中提出：“对于少数民族中的犯罪分子在处理上一般要从宽。”1984 年中央 5 号文件中指出，对于少数民族中的犯罪分子要坚持“少捕少杀”，“在处理上一般要从宽”。“两少一宽”政策即是对此的提炼和概括，是党和国家对少数民族中的犯罪分子实行的特殊刑事政策。理解“两少一宽”刑事政策，必须以维护国家统一和民族团结为前提，以保护少数民族的经济社会文化发展权利，以尊重少数民族的风俗习惯和宗教自由为前提。

（一）“两少一宽”刑事政策的理性思考

“两少一宽”是指对少数民族犯罪分子应当“少捕少杀”、“在处理上一般要从宽”。对少数民族犯罪分子的少捕少杀，与一般意义上的少捕少杀原则上一致，但考虑到少数民族的特殊情况，是与汉族相比较而言的。① 对于“在处理上一般要从宽”，包括两层意思：一是相对从宽，不是绝对从宽。所谓相对从宽，是指与犯罪的性质、程度和认罪态度最相类似的汉族中的犯罪分子相对而言的从宽，而不是不问罪恶程度，不加比较地绝对比汉族中的犯罪分子从宽。二是不是一切从宽而是一般从宽，对于符合法定条件同样应当逮捕，对于罪行特别严重的犯罪也应施以死刑。

“两少一宽”政策的提出，是从少数民族政治、经济、文化发展的特点出发，从少数民族聚居地区的社会治安发展形势出发而提出来的。它体现了区别对待的惩办与宽大的刑事政策和民族区域自治的原则和精神，有利于争取社会各界的广泛支持，进一步分化瓦解、孤立、打击各类严重刑事犯罪分子，巩固和发展各民族间的平等、团

---

① 肖扬主编：《中国刑事政策和策略问题》，法律出版社 1996 年版，第 263 页。

结、互助的新型关系。更广义上讲，坚持“两少一宽”刑事政策，是维护少数民族人权的要求。少数民族因历史原因、文化传统，在经济、教育、文化上同汉族相比较存在较大差距。这种事实上的差异状态，反映在人权观念上，是少数民族人权观念的差异，其固有的观念对现代人权理念有一种拒斥作用。因此，少数民族地区需要采取特殊的刑事政策，对于少数民族犯罪分子的处理需要不同于汉族犯罪分子。考虑到少数民族的特殊性，实行“两少一宽”的刑事政策从实际情况出发给予变通处理，是尊重少数民族的人权的必要措施。

（二）“两少一宽”政策的贯彻执行

“两少一宽”，宏观政策控制上需要注意：“少捕少杀”是重点，“一般从宽”是基本要求。① 坚持少捕少杀，要求对少数民族犯罪分子相较汉族犯罪分子而言更为慎重地逮捕、判处死刑。例如，在一些少数民族中，反映群婚制残余的落后婚姻形态的原始方式往往导致发生流氓、强奸、重婚犯罪，成为打架斗殴、大规模械斗，发生伤害、凶杀的“导火索”。不能一味强调根据刑法处理，应当更多地考虑文化背景和历史传统，而且坚持“少捕少杀”。一般从宽要求相对汉族犯罪分子而言，少数民族犯罪分子通常要从宽。例如，对于因民族风俗习惯影响民族地区定罪量刑的，便应本着“在处理上一般要从宽”的精神处理，少数民族地区较多地残存着包办、买卖婚姻、干涉婚姻自由的习俗，对由此引起的刑事案件，一般不采取法律措施处理。即或对某些情节恶劣、后果严重的犯罪进行处理时，也要从宽处理。对于少数民族保留下来的风俗习惯应当加以尊重，并在经济发展的过程中伴随文明的进步而由少数民族自己处理。例如，20 世纪 50 年代初期，西盟佤族地区有的村寨还残留着为求五谷丰登，不惜杀人祭田的旧习俗。毛泽东同志谈到这个问题时一直以商量的语气与民族首领交谈，最后说“这事还是由你们民族商量解决”。这一旧的落后习俗最后在佤族人民提高认识的基础上自觉自愿地彻底得以废除。

---

① 马克昌主编：《中国刑事政策论》，武汉大学出版社 1992 年版，第 426 ~ 428 页。

（三）西部开发与“两少一宽”政策

西部开发是一项战略决策，核心是我国全面建设小康社会背景下的针对西部地区的系列经济政策，主要包括：增加资金投入的政策、改善投资环境的政策、扩大对外开放的政策、吸引人才和发展科技教育的政策等。推行西部开发政策的过程中，我们可能面临西部地区农耕文明的阻碍，包括少数民族不适应现代社会的风俗习惯。我们不能采取野蛮的“移风易俗”方式，而只能通过教育引导使少数民族形成文明认识，确认现代人权理念。因此，西部开发过程中，需要正确运用政策的灵活性，既推进经济发展又解决民族问题。西部开发必然伴随着现代文明与民族的各种风俗习惯的冲突，如何调节这些冲突，将成为今后西部地区开展少数民族工作的一个重要问题。作为一项刑事政策，“两少一宽”体现了对少数民族人权的充分尊重，以此为基点放宽视界：民族区域自治是解决我国民族问题的基本政策，要求在国家统一领导下，各少数民族聚居的地方实行区域自治，设立自治机关，行使自治权。民族区域自治的各项政策包括政治、经济、文化等各项具体政策均体现中国政府对少数民族特定群体的政策倾斜，西部开发中应当继续坚持和发展少数民族特定群体的政策倾斜，形成西部开发与民族区域自治二者交融、共同促进民族地区经济发展、人权保障的局面。

三、制度视野中的少数民族人权保障与西部开发

制度是政策的固定化、成型化。现代法治社会所谓的制度，更多地倾向于理解为法律制度。少数民族人权保障与西部开发均应当纳入法制的轨道，通过法律制度确立二者的关系，这不仅仅是西部开发与人权保障的需要，也是建设现代法治国家的要求。

（一）西部开发由政策向立法的进展

从实际情况来看，西部开发目前尚处于更多地依赖政策的阶段。中国政府通过产业政策调整、税收政策优惠、转移支付等方式引导投资向西部开发倾斜，关于西部开发的专项立法一直尚付阙如。现阶段

的西部开发立法散见于地方法律法规之中。相较而言，国外开发欠发达地区多采取立法先行的措施，综观美国、日本、英国、德国等国家对境内欠发达地区的开发，法律制度的确立起到了巨大的作用。基本内容包括：（1）地区协调发展的基本法，主要是关于欠发达地区开发的总方针、政策及制度保障的明确性规定，如日本的《国土综合开发法》、德国的《改善区域经济结构法》；（2）欠发达地区振兴的法律，主要是针对欠发达地区的特别振兴措施，如韩国的《促进特别地域综合开发特别措施法》、日本的《山村振兴法》与《不发达地区开发工业促进法》；（3）重组产业布局的法律，主要是调整发达地区与欠发达地区的产业，以进一步协调一国之内的经济互补性发展，实现一国内的经济一体化；（4）大型项目的专项立法，主要是针对国家投入大量资金、关系到国家在一个地区内进一步发展的重大项目进行立法，如美国的《麻梭浅滩与田纳西流域开发法》；（5）特定事项的专门立法，主要是对特定事项加以立法，以刺激加快该特定事项的发展，如德国的《投资补贴法》；（6）欠发达地区开发的其他立法，主要是为防止经济开发和振兴中的短期行为，实现可持续发展，如日本的《公害对策法基本法》等等。对比而言，我国西部开发注重了政策但忽视了法律。中国已经对西部开发的法制建设予以关注，2000 年夏勇研究员为中共中央政治局举办讲座，强调了加强法治与西部开发的密切关系，呼吁政府重视西部开发的法制保障。① 全国政协九届三次会议上，有的政协委员提出制定《中华人民共和国西部开发法》以规范西部开发，认为西部开发法应包括：西部开发地位的确认，西部开发的责权分配，西部开发的投资，西部倾斜政策的实施，西部开发的时间、顺序。这一立法建议是中肯的。从一个总体的趋势来看，中国处于一个建设法治国家的进程中，1999 年宪法修正案已经确立了依法治国的基本治国方略。西部开发由政策开发到法律开发进展是一个必然的趋势，加快西部开发立法是西部开发的必然要求。西部开发的立法应当强调少数民族地区的人权保障，规定西部开发中切实维护少数民族地区合法权利与利益。

---

① 夏勇：《论西部大开发的法治保障》，载《法学研究》2001 年第 2 期。

（二）中国少数民族人权保障的法律体系

中国法律确认的公民权利包括政治权利、人身权利、社会经济文化权利和特定人群的权利。① 少数民族人权在中国人权观念中被视为特定人群的权利。我国政府从来没有忽视少数民族人权的保障，从宪法制度、民事法律制度、行政法律制度和刑事法律制度上建立了少数民族人权保障的体系。

1. 宪法及相关法与少数民族人权保障

宪法就是一张写着人民权利的纸。② 成文宪法国家，人权以宪法作为基础。我国宪法规定民族自治地方设立自治机关，实行区域自治。自治机关行使一般地方国家机关的职权，同时依照宪法、民族区域自治法和其他法律规定的权限行使自治权，根据自治地方实际情况贯彻执行国家的法律、政策。民族自治权包括：制定自治条例和单行条例；管理地方经济；自主地管理本地方的教育、科学、文化、卫生、体育事业；保护和整理民族的文化遗产，发展和繁荣民族文化等。民族区域自治法进一步详细而具体地规定了少数民族的平等权和自治权。以宪法制度确认少数民族人权，是国家立法对"少数人"权利的最高保障。

2. 民事法律与少数民族人权保障

民事法律关系到人们的衣食住行，与人们生活息息相关。中国民法通则及相关民事法律体系确立的平等、自愿、公平与等价有偿、诚实信用、尊重社会公德与社会公共利益数项基本原则以及对自然人民事权利能力、民事行为能力的确认都是对公民基本人权的具体保障。而且，中国现行民事法律体系对公民的人格权、身份权、财产权、知识产权均给予平等的保护，对当事人通过民事诉讼维护自身权利规定了较为完善的程序。

在少数民族人权保障上，民法（民法通则附则第151条）、民事诉讼法（民事诉讼法第17条）专门规定民族自治地方有结合民族特点，制定变通或者补充单行条例、规定的权利。需要注意的是，发挥

① 罗玉中、万其刚：《人权与法制》，北京大学出版社2001年版，第308页。
② 《列宁全集》，第12卷，人民出版社1987年第2版，第50页。

少数民族习惯法对少数民族人权的保障的功能。习惯法在一定意义上是各少数民族在长期历史发展过程中形成的风俗习惯、宗教信仰构成的非正式规则。民族地区的习惯法是国家法律的重要补充，在某些时候应当优于国家法律适用。

3. 行政法律与少数民族人权保障

人权保障是行政法中“法治原则”的重要内涵。行政权力源于公民权利，是公民权利的一种特殊形式。① 政府如果不依法行政，必将直接威胁公民权利。现代中国行政法非常重视公民权利的维护，强调依法行政，为“民告官”诉讼提供程序机制。少数民族地区，行政许可、行政强制措施、行政处罚、行政监察、行政赔偿、行政复议以及行政诉讼程序的进行都必须考虑少数民族地区的特殊性，不能野蛮行政、强制推行各项制度，只能在尊重民族风俗习惯的前提下加以引导，民族自治机关被授权制定地方法规或单行法规，以适应地方依法行政的需要。西部开发过程中，必须强调依法行政，才能切实保障少数民族人权，也才能获得少数民族更多的助推力。

4. 刑事法律与少数民族人权保障

人权保障是刑事法律的重要机能。刑法不仅仅是被告人的大宪章，而且是守法公民的大宪章。② 少数民族人权是特定人群的权利，我国刑事法律制度给予了充分关注：一是民族地区特别刑法。③ 我国刑法第 90 条授权民族地区可以制定变通或者补充的规定，报请全国人民代表大会常务委员会批准施行后优先于刑法在少数民族地区适用。主要是考虑到：我国是一个多民族的统一国家，各民族在政治、经济和文化等各方面的发展很不平衡，历史传统、风俗习惯和宗教信仰也很不一致。民族地区特别刑法制订的参考因素包括：经济因素，一些少数民族地区因经济落后处于“刀耕火种”的原始时代，采取

---

① 罗豪才主编：《行政法学》，中国政法大学出版社 1996 年版，第 4 页。

② 陈兴良：《本体刑法学》，商务印书馆 2001 年版，第 41 页。

③ 关于刑法变通补充规定的性质，理论上存在争议，有委托刑法、授权刑法、补充刑法、变通刑法、自治刑法、民族刑法、区域刑法等多种界定。宣炳昭、江献军：《民族自治地方的刑法变通补充问题初探》，载《新千年刑法热点问题研究与适用》，中国人民公安大学出版社 2001 年版。但我以为，无论界定如何，不改此类规定作为特别刑法的本质。

毁林开荒方式从事农业生产的可能构成犯罪；① 文化因素，如哈尼族人若婚后多年无子女或无儿子，丈夫可以纳妾形成“一夫多妻”现象，即构成重婚罪；② 宗教因素，如藏族地区赔命价、赔血价现象和因佛事活动或教派纷争造成人身伤亡等；习俗因素，如四川凉山地区的彝族盛行抢亲习俗，男方邀人去女方“接亲”，会受到女方亲人棍子击打接亲。类似此类民族地区的种种因素皆可构成对刑法的变通与补充规定。二是刑法分则中对少数民族体现特殊保护。即规定专门维护少数民族合法权利与利益的单独罪刑条款，包括第249条的煽动民族仇恨、民族歧视罪，第250条的出版歧视、侮辱少数民族作品罪，第251条的非法剥夺公民宗教信仰自由罪和侵犯少数民族风俗习惯罪。对于这四种犯罪，理论上可以将其视为一个罪群加以研究。共同客体是少数民族的民主自由权利，煽动民族仇恨、民族歧视罪的客体是少数民族平等权、出版歧视、侮辱少数民族作品罪的客体是少数民族平等权与民族尊严、非法剥夺公民宗教信仰自由罪的客体是公民宗教信仰自由权、③ 侵犯少数民族风俗习惯罪的客体是少数民族保持自己风俗习惯的权利。三是刑事诉讼法特别规定少数民族犯罪分子的权利。比如，刑事诉讼法规定“各民族公民都有用本民族语言文字进行诉讼的权利”，规定“在少数民族聚居或者多民族杂居的地区，应当用当地通用的语言进行审讯，用当地通用的文字发布判决书、布告和其他文件”。这些规定都集中体现了少数民族人权在我国刑事程序法中获得了切实的维护。

中国是一个多民族国家，民族区域广泛，民族地区情况复杂。民族平等、团结、互助是我国民族政策的三大原则。中国的少数民族集中在中西部地区，中国政府一向反对民族歧视与民族压迫，禁止破坏民族团结和制造民族分裂的行为，保障各少数民族合法的权利和利益，帮助少数民族发展经济、文化事业。中国少数民族人权保障的法

---

① 赵秉志：《犯罪主体论》，中国人民大学出版社1989年版，第320页。

② 赵小锁：《论中国民族自治地方刑法变通或补充规定》，载《人民司法》2000年第8期。

③ 严格说来，该罪不是一个专为少数民族规定的罪名，但立法主要是考虑到拥有宗教信仰的主要是少数民族。当然，对侵犯汉族宗教信仰自由的同样应以该罪论处。

律体系是健全和完善的。西部开发是中国政府基于社会发展的非均衡状态的国情作出的一项战略决策，这一战略的实施旨在“兴边富民”，推动中西部地区（包括甚或主要是民族地区）的经济发展和社会繁荣。西部开发与少数民族人权保障是互动关系，一方面切实保障少数民族人权为西部开发提供顺利的环境，另一方面西部开发为民族事业的发展、少数民族人权的保障提供更为坚实的基础。在理念、政策、制度上，西部开发与少数民族人权保障相互通融，价值取向一致，功能上存在互补。因此，西部开发推进过程中需要重视少数民族人权的保障，尊重少数民族的风俗习惯；保障少数民族人权需要西部开发的全面推进。

（本文系2003年11月10日“中国与欧盟联合国人权两公约学术交流网络第四次研讨会”主题发言，发表于《广西民族学院学报》2004年第2期，中国人民大学报刊复印资料《民族问题研究》2004年第4期全文转载。）

中国民族法制建设50年回顾与展望

世界上大多数国家都是多民族国家。据有关资料统计，全世界共有2200多个人口多少不等的民族，分布在170多个国家，其中75%的国家是多民族国家。多民族国家调整和处理国内民族关系的法律和制度，就是民族法制。

新中国成立50年来，我国民族立法取得了很大的成绩，有力地保障和推动了少数民族和民族地区政治、经济、文化、教育各项事业的改革与发展。但是，随着社会主义市场经济的发展，以及政治、经济体制改革的不断深入，特别是民族区域自治法颁布后，依法治国、依法行政的全面提出，民族立法日显滞后，已不能很好地适应少数民族地区改革与发展的需求，因此，如何加快民族立法步伐，加强民族法制建设，已成为当前少数民族地区各项事业发展进程中的一项紧迫课题。我一直从事民族法学教育与研究工作，深感有责任为此问题的解决尽自己的绵薄之力，想就此简要谈谈，以求教于方家，望能抛砖引玉。

一、中国民族法制建设的历史与现状

从1949年至今，新中国民族法制建设走过了50年的艰难历程。在人类历史的长河中，50年只不过是一瞬间而已。但当我们把新中国民族法制建设50年作为研究对象纳入视野的时候，又不能不根据具体情况对它进行必要的历史分期。同时，根据我国的立法体制，以及少数民族和民族地区的特点、需要，我国民族立法，从中央和地方两个方面进行了积极有效的探索。

（一）中央立法

这是我国民族立法的主要形式。按其历程发展，可分为三个阶段。

1. 1949 年至 1956 年，从创立到发展。1949 年 10 月 1 日，中华人民共和国的成立宣告了新中国民族法制的诞生。新中国民族法制建设从诞生之日起，就把自己的命运同共和国的命运紧紧地联系在一起，走上了一条坎坷、曲折的道路。从 1949 年到 1956 年，是新中国民族法制建设历史上极为重要的一个时期，它既为以后民族法制的发展奠定了基础，又为民族法制曲折的命运埋下了伏笔。如果对这一时期作进一步划分，又可分为下述两个阶段：

第一阶段：从 1949 年至 1952 年，可以说是新中国民族法制的创建阶段。1949 年 9 月，中国人民政治协商会议通过的当时起临时宪法作用的《共同纲领》，就把中国共产党的民族政策以法律的形式加以固定，成为新中国成立初期民族立法的法律基础，标志着新中国民族法制开始起步，这一阶段制定的重要法律、法规有：1950 年政务院批准的《培养少数民族干部试行方案》和《筹办中央民族学院试行方案》，1951 年政务院《关于处理带有歧视或侮辱少数民族性质的称谓、地名、碑碣匾联的指示》和《关于加强少数民族教育工作的指示》等。这些法规虽然是政治运动的产物，但毕竟是以法规的形式出现的，这至少表明了社会对民族法制的需要，这也正是新中国民族法制建立的社会政治基础。

第二阶段：从 1952 年至 1956 年，可以说是新中国民族法制初步发展阶段。这一阶段是民族立法工作的黄金时期。1952 年，中央人民政府委员会颁布了《中华人民共和国民族区域自治实施纲要》，这是根据当时的历史条件以及内蒙古自治区等民族自治地方的经验，对民族区域自治制度的基本问题作了比较详细的规定。《实施纲要》的诞生，标志着中华人民共和国民族区域自治驶入法制轨道。1954 年，共和国第一部宪法诞生。宪法根据新中国成立以来废除民族压迫制度，建立各民族平等、友爱、互助的关系，少数民族地区政治、经济和文化事业开始逐步发展的经验，对于民族区域自治，对于少数民族的政治、经济和文化的建设，作了比《共同纲领》更进一步的规定。

这一阶段，还颁布了《政务院关于保障一切散居的少数民族成分享有民族平等权利的决定》等行政法规。这些均有力地促进了新中国成立初期民族事业的发展。

2. 1957 年至 1976 年 10 月，从萧条到停滞。从 1957 年到 1976 年，整整 20 年，随着共和国的坎坷历史命运，我国民族法制除了 1955 年至 1958 年有暂时的繁荣以外，只留下了一段长长的空白岁月，这不能不说是一个难以弥补的遗憾。如果细分，还可以把这一时期分为两个阶段：

第一阶段：从 1957 年至 1965 年，我国民族法制经历了一个从暂时繁荣到萧条的变化过程。1949 年至 1956 年这一时期民族法的发展，带来了 1957 年至 1958 年民族法制的暂时繁荣，民族立法工作仍在继续进行，这一时期全国人大常委会除批准了 48 个民族自治地方组织条例外，还通过了《民族自治地方财政管理暂行办法》等重要法律。这一阶段民族立法的特点是，虽然时间较长但立法数量不多，而且内容涉及范围也比较狭窄，除涉及民族自治地方财政管理的内容外，其他大都是民族自治地方组织条例，① 这些组织条例基本雷同。这一阶段，在“左”的指导思想的影响下，一些重要的民族立法工作停顿下来了。例如《民族区域自治法》，1954 年第一届全国人大设立民族委员会后，做了大量的调查研究工作，并会同有关部门着手起草工作，到 1959 年上半年就写了 8 稿，但迫于后来反“右”斗争的政治形势就被搁置了。

第二阶段：1966 年至 1976 年 10 月。这一阶段是我国民族工作被取消，民族立法工作处于全面停止时期。十年“文化大革命”是“左”的指导思想极端发展的产物。它又把“左”的指导思想推向登峰造极的地步。这反映在民族问题上，形成两种截然不同的观点：一种观点认为“都社会主义了，还讲什么民族不民族”，根本否认民族和民族问题的存在。另一种观点却认为：“少数民族问题就是阶级斗争问题”。两种观点殊途同归，都取消了民族工作和民族立法工作。所以在十年“文化大革命”中，民族自治地方有的被撤销了，有的被合并了，有的肢解了，而更多的则是名存实亡。1975 年宪法如实

---

① 杨候第主编：《中国民族法制讲话》，中央民族学院出版社 1993 年版。

地记录了我国民族区域自治制度被破坏的实际状况。它虽然保留了"民族区域自治"和"民族自治地方的自治机关"的条款，但是取消了1954年宪法规定的各项自治权的具体内容。很明显，取消了自治权等于取消了自治机关，也就等于取消了民族自治地方。因此，这一阶段几乎没有什么民族法律、法规问世，民族法制建设历史进入空白时期。

3. 1976年10月至今：从复苏到繁荣。以1976年10月粉碎"四人帮"为标志，我国开始进入了一个新的历史时期。国家的政治、经济发生了巨大的变化，民族法制出现了新的转机，开始从漫长的冬眠中复苏，迎来了一个光辉灿烂的春天。如果细分，这一时期又可分两个阶段：

第一阶段：从1976年10月粉碎"四人帮"以后至1978年社会主义法制逐渐恢复，我国民族法制开始复苏。但是经历了两年的徘徊，因为"文化大革命"的十年浩劫，我国民族法制领域一片废墟，重建的任务是相当繁重的，更何况极"左"的思想依赖惯性的作用力还盘踞在人们的头脑中。如1978年宪法关于民族区域自治制度的规定比1975年宪法略有进步，恢复了1954年宪法有关民族自治地方的自治机关的一些内容，恢复了自治机关制定自治条例和单行条例的自治权，但仍明显地保留有十年"文革"给民族区域自治制度造成的伤痕。而且在这两年中，人们忙于清算极左思潮所欠下的思想之债，还来不及面对未来进行理论建树。所以，在这一阶段，基本上没有民族法律、法规问世。

第二阶段：从1979年至1999年，是新中国民族法制建设的鼎盛阶段。党的十一届三中全会的召开，标志着我国民族工作进入了新的黄金时期，民族立法工作也由此进入了新的黄金时期。这是党的十一届三中全会以来在民族问题上一系列拨乱反正的结果。民族问题上的拨乱反正：一是认清了我国是统一的多民族国家的基本国情；二是确认了我国现阶段的民族关系基本上是各族劳动人民之间的关系；三是恢复和完善了党和国家的民族政策；四是恢复和加强了人大和政府的民族工作机构，这些为民族立法提供了思想上、理论上和组织上的保证。这也是国家高度重视民族立法工作的结果。党的十一届六中全会通过的《关于新中国成立以来党的若干历史问题的决议》中强调指出：必须加强民族区域自治的法制建设。在第五届全国人大第三次会议上所作的政府工作报告中，正式提出了制定民族区域自治法的建议。同时，在这次会议上通过的《关于全国人民代表大会常务委员会工作报告的决议》也强调指出，要加强民族立法工作。从此，民族立法工作作为我国整个立法的重要组成部分摆到了全国人大及其常委会的重要议程上来，我国民族立法工作也由此取得了重大发展。①

（二）地方立法

1982 年第五届全国人大第五次会议通过的新宪法规定，“省、直辖市的人民代表大会和它们的常务委员会，在不同宪法、法律、行政法规相抵触的前提下，可以制定地方性法规”，“民族自治地方的人民代表大会有权依照当地民族的政治、经济和文化的特点，制定自治条例和单行条例”。

《中华人民共和国地方各级人民代表大会和地方各级人民政府组织法》（全国人大 1979 年通过，1986 年第二次修正）规定“省、自治区的人民政府所在地的市和经国务院批准的较大的市的人民代表大会根据本市的具体情况和实际需要，在不同宪法、法律、行政法规和本省、自治区的地方性法规相抵触的前提下，可以制定地方性法规”，同时授权“省、自治区、直辖市以及省、自治区的人民政府所在地的市和经国务院批准的较大的市的人民政府，还可以根据法律和国务院的行政法规，制定规章”。

以民族教育立法为例。根据宪法和《组织法》的规定，我国各地、特别是民族自治地方，从实际出发，积极探索，不断推进本地区的民族教育立法工作，随着国家民族教育立法步伐的加快，各地、特别是民族自治地方也制定了一批有关民族教育的地方性法规，例如，广西壮族自治区制定了《广西壮族自治区教育条例》（1992 年 6 月 27 日）、贵州省制定了《关于改革和发展民族教育若干问题的通知》（1992 年 8 月 15 日）、甘肃省制定了《关于加快甘肃省民族教育改革与发展的若干意见》（1993 年 6 月 14 日）、湖南省制定了《少数民族地区普及义务教育若干规定》（1995 年 8 月 29 日）、云南省楚雄彝族

① 吴大华主编：《民族法学讲座》，民族出版社 1997 年版，第 372 页。

自治州制定了《楚雄彝族自治州民族教育条例》（1992 年 4 月 28 日）、西双版纳傣族自治州制定了《西双版纳傣族自治州民族教育条例》（1993 年 3 月 21 日）等。据初步统计，自 1987 年以来，我国 5 个少数民族自治区区一级人大、政府共制定有关民族教育的地方性法规 31 项。其中法规及法规性文件 6 项，规章及规章性文件 25 项。①

综上所述，新中国成立 50 年来，我国民族法制建设成绩斐然。特别是党的十一届三中全会以来，我国民族立法工作的重大发展的显著标志：一是 1982 年宪法继承和发展了 1954 年宪法关于民族问题的基本原则，全面奠定了新时期民族立法的法律基础；二是民族区域自治法的制定和施行，民族区域自治法草案从 1980 年开始起草，经过大量调查研究，广泛征求意见，反复研究修改，终于于 1984 年 10 月 1 日起正式施行。民族区域自治法根据宪法的规定，扩大了民族自治地方的自治权，完善了民族区域自治制度。此外，还具体表现在以下几个方面：一是立法数量多。二是法律、法规层次多。从纵的方面来说，规定民族问题的众多法律、法规，及于制定机关不同、法的效力不同和适用范围不同的各个层次。上至全国人大，下到自治县人大，都有规定民族问题的法律、法规或规范性文件。三是法律部门多，从横的方面来说，数量多、层次多，规定民族问题的法律、法规，体现了各个法律部门。宪法、国家机构法、民法、刑法、经济法、行政法等各个法律部门，都有规定民族问题的法律、法规。由上可见，我国已初步形成了民族法规体系。经过几十年的努力，以自己独特的调整对象、立法原则和立法程序而初步形成了民族法规体系。目前，除了宪法和民族区域自治法外，全国人大及其常委会已制定和颁布了 347 个法律和有关法律问题的规定，其中就有 83 个含有关于民族方面的规定。国务院制定的 810 个行政法规中，有 163 个含有关于民族问题的规定。迄今为止，全国民族自治地方共制定和颁布了自治条例 129 件，单行条例 209 件，变通规定和补充规定 64 件，共计 402 件。还有 12 个辖有民族自治地方的省颁布了实施民族区域自治法的若干规

---

① 林仕梁、陈立鹏：《我国少数民族教育立法简论》，载《中国民族教育》1997 年第 2 期。

定或办法，15个省市制定了有关散居少数民族工作的地方性法规。① 由以上几个方面初步形成的民族法体系，对于保障少数民族的合法权益和自治权利，加强民族团结、维护社会稳定和国家统一，促进少数民族和民族地区经济社会发展，起到了重要作用。

二、存在的问题

马克思说："正如一切科学的历史进程一样，在到达它们的真正出发点以前，总要经过许多弯路。"② 我国民族法制的历史发展也是如此。我国民族法制建设的发展是与新中国50年的命运紧密相联的。50年来，我国的政治经济以及其他事业都经历了一个曲折发展的过程。

纵观民族工作几十年发展历程，民族法制建设总是落后于民族自身的发展，特别是改革开放后，随着市场经济的发展、法制建设的加强，民族立法已远远不能满足民族地区经济社会发展的需要，这种不相适应的矛盾日显突出，主要表现在：

第一，民族法规不完备。突出表现为：《民族区域自治法》从1984年制定至今16年未予修订，《散居少数民族权益保障法》至今尚未颁布，5个自治区的自治条例也无一颁布；民族规章多，法规很少；至今没有居于宪法之下的统领民族法规规章的民族基本法，存在民族立法的空白点。现行法规规章单行性、应急性的多，过去很长一段时间内缺乏立法的规划和预测，民族法律法规的废、改、立工作极为不力，当前，为适应我国依法治族、依法行政的需要以及民族地区的进一步改革和发展，迫切要求加快民族立法步伐，抓紧进行民族法律法规的起草、修订工作，特别是修改《民族区域自治法》，及时出台《散居少数民族权益保障法》，起草制定全国民族工作的基本法——《中华人民共和国民族关系法》，以此促进民族法规体系的建设和完善，使我国民族工作尽快走上法制化轨道。

第二，民族法规针对性差，特色不鲜明。现行的民族法规无论是

---

① 杨候第：《民族政法工作的历史使命》，载《民族团结》2000年第2期。

② 《马克思恩格斯全集》，第13卷，人民出版社1962年版，第47页。

中央制定的，还是地方制定的，都是参照《宪法》、《民族区域自治法》等法律、法规中有关民族问题的规定，本着与这些法律、法规基本精神相一致的原则制定出来的，一个几乎共同的特点是：立法技术落后、脱离实际、照搬普通立法、没有很好地体现民族法规所应有的特殊性。所以，在指导民族工作实践过程中针对性不强。

第三，民族法规还不规范。现行民族法规规章，法律形式极不规范，立法名称混乱，大多用"意见"、"通知"、"指示"、"报告"、"批复"等名称，难以判断其效力、等级、适用范围，而且多属于政策性质，法律语言不规范，直接搬用政策语言，灵活性大，变动性快，可操作性差，从而影响了立法地位，削弱了立法效力，影响了立法的稳定性、严肃性、权威性。

第四，民族法规的执法监督机制远未形成。当前，整个社会尚未完全建立健全一整套的严格的执法监督机制，法律监督处于软弱无力的状态。某些上级机关学习尊重民族区域自治法不够。在制定具体政策和处理日常工作时，常常不分内地和民族地区，习惯于搞"一刀切"。这方面的例子较多，群众、干部意见较大。现在地方人大及其常委会对行政机关、审判机关和检察机关的监督还没有形成制度，也缺乏力度和实际操作，这就大大削弱了执法的监督效果。因而，"地方保护"、"部门保护"、"官官相护"以及执法者犯法的现象屡禁不止，严重影响了执法的监督效果。同时，司法部门管理体制未能形成相对独立的机制也是一个主要原因。与国家总的情况相比，我国民族法规的执法监督机制显得更为薄弱。为适应民族法制建设工作的需要，国家应建立健全民族工作执法的监督检查系统。

第五，民族法学理论研究相对薄弱。我国民族立法和民族法实施的这种滞后性和曲折性，对于我国民族法学的研究不能不产生一定的影响。当前，我国民族法学研究虽已取得巨大的成绩，但也存在某些不足之处。例如，较多地注意注释、研究民族区域自治法，而对民族法的自身体系以及民族法本身理论的发展包括理论水平的提高和理论体系的完善有所忽视，对民族法中的一些基本理论和基本制度，运用历史的和比较的方法进行纵向和横向的系统研究，也做得不够。与宪法、刑法、行政法等部门法学相比，民族法学的研究在系统性、超前性、指导性、深入度等方面起步较晚，基础比较薄弱。这些也有待于今后认真加以改进。

三、中国民族法制建设的展望

在1992年召开的中央民族工作会议上，江泽民同志提出了90年代我国民族法制建设的奋斗目标，即“到本世纪末，要形成比较完备的社会主义民族法制体系和监督机制”。这是在总结我国40多年来民族法制建设的实践，分析我国民族法制的现状，根据我国民族工作的实际需要，为把民族工作纳入法制轨道而提出的，也为我国跨世纪的民族法制建设指明了方向。

第一，抓紧《民族区域自治法》的修改，是当前的迫切任务。《民族区域自治法》是实施宪法规定的民族区域自治制度的基本法律，1984年颁布以来，在保障少数民族的平等权利和自治权利，促进少数民族和民族地区的经济和文化发展，增强民族团结，维护国家统一，保持民族地区的稳定等方面，发挥了积极的作用，但由于它是计划经济体制下诞生的，一些条文已不能适应社会主义市场经济体制的要求，需要进行修改。民族立法、政法工作部门和民族法学研究人员要把参与自治法的修改作为一项重要任务，以邓小平理论和党的十五大精神为指导，根据建立社会主义市场经济体制的要求，认真总结自治法实施15年来的经验，深入调查研究，广泛听取意见，为自治法的修改提供建议。

第二，加强散杂居民族法制建设。我国民族关系中的不安定因素，往往出现在少数民族散杂居地区，如因人员流动和经济利益引发的矛盾和纠纷，因不尊重少数民族风俗习惯和宗教信仰而引发的矛盾，给民族团结和社会稳定带来不利影响。做好散杂居民族工作，必须加强立法，使散杂居民族工作有法可依，有章可循，纳入法制轨道。要加大对《民族乡行政工作条例》和《城市民族工作条例》贯彻执行的力度，还要制定实施两个条例的办法和细则，加快《散居少数民族权益保障法》的制定步伐。散杂居民族工作要继续坚持以经济建设为中心，加快散杂居少数民族各项事业的发展。

第三，加强民族经济立法工作，尽快建立和完善社会主义市场经济法律体系。这里所说的市场经济法律体系是指立法体系，指调整市场社会经济关系的经济法律规范体系。社会主义市场经济法律体系包含内容非常广泛，需要制定的法律很多，少数民族地区的经济立法，要从本地区实际情况出发，因地、因民族制宜，在内容上对国家的法律和法规进行扩展和延伸，与外地的同类法规相比较，要有明显的区别和浓郁的地方特色与民族“风味”，从我国民族地区情况看，虽然地处内陆，多民族聚居，经济基础薄弱，文化教育落后，社会生产力水平低下，但幅员辽阔，自然资源相对丰富，发展前景广阔。少数民族地区立法机关应当破除认为大陆地区改革开放必然相对滞后的“内陆意识”，发挥“地大物博”的优势，根据本地区市场经济体制建设的需要，充分行使地方立法的自治权，制定单行条例以及规定办法、规则、决定等，加快改革开放，消弭自己的地域劣势和经济劣势。当前亟待进行地方立法的主要有：（1）制定实施《全民所有制工业企业转换经营机制条例》等单行条例，鼓励、扶持少数民族地区企业走向市场；（2）制定扶持少数民族地区乡镇企业的单行条例，推进农村改革；（3）制定大力发展个体、私营企业等非国有经济的地方性规章，通过发展第三产业，调整和优化本地区的产业结构，缓解经济生活中的深层次矛盾和促进少数民族地区经济更快地发展；（4）制定特殊政策，引进外资和技术，建立经济开发区，改变单一的经济结构。结合浪潮初涌的西部大开发战略，西部省区可以在经济结构调整、生态环境保护、基础设施建设、科技教育、引进人才、招商引资方面制定系统的地方性法规。

第四，加快民族自治地方自治条例和单行条例的制定步伐。民族自治地方要依照当地民族的政治、经济和文化的特点，进一步制定自治条例。近年来，各地在这方面做了大量的工作，积累了许多宝贵的经验，也还有一些问题需要进一步研究解决。民族自治地方的单行条例制定了 209 个，内容涉及选举、婚姻、财产继承、资源开发、未成年人保护、计划生育、环境保护等方面。但是，大多数自治条例和单行条例都是一般性的工作法规，都没有突出“抓改革开放，抓经济建设，发展社会生产力”这一主题。

目前，全国 5 个自治区的自治条例还未出台，中央对此很重视，并由全国人大民委、国家民委、国务院法制局、中央统战部组织了专门工作班子。一些自治州、自治县正抓住当前有利时机，修改、补充已出台的自治条例，立法势头是喜人的。但笔者认为，要制定好自治条例，最重要的是必须坚持党的实事求是的思想路线，要在特点上下功夫，把宪法和民族区域自治法的原则同本地方的民族特点、地区特点结合起来，使自治条例成为自治机关充分行使自治权，有效地管理和发展本地方经济、文化建设事业上的自治法规。要做到这一点，就要吃透两头：一头是要学习好宪法、民族区域自治法和其他有关法规，以及党在民族工作方面的理论和方针政策；另一头是要对本地区各方面的具体情况和工作经验，进行深入细致的调查研究和总结，着重矛盾特殊性的分析，认识事物发展的特殊规律，找到解决矛盾的途径和办法。一定要从实际出发，有什么问题就解决什么问题，解决本地区带有特殊性的问题，以加速本地区经济和文化建设事业的发展。①

第五，建立健全对民族法实施的监督机制。民族法实施的监督机制，是指保障民族法实施过程中良性运行的机制。从内容上看，它包括监督准则和监督机构的建立、健全和完善，从运行过程看，它包括立法的监督和法律、法规、自治条例、单行条例等实施的监督。现行的民族法体系，一是缺乏监督；二是没有一个统一的强有力的监督领导机构。要改变这种状况，应采取以下措施：一是加强民族立法的监督，主要是对民族立法内容的监督，除审查民族立法是否符合马克思主义的民族观，是否符合党和国家的民族政策，是否符合宪法和其他法律、法规外，还应审查该民族法律、法规、自治条例的内容中，是否有明确具体的限制性、惩罚性的条文，是否明确规定了罚则。如果注意了限制性、惩罚性的条文以及罚则的制定，那么监督准则的建立健全就有了依据；二是在适当的时机，可考虑制定一个完整、统一的民族法的罚则；三是加强监督机构。这包含两个方面：一方面，应赋予民族事务部门在监督民族法实施中应有的、相适应的权利，这种权利具有权威性、强制性，即加强行政监督。现实中这种行政监督的权利既不明确，又软弱无力。另一方面，司法部门应参与监督即司法监督。目前我国的民族法的实施，大多是人大及其常委会和各级政府职能部门的民族事务部门从立法的、行政的角度进行监督，很少甚至没

① 吴大华著：《民族法学通论》，中国方正出版社 1997 年版，第 212 ~ 214 页。

有司法部门参与进行司法监督。一个部门法，如果仅有立法的、行政的监督而没有司法监督，这种监督就像人缺了一条腿，难以保障实施的效果。与此同时，要坚决贯彻《全国人大常委会关于加强对法律实施情况检查监督的若干规定》，把党的监督、国家机关的监督、政协的监督、人民群众的监督以及舆论的监督有机地结合起来。总之，只有把检查监督民族法实施的机制和体系建立和健全起来，才能够保障民族法得到较好的贯彻执行，从而保障民族地区改革开放和经济建设的顺利进行。

（2005年7月17日在教育部委托中国民族理论研究会于贵阳举办的“全国高校民族理论与民族政策高级研修班”上以“中国的民族法制建设与民族法学研究”为题作专题讲座，本文原载张晋藩主编：《20世纪中国法制的回顾与前瞻》，中国政法大学出版社2002年9月版。）

中国刑法与少数民族人权保障

传统刑法学理论认为中国刑法包括刑法典、单行刑法、刑法修正案等，这是一种广义刑法的理解。民族刑法当然以传统刑法学理论为基础构建，但是强调民族作为特色，在民族地区适用，服务于民族地区的经济社会发展，以少数民族人权保障为机能。因此，必须在中国刑法与少数民族人权保障建立联结：少数民族人权保障是民族刑法的目的与机能。

一、静态存在的民族刑法

现行刑法是一部兼重社会保护与人权保障双重机能的刑法。静态存在的民族刑法包括刑法总则因少数民族之变通规定和刑法分则关于少数民族的若干规定。

从总则来看，关于刑法之变通规定存在两处：一是总则规定刑法适用效力范围上，少数民族属于法律有特别规定的情形，部分地不适用刑法规定。即第 6 条第 1 款规定："凡在中华人民共和国领域内犯罪的，除法律有特别规定的以外，都适用本法。"这是我国刑法关于刑法空间效力的基本原则。根据本条规定，不论犯罪人是我国公民或外国人，也不论被侵害的是我国利益或外国利益，只要是在我国领域内犯罪的，都适用我国刑法。少数民族地区自然属于我国领域内，应无例外地适用我国刑法。但是，考虑到少数民族地区的特殊性（民族文化的差异、民族传统的不同、民族习惯的遵循），通行于全国的刑法部分条款不能适用于民族地区，宜采取变通规定。换言之，刑法在效力范围上要求将民族地区特别刑法视为"有特别法律规定"，优先适用特别法。刑法第 90 条进一步规定，民族自治地方不能全部适用本法规定的，可以由自治区或者省的人民代表大会根据当地民族的政治、经济、文化的特点和本法规定的基本原则，制定变通或者补充的规定，报请全国人民代表大会常务委员会批准施行。即刑法授权民族自治地方制定符合当地情况的变通或者补充的规定。① 这一规定主要是考虑到：我国是一个多民族的统一国家，各民族在政治、经济和文化等各方面的发展很不平衡，历史传统、风俗习惯和宗教信仰也很不一致。由此，凸现对少数民族人权之保障。

从分则来看，存在少数民族人权保障的罪群，即罪名体系。中国刑法分则规定专门维护少数民族合法权利与利益的单独罪刑条款，包括第249条的煽动民族仇恨、民族歧视罪，第250条的出版歧视、侮辱少数民族作品罪，第251条的非法剥夺公民宗教信仰自由罪和侵犯少数民族风俗习惯罪。对于这四种犯罪，理论上可以将其视为一个罪群加以研究。共同客体是少数民族的民主自由权利：煽动民族仇恨、民族歧视罪的客体是少数民族平等权，出版歧视、侮辱少数民族作品罪的客体是少数民族平等权与民族尊严，非法剥夺公民宗教信仰自由罪的客体是公民宗教信仰自由权，② 侵犯少数民族风俗习惯罪的客体是少数民族保持自己风俗习惯的权利。从条文规定的罪状看，4罪采取的是情节犯的规定方式，即要求“情节恶劣”或“情节严重”。考虑到此类犯罪行为危害性并不十分严重，刑法将情节一般的行为排除在犯罪圈之外，并规定较为轻缓的刑罚。这四个罪名构成均较为简单，但它们为少数民族的宪法性权利即基本人权提供了充分而坚实的后盾性保证。

二、动态运行的民族刑法

动态运行的民族刑法是相对于静态的民族刑法而言的，主要关注

---

① 高铭暄、马克昌：《刑法学》，上编，中国法制出版社1999年版，第53～54页。

② 严格说来，本罪不是一个专为少数民族规定的罪名，但立法主要是考虑到拥有宗教信仰的主要是少数民族。当然，对侵犯汉族宗教信仰自由的同样以本罪论处。

两个问题：一是指导民族地区刑事司法的“两少一宽”刑事政策；二是补充刑法适用的民族刑事习惯法。

（一）“两少一宽”刑事政策

“两少从宽”刑事政策是针对少数民族中的犯罪分子实行的特殊刑事政策。基本要求是对少数民族犯罪分子应当“少捕少杀”、“在处理上一般要从宽”。这一政策意旨在：对于少数民族中犯罪分子的处理，同罪行和认罪态度最相类似的汉族中犯罪分子的处理相比较，一般要适当从宽，并要坚持少捕少杀。

基于历史的原因，少数民族地区到目前无论在经济上还是在教育、文化上，同汉族相比较，仍然存在较大的差距。这种事实上的差异状态，反映在犯罪产生的条件方面，则是抑制犯罪的“社会化”因素较弱，而诱发犯罪产生的消极因素较强。例如，在一些少数民族中，反映群婚制残余的落后婚姻形态的原始方式往往导致流氓、强奸、重婚犯罪产生。对于少数民族中的犯罪分子实行“两少从宽”的政策，就是对少数民族中的犯罪分子从实际情况出发给予变通处理。

关于“处理从宽”，是定罪从宽还是量刑从宽，是实体从宽还是程序从宽，是立法从宽还是司法从宽，存在不同的认识。我以为，“从宽”是一个综合性的政策要求，既包括定罪从宽，也包括量刑从宽；既涵盖实体从宽，也涵盖程序从宽；既要求立法从宽，也要求司法从宽。从宽是一个政策性的情节。理论界有学者建议通过刑事政策的形式对之加以规定，① 这是值得进一步研究的。两少一宽不是绝对从宽，也非无限制从宽。它存在一定的适用条件或者说适用范围。必须从危害行为的起因上把握行为与其民族特点有无直接联系，比如因科学文化知识贫乏而导致、因遗留下来的山林纠纷而导致，与宗教信仰相关联、与少数民族落后的生产方式相关联。究竟“两少一宽”政策在什么地区对哪些少数民族犯罪人适用，我以为，该政策的适用以民族自治地方为主，其他地方少数民族公民的特殊问题也可适用，对散居少数民族是否适用要具体分析。

---

① 马克昌：《刑罚通论》，武汉大学出版社 1999 年版，第 333 页。

回顾“两少一宽”刑事政策出台及适用20年，其制定从少数民族的文化差异出发，其实施针对少数民族的特点适用，其发展自然需要因应民族关系之发展。如何发展与完善这一政策，推进政策理念的成熟和实践中的执行，一要积极引导，逐步向统一执法过渡，即既要承认少数民族在文明程度上的差别，采取有区别的政策；也要在具体工作中采取积极引导的办法，以逐步向统一执法过渡。① 二要将多年的刑事司法经验及“两少一宽”刑事政策纳入变通立法。刑事立法是刑事司法经验的总结。将多年的刑事司法经验及“两少一宽”刑事政策纳入变通立法，是我们一贯的经验。②“两少一宽”刑事政策的规范化与制度化是一个必然的趋势。民族自治地方立法机关应当及时将刑事司法经验及“两少一宽”刑事政策上升为法律，为少数民族地区适用刑法提供指导。

（二）民族刑事习惯法

少数民族拥有丰富的习惯法资源。少数民族习惯法是民族的“活的法”，是一种普遍的存在。民族刑事习惯法是各民族在自身历史发展过程中，基于独特的政治、经济、文化特征积淀而成的，是一个民族原生的刑法文化的规范基础。它对于国家刑事法在少数民族地区的适用具有补充作用。一个民族的刑法文化无论在多么强大的外力的推动下，都会被原生刑法文化打下深深的烙印。民族刑事习惯法作为原生刑法的一种相对稳定而活跃的重要载体，是一种“准法律规范”。③ 长期的历史发展过程中，民族刑事习惯法已经形成一定的犯罪种类体系，包括：侵犯财产罪、侵犯人身权利罪、危害集体安全罪、危害集体内部秩序罪等。民族习惯法针对严重程度不同的危害行为发展了不同的刑罚，包括：罚款、逐除、囚禁、肉刑、抄家、死刑等。

---

① 肖扬主编：《中国刑事政策和策略问题》，法律出版社1996年版，第269～270页。

② 梁华仁、石玉春：《论刑法在少数民族地区的变通》，载赵秉志主编：《新千年刑法热点问题研究与适用》，中国检察出版社2001年版。

③ 邹渊：《少数民族习惯法》，载《贵州民族研究》1999年第4期。

民族刑事习惯法存在质疑。罪刑法定原则“排斥”习惯法，认为习惯法不是刑事法的渊源，禁止援引习惯法。但是，民族地区的习惯法作为刑事法的重要补充，发挥着裁判、调整、规范、教育等重要功能，应当传承创新而非废止。即使在今天，仍存在赔命价、赔血价等制度。比如，某些少数民族公民相互殴斗导致死伤的，如果没有通过双方“长老”的协调并约定殴伤的损害赔偿，即使经过刑法介入定罪量刑，也不能平息争议，仍会引起连续的“报复性”殴打。应当承认，民族刑事习惯法存在消极的因素，比如血亲复仇、神判等做法，近年来在很多民族地区，已经以乡规民约的形式一定意义上恢复了习惯法。从价值判断上讲，民族刑事习惯法只要不与国家的法律相矛盾，便应该继承和发展。在继承和创新民族刑事习惯法中，必须坚持：（1）以科学、理智的态度尊重民族刑事习惯法；（2）以现代化的行为准则检验民族刑事习惯法；（3）以国家法律引导民族刑事习惯法的演变和发展。

动态中的民族刑法关注“两少一宽”刑事政策，关注民族刑事习惯法。其出发点都是尊重少数民族的文化差异，保障少数民族的人权。

三、民族刑法是什么，如何构建？

民族法是什么？民族刑法具有怎样的体系地位？民族法是调整民族关系、处理民族问题的法律规范的总和，① 是中国特色社会主义法律体系中的独立的部门法。民族刑法是刑法与民族法相交叉形成的子集，即以调整民族关系为对象，调整民族关系机能的含有刑事法律内容的法律。构建民族刑法，需要从理念、原则、制度上同时进行。

民族刑法理念上，重在强调刑法的民族性。法是地方性知识。民族刑法应当具有地域特色、民族特色。这为宪法所规定，具有合宪性。相对于普遍适用的广义刑法而言，民族地区因民族特色形成的是特别刑法。其形式如何，在以民族为单位还是以地域为单位上存在争

---

① 拙著：《民族法律文化散论》，民族出版社2004年版，第179页。

议。① 究竟是一个少数民族制定一部特别刑法还是一个民族地区制定一部特别刑法？参考目前的行政建制和司法体制，不能脱离实际地空谈，按照一个民族一个特别刑法不符合我国民族大杂居小聚居的特点，司法实践中也难具操作性，故对一个民族地区制定一个特别刑法是妥当的。

民族刑法原则上，同样遵循罪刑法定原则、罪刑均衡原则、罪刑平等原则。但特别刑法的基本精神是考虑民族地区与少数民族的特殊性予以从宽，这种从宽的刑事责任是否违反罪刑平等原则？需要将罪刑平等与刑罚个别化相结合，行为人刑事责任的考察应当根据行为社会危害性与行为人的人身危险性而定。“社会危害性是一个历史的范畴。在时间、地点、条件发生变化之后，原来有社会危害性的行为可能变成没有社会危害性，原来没有社会危害性的行为可能变成有社会危害性”。② 从社会危害性和人身危险性来看，因民族习惯文化等差异实施的“犯罪行为”在当时当地并不具有社会危害性或社会危害性有所减弱，且实施刑罚没有效果，应当尊重民族习惯和民族传统而不予以处罚。如果对少数民族公民适用刑法上完全搞“一刀切”，会伤害少数民族感情，遭到少数民族抵制，从而“使惩罚毫无效果，因为它消灭了作为法的结果的惩罚”③。例如，对流行“抢婚制”地区的抢婚等，不能入罪；又如，某些民族的习俗是若婚后多年无子女或无儿子，丈夫可以纳妾形成“一夫多妻”现象，即构成刑法的重婚罪，对这种情况需要作“出罪”处理。因此，民族刑法应当增加刑事责任从宽作为重要原则，这具有刑事立法、刑事政策、刑法理论和刑事司法实践等多方面的根据。

民族刑法制度上，刑法变通规定的制定必须提上日程。尽管宪法、立法法和各部门法都规定民族自治地方可因民族特色制定自治条例、单行条例，但是至今为止，五个自治区的自治条例仍未出台，散

① 韩美秀：《民族自治地方刑法变通或补充立法探究》，载赵秉志主编：《新千年刑法热点问题研究与适用》，中国检察出版社 2001 年版。

② 高铭暄主编：《中国刑法学》，中国人民大学出版社 1989 年版，第 68、69 页。

③ 《马克思恩格斯全集》，第 1 卷，人民出版社 1956 年版，第 139～140 页。

居少数民族法仍在制定之中。民族地方的变通规定集中在民事法上，尤其是婚姻法方面。关于各民族自治地方之刑事变通规定到今天仍暂付阙如。对于何种犯罪宜在何地作何种变通规定，需要根据民族特点具体分析，必须强调对各民族地方民情民俗进行详尽的实证调查分析之后进行。具体变通内容应当充分考虑少数民族的风俗习惯、传统观念、文明程度、宗教信仰、封建迷信等因素。

著名社会学家费孝通先生曾经指出：我国自古以来是一个多民族的统一国家，并形象地概括为“中华民族多元一体格局”①。统一的多民族国家是我们研究民族问题，探讨民族政策的历史背景。民族区域自治是我国解决国内民族问题的基本政策和国家基本政治制度。②这是我们研究民族刑法以及少数民族人权保障的基本背景。2004（甲申）年9月在北京举行的“2004文化高峰论坛”上，许嘉璐、季羡林、任继愈、杨振宁、王蒙等70余位文化界人士联名发表“甲申文化宣言”，明确提出：文明多样性是人类文化存有的基本形态，文化多元化对于全球范围的人文生态，犹如生物多样性对于维持物种平衡那样必不可少；主张：每个国家、民族都有权利和义务保存和发展自己的传统文化；都有权利自主选择接受、不完全接受或在某些具体领域完全不接受外来文化因素；同时也有权对人类共同面临的文化问题发表自己的意见。宣言虽针对全球化而发，但是对于建立民族刑法与少数民族人权保障之间的连接却不无意义。

谨以此作为我今天演讲的结束语。

（本文系2005年1月15日在国家重点研究基地中国人民大学刑事法律科学研究中心和中国法学会刑法学研究会举办的“当代刑法与人权保障——全国杰出青年刑法学家论坛”上的演讲，摘要发表于《法制日报》2005年1月20日，载《人权》杂志2005年第5期，《刑法评论》2005年第7辑，法律出版社2005年版。）

---

① 费孝通主编：《中华民族多元一体格局》（修订本），中央民族大学出版社1999年版，第3页。

② 王铁志、沙伯力主编：《国际视野中的民族区域自治》，民族出版社2002年版，第3页。

完善民族法律体系，推进民族区域自治

——纪念《民族区域自治法》实施20周年

中国是一个统一的多民族国家，民族区域自治制度是我国的基本政治制度。民族问题关系到民族团结和国家统一。“统一”是前提，是框架，是政治体制的范畴。“多民族”是基础，是内涵，是文化的范畴。今年是我国民族法律体系中的基本法《民族区域自治法》实施二十周年，本文拟围绕《民族区域自治法》的修改，谈谈对民族法制建设的若干思考，为完善民族法律体系、推进民族区域自治建言。

一、中国民族区域自治制度的形成与发展

现代世界各国多为多民族国家，大多存在民族问题与民族冲突。处理少数民族问题，关系到民族团结和国家统一。在处理少数民族问题上，各国因自己的历史背景和文化传统，结合自身的民族情况，形成了各具特色的政策。从目前国外解决民族问题的政策与法律来看，都强调民族平等与文化多元，强调民族政策的实践，强调国家主权范围内的民族政策。

各国在处理本国民族问题时形成的经验包括：第一，国家主权是解决民族问题的前提。主权国家决不能因为少数民族强调文化特殊性而有所改变。根据我们的观察，无论是美国、俄联邦还是加拿大，统一的多民族国家都强调国家主权作为前提。第二，民族政策是一个实践性非常强的政策。所有的民族政策都是在实践过程中形成的，而不仅是文件和“纸上”的东西，民族政策因国情、历史条件、民族状况的不同有差异而且也应有所差异。第三，民族区域自治是各个国家正在寻求和探索的一项解决民族问题的机制。自治的概念、内涵、类

别、功能以及实现自治的途径和法律保障都存在差异，取决于统治者对民族关系的判断和对民族问题的认识。

我国自古以来是一个多民族的统一国家，已经形成“中华民族多元一体格局”①。统一的多民族国家是我们研究民族问题，探讨民族政策的历史背景。民族区域自治是我国解决国内民族问题的基本政策和国家基本政治制度。② 我国的民族区域自治制度是以民族平等和民族团结为总政策而形成的经过历史考验认为是成功的制度之一，她为1982年宪法所确认。宪法序言中明确规定各民族平等、团结、互助，明确了民族团结、民族繁荣的目标，要求反对大民族主义和地方民族主义。宪法第三章第六节明确规定“民族自治地方和自治机关”。1984年我国颁行了《民族区域自治法》，《民族区域自治法》是我国宪法之下与刑法、民法等相平行的基本法。在实行十余年之后，我国在2001年为适应民族区域自治的情况对《民族区域自治法》进行了局部修改。一定意义上讲，我国已经由宪法——民族区域自治法——自治条例或单行条例构成较为完善的民族法律体系。

二、现行《民族区域自治法》的修改与完善

《民族区域自治法》于1984年5月31日经第六届全国人民代表大会第二次会议通过，1984年10月1日开始实施。它是实施宪法规定的民族区域自治制度的基本法律。《民族区域自治法》是在1982年宪法的指导下制定的，它充分体现了宪法规定的民族平等、团结、互助精神，贯彻了民族团结和民族共同繁荣的宗旨。自颁布实施以来，它对巩固和发展平等、团结、互助的社会主义民族关系，维护国家的统一和稳定，促进民族地区的经济文化等各项事业的发展，发挥了重要的作用。实践证明，《民族区域自治法》是具有中国特色的、合乎国情的一部好法律，深受各族人民的拥护。

---

① 费孝通主编：《中华民族多元一体格局》（修订本），中央民族大学出版社1999年版，第3页。

② 王铁志、沙伯力主编：《国际视野中的民族区域自治》，民族出版社2002年版，第3页。

法制的变迁是时代发展的必然。从历史的角度分析，在《民族区域自治法》制定的时期，正值改革开放初期，受历史条件的限制而导致民族法观念较为陈旧和不够成熟。从文本的角度分析，这部《民族区域自治法》已经不能适应市场经济体制发展的需要，而且在自治权利的表达、非法律化语言的运用和自治权利实施的保障机制等问题上均需要改进。①《民族区域自治法》应当伴随着民族法观念的革新而修改：由注重政治功能的民族法观念向注重经济功能的民族法观念转变；由注重产品经济标准的民族法观念向注重生产力标准的民族法观念转变；由注重民族政策向民族政策与民族法律并重的观念转变；由注重单纯追求自治权向"两手抓"的民族发展观转变。② 在观念革新的前提下，我国适应经济体制的转轨和民族事业的发展对民族区域自治法进行了修改，这些修改侧重在政治制度完善、经济体制改革和上级国家机关对民族自治地方的支持和帮助等方面的规定，修改使民族区域自治的内容更为丰富，要求更为具体和富有操作性。比如，修改的《民族区域自治法》明确民族区域自治是"国家的一项基本政治制度"，并规定"继续坚持和完善"；与 1999 年宪法相一致，增加规定邓小平理论的指导地位、走中国特色社会主义道路、发展社会主义市场经济、加强社会主义民主与法制建设、加强社会主义精神文明建设等内容；适应经济体制改革和社会发展的要求，侧重人的素质的提高，重视资源和环境的保护等内容。

《民族区域自治法》的修改使自治法更适合民族地区经济发展的要求，更符合民族团结与繁荣事业的需要。然而，修改在违法追究机制、纷争平衡机制、事前征询机制和立法技术上均存在不足之处。就民族区域自治法今后的修订而言，我认为，主要存在两个方面的问题：一是指导思想上，民族政策与民族法律应当有一个界限。民族问题是一个具有较强政策性的问题，同时在现代法治国家需要法律的贯

---

① 果洪升：《民族区域自治法的修订势在必行》，载《广西民族学院学报》1994 年第 4 期；紫茗：《修改〈民族区域自治法〉难在哪里？——访中国民族理论学会常务副会长果洪升》，载《民族团结》1999 年第 3 期。

② 拙文：《民族法观念更新与〈民族区域自治法〉的修改》，载《现代法学》1996 年第 6 期。

彻和实施。政策与法律如果混同，既会使法律失去严肃性，也会使政策丧失宏观的高度指导作用。1999 年，我国宪法将“依法治国”作为我国的基本治国方略，建设现代法治国家要求我们将民族问题置于一个关系到民族团结和国家统一的高度，也要求我们在国家民族政策指导下，按照宪法之下一阶位基本法律的要求完善民族区域自治法。二是民族经济法制的完善，《民族区域自治法》的修改已经为适应经济体制的转轨作出了相应的规定，必将为民族地区的经济发展和振兴提供制度支持。发展是执政兴国的第一要务，推而及之，发展是民族地区稳定与繁荣的前提。民族地区的经济发展决定着民族事业能否取得胜利。从 2001 年修订的《民族区域自治法》来看，关于经济方面的权利比较虚化，有待进一步完善。

三、我国民族法律体系建设的相关思考

民族区域自治制度是我国的基本政治制度，《民族区域自治法》是我国的基本法律。民族法应当也正在形成一个不断完善的法律体系，它是推进我国民族区域自治的法律基础和制度前提。关于民族法律体系建设，我认为需要在西部开发战略的宏图中，重点关注民族法律体系建构，强化民族法的执法力度，以推进民族法制建设、民族团结和共同繁荣。

（一）西部开发战略与民族法制

西部开发是我国政府借鉴国外开发欠发达地区的经验结合我国西部广大欠发达地区的实际情况制定的一项重要战略。西部欠发达地区包括陕、甘、宁、青、新、藏、川、云、贵、渝、广西、内蒙古等 12 个省（区、市）；土地面积 600 多万平方公里，约占全国总面积的 70%；人口总数 3 亿多人，约占全国人口的 23%。其中，少数民族人口占全国少数民族总人口的 86% 左右。西部有 5 个自治区、27 个自治州，84 个自治县（旗），占全国 5 个自治区的 100%，30 个自治州的 90%，120 个自治县（旗）的 70%。由此可见，西部地区的振兴与发展是民族地区的振兴与发展。西部开发战略的立法与民族地区的立法是相互交融的，两者必须兼顾。西部开发面临的民族问题艰

巨，只有谨慎处理好民族关系、顺利解决民族问题，才能持续稳定地推进西部开发，促进西部经济发展。

西部开发与民族区域自治是紧密联系的，必须从国家实施西部大开发战略的全局出发，充分认识民族法制建设的重要性和深入贯彻落实《民族区域自治法》的必要性，推动民族区域自治制度的完善和发展。在我看来，西部的问题重要是发展，解决好了发展，民族问题便迎刃而解。因此，民族法制应当考虑西部开发战略，侧重经济建设，照顾西部地域广阔但生产力水平不高的情况，为东中西部的协调发展提供制度的保障。

（二）民族法律体系的建构

民族法律体系如何建构？2001 年我国已经对《民族区域自治法》作出一定的修正，修订后的《民族区域自治法》基本适应民族工作发展的需要。即关于民族区域自治的基本原则和基本纲领是明确的。但是在自治条例上，各个地方的自治条例或者尚付阙如，或者立法上存在一定问题。在我看来，民族法律体系中目前最为紧缺的是两类法律：一是民族区域自治法的配套法律，完善《民族区域自治法》实施保障措施和实施保障机制是当务之急。目前《民族区域自治法》的实施细则、五个自治区的自治条例一直处在酝酿过程中，各项专门法律、行政法规和实施细则不成体系。我国的民族法律体系还是一个粗略的框架，要进一步完善还需要广大民族实务工作者和民族法学工作者的努力。二是散居少数民族的权益保护法的问题。在我国 1.084 6 亿的少数民族人口中尚有 2 700 万的散居少数民族人口（占少数民族人口的 25%），如何保障这些少数民族成员的权利，是我国民族立法工作者应该关注的重要问题。1952 年我国曾经发布过《政务院关于保障一切散居的少数民族成分享有民族平等权利的决定》，1979 年也曾发布过《中共中央、国务院批转国家民委关于做好杂居、散居少数民族工作的报告的通知》。根据我的不完全统计，已经出台的散居少数民族权益保护地方性法规的省份有广东省、河北省、湖北省、湖南省、辽宁省、重庆市等。全国人大民族委员会从 1986 年开始起草《散居少数民族权益保障法》，现已数易其稿，但一直没有出台。这部法律对于非民族区域自治内的杂居、散居少数民族具有重要意义。总体而言，我国的民族法律目前没有形成规范化、制度化的体系，这种局面亟待改变，以建立更为完善的民族法律体系。

（三）强化民族法的贯彻与实施

古人云："徒法不足以自行。"① 法律的贯彻与实施是检验法律能否应用于实践，是实践对立法的反馈。我们可以通过从实践中发现问题提出问题以便进一步完善法律。同时，只有通过法律的贯彻与实施才能将立法者的意图反映到社会生活中去，实现法律调整社会关系的功能。《民族区域自治法》规定的是基本原则、基本纲领，专门法律、实施细则、自治条例和单行条例则是具体规定各项制度。在民族法的贯彻与实施上，我以为有两点需要注意：其一，强化对民族法的执行力度。各级国家机关都应当遵守宪法、民族区域自治法及相关民族法律法规的规定，坚持"有法必依、执法必严、违法必究"，各自治机关根据民族区域自治法授予的自治权在上级国家机关指导下充分发挥领导作用，严格执法，不因政策的短期性伤害法律的严肃性和权威性。其二，大力宣传民族法制，深化民族法制观念。民族地区的严格执法的观念基础是法律的普及。在民族地区，因长期处于封建时期，各项习俗根深蒂固，短时间内难以剔除。应当适应民族特点采取因势利导的方法在民族地区开展法制宣传工作，既提高执法人员的法律素质，又增强民族地区普通公民的守法观念。

（本文系在国家民委于2004年11月在北京主办的"纪念民族区域自治法颁布实施20周年学术研讨会"上的发言稿，发表于《中国民族》2004年第9期。）

---

① 《孟子·离娄上》。

中国特色的民族法治

我国自古以来是一个多民族的统一国家，已经形成“中华民族多元一体格局”①。中国拟在2010年建成比较完备的具有鲜明的中国特色的社会主义法律体系，这将是我国法制理论与实践的重大成就。在中国特色的法律体系中，中国特色的民族法治是重要组成部分，是民族问题与法治问题的交汇点。中国的民族法治已经形成以民族区域自治制度为核心的民族法律体系，但在民族法律革新的观念和民族法律体系的进一步完善上仍待完善，笔者将对此加以初步探讨。

一、民族区域自治制度是核心

统一的多民族国家是我们研究民族问题，探讨民族政策的历史背景。在中国共产党创建时期，曾经提出民族自决、自治，建立联邦国家的主张，经过历史的发展和实践，历史上形成的各民族大杂居、小聚居的状况，是中国实现民族区域自治的前提。为巩固统一的多民族国家，我国政府设计了民族区域自治制度作为基本政治制度。从政治的角度分析，民族区域自治是我国解决国内民族问题的基本政策和国家基本政治制度。② 我国的民族区域自治制度是以民族平等和民族团结为总政策而形成的经过历史考验证明成功的制度之一，并为1982年宪法所确认。宪法序言中明确规定各民族平等、团结、互助，明确

---

① 费孝通主编：《中华民族多元一体格局》（修订本），中央民族大学出版社1999年版，第3页。

② 王铁志、沙伯力主编：《国际视野中的民族区域自治》，民族出版社2002年版，第3页。

了民族团结、民族繁荣的目标，要求反对大民族主义和地方民族主义。宪法第三章第六节明确规定“民族自治地方和自治机关”。1984年我国颁行了《民族区域自治法》，《民族区域自治法》是我国宪法之下与刑法、民法等相平行的基本法。在实行十余年之后，我们在2001年适应民族区域自治的情况对《民族区域自治法》进行了局部修改。一定意义上讲，我国已经由宪法——民族区域自治法——自治条例或单行条例构成较为完善的民族法律体系。

确立民族区域自治制度为民族法治的核心的意义与功能在：第一，巩固并发展多民族统一的单一制国家。民族区域自治制度为宪法所规定，作为宪制的一部分，理当为全国各族人民遵守。民族区域自治制度为少数民族群众提供了从制度到物质的系列保障，为各少数民族的平等保护与发展提供了契机。第二，完善社会主义法律体系，推进依法治国方略。1999年宪法修正案确认依法治国为治国基本方略，制定良法形成一个“制度的治理”的局面非常重要。民族地区的法治状况不容乐观，民族问题作为世界各国比较棘手的难题，同样需要法律的支持与规定，民族区域自治制度正是以法律的形式巩固和发展民族区域自治的实践，同时为依法治国方略的实施作出了贡献。第三，民族区域自治制度是解决民族问题的有效经验的总结，是我国宪法确认的基本政治制度。中国共产党自夺取政权到执政以来，一直非常重视民族问题，长期实践的结论是：民族区域自治制度是历史形成的，对于推动民族区域经济发展，推进中国各地区经济、社会协调发展具有重大意义。第四，民族区域自治制度有利于维护边疆地区稳定。各少数民族更多地居住在中国边疆地区，维护民族地区的稳定就是维护边疆地区的稳定。民族区域制度从制度上保证了民族地区经济、社会、文化等各个方面的协调发展，为边疆地区的稳定打下了牢固的基础。因此，必须坚持以民族区域自治制度为核心推进中国特色的民族法治。

二、民族法治改革的观念转型

民族法治正在改革之中，如何从理念上确立改革的指针与方向，需要我们反思既往的民族法治理念。在我看来，关键要实现民族法治的三个观念转型。

（一）重视民族法治的经济导向

既往的民族法治更多地倾向于“基本政治制度”，这并无疑义。但政治功能仅仅是民族法治的一个单项功能。计划经济时代，人们习惯于从政治视角去考察民族法的主要功能，主要是由于我国民族法的调整重点历来是偏重于保护统治阶级的上层建筑。问题在于，民族法的政治功能不是民族法天然的绝对的中心，它是伴随着历史条件的变化而变化，伴随着党和国家工作重心的转移而转移的。① 民族法的政治功能在阶级斗争复杂的情况下首要功能在政治，但一旦党和政府的工作中心转移到市场经济建设上来，便应当由政治视角转向经济视角，并从经济建设的需要出发来构筑民族区域自治法的基本框架。民族法的政治功能固然不能削弱，但其更应当担负起保护和促进经济建设的职能。党的十六大提出，发展是执政兴国的第一要务。经济发展是其他各个方面发展的物质基础。重视法律的促进经济发展功能应当得到强调，在生产力和生产水平相对落后的民族地区更需要强调经济发展，要把民族法制建设工作与法律实施作为一项促进经济发展的制度后盾来抓，努力推进民族地区的经济发展。

（二）重视人权维护的人本观念

“三个代表”重要思想的核心与根本出发点是代表人民群众的根本利益。作为新世纪的行动纲领，“三个代表”重要思想强调了“以人为本”思想，继承发展了中国思想传统中的人本思想。民族法治体系是少数民族人权的坚实保障。中国政府在1991年以来的数个人权白皮书中专设篇幅说明中国少数民族人权的保障状况，表明在民族区域自治制度下，少数民族的平等权利和特殊保护权利均获得保障。在历次的人权白皮书中，多次强调：中国是一个统一的多民族国家，有56个民族。汉族占全国人口的92%，其他55个民族占8%。实现各民族平等、团结和共同繁荣，是中国对待民族关系的基本原则。禁止对任何民族的歧视和压迫，禁止破坏民族团结和制造民族分裂的行

---

① 吴大华：《民族法律文化散论》，民族出版社2004年版，第238页。

为。反对大民族主义，主要是大汉族主义，也要反对地方民族主义。人权状况白皮书以充分的数据和事实告诉我们：少数民族的政治权利、经济权利、发展使用本民族语言文字、保存民族风俗习惯的文化权利均获得了充分的保障。2004 年国务院新闻办公室发布的中国人权白皮书进一步申明：少数民族公民平等地享有宪法和法律规定的全部公民权利，并依法享有少数民族特有的各项权利。① 对比少数民族的今昔人权状况，已经实现一个翻天覆地的变化。

中国的少数民族自治区或自治州、自治县，不是联邦成员或任何其他自愿组合的联合体成员，民族区域自治制度下的自治地方根据宪法和《民族区域自治法》（2001 年修正）享有自治权。我国的民族自治地方的自治权内容广泛，且有物质到制度的系列保障：（1）行政。在宪法第三章第六节中规定了民族自治地方的自治机关的首脑（即自治区、州和县的人大主任或者副主任和自治区人民政府的区主席、州长或县长）由实行区域自治的民族的公民担任（第 112 - 114 条）。（2）立法。民族自治地方的人大有权依照当地民族的政治、经济和文化的特点，制定自治条例和单行条例，但是自治区制定的自治条例和单行条例要在报全国人大常委会批准后，才能生效，自治区的下级自治地方制定的自治条例和单行条例要报省或自治区人大常委会批准后才能生效（第 116 条）。（3）经济、社会、文化。民族自治地方有财政的自治权，可以自主地安排使用属于民族自治地方的财政收入。可以“在国家计划的指导下，自主地安排和管理地方性的经济建设事业”，“管埋本地方的教育、科学、文化、卫生、体育事业、保护和管理民族”（第 117 ~ 119 条）。（4）公安。民族自治地方可以组织本地方维护社会治安的公安部队，但要依照国家的军事制度和当地的实际需要，还要经国务院批准（第 120 条）。（5）语言。民族自治地方的自治机关执行职务时可以使用当地通用的一种或几种语言文字（第 121 条）。各民族公民都有用本民族语言文字进行诉讼的权利。在少数民族聚居或多民族共同居住的地区，法院应用当地通用语言进行审理；起诉书、判决书、布告和其他文书应当根据实际需要使用当地通用的一种或几种文字。

---

① 国务院新闻办公室，《中国人权白皮书 2004》，2004 年 3 月，北京。

（三）重视民族政策向民族法律的转型

区域自治是现代世界各国在面对一国内多民族如何处理文化多样性获得的共识。依法治国方略是我国政府在1999年宪法中确立的基本方略。毋庸讳言，我国政府在过去一段时间尤其在法律虚无主义的时代采取的是依靠政策处理少数民族问题，区域自治政策经过长时间的实践，已经形成了一个完善的体系，内容涉及到政治、经济、文化等各个方面。民族地区的经济社会发展在一定程度上应当归因于系列促进民族地区经济发展的特殊优惠政策，包括减免税、设立专门基金、财政上给予优惠等。但是，我们处于一个法治的时代，需要依靠具有长期性、稳定性的法律制度推进社会主义的各项事业。政策对法律具有指导作用，但不能代替法律应对社会生活问题。因此，在全面贯彻落实依法治国基本方略的时代，应当坚持依靠法律制度推进民族政策、促进民族地区经济社会发展的策略。

三、民族法律体系改革的关键

根据对民族地区的长期观察和实地调研，我认为民族法律体系改革的关键在：一是民族法律体系的建立和完善；二是杂居、散居少数民族的法律保障。

坦率地讲，我国的民族法律体系尚欠健全。我国虽然已经加入若干人权公约，对于少数民族人权保障也已经形成宪法——民族区域自治法——自治条例单行条例等三级，但是保护少数民族的法律尚未形成体系。根据张文山教授的分析，中国民族法律基本构架由四个层次构成：第一，民族区域自治法；第二，专门法律；第三，为实施专门法而制定的行政法规和细则；第四，自治条例、单行条例和地方性法规。但反观我国的民族立法，目前是两头完善中间层次空缺。而就民族区域自治法而言，2001年已经作出一定的修正，基本适应民族工作发展的需要。即关于民族区域自治的基本原则和基本纲领是明确的。但是在自治条例上，各个地方的自治条例或者尚付阙如，或者立法存在问题。总体上讲，民族区域自治立法的规范性和可操作性的专门法律、实施法律的具体措施以及自治条例和地方性法规都很欠缺，由此导致民族区域自治法的实施不能得到很好的贯彻落实。我们的民族自治制度也可能仅留于形式，徒具虚名。实践中，民族区域自治制度经常流于庸俗化，没有形成规范化、制度化的体系。① 这种局面亟待纠正，应建立更为完善的民族法律体系。

从某种意义上讲，民族法律制度更多地是针对聚居少数民族的，杂居、散居少数民族的法律相对欠缺。从我国现在民族区域自治看，已经建立五个自治区和诸多自治州、自治县等。但是，不应忽视，在我国 1.084 6 亿的少数民族人口中尚有 2 700 万的散居少数民族人口（占少数民族人口的 25%）。湖北省的民族自治地方有 1 州 7 县，实行区域自治的民族只有土家族、苗族、侗族和瑶族 4 个，而相比之下，全省散居少数民族的成份多达 50 个。② 如何保障这些少数民族成员的权利，是我国民族立法工作者应该关注的重要问题。应当承认，在民族杂居散居地区，我国已经建立了 1 500 多个民族乡，使杂居散居的少数民族能更好地享受平等的权利。但相关的民族杂居、散居法律体系没有形成。1952 年曾经发布过《政务院关于保障一切散居的少数民族成分享有民族平等权利的决定》，1979 年也曾发布过《中共中央、国务院批转国家民委关于做好杂居、散居少数民族工作的报告的通知》。根据不完全统计，已经出台的散居少数民族权益保护地方法规的省份有广东省、河北省、湖北省、湖南省、辽宁省、重庆市等。全国人大民族委员会从 1986 年开始起草《散居少数民族权益保障法》，现已数易其稿，但一直没有出台。杂居、散居民族的权益保障法为那些居住在区域自治地方范围内，不能获得民族区域自治法保护的少数民族成员提供法律的保护，它是保障散居少数民族的合法权益，维护和发展平等、团结、互助的社会主义民族关系，促进各民族的共同繁荣的重要制度保障。我国杂居散居少数民族权益保护的法律到今天还没有出台，不能不说是民族自治法律体系的一个缺憾。

---

① 社会上流传着的描述我国民族自治制度的这个顺口溜应该引起我们的重视：一个头子，一块牌子，一个孩子。意思是，自治地方的一个领导是少数民族，自治机关挂着一块牌子，计划生育政策允许少数民族多生一个孩子。

② 夏骏：《谈谈散居少数民族的权益保障问题》，载《黑龙江民族丛刊》1998 年第 2 期。

中国共产党及其执政的政府提出的民族区域自治制度是历史发展的必然，是党在长期的革命斗争和民族工作中形成的宝贵经验。经过新民主主义革命、社会主义革命和社会主义建设各个时期的检验，证明民族区域自治是适合中国国情的正确的民族政策和制度：它为多民族的国家，特别是与中国的族情相类似的国家，找到了一条可供选择的民族政策和制度，为妥善解决民族问题，处理民族矛盾与纠纷提供了经验。作为一个单一制国家，中国实行民族区域自治制度，要求各个自治区或其他自治地方在中央政府统一领导下作为一级地方政府存在，而不是联邦体制下的自由联合体。在走向法治的时代，应当坚持以民族区域自治制度为核心，转变民族法治观念，健全民族法律体系，推进民族法制建设，① 从而促进民族经济发展与社会文化的全面进步。

（本文系在贵州省侗学研究会、玉屏侗族自治县2004年11月主办的“纪念民族区域自治法颁布实施20周年学术研讨会”上的演讲，发表于《中国民族报》2004年10月29日。）

---

① 一个民族对于自己命运的把握是一个历史的过程，简单地实现独立并不一定能实现自己的民族社会理想。在当代，任何民族都不可能再在孤立的状态中自行发展，相反，对于绝大多数民族，特别是弱小和欠发达的民族来说，要实现自身的发展与人权保护，主体民族，友邻民族的平等相待、支持和帮助是至关重要的外部条件。中国社会科学院法学研究所、爱尔兰人权中心编：《少数人权利保护（Protection of Minority Rights)》，中国与欧盟联合国人权两公约学术交流网络第四次研讨会论文集，2003年印，第24页。

关于保护民族民间文化的法律思考

中国是人类口头和非物质遗产最丰富多彩的文化大国之一。但是，以往由于在较长的特殊历史条件下，我国的民族民间文化遗产曾经遭到过种种破坏；现在又随着全球化发展的冲击和环境恶化的威胁，面临消失的危险，再加上我国在这方面的工作起步晚，既缺乏法律保障，又缺乏有效的机制和成套的经验。笔者认为，当务之急就是加快立法步伐，把我国民族民间文化遗产的保护工作纳入法治轨道。

一、民族民间文化保护工作的现状堪忧

1. 优秀的民间文化是我们民族精神情感、道德传统、个性特征以及凝聚力、亲和力的载体，是普通百姓世代相传的文化财富，也是我们发展先进文化的精神资源与民族根基。作为我们引以自豪的中华文化的重要组成部分，民间音乐、美术、信仰、礼仪、节日、戏剧、神话、史诗、故事等浩如烟海，光辉灿烂。从20世纪50年代起，我国曾多次组织开展不同层次的保护与抢救工作，但由于社会现代化进程和农村城市化步伐的加快，民间文化的保护依然存在不少问题，现状令人担忧。

2. 《人民日报》记者刘玉琴采访民间文化工作者时，他们有一个共同的感慨：一些民间文化去年还鲜活地存在，今年可能就荡然无存。每一分钟都有一批民间文化消失：古老而极有价值的民居在大批消亡，一些风情独异的古村落转眼间不复存在，许多身怀绝技的民间老艺人歌还没有录完，就溘然长逝，人亡歌息。他们说，如果我们不去保护和抢救，再过20年，至少有一半民间文化会化为乌有，烟消

云散。①

3. 我国正处在由传统的农业社会向现代的工业化社会的转型期。这个社会转型必然带动整个文明的转型。随着工业化和城市化的加速，原有的农业文明架构下的一切文化形态和方式都在迅速瓦解与消亡。

4. 以多民族的贵州为例，一个外国人来到贵州少数民族地区观光，刚落座不久，立即有许多村民抱着各式服饰及民族工艺品向其兜售，老外轻易可以挑选到一些具有文物价值的服饰，然后作为旅游工艺品轻松带到境外。这种场景在许多少数民族地区屡见不鲜。

5. 一些专家对此心痛不已：好多流入国外的不仅是简单的旅游工艺品，而是积淀着民族历史文化的"活化石"。但由于目前法律法规不完善，众多历史久远的服饰已被个人大肆收购殆尽而无力保护。②

6. 据了解，在 2003 年以前，任何一个人都可以将一件年代久远的服饰作为旅游工艺品，通过正常渠道带出境外，因此对民族服饰的流失无法进行监管。尽管 2003 年 1 月贵州省颁布实施了《贵州省民族民间文化保护条例》，但条例中并没有明确划分出民间工艺品和旅游工艺品的界线，更没有在年限上对可携带的工艺品加以限制，致使许多达到文物价值的工艺品流失他乡。

7. 相关法律法规不完善是民间工艺品保护不力的主要原因之一。据了解，目前我国并未将民间工艺品列入文物法保护范围，更未明确究竟什么样的民间工艺品属于文物。《贵州省民族民间文化保护条例》也仅是粗略地指出：要保护所有的民间工艺品，但并未具体说明如何保护，处罚措施也比较空泛。

其实，近年来不断有文物界人士对民间工艺品的保护提出建议。《文物法》草拟人之一、国家文物局的一位官员在我省文化部门的一个会议上曾提出，可将解放以前不能再生产的民族工艺归为文物，以文物法予以规范；以 25 年为限，有选择地将民间工艺品列为文物；

① 《人民日报》2003 年 3 月 25 日第 14 版。

② 王成宇等：《民间"活化石"亟盼保护》，载《贵州商报》2004 年 3 月 25 日第 7 版。

但这些也仅是一个提议，根本目的是使民间工艺品有法可依，最起码将一些急需保护之物归入现成的《文物法》来保护。但时至今日，民间工艺品并没有得到具体措施来保护。

二、民族民间文化保护中的具体法律问题

民族民间文化需要艺术家参与保护，但法律是否应该考虑如何调动艺术家的积极性，以音乐为例，应鼓励艺术家使用民间音乐的素材，让他们对民间音乐进行学习和吸收。艺术家创作都要去生活中寻找素材，找到灵感，得到启示，然后进行创作，再回到人民中间。目前有个别判例对老艺术家的权利并没有很好保护，这对很多艺术家形成了负面作用，使得他们在使用民间素材上望而却步。①

吴祖强指出，艺术家可以在作品中注明素材的引用，但至于是改编还是创作，这样的鉴定很难。因为艺术是无法用数量来衡量的，是用了三个音还是五个音以上者即属于编曲？还是十个音、八个音才算？他说，我国法律至今对作曲还是编曲尚无任何界定，音乐界对此也无约定俗成的明确定论。既然法律对编曲、作曲无明确界定，那么，任何自然人或法人就此作出的鉴定当然也无法律依据。

吴祖强忧心忡忡地说，从法院已有判例来看，只要这些民歌的所在地提起诉讼，就会告倒一大片。如果这样，艺术家还会有使用民间素材的积极性吗？如果一个文艺家脱离了生活，脱离了人民，就没有了根，没有了生命力，他的创作就会枯竭。如果我们文艺家在所到过的地方、采用过民歌的地方，都遇到麻烦，那么我们将怎样创作？难道要作曲家去写那种空中楼阁、无人听懂的东西？他强烈呼吁，尽快出台民间文艺作品保护法，让法律来保护艺术家的创作热情。尽早明确艺术家的权益，让他们能没有后顾之忧地参与创作。

2003 年，备受关注的中国第一起民歌著作权纠纷案结案。至此，这起历时近四年，引起音乐界学术大辩论的《乌苏里船歌》著作权纠纷案终于以赫哲族的胜诉画上了句号。《乌苏里船歌》案的审理可

---

① 李明霞：《艺术家也需要法律援助》，载《中国教育报》2004 年 3 月 6 日。

以说提出了三个法律方面的问题:①

首先，明确了“民歌产权归属及是否应当受到法律的保护”的问题。民族民间优秀的文化遗产是文艺工作者创作的土壤，随着文化的繁荣，本案之前曾多次出现与民歌曲调有关的知识产权之争，均由于法律界定不明确而不了了之，本案首次明确:“世代在赫哲族中流传、以《想情郎》和《狩猎的哥哥回来了》为代表的赫哲族民间音乐曲调形式，属于民间文学艺术作品，应当受到法律保护”。

其次，通过大量论辩明确了“改编”和“作曲”的区别:“著作权法上的改编，是指在原有作品的基础上，通过改变作品的表现形式或者用途，创作出具有独创性的新作品。改编作为一种再创作，应主要是利用已有作品中的独创部分。对音乐作品的改编而言，改编作品应是使用了原有音乐作品的基本内容或重要内容，应对原作的旋律作了创造性的修改，却又没有使原有旋律消失”。《乌苏里船歌》正是因为首部、尾部使用了赫哲族调式“伊玛堪”、主部基本沿用了赫哲族民歌《想情郎》和《狩猎的哥哥回来了》的旋律而被最后定性为:“根据赫哲族民间曲调改编”。

再次，首次通过法律手段使少数民族民间文化遗产得到保护，推动了我国“民族民间文化艺术作品保护”的立法进程。1990年开始实行的现行《中华人民共和国著作权法》中第六条规定:民间文学艺术作品的著作权保护办法由国务院另行规定。十几年过去了，这一规定至今尚未出台，社会文化艺术发展的现实需要呼吁着相关法律的健全,《乌苏里船歌》案无疑将成为民族民间文化艺术保护立法的参考范例。

中华民族5 000年的历史长河中，56个民族孕育了众多优秀的文化遗产，其中也包括了民族民间音乐，这些民间文艺作品是公共财产，属于中华民族的共有财富，中华儿女可以分享它、传播它、爱护它，但是，不能允许任何个体独占它，这些作品经多年锤炼，或者是集体创作而成，或者是代代相传逐步形成，没有明确的署名不等于它们的著作权不受保护，保护民间文艺作品的著作权，实质上就是保护

---

① 钟鞍钢:《民族民间文艺作品亟待立法保护》，载《法制日报》2003年7月8日。

一个民族、一个集体的公共利益。

在这个案件一审过程中，应被告方要求，法院委托中国音乐著作权协会将《乌苏里船歌》对比赫哲族民歌《想情郎》和《狩猎的哥哥回来了》进行了分析鉴定，在鉴定报告中有这样一句话发人深省："永远都不要忘了给我们创作注入养分的人民大众和传统音乐，没有他们的原创，就没有自己成功的改编，只有经常不断地向他们学习，我们的创作之泉，才永不枯竭。"

三、国外关于文化保护立法的经验值得借鉴

文化保护，立法先行。这是所有发达国家保护民族民间文化遗产首要的成功经验，其中以日本最具有代表性。1950年日本颁布了《文化财产保护法》，明令规定不仅由国家保护有形的文化遗产，还着重强调由国家保护无形的文化艺术遗产。经过实施，这部法律经过了几次修改和补充，已经成为十分完善的一部民族文化保护法典。它不仅在日本国内发挥了文化遗产保护的决定性作用，还在国际上享有盛名，成为近些年来很多发展中国家学习或借鉴的样板。①

日本的《文化财产保护法》规定了国家保护的文化财产五大门类：一是有形文化财产：包括有很高艺术价值和历史的建筑物和美术工艺品；二是无形文化财产：包括在历史上和艺术上具有很高艺术价值的戏剧、音乐及乐舞、工艺技术；三是民俗文化财产：包括有形民俗文化财产和无形民俗文化财产。前者包含有民间生活用具和民俗生活设施，后者包含有民间的各种风俗习惯和多种多样的民间艺术，特别是村社民众年节庆典祭祀时的各种表演艺术节目，都在其中；四是纪念物：包括有很高历史、学术、艺术价值的寺院、古宅、坟冢、城池、宫殿、名胜、动植矿物等；五是传统建筑物群。在这部法律中确定的无形文化财产和无形民俗文化财产，在今天的联合国教科文组织的标准文件中，一律称之为"人类口头和非物质遗产"，和我国的民族民间文化遗产的概念大致相同。这部法律在突出保护具有很高历史

---

① 乌雨安：《学习保护民族民间文化的国际成功经验》，载《人民日报》2004年10月20日。

价值和艺术价值的文化遗产的同时，还突出强调了优先保护那些濒临消亡的文化财产。经过日本举国上下依法保护非物质遗产的半个多世纪的努力，使日本在这一重大文化建设领域，走在世界前列，独领风骚。此外，在欧洲各国，诸如法、德、芬兰、挪威等国，在近半个世纪中，先后都颁布了相关的文化保护法案，建立了严密的保护机制，形成了文化遗产保护的法制秩序和良好的人文环境，促进了人类文明的发展进程。

四、民族民间文化保护的工程初见端倪

民族民间文化为什么如此重要？因为人的情感需要它，人的心理需要它，我们走向未来需要它。在社会飞速发展的过程中，在物质财富极大丰富的条件下，在科技发展到上天入地，似乎无所不能的情况下，人们感到还需要有一种东西来平衡心理，促进人的全面发展。民族民间的文化给人们以一种特殊的关切感，不断给人的心灵以滋润和慰藉，在文化心理上给人以一种安定感和安全感。①

通过民族民间文化，我们能够认识自己从哪里来。这对于走向明天，走向未来，非常重要。我们也因此更加清晰地了解人类的追求，知道人们到底需要什么。加强民族民间文化保护工作，符合党的十六届三中全会提出的科学的发展观的要求。所以，在社会飞速发展时，更要从长远考虑，重视民族民间文化的保护。

自从 2003 年初我国全面启动民族民间文化遗产保护工程以来，全国各地的文化部门、艺术机构或团体都不同程度地加强了民族民间文化遗产的保护工作，同时在一定程度上也提高了各民族人民群众对民族民间文化遗产的保护意识。

2004 年 10 月 15 日，中国民族民间文化保护工程国家中心与 18 个“保护工程”试点单位签署了首批《试点项目任务书》，这表明中国民族民间文化保护工作进入了一个新阶段。这些试点项目包括云南、宜昌等 5 个综合类项目和花鼓灯、维吾尔族木卡姆、道情皮影等

---

① 孙家正：《我们不能忘了“回家的路”》，载《人民日报》2004 年 3 月 16 日第 16 版。

13 个专业类项目。

据中国艺术研究院副院长、中国民族民间文化保护工程国家中心主任刘茜介绍，《试点项目任务书》对试点项目的有关工作方案、机制构成、资金配套、知道产权归属与管理、阶段性考核和最终成果验收等各项实施环节进行了规范与规定，为各试点项目实施的全程指导与监管提供了制度化和规范化的操作程序。①

截至目前，民族民间文化保护工程已在全国确立了 39 个试点项目，其中包括河北省武强年画、北京市民间音乐京西古幡乐、广东省民间工艺雷州石狗等。而随着试点工作的全面展开，全国各地在政策法规建设、组织工作机构建设、队伍培训、普查工作等方面都进行了有益的探索，取得了不少好的经验。如福建省不久前出台的《福建省民族民间文化保护条例》将于 2005 年 1 月 1 日起实施；陕西省政府有关部门下发了加强民族民间文化保护工作的有关文件。在落实组织机构和专项经费方面，各地基本上都把“保护工程”纳入了工作日程，一些地方还落实了“保护工程”专项资金。目前，已有 20 多个省（区、市）启动了本地的“保护工程”，制定了“保护工程”工作方案；有 10 多个省（区、市）成立了“保护工程”领导小组、专家委员会以及保护机构。各地在保护、传承工作方面也总结了许多好的经验。

五、我国民族民间文化保护的立法进程

我国民族民间文化遗产保护的关键，首先是应当尽快出台一部有权威的民族民间文化遗产保护法，依法推行文化遗产保护。这既是国际已有的范例也是我国的当务之急，切不可在许多民族民间文化遗产相继面临消亡的危难中一拖再拖了。

2002 年 8 月，中华人民共和国文化部向全国人大提交了《中华人民共和国民族民间文化保护法（建议稿）》。建议稿把保护民族民间文化的内容及“抢救与保护”、“推荐与认定”，“开发与利用”，“保护措施”，“法律责任”等相关问题都作了明确规定，说明我国的

---

① 《中国民族报》2004 年 10 月 20 日第 10 版

民族民间文化保护上升到法律的严肃高度。

党的十六大报告明确提出，要“扶持对重要文化遗产和优秀民间艺术的保护工作”。① 《中华人民共和国民族民间传统文化保护法（草案）》已经列入全国人大常委会的立法计划。

2002 年 7 月，贵州省第九届人民代表大会常务委员会已正式公布了《贵州省民族民间文化保护条例》。《条例》共分七章，35 条。第一章，总则，规定《条例（草案）》的制定依据，民族民间文化包括的内容，保护民族民间文化应遵循的原则和社会各有关部门对民族民间文化保护的义务等，共 7 条；第二章：抢救和保护，明确了在抢救、保护中必须遵守的规定，共 5 条；第三章：推荐与认定，规定了贵州省民族民间文化传承人、生态博物馆、民族文化村寨；民族民间文化艺术之乡、民族文化生态保护区的条件，共六条；第四章：开发和利用，规定了对民族民间文化进行开发和利用的措施，共 5 条；第五章：保障措施，规定民族民间文化保护经费的筹集、使用以及民族民间文化的传承和教育，共 6 条；第六章：法律责任，共 5 条；第七章：附则，规定本条例的实施时间，共 1 条。该条例除在立法领先外，还对一些重大问题进行了探索，如关于民族民间文化的界定问题。

《条例》第二条规定了民族民间文化的保护范围，是参照《中华人民共和国民族民间文化保护法（草案）》的相关规定，并借鉴了外省（区、市）的同类立法经验，经充分征求各地、州、市、县和有关部门的意见后作出的界定，切合贵州实际。制定《条例》目的是在保护的基础上可以进行合理的开发和利用，不是把所有的民族民间文化全部保护起来搞文化封锁和地区封锁，否则会限制民族地区经济的发展及文化的交流和传播。

随着经济的不断发展和文化的快速传播，贵州的民族民间文化不断地面对各种外来文化的冲击，许多传统的民族民间文化正濒临消亡。因此，我们不仅需要加大保护的力度，还要对那些一直生活在民间，长期从事民族民间文化传承的艺人给予鼓励和扶持。民间艺人作

① 江泽民：《全面建设小康社会，开创中国特色社会主义事业新局面》（2002 年 11 月 8 日）。

为民族民间文化传承的重要载体，继承、创新、弘扬了贵州的民族民间文化，赋予了贵州民族民间文化新的生命力。为了肯定一些优秀民间艺人对保护贵州民族民间文化所作出的贡献，也为了鼓励更多的民间艺人对贵州民族民间文化投入更大的热情，在《条例》第三章第13条作出了相应规定，给予他们“贵州省民族民间文化传承人”的称号。①

石秀诗省长在全省文化部门今年的工作安排中指出，当前要尽快成立贵州省民族民间文化委员会，抓紧出台《贵州省民族民间文化保护条例实施细则》，按照“保护为主，抢救第一，政府主导，社会参与”的方针，严格依法对民族民间文化进行保护和管理。并且强调，今年内必须出台。

（本文系2004年9月在贵州省民族双语教学骨干教师培训班上的讲座，载《民族文化保护与旅游开发》，贵州科技出版社2005年9月版。）

① 贵州省文化厅厅长张继增2002年5月20日在省九届人大常委会第28次会议上关于《贵州省民族民间文化保护条例（草案）》的起草说明。

坚持三个导向，实现贵州发展的历史性跨越

胡锦涛总书记2005年春节考察贵州时指出：贵州正面临着全面建设小康社会和国家深入实施西部大开发战略的宝贵机遇，要求各族干部群众一定要进一步抓住机遇、用好机遇，努力实现经济社会发展的历史性跨越。如何实现这一历史性跨越，总书记为我们筹划出蓝图：贯彻落实科学发展观、坚持开发式扶贫、构建社会主义和谐社会、切实开展保持共产党员先进性教育活动。省委省政府高度重视胡锦涛总书记的重要讲话，强调通过学习与体会重要讲话的精神，抓住机遇、用好机遇，促进贵州经济社会的大发展，实现贵州建设与发展的历史性跨越。现结合在贵州学习、工作和生活的17年经历，我想谈谈个人的一些感想和体会。我以为，贵州经济社会发展实现历史性的跨越存在三个导向：建设生态贵州、打造法治贵州、构建和谐贵州。坚持三个导向，才能为贵州经济社会发展明晰思路、指点路径、注入动力。

一、建设生态贵州

生态建省是科学发展观与“以人为本”发展理念的必然要求。科学发展观是一种全面协调可持续的发展观，要求经济、社会与人协调发展。当今世界，生态恶化、环境破坏已经成为世界性的难题。我国人口基数大，资源浪费较为严重、生态环境日益恶化，必须实施可持续发展战略，改变传统发展的思维和模式，努力实现经济持续发展、社会全面进步、资源循环利用、环境不断改善、生态良性循环的和谐统一。贵州处于西部大开发的前沿，如何使“大开发”不搞成“破坏性”开发、过度开发？这便是建设生态贵州的立意所在。

贵州省地处高原山区，生态环境脆弱，一旦遭到破坏将难以恢复。近年来，贵州在经济快速增长的同时，积极探索环境与经济协调发展，逐步改善了贵州全省的生态环境质量，为贵州建设“生态省”奠定了坚实基础。省委省政府高度重视生态建设，生态立省已经写入省政府工作报告。而且，贵州在生态建省立法方面进行了可贵的尝试。2004 年 7 月 8 日，贵阳市第十一届人民代表大会常务委员会第十四次会议通过《贵阳市建设循环经济生态城市条例》（该条例于 2004 年 9 月 24 日由贵州省第十届人民代表大会常务委员会第十次会议批准）。这是我国首部关于循环经济的地方性法规，是贯彻和落实科学发展观，倡导环境立市、生态建市的一个立法范例。在胡锦涛总书记倡导下办成的毕节生态试验区是一次融生态建设、扶贫开发、人口控制等项目在内，探索人与自然和谐相处、经济社会可持续发展的成功实践，值得推广。

生态建省，应当注意循环经济与生态农业两点。循环经济是与传统工业生产模式对应的新的经济模式，是走新型工业化道路的必然选择。循环经济把清洁生产和废弃物利用融为一体，本质上是一种生态经济，要求采取最合理的方式有效利用资源和保护环境，以“减量、再用、循环”为原则组织经济活动。即“3R”原则：减量化（Reduce）、再使用（Reuse）、再循环（Recycle）。对于人均资源拥有量相对有限的中国、特别是对于生态环境脆弱的贵州，生态经济是发展的必然途径。贵州是一个农业省份，如何解决重中之重的“三农”问题？从生态经济的角度来讲，生态农业是首选。应当大力建设一批有机食品、绿色食品、无公害食品基地，发展“绿色经济”、“无公害农业”。否则，在世界贸易组织“绿色贸易壁垒”的制约下，贵州的农业发展将会受到极大的限制。

二、打造法治贵州

民主法治是我们时代的基本特征。依法治国已为 1999 年宪法修正案确定为治国基本方略。贵州省委省政府确立的依法治省的基本方略，是对依法治国方略的具体贯彻与落实。围绕依法治省方略，我们展开了理论研究与实践探索。我曾经在省长基金的资助下完成了依法治省方略研究的课题。① 该课题对贵州省的法治环境进行了充分的调研，总结了贵州省依法治省的宝贵经验，并提出进一步完善的意见与对策。在我看来，法治贵州同样是明天贵州的发展目标。法治贵州，有两个重点：

一是继续推进依法治省方略。省委省政府对依法治省方略的制定与实施倾注了心力，并取得了一定的成就。需要进一步做的工作有：第一，加快制定和完善地方行政法律、法规建设，使我们“有法可依”；第二，加大执法力度，建立起科学合理、运行有效的行政执法体制，纠正本位主义和地方保护主义的观念，着力建设一支高素质的行政执法队伍；第三，严厉打击黑恶势力与暴力犯罪，加大反腐力度，维护社会稳定；第四，切实转变政府职能，依法行政，推进行政法治工作，并加强对依法行政的监督制约；第五，加强法制宣传，普遍提高全社会的民主与法治意识，树立“法大于权”的观念，实现治理理念与治理模式的转型。

二是完善西部开发的法律保障。西部开发，立法先行。我在国家民委的立项课题“西部大开发的法治保障”② 中一再呼吁，建议以法律保障、促进西部开发。从国外的经验来看，开发欠发达地区多由立法明确产权归属、界定利益分配，从而避免了开发中的混乱局面。从国内开发欠发达地区的实践来看，部分地区曾经有过乱开发、滥开发，拚命争资金、盲目上项目的现象，付出了沉重的资金、能源的代价，生态环境遭到了一定程度的破坏。因此，有必要营造西部的良好法治环境，吸引更多的资金、人才进入西部大开发，保证开发的有序进行，保证开发是一种可持续发展的模式。贵州是西部开发的一个战略重镇，贵州的建设与发展中不能忽视法律的作用。贵州的法制建设中，还要注意贵州民族成分多的情况，要求我们关注民族法治，因地制宜地发展民族经济；结合贵州作为农业大省的情况，要求我们关注农村社会的稳定与治安，促进生态农业的发展。

---

① 拙著：《依法治省方略研究》一书于 2002 年 12 月由贵州人民出版社出版，并于 2005 年 1 月获贵州省第六届哲学社会科学优秀成果二等奖。

② 吴大华、徐杰：《西部大开发的法律保障》一书于 2001 年 11 月由民族出版社出版。

三、构建和谐贵州

胡锦涛总书记指出：构建社会主义和谐社会，是我们党从全面建设小康社会全局出发提出的一项重大战略任务，同建设社会主义物质文明、政治文明、精神文明是有机统一的。① 社会主义和谐社会，有两个修饰词：一是社会主义，要求我们坚持社会主义制度，各项工作以邓小平理论和”三个代表”重要思想为指导，通过全面建设小康社会推进经济社会全面进步，使人们分享社会进步成果；一是和谐，要求经济社会与人协调发展，不是单一的以 GDP 增长为代表的经济发展，而是以经济建设为中心的社会全面发展，必须贯彻以人为本的发展理念和科学发展观。从贵州省作为西部欠发达省份的省情出发，构建和谐贵州不能脱离西部开发的背景，不能脱离执政能力建设的背景。

构建和谐贵州，有两个方面需要引起注意：一是维护稳定、鼓励创新、深化改革、加快发展，为构建和谐社会奠定坚实基础。发展是第一要务，经济不发展，什么都谈不上。如何保证又快又好的发展，促进社会的全面进步？稳定是改革与发展的前提和保障。只有维护稳定，才能为构建和谐社会营造良好环境。创新与改革是根本动力。不破不立。没有对计划经济体制的改革，就没有宏观调控下市场经济发展的空间；没有对传统体制的批判性继承，就没有后续的良性发展。只有改革现有的休制与机制，才能释放出被“束缚”的生产力。只有在稳定的环境中，通过改革促进经济社会发展，才能为构建和谐社会奠定坚实的基础。贵州省应当利用胡锦涛总书记重要讲话的契机，抓住西部大开发的机遇，大力发展循环经济与生态产业。二是党要在构建和谐社会中发挥领导作用。中国共产党是社会主义各项事业的领导核心，当前的核心任务是加强执政能力建设。在当代中国，执政能力具体体现为构建社会主义和谐社会的能力。党应当通过在构建社会主义和谐社会的过程中加强党建，扎实开展以实践”三个代表”重

① 胡锦涛：《在省部级主要领导干部提高构建社会主义和谐社会能力专题研讨班上的讲话》(2005 年 2 月 19 日)。

要思想为主要内容的保持共产党员先进性教育活动，营造和谐的党群关系、干群关系。我们应当有意识地引导党员思考如何将执政能力建设与构建社会主义和谐社会的执政实践结合起来，与贵州的建设与发展的实践结合起来，集思广益谋求发展。

胡锦涛总书记将社会主义和谐社会的基本特征概括为：民主法治、公平正义、诚信友爱、充满活力、安定有序、人与自然和谐相处。① 应当说，和谐社会内涵着民主法治精神，包蕴着生态环境不被破坏。因此，和谐贵州既是生态贵州，也是法治贵州。三者辩证统一。一个和谐的贵州，必定是文明法治的贵州、稳定平安的贵州、生态安全的贵州、山川秀美的贵州。我深信，以生态贵州、法治贵州与和谐贵州为导向的发展路径，将为贵州发展实现历史性跨越，绘就美好的明天。

（2005 年 4 月 20 日在中共贵州省委宣传部、贵州省社会科学院、贵州财经学院举办的“落实科学发展观，实现历史性跨越”研讨会上的发言，载《当代贵州》2005 年第 11 期。）

① 胡锦涛：《在省部级主要领导干部提高构建社会主义和谐社会能力专题研讨班上的讲话》（2005 年 2 月 19 日）。

和谐贵州，法治为要

胡锦涛总书记指出：构建社会主义和谐社会，是我们党从全面建设小康社会全局出发提出的一项重大战略任务，是同建设社会主义物质文明、政治文明、精神文明有机统一的。① 从法治角度出发，理解和谐社会，我们可以总结出一句话：和谐社会，法治为要。

21世纪是法治的世纪。中国将进入一个法治的时代，法治是历史的必然。良好法治体系是法治时代的终极追求，各个国家会因为历史传统、经济政治基础和文化背景的不同而选择不同的法治目标、不同的迈向法治的路径。中国共产党的十五大报告提出："依法治国，建设社会主义法治国家"。1999年宪法修正案将依法治国作为基本方略载入宪法。十六大报告明确提出建设全面建设小康社会的构想，十六届三中全会和四中全会为经济的发展和政治的建设提供了指引。依法治国，需要把坚持党的领导、发扬人民民主和严格依法办事统一起来。推进依法治国基本方略、建设社会主义民主法治国家是时代赋予党的使命和责任。在这样一个法治的时代中，如何理解"社会主义和谐社会构建"?

胡锦涛总书记将社会主义和谐社会的基本特征概括为：民主法治、公平正义、诚信友爱、充满活力、安定有序、人与自然和谐相处。② 应当说，和谐社会内涵着民主法治精神，民主法治精神贯穿和谐社会构建的始终。一个和谐的社会，必定是一个民主法治的社会。

① 胡锦涛：《在省部级主要领导干部提高构建社会主义和谐社会能力专题研讨班上的讲话》(2005年2月19日)。

② 胡锦涛：《在省部级主要领导干部提高构建社会主义和谐社会能力专题研讨班上的讲话》(2005年2月19日)。

二者辩证统一。具体而言：第一，法治是和谐社会的要素，即民主法治是构建和谐社会的必备因素。没有法治，何来稳定的环境、安定的局面？没有稳定，如何谈改革与发展，更遑论和谐社会？同样，改革与发展的成果需要巩固，和谐社会的状态需要维持，这些都需要法治来加以保障。第二，法治是构建和谐社会的要义。所谓要义，即重要内容、重要部分。人类文明的进步，应当是物质文明、精神文明和政治文明的全面进步。和谐社会正是三大文明协调发展、全面进步的状态。然而，三大文明的进步离不开法治的有力推动。法治是制度文明发展的高级形态，是人类文明进步的一个标志。因此，和谐社会中，民主法治不仅必要，而且重要。第三，法治是和谐社会的要旨。要旨即主要内容。从胡锦涛总书记概括的社会主义和谐社会的基本特征分析，民主法治是第一位的，其次为公平正义、诚信友爱、充满活力、安定有序、人与自然和谐相处。这凸显出民主法治作为时代精神贯穿于社会主义和谐社会构建的始终，也渗透于其他基本特征之中。公平正义本就是法律的坚定信念，诚信机制需要法律保障，安定有序、充满活力、人与自然和谐相处需要法律作为前提。和谐从字面上来理解，也就是秩序与自由。这正是法治社会法律的终极价值所在。

2005 年对贵州而言是不平凡的一年，2005 年的春节也是一个不平凡的春节。胡锦涛总书记考察贵州并发表重要讲话为贵州构建社会主义和社会、实现经济社会发展的历史性跨越指明了方向。如何建设一个和谐的贵州？发展固然是第一要务，但法治是构建和谐贵州的要素、要义、要旨。

贵州省委省政府高度重视法治，依法治省已被确立为治省方略，立法、司法、法制宣传等各项法治工作都在积极推动之中。我以为，有必要进一步强调依法治省方略的重要性，以西部大开发为背景推动法治建设。

第一，进一步充分认识依法治省的重要性，健全并完善地方性法规、行政规章，并严格执法，有效地开展普法教育，实施全民普法；

第二，严厉打击黑恶势力、暴力犯罪，加大反腐与社会治安综合治理的力度，维护社会稳定；

第三，切实转变政府职能，建设法治政府、有限政府，破除本位主义和地方保护主义观念，加强行政诉讼的功能；

第四，鼓励以各种渠道、各种形式监督依法治省方略的实施，尤其需要加强对依法行政的监督制约；

第五，立足西部开发，立法保障开发的有序进行，尤其在产业导向、产权界定、利益分配等环节上下功夫；

第六，结合贵州的多民族、民族成分复杂特点，关注民族法治，将民族政策、国家法律紧密结合，探索民族地区法治和谐社会的构建。

（本文系在2005年7月19日由中共贵州省委宣传部、贵州大学主办的“贵州省构建社会主义和谐社会研讨会”上的发言。）

靠制度育人，靠制度用人

——关于贵州人才队伍建设的思考

贵州是西部大开发的重镇，是西部与中部接壤的区域。贵州实现历史性的跨越式发展，对于西部开发和中部崛起具有重要意义。作为西部欠发达省份，贵州省经济与社会发展相对滞后、人才不足且流失严重、基础设施落后、生态环境局部有所改善、总体恶化的趋势尚未扭转，教育、卫生等社会事业严重滞后，这些都是我们在推进西部大开发工作中面临的矛盾和问题。其中，人才不足且流失严重是一个需要引起高度关注的问题。西部大开发，关键在人才。胡锦涛同志今年春节期间考察贵州发表重要讲话，要求贵州贯彻落实科学发展观，构建和谐社会。这体现了中央对贵州建设与发展、民族地区繁荣振兴的倾心关注。如何不负以胡锦涛同志为总书记的党中央的重托，在富民兴黔、构建社会主义和谐社会中不辱使命？人才强省战略是当然之策。贵州省委省政府审时度势地提出人才强省战略，既是坚定拥护党的决策的表现，又是对贵州省情作出正确判断后作出的抉择。以下，我将结合我的日常工作就贵州人才队伍建设谈几点看法、提几点建议：

一、西部大开发关键在人才，引智比引资更重要

21 世纪是人才的世纪。西部大开发，关键在人才。贵州的发展离不开人才，特别是领导干部和高层次专业人才。贵州属于西部欠发达省份，是西部大开发的战略重镇。从区域经济发展的角度来看，西部大开发只有大量资本流入，才会有开发的加速。西部地区应注重自身整体投资环境的建设，打好基础，造就资本流入和流动的条件。开发振兴贵州首先应当营造一个良好的投资环境。即通过制度安排和政

策制定来打造新的经济增长“点”。这是引资。引智的问题，是培养人才招揽人才的问题。未来的竞争，是人才的竞争。西部开发，需要各方面的人才，包括经济、政治、法律、文化等等。在我看来，如果说引资是富民兴黔的重要条件，那么，引智才能为引来的资金创造增值的机会，实现贵州的发展与振兴。

二、靠事业吸引人才，使得“孔雀贵州飞”

目前，我们常常说“孔雀东南飞”。这是一个现实问题。东部可以提供优厚的环境和待遇，这一点我们贵州无法相比，只能尽我们所能为人才解决后顾之忧、提供发展机会。这样的背景下，如何使得“孔雀贵州飞”？使得贵州成为人才汇聚之地。我以为，必须树立正确的吸引人才观念，想人才之所想，多换位思考，以事业吸引人。人才追逐机遇，渴望发展的机会，渴望有更广袤的发展空间建功立业。贵州与东南沿海地区的经济条件不可比，没有依靠待遇吸引人才的财力。但是，在许多人才来看，发展机会比生活条件更为重要。东西部经济与社会发展的不平衡，为人才到西部工作提供了更多的机会、更大的舞台。同样的人才，在东部发达地区、在北京等大都市可能不受重视，但是在贵州便可能是建设与发展的奇缺人才。如果我们给予他们一个舞台和空间，为他创造一个建功立业的机会，为他描绘一个美好的发展前景，人才就会找上门来。当然，筑巢引风非常重要，关键在创造人才成长的制度环境，使人才有一个良好的发展预期。这方面，我建议中央给贵州乃至西部一些特殊的政策，使人才在艰苦的环境中能“不拘一格”地成长、打破常规地发展。

三、通过两种方式积极培养人才

培养人才有两种方式：一是“请进来”，即创造条件招揽人才，解决人才的后顾之忧，使人才在贵州安家落户；二是“走出去”，即培养本土人才。对本地的有潜力的人才送出去培养，学习经验，开阔视野。尤其在贵州现在的情况下，要注意本土人才的培养。外来的和尚会念经，本地的和尚也能念经，而且念得也不错。必须处理好

“请进来”和“走出去”的关系。既注重向外延揽人才发展贵州，又注重本地人才的开发和利用。坚持两条腿走路，而不是“灯下黑”。这样才能充分发挥外来人才与本土人才的潜力，创造人才济济的和谐社会。

四、构建人才交流的良好机制

21世纪的人才管理应当是市场经济模式的。“不为所有，但为所用”才是现代的人才观念。人才市场是全流通的，留人在于留住心。人事关系在不在贵州没有关系，只要他们能够为贵州作一份贡献。国家有关部门为鼓励人才到西部去而制定的“户口不迁、身份保留、来去自由”非常正确而及时。如果沿用计划经济体制下的人才管理模式，紧缺的人进不来，富余的人走不了，想来的人不敢来。要想引来人、留住人，就要建立灵活的人才机制。需要通过法律和政策创造条件。

我以为，形成灵活的人才机制要着重两个方面：第一，省内省外、东中西部、中央地方，人才流通要畅达。地域不同、环境不同，思路便可能存在差异。要让人换位思考，便需要让其“身临其境”。建议架设省内省外、东中西部的人才共享、人才交流的机制，把贵州的人才与东部的人才实行互换，通过知识共享与人才交流，使我们开阔视野。中央地方，宏观具体，看问题的角度不同，解决问题的方法不同，只有使人才在不同的岗位上得到锻炼，才能培养人才。第二，不同人才队伍的流动要畅通。中央《关于进一步加强人才工作的决定》将人才分为党政人才、企业经营管理人才和专业技术人才。对于三种不同的人才，存在不同的评价标准与体系。党政人才的评价重在群众认可；企业经营管理人才的评价重在市场和出资人认可；专业技术人才的评价重在社会和业内认可。建议在三支人才队伍之间形成交流机制，不断分化组合，为人才创造最大的发展空间，为社会创造最大的价值和贡献。这方面，调动任职、挂职锻炼、对口支援等都是加强人才交流机制的良好方式。

五、人才队伍建设要唯能力、唯实绩

小康大业，人才为本。人才队伍建设，必须处理好学历与能力的关系。《决定》强调人才强国战略以能力建设为中心。这说明我们的社会正在形成成熟而健康的人才观，不是唯学历而是唯能力、唯工作实绩。我以为，处理学历与能力的关系要强调两个导向：第一，能力导向。人才的学历和职称要考虑，但更要突出人才的综合能力和专业水平。中央提出能力建设为中心，并不是要否认学历在考察能力方面的重要依据作用，而是矫正实践中“唯学历”的错误倾向。我们说能力导向，是说唯才是用。让大学生去养猪，成为养猪能手的少；让泥瓦匠搞科研恐怕也有所偏颇。能力导向关注的是按照一个人的基本素质，充分发挥其潜能，既塑造人才，又在此过程中让人才为其所用。第二，实绩导向。潜力只有在实际工作中才能发挥出来，表现出卓越的能力。光强调学历不行，那是“纸上谈兵”；光强调能力，不强调实绩也不行。没有丰富的经历和实绩，能力再强也是属于主观评价的领域。古人讲：绝知此事要躬行。又讲：事非经过不知难。学历表明一个人的潜能与潜力，通过经历才能显现一个人的能力。进行人才评价时，一个人对社会的贡献、一个人的工作实绩是最为客观的评价标准。

六、重视培养少数民族干部、重视教育与法治

贵州省是一个民族成分复杂的省份，民族总量与民族结构都颇为丰富，少数民族总量占全国第四位，拥有 17 个世居少数民族。民族大杂居、小聚居情况普遍而典型。为加强民族工作，贵州设置了 3 个自治州、11 个自治县。民族问题的彻底解决，必须依赖少数民族干部。少数民族干部在民族地区容易获得认同，赢得信任，能更好地贯彻执行党的民族政策。贵州的省情要求贵州重视培养少数民族干部，培养民族地区的群众贴心人。建议中央和省委省政府对少数民族干部多培养、多锻炼，多压担子。

人才队伍建设要依靠教育与法治。教育是培养人才的主渠道，法

治是人才队伍建设规范化、制度化的保障。西部教育事业严重滞后，短时间内迎头赶上比较困难。希望国家加大投入，比如对九年制义务教育实行免费制，从基础上打牢贵州的教育发展事业。而且，贵州乃至西部欠发达地区要留住人才、吸引人才、用好人才，出台政策措施非常必要。但是，长远的规划必须依靠法治来保证，建议完善人才方面的法律制度。这既为各类人才来贵州发展提供预期，也为贵州、西部乃至全国的人才工作提供制度的保障。

（2005 年 3 月 23 日在中央组织部于贵州大学召开的“人才队伍建设调研组专题座谈会”上的发言）

第四部分 知…易…行…难…●

发展之道·法治之道

发展循环经济，建设生态城市

循环经济是与传统工业生产模式对应的新的经济模式，生态城市是循环经济模式下形成的新的城市经营目标。循环经济与生态城市是21世纪可持续发展战略下经济发展和城市经营的目标。本文尝试对循环经济和生态城市进行探讨，以可持续发展战略为背景，结合国际环保的发展和国内生态城市的建设，尤其是以最近通过的《贵阳市建设循环经济生态城市条例》为例，研究如何适应西部大开发战略，更新观念，富民兴黔，落实可持续发展观，全面建设小康社会。

一

全国人大环境资源委员会主任委员曲格平早在1998年便提出循环经济的概念：把清洁生产和废弃物的综合利用融为一体的经济，它要求运用生态学的规律来指导人类的经济活动。按照自然生态系统物质循环和能量流动规律重构经济系统，使得经济系统和谐地纳入到自然生态系统的物质循环过程中，建立起一种新形态的经济”。① 简言之，循环经济是把清洁生产和废弃物利用融为一体的经济发展模式，本质上是一种生态经济，要求采取最合理的方式有效利用资源和保护环境，以“减量、再用、循环”为原则组织经济活动。通常理解，循环经济的运行以“3R”为原则：减量化（Reduce）、再使用（Reuse）、再循环（Recycle）。减量化原则要求生产中合理控制原料和能源投入，注意节约资源和减少污染。再使用原则要求产品和包装容器能够以初始的形式被多次使用，而不是用过一次就废弃，以抵制当今

① 曲格平：《循环经济与环境保护》，载《光明日报》2000年11月20日。

世界一次性用品的泛滥。再循环原则要求生产出来的物品在完成其使用功能后能重新变成可以利用的资源而不是无用的垃圾。循环经济倡导与环境和谐的经济发展理念，以资源使用的减量化、产品的反复使用和废物的资源化为目的，用“资源——产品——再生资源”的环状反馈式理念重构经济运行过程，最终实现最优生产、最适消费、最少废弃。

循环经济是对传统环保方式和经济发展模式的反思。传统的工业经济模式，可以概括为：自然资源——粗放生产——过度消费——大量废弃。这种模式的缺点集中表现在：自然资源的开发利用上的单一性，资源开发利用的不充分性。传统的经济发展模式中，由于生产设备的陈旧，工艺技术落后，只注重产出，不注意全程管理和经济效益，结果必然是低效益、高消耗与高污染。这种经济发展之路，采取高消耗、高能耗、高污染的战略，以末端处理为环境保护的主要手段，先污染后治理，不注重从源头上控制，只能阻碍我国实现现代化的速度。我国的基本国情是人口众多，尽管地大物博，但是一旦运用“加减乘除法”，就会发现人均拥有的资源相对贫乏，面临的生态环境脆弱。在资源存量和环境承载力都无力承受传统经济发展模式的情况下，走循环经济之路，便成为我国社会经济发展模式的必然选择。新的经济发展模式起源于二十世纪八十年代，采取综合控制污染方法，对各种形式的污染和各环境因子实行整体的、系统的控制。究其实质，是根源于循环经济的新理念，将经济活动组织成为“自然资源——产品和用品——再生资源”的反馈式流程，将经济活动对自然资源的影响控制在最低限度。这种循环经济模式要求我们控制将有害环境的资源投入到经济活动，减少废物产生，同时加强产品的多次使用和反复使用。遵循这种理念，存在三种循环模式：一是企业内部的循环，促进原料和能源的循环利用；二是企业之间的循环，组织生态工业链，把不同的经济组织联结起来，形成共享资源和互换副产品的产业共生组合；三是社会整体循环，大力发展绿色消费市场和资源回收产业，在整个社会范围内，完成“自然资源——产品和用品——再生资源”的闭合回路。

循环经济以人为本，是可持续发展战略的重要保证。发展是执政兴国的第一要务，全面建设小康社会是十六大向全党全国人民发出的号召。在当代社会，不能可持续发展已经成为全面建设小康社会的瓶颈。发展并非经济目标的单线增长，而是包括“五个统筹”的社会全面进步，必须注意经济、社会与人的协调发展。从既往的发展来看，没有重视资源节约和环境保护的因素，粗放式的生产造成了资源的极大浪费和环境的严重破坏。循环经济要求：（1）资源的开发利用阶段有限采用可再生资源，对不可再生资源实行综合开发利用；（2）生产阶段实行清洁生产，综合考虑经济效益和环境保护，通过技术革新降低资源消耗，实现少投入、高产出、低污染；（3）消费阶段提倡绿色消费，引导消费者选择对环境无害的产品；（4）强化废物和产品的回收再利用，化废物为再生资源，通过产品回收创造相当的社会经济价值。走向知识经济和循环经济，是世纪之交人类可持续发展的两大趋势。① 循环经济是按照生态规律利用自然资源和环境容量，实现经济活动的生态化转向，它是实施可持续战略的必要条件和重要保证。可持续发展是一种基于生态学、伦理学理念的发展观。它最初由挪威前首相布兰特朗夫人领导的世界环境与发展委员会（WCED）于1987年在其报告《我们共同的未来》中首先提出，报告形象地称可持续发展为“既满足当代人的需要，又不对后代人满足其需要的能力构成危害的发展”。可持续发展是人类对经济发展与资源环境之间关系审视后的必然选择，它强调理性经济活动应当高效合理利用资源，强调环境保护和生物物种多样性建设，而不应“竭泽而渔、焚林而猎”。当代社会，牧童经济已经造成了能源与环境的危机：工业文明的生产模式与生态系统一起，打破了自然的生态循环过程，导致生态破坏与环境危机，表现为资源的枯竭和环境的污染，进而导致生态失衡，引发全球性的环境问题。循环经济正是重视人与社会、与地球的和谐共处，从生产阶段控制污染的排放，从消费阶段防治环境的破坏，极大减少污染排放，促进资源的高效利用和经济的健康发展，从而为人类的可持续发展提供了必要的保证。

① 诸大建：《可持续发展呼唤循环经济》，载《科技导报》1998年第9期。

二

毋庸讳言，循环经济在目前尚处于一个理念性的探索阶段。如何发展循环经济，需要政府机关、理论研究部门、微观经济个体乃至整个社会参与进来。为循环经济立法便成为当然的呼声。

立法保障，是循环经济发展的内在要求。建立促进资源循环利用的法律法规是发展循环经济的当务之急。通过制定相关的政策形成有效的激励机制，引导循环经济的健康快速发展，是各级政府或部门必须承担的紧迫任务。同时，循环经济必须通过法律来实现自身的稳定和有序发展。循环经济是基于技术方式革命基础上的一种新的经济发展模式。① 一种新的经济发展模式的形成，需要有一套成熟的经济概念和价值观念，需要可靠的行为规范和行为准则。法律具有的稳定性、强制性为变革经济发展模式，更新观念，重塑规范奠定基础。发展循环经济，意味着思想观念和行为方式的改变，旧的经济行为方式的改变和新的经济行为方式的确立并非随着“循环经济”的观念的提出而改变。更多的情况下，需要依赖于法律的强制性约束才能由概念到实践。从经济分析的角度出发，循环经济从长远利益上而言，是经济利益与环境利益双赢的经济发展模式，但短期利益上，环境具有“公共物品”性质，微观个体更倾向于从这种“外部性”中获利。因此，市场本身不能自发地实现循环经济的过渡。因此，制定相关法律法规、经济政策，强制性地推行循环经济，从产业导向上引领循环经济发展，才能为循环经济的充分发展营造良好的法治环境。

循环经济需要立法保障，是西方发达国家的重要启示。通过法律手段积极推进“绿色管理”实现废弃物减量化、资源化、无害化是各国在推行循环经济发展模式和实施可持续发展战略的进程中采取的必要手段。1986 年德国制定《废物管理法》，强调要通过节省资源的工艺技术和可循环的包装系统，把避免废物产生作为废物管理的首要目标。1991 年，德国首次按照“资源——产品——资源”的循环经

---

① 解振华：《关于循环经济理论与政策的几点思考》，载《光明日报》2003 年 11 月 3 日，第 2 版。

济理念，制定《包装条例》，规定生产商和零售商对于用过的包装，首先应避免其产生，其次要对其回收和利用。1996年，德国又颁布《循环经济和废物包装法》，系统地把资源闭路循环的循环经济思想理念从包装推广到所有的生产部门。1996年10月，德国循环经济法正式生效，核心思想是促使更多的物质生产资料保持在生产圈内。循环经济法明确规定：生产中首先避免产生废物，否则必须对材料或原材料进行充分利用。生产者的“废物担保”必须技术上经济上可行，生产者必须承担废物利用或清除的费用。该法案中明确规定，每年总计产生超过2000吨以上废物的制造者，必须对避免、利用、消除这些废物制定一个经济方案，包括：需要利用和消除的危险废物的种类、数量和残留物；说明已经采取和计划采取的避免、利用和消除废物的措施；说明何种废物缺乏利用性而必须进行消除及其理由。这些法律制度的设计，为德国循环经济的发展开创了良好的局面。美国1976年通过《资源保护回收法》，1990年通过《1990年污染预防法》，提出用污染预防政策补充和取代以末端治理为主的污染控制政策。① 日本制定的《废弃物处置法》第3条第2款中规定，“生产者应当努力对伴随其事业活动而产生的废弃物加以再生利用，以减少废弃物的排放量，同时，在产品的制造、加工、销售过程中，应当考虑所制造、加工、销售的产品、容器在变为废弃物时，不会使它们的恰当处理变得困难。”

在政府立法的强制要求下，一些国外著名的跨国公司已经实施绿色管理，承担起企业在环境保护方面的社会责任。比如，世界上最大化学工业企业——美国的杜邦公司，任命专职主管环境事务的经理，负责指导和协调遍布全球各公司的废弃物回收清理工作，并利用废旧产品为原料生产新产品。日本的富士公司对废旧胶片的循环利用率已达到100%，NEC公司每年回收3 000吨报废的计算机和电器。这些既为企业的资源充分利用创造了条件，也为社会的生态保护奠定了基础。

在我国，有关资源循环利用的法律严重不足。1973年《关于保

---

① 王彬辉：《循环经济法律制度完善之我见》，载《时代法学》2004年第2期。

护和改善环境的若干规定》中提出努力改进生产工艺，不产生或少产生废气、废水、废渣，加强管理，消除跑、冒、滴、漏，提出“预防为主，防治结合”的防治工业污染的方针。1983 年国务院颁布的《关于结合技术改造防治工业污染的决定》强调要把“三废”治理、综合利用和技术改造有机结合起来。1985 年《关于开展资源综合利用若干问题的暂行规定》，对开展综合利用的方针、原则以及奖励、优惠的政策作了具体规定，形成了一套比较完整的制度。1990 年《国务院关于进一步加强环境保护工作的决定》等行政法规曾明确提到“环境综合整治”。为适应经济增长方式转变和可持续发展战略的需要，1996 年颁布了《关于进一步开展资源综合利用的意见》。这是指导我国资源综合利用的纲领性文件，对推动我国资源综合利用的发展起到了积极作用。此外，在环境保护的单行法中如《水土保持法》第 4 条、《大气污染防治法》第 15 条和《水污染防治法》第 22 条、《固体废物污染防治法》第 4 条等均明确规定，企业应当采取能源和原材料利用率高、污染物排放量少的清洁生产工艺，减少污染物的产生。2003 年实行的《清洁生产促进法》规定了政府、有关部门和企业积极推行清洁生产的实现，为循环经济的形成创造了良好的法制环境。在法律的保障下，目前我国再生资源的年回收总量已超过 5000 万吨，钢铁、有色金属、造纸、橡胶等工业行业，30% 以上的原材料来自再生资源。因此，对循环经济的立法与司法进行调研，是开展循环经济的前提。

三

2004 年 7 月 8 日，贵阳市第十一届人民代表大会常务委员会第十四次会议通过《贵阳市建设循环经济生态城市条例》。该条例于 2004 年 9 月 24 日由贵州省第十届人民代表大会常务委员会第十次会议批准。这是我国第一部关于循环经济的法规。① 该条例共分为总则、规划、实施、法律责任四章 33 条。总则开宗明义地提出立法的目的在：提高资源利用效率，减少资源、能源消耗和污染物、废物的

① 《人民日报》2004 年 09 月 27 日，第 11 版。

产生，推进新型工业化，保障生态城市建设，促进经济和社会全面、协调、可持续发展。作为国家环保总局批准的我国首座循环经济试点城市，贵阳市在发展循环经济、建设生态城市方面取得了长足进展。这一条例的颁布和施行，有利于规范政府、企业、公众等在推进循环经济中的行为，为贵阳市循环经济生态城市的建设提供法制保障。

贵阳市是位于西部欠发达地区的资源型城市，面临资源逐渐枯竭、循环利用率低、生态环境脆弱的局面。早在2002年3月，贵阳市委市政府便作出发展循环经济、建设生态城市的决定，并被国家环保总局批准为全国首个试点城市。远期目标是：用20年左右的时间实现以循环经济为主导的经济体系，建成生态良好、布局合理、人与自然和谐的循环经济生态城市。目前，贵阳建设循环经济生态城市总体规划已经通过由国家环保总局组织的专家评审，在农业、工业、消费等领域启动了乌当区永乐乡无公害果蔬基地、开阳磷煤化工生态工业示范基地（国家级、山东兖矿集团与开阳磷矿集团合作）、清镇循环经济煤化工生态工业基地等循环经济试点项目。尚有更多的以循环经济理念为指导的项目正在洽谈和实施之中。联合国环境规划署将贵阳市确定为全球发展中国家可持续生产与消费政府能力建设项目惟一实施单位，德国政府也决定在中德两国环境保护合作总体框架内，重点支持贵阳市的循环经济建设。

《贵阳市建设循环经济生态城市条例》的意义在于：第一，它是落实科学发展观的重要举措。科学发展观，要求以“三个代表”重要思想为指导，大力发展先进生产力，大力发展先进文化，大力发展社会主义民主政治，坚持“以人为本”和“五个统筹”，坚持推进社会主义经济、政治、文化协调发展，实现社会全面进步。人类生态环境的安全是经济、政治、文化协调发展和社会全面进步的物质条件和必要前提。坚持科学发展观，必然要求增强可持续发展能力，改善生态环境，提高资源利用效率，推动整个社会走上生产发展、生活富裕、生态良好的文明发展道路。我国人口基数大，资源浪费较为严重、生态环境日益恶化，必须实施可持续发展战略，改变传统发展的思维和模式，努力实现经济持续发展、社会全面进步、资源永续利用、环境不断改善、生态良性循环的和谐统一。条例的意义正在于推行一种新的经济发展模式，强调“3R”原则，为可持续发展奠定发展道路。第二，它是推进西部大开发战略的切实行动。西部开发是一项系统工程和长期任务，既要有紧迫感又必须统筹规划、突出重点、分步实施。西部开发必须采取三大战略：知识战略、人才资本开发战略和可持续发展战略。我国西部开发中，可持续发展是核心首选模式。西部地区矿产资源、自然资源丰富、物种多样，生态系统极其复杂。回顾前两次西进运动，资源浪费、环境破坏现象不断发生，矿产资源掠夺性开采，物种生存条件恶化，生态安全和环境保护面临严峻挑战。目前西部开发部分地区同样存在资源浪费和破坏环境的现象。西部大开发不是大开荒、大开采、大开矿，决不能以牺牲生态环境为代价获取西部经济发展，决不能搞"建设性破坏"。① 因此，必须合理开发和利用资源，确保人类可持续发展。完善资源利用和生态环境立法，深入贯彻循环经济和可持续发展理念，避免地方区域性"求发展"的短期决策行为出现，要求出台相应的立法予以规制，以"再造秀美山川"，统筹东西部发展建设全面建设小康社会。第三，它是实施依法治国方略的坚实步骤。党的十五大报告提出："依法治国，建设社会主义法治国家"。1999 年宪法修正案将依法治国作为基本方略载入宪法。依法治国要求将党的领导、人民当家作主和依法办事紧密结合起来，坚持法律至上。实施依法治国方略、建设中国特色的社会主义法治要求我们在民主与法制建设的实践中，必须坚持"有法可依，有法必依，执法必严，违法必究"。可持续发展战略应当有制度的保障和法治的支撑，循环经济呼唤法制的保障。

以发展循环经济为引导，我国的城市建设将步入一个生态城市建设的轨道。所谓的生态城市，是指社会、经济、文化与自然和谐的复合生态系统型城市。贵阳市已经通过建设循环经济生态城市总体规划，浙江省更进一步地提出了建设生态省的号召。关于生态城市建设，笔者以为，需要注意以下几点：

首先，政府应把发展循环经济作为城市建设的重要目标。城市要有合理的产业结构，各产业之间按照生态规律，形成互相关联、互相依存的产业链。工业生态园是推行循环经济的一种好方式，它模仿自

---

① 吴大华：《国外开发不发达地区法律法规汇编》，序言，民族出版社 2001 年版。

然生态系统，使资源和能源在这个工业系统中循环使用，形成一个闭合型的产业链条。比如，广西贵港市国家生态工业（制糖）示范园区，由六个系统组成，包括蔗田系统、制糖系统、酒精系统、造纸系统、热电联产系统、环境综合处理系统，形成了甘蔗——制糖——蔗渣造纸生态链、制糖—废糖蜜制酒精—酒精废液制复合肥生态链和制糖—低聚果糖生态链三条主要的生态链。这种思路为解决结构性污染，重组与调整产业提供了一条途径。我们经常提到“经营城市”的说法，但不论是“工业立市”、“旅游立市”，都离不了“可持续发展立市”。生态城市应当成为21世纪城市走出污染包围的途径和目标。在发展途径上，必须注意探索建立绿色国民经济核算体系，从微观企业到国家建立一套绿色经济核算制度，包括企业绿色会计制度、政府和企业绿色审计制度、绿色国民经济核算体系等。即在计算国民生产总值时，要扣除资源的消耗和环境污染破坏的损失。同时，加强绿色技术的研发。循环经济作为一种新的经济发展模式，必须要通过对经济系统进行物流和能流分析，计量生产和消费过程的资源、能源消耗及污染物产生和排放，从而做到污染排放的最少量、资源利用的最充分，最终实现经济与社会效益的最优化。这便需要我们加快对绿色生产的技术的研究和开发利用，为资源开发和回收再利用提供技术支持。

其次，循环经济发展和生态城市建设需要制定必要的法规体系加以规范。《贵阳市建设循环经济生态城市条例》仅仅是一个纲要性的法规，必须完善相应的配套法规体系。根据西方发达国家发展循环经济和建设生态城市的经验，都通过制定循环经济法规加以规范。循环经济的法规体系一般包括三个方面：一是绿色制度环境，包括绿色资源制度、绿色产权制度、绿色市场制度、绿色产业制度、绿色技术制度等；二是绿色规范制度，包括绿色生产制度、绿色消费制度、绿色贸易制度、绿色包装制度、绿色回收制度等；三是绿色激励制度，包括绿色财政制度、绿色金融制度、绿色税收制度、绿色投资制度等。当然，这种分类仅仅是学者的理性分类，但并不能否定制度作为循环经济发展的基础作用。比如，电脑、汽车、机械设备等产品的强制回收制度（“召回”），应当在立法中予以规定。面对日益恶化的生态环境，循环经济立法刻不容缓。通过立法严格限制污染企业的建设，避免项目建成未久便被列入限期治理项目；通过立法明确企事业单位和消费者的经济责任，严格企业排污的法律责任，防止形成企业付费购买“排污权”的现象产生。通过立法规范废弃物的回收，规范资源的再利用，以免废弃物处理不当直接危害消费者的身体健康。循环经济的立法，将推动政府机关严把“环境关”，赋予企业承担生态环境保护的社会责任，培植公民个人的生态安全意识和环境保护观念。

最后，循环经济与生态城市的建设需要增强人们的观念和参与意识。全面推动我国循环经济建设，使循环经济融入国民经济的发展之中，需要政府、企业、科技界、公众的共同努力。循环经济与生态经济目前的状况更多地是处于一个概念的层次。循环经济是一种经济发展模式，生态城市是一种城市经营理念，离不开处于生产、消费等各个领域的人们的充分支持。因此，倡导生态价值观和绿色消费观是非常必要的。比如，产业上扶持废弃物回收行业使人们树立废弃的食用油经提炼后虽不能食用，但可以作为日化产品原料的观念；在浙江台州市路桥区，有一个从收集垃圾塑料逐渐发展起来的全国有名的塑料市场。提倡人们选择可循环使用的物品而不是一次性物品，倡导垃圾分类法。因为观念、技术和资金等因素的限制，对废弃物回收利用缺乏统一科学的有效机制，尤其对于废旧家电，因其不同于其他废弃物，有毒化学物质成分复杂，处理不当会对环境造成严重污染。对废家电的回收利用及资源化应是人们积极响应的号召。近年来，许多城市公开城市空气质量日报，引起了社会极大关注，公众对生活的环境质量有了进一步认识，也相应提高了保护环境的自觉意识，有力推动了城市环境保护工作。

（本文系2004年10月在贵州省民族干部培训班上的演讲稿，载《人大论坛》2005年第6期。）

监督警察权力，规范行政执法

作为一种公共权力，警察权因与社会公众生活紧密相关而获得公众的密切关注。我将从警察权本身入手，细致解剖警察权监督的必要，并从宏观与微观两个角度提出如何监督警察权。这既是学者研究的任务，更是从事警察领导工作迫切需要解决的问题。它关系到警察的形象，关系到警民关系，关系到维护社会稳定的大局，进一步关系到我们正在从事的各项现代化建设工作。

一、解剖麻雀——细说黄碟案

我们首先引入一个警察权运用的实例：

2002 年 8 月 18 日深夜，陕西延安张某和妻子李某在家看“黄碟”，之后张某被突然闯入的民警带走。10 月 21 日，张某被延安市宝塔分局刑事拘留；11 月 5 日，张某被取保候审；12 月 5 日，张某被解除取保候审，宝塔分局撤销此案。张某从看守所回家后变得寡言少语，整天昏昏欲睡。妻子李某委托律师向有关部门讨公道。随后，宝塔区政法委、政府办、信访局和公安分局组成联合小组调解此事。2002 年 12 月 31 日，当事人与当地警方及有关部门达成协议：警方向当事人赔礼道歉；有关部门一次性补偿当事人 29 137 元，并承诺将对本案有关责任人作出相应处理。此后，引发黄碟案的相关警务人员宝塔区万花派出所所长贺宏亮及警长尚继斌待岗察看；警察任杰被清退出公安队伍。

这一案件在国内引起强烈反响，法学界多位学者撰文探讨，实务界对该问题也颇为重视。实际上，本案所关注的问题就是警察权力的监督。如何在警察权力与公民权利之间划定一条界限。关于黄碟案的争议到今天仍然存在：一种意见认为，淫秽光碟为国家明确规定的非法物品，不应流入社会特别是家庭中，故以任何形式贩卖、传播和观看淫秽物品都是违法行为，即使是夫妻二人在自己家中观看也不例外，公安部门有权查处和没收该光碟，并视情节轻重对当事人作出批评教育或相应的治安处罚；但另一种意见则认为，目前国家相关的法律法规对此没有明确的规定，而且夫妻在家中看此类碟片并没有导致传播淫秽物品和借此营利的结果，不能算违法行为。黄碟案引发的思考是深远的。法律不禁止的即为公民自由活动的空间，应当成为现代法治社会的共识。因此，延安宝塔区警方的做法是正确而及时的，及时化解了社会矛盾，践行了法治社会的一项重要规则。

二、警察权——特征与内容

警察权，是指警方在国家法律规定的职权范围内依法享有的权力。警察权是一种公共权力，由国家赋予，是国家权力的重要组成，是人民警察依法从事警务活动的依据。

（一）警察权的固有特征

警察权是一种具有高度支配性和强制性的权力，是人民警察履行职责的前提和保障。警察权具有四种特征：一是主体特定，要求主体只能是警察机关及其人民警察，但接受警察权力主体的委托而行使部分警察权力的组织以警方名义，在委托权限内可以实施，法律后果由委托的警察机关或人民警察承担，由此，委托方在核定受委托方时需要严格控制，以免委托权力构成对公民权利的侵犯；二是内容法定。警察权由国家通过法律规定授予，人民警察执法的行为模式、标准、条件或行使方式，不能超出法律许可的范围，而且这种权力同时是警方的义务，放弃行使或胡乱行使都违反法律；三是形式多样，警察权的形式包括一般行政部门所具有的许可、取缔、警告、罚款、责令赔偿等权力，而且还具有限制人身自由的强制权力和其他国家机关所不具有的技术侦查、紧急处置、盘查等权力；四是高度强制，警察权具有高度强制性，当人民警察执行任务遇到阻碍时，可以使用警力、物质技术装备和设施以及武器、警械等，紧急情况下，人民警察可以根据法律授权作出对公民人身自由或财产权利具有高度强制性的决定并立即产生法律效力，这种高度强制性决定了警察权的一旦失控将对公民权利造成难以估量的损失。

（二）警察权权力系统

警察权可以细化为若干具体的权力，包括：（1）治安处罚权，即在行政管理过程中，对违反行政法律规范，不履行法定义务，或者危害国家安全和社会治安秩序又不够刑事处罚的人或组织，依法实施的制裁行为；（2）行政强制权，即依法强行处置特定相对人的人身或财产的执法行为；（3）盘查权，即对有违法犯罪嫌疑的人进行盘问检查的执法行为；（4）刑事强制措施权，即在刑事诉讼的过程中，为保证侦查等活动的顺利进行，依法对现行犯和犯罪嫌疑人所采取的限制其人身自由的各种方法的总称；（5）处置突发事件权，即对突然发生的、聚众性的、较大规模的严重危害社会秩序和治安秩序事件依法采取处置措施的权力；（6）使用警械、武器权，即依法对违法犯罪嫌疑人员使用警械和武器的权力；（7）优先权，即因履行职责、侦查犯罪的需要，依法优先乘坐交通工具，优先通行，优先使用交通工具、通信工具，优先使用场地和建筑物的权力；（8）侦查权，即在刑事侦查活动中，使用侦查方法采取侦查措施的权力。

从目前来看，警察权的行使总体是好的，各级警察机关严格执法，从严治警，正确而妥当地处理了警民关系。但不应忽视的是，个别警察滥用职权、以权谋私、权权交易、权钱交易、权色交易、执法违法，造成了极为恶劣的影响。个别警察机关对此类行为采取姑息纵容，“自家孩子舍不得打”，进一步损害了警察机关的形象，败坏了全体公安干警靠蹲点守候、加班加点赢得的光辉形象。

三、警察权运行监督之必要

权力容易导致腐败，绝对权力导致绝对腐败。不受监督的权力最终将冲破运行的屏障，或者毁灭公民权利筑起的堤坝，构成对人们人身财产安全的严重侵害。自从人类社会产生了公共权力，腐败就如同寄生虫一样随之产生。正如孟德斯鸠在《论法的精神》中认为，腐败产生的重要原因是“权力集中”，权力的集中导致权力不受监督，没有制约的权力必然异化，导致权力腐败的产生。警察权作为具有高度强制的权力，接触社会的方方面面，一旦作出将难予及时救济。权力的规范非常重要。我以为，可以从市场经济、法治社会和警察权力的本质三个方面思考警察权运行的监督。

（一）市场经济发展的需要

经济形态划分为计划经济、市场经济两种基本样式，现代世界各国采取的大多是以市场为资源基本配置方式的“混合经济”。混合经济说到底，是一种宏观调控指导下的市场经济，更偏重于市场，但不排斥计划的指导。市场经济是法治经济，要求以市场为基础分配资源。市场经济要求划定公共权力与公民权利之间的界限。市场经济要求存在可预见性的规则，市场主体依据“自由为本位”的法律规则进行交易和公平竞争，不为外力强迫或干涉。市场经济需要宏观调控，以排除“市场失灵”的现象，因此政府行为的介入是必要的。在我国市场经济体制建立、形成、发展和完善的过程中，政府的正确引导是市场经济良性发展的前提，政府行为的介入能规范市场无序现象，恢复市场本应具有的秩序，也就是我们常常提到的“保驾护航”。

我国目前为发展中国家，处于社会主义初级阶段，存在各种各样的资源瓶颈。违法与犯罪相对突出，社会治安任务较为严重，加在公安机关身上的担子较重；同时，为惩治违法与犯罪，国家赋予公安机关较大的自由裁量权，警察权行使的空间较大。因此，警察权的滥用在现阶段也较为突出，这也是腐败的一种表现。腐败严重影响经济发展、政治稳定和文化进步，矫正腐败既是树立政府形象又是经济建设的大事。因此，我们必须按照社会主义市场经济发展的客观要求，改革计划经济体制下权力高度集中、权力缺乏监督的弊端，建立有效的内、外部制约和约束机制，实现权力之间的制约与均衡，令腐败没有存在的制度空间。就警察权而言，市场经济要求赋予个体在法律不禁止范围充分发挥自己权利的自由，这是包括警察权在内的一切公共权力不能侵犯的领地。我们所见的“黄碟案”正是在这种意义上成立的，法律并没有禁止公民在家中不以传播为目的地“欣赏”黄碟，公民拥有这样的自由，公安机关无权闯入民宅搜走黄碟拘禁公民。

（二）现代法治社会的需要

法治是现代文明社会的一个重要特征。我国 1999 年宪法确立了依法治国的基本方略。中国特色的法治文明可以概括为十六个字：有法可依、有法必依、执法必严、违法必究。即在党的领导下，根据宪法确定的依法治国方略，贯彻法律至上主义，彻底抛弃人治传统。从纯粹的法技术上分析，西方法学家富勒曾经提出八项法治原则：即法律的普遍性、法律应该公之于众、法律不溯及既往、法律应具有明确性、法律应避免自相矛盾、法律应具有现实性、法律应具有稳定性、政府行为要守法。8 项原则是衡量法治文明的一个准绳。相对照而言，我国目前法治状况为：一是人治观念主导，法治模式不行；二是法律体系尚有待健全；三是反腐败法律体系和运行机制的欠缺；四是法律程序意识薄弱。尤其是个别执法部门“有法不依、执法不严、违法不究”，知法犯法、带头违法。

现代法治社会要求公共权力与公民权利保持一条明确的界限。公共权力通过强制力实施一定程度的控制，对公民权利必然存在一定的限制。如果运用不当，便可能对公民权利形成侵犯。权力的制约与监督是现代政治文明的要素。行政机关是国家权力机关的执行者，但行政机关在社会生活中享有广泛的自由裁量权，而且行政权管理范围和支配力还在进一步扩张，因此必须对行政权加以制约和监督。

（三）公共权力发展的要求

纵观公共权力的发展史，权力的行使与监督和制约相伴而生、并行不悖。自从权力诞生以来，便存在权力制约的学说与实践：原始社会，氏族、部落和部落联盟产生以后，氏族、部落首领掌握权力，当时的权力制约主要是领导人的选举和罢免、决策的民主等，以防范他们滥用权力。奴隶社会中，以雅典为典型代表，雅典建立公民大会作为国家最高权力机关，由全体国家公职人员组成，让社会公众监督制约权力的行使；封建社会中，实行“家天下”，皇帝一人垄断国家最高权力，但封建统治者建立了规模庞大、日益完备的权力监督机构，如御史台、谏官组织等以保证权力的适度监督与规范行使。西方国家为防止公共权力的滥用，自启蒙思想家以来，推行三权分立学说，认为一切有权的人都容易滥用权力，要防止滥用权力，就必须以权力制约权力。我国宪法规定，人民当家作主，主权来自人民。公共权力（包括行政权）来自于社会成员对权力的转让，即整个社会成员通过选举代表参与公共管理，对政府授予权力。这种选举与授权的机制决定人民应当警惕公共权力的异化并加强对公共权力的监督。因此，必须设计制度保证权力在既有框架内运行。依法治国被确立为基本方略；依法行政成为现代法治社会各级政府的执政准绳。警察权是一种重要而具有高度强制性的公共权力，运用不当会严重侵害公民人身自由和财产权利。因此，强调依法治警，严格执法是现代公共权力发展的要求。

（四）警察权力的本质需要

警察权的自由裁量空间相当大。从警察权的高度强制性出发，它的行使可能意味着某人人身自由的丧失，如对某人实施治安行政拘留；也可能意味着某部分财产的失控，如临时征用某人的汽车；还可能意味着某些人精神创伤的不能弥补，如警察野蛮执法对人心灵的伤害。从警察权的普遍覆盖性出发，它的行使可能针对犯罪嫌疑人、潜在犯罪分子、一般公民；也可能针对各行各业，例如下岗工人、进城务工农民；还可能是各个地域，无论是城市农村，还是工矿企业或商业集市。从警察权的裁量空间出发，弹性空间很大，对于打架斗殴行为，可能教育训诫，也可能会治安罚款，还可能行政拘留，这给予权力行使者足够的空间谋取私利。因此，针对警察权覆盖各个地域、各种行业具有高度强制性且弹性空间极大的公共权力特征，应当采取足够有力的措施制约警察权。仅举两例：一是在广州工作的湖北青年孙志刚因为没有带暂住证上街，被警察扣留，最后竟然在收容所死亡；二是成都一名3岁幼女李思怡因为母亲被警方抓起来强制戒毒而在家中活活饿死。两起事例均引起舆论界的关注，尤其是前者直接导致收容审查条例的废除、救助办法的出台。由此可见，警察权的行使对公民生活影响非常之大，警察权的滥用轻则关系到小额财产损失（如行政罚款）或轻度的精神伤害（如野蛮执法），重则导致人身自由的长期受损或者人的生命的丧失。因此，赋予警察以极大的自由裁量权是必要的，必要的监督与制约也是不可或缺的。

四、如何监督警察权

我国是社会主义国家，奉行“议行合一”的原则，但权力的制约与监督作为人类政治文明的共同成果，应当加以借鉴。西方国家三权分立学说及其权力制约体制并不符合我国国情，不能盲目搬用，但资本主义国家注重权力制约机制、监督法律化等方面的经验和某些措施值得我们借鉴。必须防止和制约权力的滥用，使权力的运行符合法治的要求，在法治的轨道上运行。

如何正确有效地行使警察权，既需要对警察权的固有特征进行判断，又需要结合警察权运行的机制或者说环境加以分析。警察权的行使是一个能动的执法过程，是通过警察机关及其人民警察依法履行职责和行政权力相结合的警察行为来实现的。行使警察权就是运用警察权力干预社会行为，依据有关法律规范来调整有关国家安全和社会治安的社会关系。行使警察权力的目的，是为了维护国家安全和社会秩序，履行人民警察的职责。

（一）转变执法观念

转变执法观念需要明确公共权力与公民权利存在界限。严格控制公共权力，确保公民权利的固有领地。警察自由裁量权的空间大和涉及面广尤其需要注意。

1. 权力与权利之区分

权力与权利存在非常重要的区别：一是主体不同。权力的主体是国家、社会的管理者，行使权力的行为是公务行为，目的是维护国家和社会的公共利益；而权利的主体是公民个人或者是组织，一般来讲是个人的私权利，目的是维护个人本身的利益。二是相互关系不同。权力以对方服从为条件，是一种不平等的关系，要求被施加权力者服从命令；权利双方关系平等，对于相对方是一种义务的对等关系。三是强制性的不同。权力具有国家强制性，要求对方服从，而权利以国家权力的强制性作为后盾和中介，通常由法律规定相对方的义务以保证权力的顺利实现。在我看来，人民主权国家中，权力来自于人民的授权，人民通过选举自己的代表发出自己的声音，伸张自己的权利。由人民选举出来的代表进一步选举政府，代表人民，如果不为人民办事，在宪法上直接违背了自己的职责，最终将被人民罢免。这也是我党和政府最近号召“立党为公、执政为民”的思想动因之一。总而言之，公共权力与公民权利之间存在紧张和矛盾，甚至出现对立和冲突。这需要我们既注意权力行使的合法性、合理性，同时又要注意以公民权利来约束公共权力，即：以权利制约权力、以权利控制权力、以权利监督权力并限制权力。

2. 公共权力与公民权利的紧张与对抗

公共权力具有扩张性，它会限制、干预、控制乃至否定公民权利。如何制约、控制和监督公共权力，要求引入法治方式，以法治代替人治，以成型制度对抗长官命令。现代行政来源于公民权利，应当服务于公民权利，公民权利是行政权力合法性与正当性的基础。强调公共权力行使中行政相对人的权利，这是“具体法治”，是我们目前需要着力建设的。

根据行政法治精神的内在要求，行政相对人的权利包括：一是评判权。即评判行政权力运用的权利。行政相对人对行政权力的运用如果存在意见，可以发表评价，要求公正合理的行政决定。例如对某些行政行为要求听证。二是抵抗权。行政相对人可以运用法律武器，抵抗异化的违法的行政权行使。例如对越权行政行为的不执行、不配合。三是知情权。公民有权知悉和获取行政行为产生的相关信息。例如行政行为在征求意见作出后应及时周知，既是对公众知情权的维护，又是行政性维护的公众支持和配合的前提。四是协商权。即行政相对人作为利益关系人有权通过各种方式反映意见，行政机关应当加以考虑并对合理者加以采纳，这种协商行为是决策民主科学的保障。现代行政权力的发展呈现既扩权又削权、放权，既限权、控权又参权、分权、还权的复杂演变。如何合理控制“国家的有形之手”，既能实现对国家有效的治理，又不因行政行为损害市场经济发展和对公民权利的侵犯。我认为，总体看来，公共权力的范围应当缩小，不一定是为了达到“守夜人”政府的目标，但市场经济呼吁的是一种“小政府”模式。小政府不是弱政府，而是追求有限政府，能够管制得住。政府仅仅从宏观调控上把握从保驾护航上着手，着力营造良好的市场环境和竞争秩序。因此，适应市场发展的客观要求，减轻政府的权力负担是一个总的趋势。在公共权力缩小的同时，应充分整合民间雄厚的社会资源，把原本属于政府的部分行政权向社会权力过渡。同时，引入公民和权利相对人进入行政决策、行政立法等活动中，发挥公民权利限制行政权的作用。

3. 警察权行使的限制

"三个代表"重要思想和"权为民所用、情为民所系、利为民所谋"的提出，都要求我们以民为本，转变执法观念。公务员是人民公仆不是人民老爷，各级政府领导不是老板，人民才是真正的"老板"。因此，需要焕发一种公仆意识，倡导一种服务精神。我以为，从警察权的固有特征出发，警察权的行使必须遵守四项准则，即依法执法、准确执法、及时执法、文明执法。

（1）依法执法。建设社会主义法治文明的根本要求是：有法可依、有法必依、执法必严、违法必究。党和政府都应带头遵守和维护法律，党和政府的行为均应限定在法律范围之内。公安机关依法执法有三个方面的要求：一是主体合法，即警察权必须由具备主体资格、能以自己的名义独立承担法律责任的警察机关行使，对于没有警察权的机关超越权限的必须严格依法追究责任，对于受委托行使部分警察权的机关或个人必须由授权机关严格监督制约以保证权力在正常的轨道上运行；二是权限法定，即警察权力与警察机关的任务、职责相联系。警察权力的行使要受到警察机关内部层级权限以及事权管辖的限制，同时还受到地域管辖的限制，越权无效；三是程序合法，"没有规矩，不成方圆。"行使警察权力，必须依照法定的程序，立案、调查、取证、裁决、移送等，立法均规定有法定的方式、步骤和时限，必须严格遵守。目前反映比较突出的超期羁押现象应当及时纠正。

（2）准确执法。正确行使警察权要求准确认定事实，正确适用法律。首先是认定事实，如果事实不清，便谈不上正确适用法律。警察权涉及面广泛，大到杀人放火、爆炸投毒，小到翻墙开门、处理狗咬行人。现实中，有些公安干警采取"和稀泥"、"各打五十大板"的做法严重损害了警察形象，导致公众对警察的不信任。其次才是适用法律或者说选择警察权手段的问题。准确适用法律要求警察具备一定的法律素质和知识，能够及时正确依法解决问题。事实清楚是警察权行使的前提和基础，正确使用是行使警察权力的关键。警察权是一个系统，包括治安罚款、治安拘留、训诫等，正确的警察权力手段能够有效纠正行政相对人的行为，手段不当则可能激化矛盾，导致事态恶化。

（3）及时执法。及时接警、出警是警察权固有特征和警察工作的特殊性质的要求。警察事务一般具有一定的紧急性，比如火灾已经殃及三户，如不及时赶到则可能造成更大的损失；又如，被害人向警察求救，如不及时赶到犯罪嫌疑人可能逃脱、被害人也可能再度遭受更严重的侵害。是否及时执法反映了一个地域的警察素质和警政水平。在国外，警察学上有所谓的"ATP（Arrival Time of Police）"就是强调警察反应的及时度。警察到达现场的时间，通常能衡量警察对人民权利上不上心，以及个人素质过不过硬。

（4）文明执法。要求行使警察权的过程中，必须针对具体的事实、性质、情节和对社会的危害程度，按照法律法规，宽严适度，执法严明，讲究方式，注重执法手段。警察权作为一种公共权力，具有高度的强制性。对于一般公民不能野蛮执法，伤害公众感情地执法，对于犯罪分子也需要人道执法。党的十六大提出政治文明的倡议，号召党和政府以"三个代表"重要思想为指导，转变执政观念，建设中国特色的民主政治。依法行政是政治文明建设的重要一环，警察权的行使需要按照政治文明建设的要求进行。因此，只有文明执法，才能更好地发挥警察权的权威性，既达到对违法犯罪活动的惩诫教育目的，又有利于保护公民的合法权利。

（二）从严治警，制度强警

警察权需要监督，必须按照依法、准确、及时、文明的原则执法。需要注重的是，应当从内部和外部两方面对警察权行使进行规范。外部方面，要求强化依法治警，通过法律的外在约束，对警务活动和人民警察实施监督，以免警察权逸出法治的空间；内部方面，通过各项制度整顿警察队伍，转变警察观念，改进警察作风，提升警察素质。

1. 依法治警

依法治警首先需要提高干警素质，严把进人关，严格按照人民警察基本条件招募警员，提高警员的文化素质；对于在岗干警要强化法律意识，实施在职培训，使人民警察的文化水平和思想素质均有较大幅度的提高。其次，要强化执法监督，发挥已行之有效的人大监督、检察监督，加大力度引入新闻舆论和群众监督，必要时可以邀请电视台等新闻媒体跟踪采访案件的侦查和相关治安案件的处理过程，或者聘请群众警风监督员，一方面以此促进公安工作按照依法、准确、及时、文明的原则进行，另一方面可以实现更紧密地警民联系，进一步树立警察机关在群众心中“人民警察为人民爱人民”的形象。

依法治警仅仅强调正面引导和教育是不够的，必然涉及法律尤其是刑法关于警察工作的相关规定。1997 年刑法典关于警察工作共规定了三个系列的罪名：一是刑讯逼供罪、暴力取证罪、虐待被监管人罪等侵犯公民人身权利、民主权利罪；一是贪污罪、受贿罪、私分罚没款物罪等职务犯罪；一是玩忽职守罪、徇私枉法罪、私放在押人员罪、徇私舞弊不移交刑事案件罪、帮助犯罪分子逃避处罚罪等渎职犯罪。应当在警察内部强化这三个系列罪名的教育和学习，以此为戒，提高警惕，不得触犯。

2. 制度强警

依法治警是外部硬约束，五条禁令是内部制度与纪律。为加强公安队伍建设、严明纪律，树立公安队伍形象，2003 年 1 月 22 日公安部向全国公安部门、武警部队发出五条禁令“五条禁令”：一是严禁违反枪支管理使用规定，违者予以纪律处分；造成严重后果的，予以辞退或者开除。二是严禁携带枪支饮酒，违者予以辞退；造成严重后果的，予以开除。三是严禁酒后驾驶机动车，违者予以辞退；造成严重后果的，予以开除。四是严禁在工作时间饮酒，违者予以纪律处分；造成严重后果的，予以辞退或者开除。五是严禁参与赌博，违者予以辞退；情节严重的，予以开除。同时规定，民警违反上述禁令的，对所在单位直接领导、主要领导予以纪律处分。民警违反规定使用枪支致人死亡，或者持枪犯罪的，对所在单位直接领导、主要领导予以撤职；情节恶劣、后果严重的，上一级单位分管领导、主要领导应引咎辞职或者予以撤职。对违反上述禁令的行为，隐瞒不报、压案不查、包庇袒护的，一经发现，从严追究有关领导责任。五条禁令是在党的十六大结束不久，全国掀起学习“三个代表”重要思想高潮的情况下出台的。

我们必须理解五条禁令不是紧箍咒，而是警戒线，是为了及早纠正警察的不良行为，端正警风，防止个别警察持续犯错堕入深渊：一是要正视目前部分地方公安机关的严重违法违纪问题。公安机关的主流是好的，不愧是共和国之盾。但是部分干警违反枪支管理使用规定、携枪饮酒、酒后驾车、在工作时间饮酒和参与赌博，造成恶劣的社会政治影响，严重损害公安机关和人民警察的形象。二是五条禁令是公安机关贯彻落实“三个代表”重要思想和党的十六大精神的重要举措，是有效解决公安队伍存在的突出问题、深入推进公安队伍建设的迫切需要，是保障公安机关在新世纪新阶段担负起巩固共产党执政地位、维护国家长治久安、确保人民安居乐业任务的必然要求。三是解决五条禁令禁止的饮酒、枪支使用等问题，不仅有利于维护广大人民群众的根本利益，也是对民警真正的关心和爱护。不少平时工作突出的民警因为违反枪支管理使用规定造成严重后果、酒后驾车肇事造成重大恶性案件和事故，不仅给社会带来巨大损失，有的还失去了宝贵的生命。四是五条禁令的依据。五条禁令直接来源于人民警察法、国家公务员暂行条例、公安机关人民警察内务条令、公安机关人民警察辞退办法、公安民警违反公务用枪管理使用规定行政处分若干规定和公安机关追究领导责任暂行规定等法律法规和规章，只不过在过去对违反枪支管理使用规定、携枪饮酒、酒后驾驶机动车、在工作时间饮酒及参与赌博等违法违纪行为的处理略为宽松，“五条禁令”重申了从严治警的方针，在处理上更加严厉。五是如何贯彻执行“五条禁令”。正如公安部领导讲的，“五条禁令”是高压线，必须坚持宣传教育过硬、落实制度过硬、执行纪律过硬、领导带头过硬的要求，加强各个方面的工作。对于五项禁令的执行，一定要采取各项措施严格执行，组织公安系统内部的纪检、监察、督察、政工等部门，通过现场督察、专项检查、明察暗访、群众评议等形式，加强对“五条禁令”执行情况的监督检查。同时充分扩大宣传面，让广大群众监督人民警察的日常行为，进一步巩固警民之间的良好关系。

警察权的依法行使是市场经济与依法治国的必然要求，是现代政治文明建设的需要。它关系到方方面面。我们必须强调依法治警和制度强警，才能规范好警察权，更好地树立警察形象，维护社会稳定，为社会主义现代化建设提供切实保障。

（本文系2003年在贵阳市公安局主办的两期干警岗位培训班上的讲座讲稿。）

推进信访法治，全面建设小康社会

1997年，党的十五大明确提出，要在坚持四项基本原则的前提下，继续推进政治体制改革，进一步扩大社会主义民主，健全社会主义法制，依法治国，建设社会主义法治国家，到2010年形成有中国特色社会主义法律体系。1999年宪法修正案将依法治国作为基本方略载入宪法。党的十六大报告明确提出全面建设小康社会的构想，十六届三中全会和四中全会为经济的发展和政治的建设提供了指引。坚持发展社会主义民主、健全社会主义法制，这是我们党坚定不移的基本方针。我们党将依法治国确定为党领导人民治理国家的基本方略，标志着我们党在执政方式上的深刻变化和重大发展。依法治国，要把坚持党的领导、发扬人民民主和严格依法办事统一起来。信访工作是我们党和政府密切联系群众、反映人民呼声、及时处理群众问题的一条重要渠道，是巩固党的执政基础的重要方式，是建设社会主义事业和全面建设小康社会的重要组成部分。改革必然涉及方方面面的利益和博弈，如何处理这些利益及博弈问题是一个非常重大的问题。我将以推进法制建设、全面建设小康社会为背景，谈谈中国特色的社会主义法治及其展望，谈谈如何完善信访工作中的法治问题，谈谈如何通过法治的努力促进经济、政治、文化的协调发展，并且结合贵州的省情着重从法律角度谈谈信访工作，希望对各位坚守在党和政府信访工作岗位的同志有所帮助。

一、中国特色的社会主义法治

法治是一种理想，更是一种实践。法治的普遍原则是：（1）法律具有权威性；（2）法律效力具有普遍性；（3）法律具有基础性，是其他一切权力的来源与基础。作为现代世界各国向往和追求的一种理想，它是手段与目的的统一，既是调控国家与社会的方式，更是一种理想的社会状态。中国特色的社会主义法治继承了人类法治文明的各项优秀成果，而且因经济、政治基础的不同与西方资本主义法治形成巨大的差异：第一，建立在以公有制为主体、多种经济成份共同发展的基础上，为维护每一个人的合法权益提供了经济保障；而西方的法治建立在私有制之上，无产者也就难以获得维护自身合法权益的经济支持；第二，社会主义的中国是人民当家作主的国家，法律真正反映了广大人民的共同意志和利益，人民群众是法治的主体；而西方资本主义国家是占人口少数的资产阶级当权，法律所反映的是资产阶级的意志和利益，资产阶级是法治的主体；第三，社会主义中国追求的是共同富裕与民族复兴，法治建设具有广泛的群众基础；而西方资本主义国家追求的是少数富人的利益，其法治实现不可能不带有很大的局限性。以下简要谈谈中国特色的社会主义法治体系的基本框架、基本目标及需要进行的工作。

（一）中国特色社会主义法治的基本框架①

法律体系是指一国全部法律规范依照一定的原则和要求所组成的有机的统一整体。它以法律形式反映和规范国家政治、经济、文化和社会的各项制度。由于各国的政治制度、经济制度、历史文化传统的不同，各国的法律体系必然会各具特点。但万变不离其宗，可以从法律体系的内在部门划分和外在表现特征对其进行分析。

1. 法律体系的范围

我国法律体系包括哪些内容，它由哪些法律部门组成？目前有三种意见。第一种意见认为，我国的法律体系只包括宪法和法律，不应包括行政法规、地方性法规及其他规范性文件。主要理由是，在我国宪法所规定的立法体制下，只有全国人大及其常委会才有权制定法律，其他规范性文件都是根据宪法和法律制定的，不能同宪法和法律

---

① 王维澄：《关于有中国特色社会主义法律体系的几个问题——全国人大常委会法制讲座第八讲讲稿》。

相提并论。第二种意见认为，我国的法律体系除了包括宪法和法律外，还应包括行政法规，特别是全国人大授权国务院制定的暂行规定和条例。主要理由是，行政法规是最高国家行政机关制定的，具有在全国一体执行的效力，其地位仅次于宪法和法律；授权制定的暂行规定和条例，在国家有关法律未制定前，在一定程度上起到了法律的作用。第三种意见认为，我国的法律体系应当以宪法为统帅，法律为主干，同时包括行政法规、地方性法规、民族地方的自治条例和单行条例等规范性文件。主要理由是，根据我国宪法的规定，全国人大及其常委会行使国家立法权，全国人大制定和修改刑事、民事、国家机构的和其他的基本法律，全国人大常委会制定和修改除应当由全国人大制定的基本法律以外的其他法律，并可对全国人大制定的法律进行部分补充和修改；国务院制定行政法规，并可根据全国人大的授权在经济体制改革和对外开放方面制定暂行规定或者条例；省、自治区、直辖市人大及其常委会制定地方性法规，省、自治区人民政府所在地的市和经国务院批准的较大的市的人大及其常委会也可以制定地方性法规，报省、自治区人大常委会批准后施行；民族自治地方的人民代表大会可以制定自治条例和单行条例，报上级人大常委会批准；根据全国人大的授权，经济特区的国家权力机关根据经济特区的具体情况和实际需要，可以制定在经济特区实施的法规。第三种观点是法学理论界的通行观点，也为立法部门、司法部门所认同。现在一般认为，中国特色的社会主义法律体系包括宪法、法律、行政法规、地方性法规、民族地方的自治条例和单行条例等。我国实行的是统一的分层次的立法体制。基本法律、法律、行政法规、地方性法规、自治条例和单行条例等，都属于法的范畴，是法的形式渊源，它们的阶位不同，各自具有不同的效力。不能因为阶位、效力与适用范围的不同而否认法的本质。

理论上认为中国特色的法律体系划分为 7 个法律部门比较合适，即：宪法及宪法相关法、民法商法、行政法、经济法、社会法、刑法、诉讼与非诉讼程序法。

（1） 宪法及宪法相关法

宪法及宪法相关法是我国法律体系的主导法律部门，它是我国社会制度、国家制度、公民的基本权利和义务及国家机关的组织与活动的原则等方面法律规范的总和。它规定国家和社会生活的根本问题，不仅反映了我国社会主义法律的本质和基本原则，而且确立了各项法律的基本原则，最基本的规范体现在《中华人民共和国宪法》中，还包括国家机构的组织和行为方面的法律、民族区域自治方面的法律、特别行政区方面的基本法律、保障和规范公民政治权利方面的法律，以及有关国家领域、国家主权、国家象征、国籍等方面的法律。

（2）民法商法

我国采取的是民商合一的立法模式。民法是调整平等主体的自然人之间、法人之间、自然人和法人之间的财产关系和调整公民人身关系的法律规范的总和。民法是市场经济的基本法律，包括自然人制度、法人制度、代理制度、时效制度、物权制度、债权制度、知识产权制度、人身权制度、亲属和继承制度等。民法的调整方法主要是平等、自愿、等价、有偿、公平和诚实信用等。商法是在民法基本原则的基础上、适应现代商事交易迅速便捷的需要发展起来的。商法调整的是自然人、法人之间的商事关系，主要包括公司、破产、证券、期货、保险、票据、海商等方面的法律。民商法是规范社会民事和商事活动的基础性法律。

（3）行政法

行政法是调整国家行政管理活动的法律规范的总和。它包括有关行政管理主体、行政行为、行政程序、行政监察与监督以及国家公务员制度等方面的法律规范。行政法涉及的范围很广，包括国防、外交、人事、民政、公安、国家安全、民族、宗教、侨务、教育、科学技术、文化体育卫生、城市建设、环境保护等行政管理方面的法律。

（4）经济法

经济法是调整因国家从社会整体利益出发对经济活动实行干预、管理或调控所产生的社会经济关系的法律规范的总和。经济法大体包含两个部分，一是创造平等竞争环境、维护市场秩序方面的法律，主要是有关反垄断、反不正当竞争、反倾销和反补贴等方面的法律；二是国家宏观调控和经济管理方面的法律，主要是有关财政、税务、金融、审计、统计、物价、技术监督、工商管理、对外贸易和经济合作等方面的法律。

（5）社会法

社会法是调整有关劳动关系、社会保障和社会福利关系的法律规范的总和，它主要是保障劳动者、失业者、丧失劳动能力的人和其他需要扶助的人的权益的法律。社会法的目的在于，从社会整体利益出发，对上述各种人的权益实行必需的、切实的保障。它包括劳动用工、工资福利、职业安全卫生、社会保险、社会救济、特殊保障等方面的法律。

(6) 刑法

刑法是规定犯罪、刑事责任和刑事处罚的法律规范的总和。刑法以刑罚制裁作为后盾，又称之为“后盾法”。刑法的功能在保护社会和保障人权，承担惩治各种刑事犯罪，维护社会正常秩序，保护国家利益、集体利益以及公民各项合法权利的重要任务。

(7) 诉讼与非诉讼程序法

诉讼与非诉讼程序法是调整因诉讼活动和非诉讼活动而产生的社会关系的法律规范的总和。其中，刑事诉讼法、民事诉讼法、行政诉讼法统称为司法程序法。除此之外，还包括仲裁等非诉讼程序法。程序法是实体法的实现形式和内部生命力的表现，目的在于保证实体法的公正实施。

从目前的立法来看，中国特色的社会主义法律体系，是适应我国社会主义初级阶段的基本国情，与社会主义的根本任务相一致，以宪法为统帅和根本依据，由部门齐全、结构严谨、内部协调、体例科学的法律及其配套法规所构成，是保证我们的国家沿着建设有中国特色社会主义道路前进的各项法律制度的有机的统一整体。

2. 法律体系的基本特征

中国特色社会主义法律体系的本质特征是它隶属于社会主义。基本特征为：

(1) 以马列主义、毛泽东思想、邓小平理论和“三个代表”重要思想为指导。科学的理论体系为正确把握有中国特色社会主义法律体系的性质、功能和价值提供了理论基础和依据。在邓小平理论和“三个代表”重要思想的指导下，我国的法律体现了建设中国特色社会主义的要求和客观规律。

(2)“以人为本”，维护人民根本利益。依法治国应当与党的领导和人民当家作主紧密结合起来，党的事业的成败在于能否巩固执政基础，简单地说是维护和发展好人民群众的根本利益。宪法规定，我国实行人民民主专政的国体和人民代表大会制度的政体，是人民长期奋斗的成果和历史的选择，是我们国家和人民根本利益之所在，也是我国沿着社会主义道路不断向前发展的最可靠的政治保证。我国的法律，必须有利于巩固工人阶级的领导地位，有利于加强工农联盟这一基础，有利于团结一切可以团结的力量来建设我们的国家；必须坚持和完善人民代表大会制度这个根本政治制度，保障人民当家作主的权利，有利于人民依照法律规定，通过各种途径和形式，管理国家事务，管理经济和文化事业，管理社会事务。

（3）坚持党的领导。中国共产党是共和国的执政党，是社会主义各项事业的领导核心。党的执政地位是历史形成的，也是经过新民主主义革命、社会主义革命和社会主义建设各个时期实践稳固的。依法治国，从执政的角度来说，表现为依法执政。国家的各项法律制度，最初都是通过政策进行试验的，最后才以法律来规范化、制度化。中国特色的社会主义法律体系是根据党的基本路线、基本纲领而形成的。社会主义的根本任务是发展社会生产力。在社会主义初级阶段，尤其要把发展社会生产力摆在首位。我国的法律，一定要维护以公有制为主体、多种所有制经济共同发展的基本经济制度和按劳分配为主体、多种分配方式并存的分配制度，以“三个有利于”为根本标准，促进经济的发展和社会的全面进步。我们要坚持立足于中国实际制定法律，并注意借鉴国外的经验，吸收其中有益的东西为我所用。

（4）具有开放性和创新性。我国正处在社会主义改革开放和现代化建设的新时期，这就决定了这一时期形成的法律体系具有鲜明的时代特点。它必然要反映改革开放和现代化建设的实践经验，肯定改革开放和现代化建设的成果，引导、规范、保障和促进改革开放和现代化建设。应当说，处于这样一个日新月异的时代，法律必须不断适应变化着的社会情况，称之为“动态法”一点不为过。我们需要处理好法律的稳定性、连续性、严肃性、权威性和时代性、变动性的关系。不能过份强调法律的稳定性，以免影响甚至阻碍社会经济、政治、文化等方面的改革和发展；但也不能“法令滋彰”，昨日之法今日改，今日之法明日废。立法之初便应全盘考虑法的稳定性和变动性、前瞻性和阶段性相统一。

（二）中国特色社会主义法治基本目标

众所周知，我国的社会主义法治的目标是“有法可依，有法必依，执法必严，违法必究”。从总体上看，现有法律基本适应我国社会主义现代化事业发展的客观要求，使我国的政治生活、经济生活、社会生活的主要方面，基本上有法可依。可以说，以宪法为核心的有中国特色社会主义法律体系的框架已经初步形成，为建立完备的法律体系奠定了良好的、坚实的基础。中国特色的社会主义法治在经济基础、政治基础、价值基础上都具有迥然相异于现代西方法治国家的特色：(1) 以公有制为主体、多种所有制共同发展是有中国特色社会主义法治的经济基础。它为维护社会主义社会中每一个人的合法权益提供了经济保障和支持。(2) 人民民主专政是中国特色社会主义法治的政治基础。在中国，人民当家作主，法律真正体现广大人民的共同意志和利益，人民群众是法治的主体。(3) 共同富裕、政治文明和精神文明是有中国特色社会主义法治的价值基础。党的十六大提出全面建设小康社会的号召，强调全面小康社会是经济、政治、文化各个方面都实现小康，强调物质文明、政治文明和精神文明都应不断发展，从而在价值追求上构成中国法治的特色。笔者以为，建构必须从基础、理念和制度上着手。

首先是发展经济，这是完善社会主义法治的经济基础。没有经济发展，何谈法治建设？发展不仅是执政兴国的第一要务，更是社会主义法治建设的基础和出路。经济市场化是全球化时代的要求，我国的社会主义市场经济体制正处在不断完善之中。自20世纪90年代以来就开始构建，到今天这种经济体制已基本建立。市场经济本质上是法治经济，提倡主体平等、意思自治。考察西方法治史，其产生和发展的深层根源是国家与市民社会的分离和互动，可以说，市场经济的充分发展为市场主体权力的自主性提供了动力，为法律体系的建立和法治的不断完善创造条件。我国没有形成成熟的市民社会，但必须通过培育市场经济，为良法之治、实现现代法治国家理想奠定现实基础。

其次是理念，确立依宪治国、依法治国观念。法治与宪法和宪政紧密相联。法治是人类通过宪政安排实现的政治理想。正如毛泽东同志指出，宪法是治国安邦的总章程。宪法不仅授予政府以权利，而且还明确规定政府权力运行的方式、方法和程序以及具体的政治模式。我国1982年的宪法是一部集中全国人民智慧体现人民意志的宪法，但实施中存在一些违宪现象因缺乏审查机制无法纠正。在一般法律法规的实施中，也存在有法不依、执法不严、违法不究等现象，甚至存在以权压法、以钱压法的情况，严重背离了法治的精神。因此，建设有中国特色的社会主义法治体系，必须宏扬依宪治国、依法治国的精神，确立违宪审查机制，严格执行法律。

再次是制度，即完善社会主义法律体系。有良法才有善治。亚里士多德精确地描述法治为："法治应包含两重含义——已成立的法律获得普遍的服从，而大家能服从的法律本身又应该是制订得良好的法律。"① 何谓"制订得良好"——这要由生活于具体的社会场合和文化背景下的人们通过他们的信念、制度和活动来赋予涵义。② 中国特色的社会主义法律规范应当采取体现人民意志、符合人民利益的标准来判断是否良法。作为理念和价值的法治，会仅仅停留在观念形态上而不会转化为政治现实。法治的制度化意味着我们应当按照前述的七个部分进一步完善法律规范，适时发展社会主义法律体系，及时对法律规范作出相应的修改。

我们在十五大提出到2010年要形成有中国特色社会主义法律体系，距离这一目标还有多远？以下，我将根据王维澄同志在全国人大常委会讲座上的讲稿，简要分析我国的法治具体目标：③

1. 关于宪法及宪法相关法

我国1982年通过的现行宪法是一部好宪法，是我国法制建设的基础，是法律体系的核心和统帅。1988年、1993年、1999年和2004年先后四次以修正案方式对宪法部分内容进行的修改，使我国的宪法更加完善，能够更好地适应改革开放和现代化事业发展的需要。同时还制定和修改了宪法相关法律数十件。作为国家机构方面的法律，已

---

① 亚里士多德：《政治学》，商务印书馆1965年版，第99页。

② 夏勇：《法治是什么》，载《中国社会科学》1999年第4期。

③ 王维澄：《关于有中国特色社会主义法律体系的几个问题——全国人大常委会法制讲座第八讲讲稿》。

经存在立法法、全国人民代表大会组织法、国务院组织法、地方各级人民代表大会和地方各级人民政府组织法、人民法院组织法、人民检察院组织法，以及全国人大议事规则、全国人大常委会议事规则等。这些法律确立了国家权力机关、行政机关、司法机关的基本体制、职责权限、运作方式、工作原则、议事程序等。为了坚持和完善民族区域自治制度，制定了民族区域自治法。根据“一国两制”方针，制定了香港特别行政区基本法、澳门特别行政区基本法以及香港特别行政区驻军法等，为香港和澳门的顺利回归和保持长期繁荣稳定，提供了法律保障。为了保障公民的民主权利，扩大基层民主，制定了选举法、代表法和村民委员会组织法、城市居民委员会组织法等。在涉及国家领域、国家象征、国籍及公民政治权利等方面，制定了国防法、领海和毗连区法、专属经济区和大陆架法、国旗法、国徽法、国籍法，以及集会游行示威法、戒严法、国家赔偿法等。

关于宪法及其相关法，进一步的工作包括：一是进一步完善人民代表大会制度方面的法律，主要是监督法，将人大及其常委会的立法和监督工作进一步纳入法制化、规范化轨道；二是进一步完善宪法规定的公民政治权利方面的法律，制定新闻法、出版法、结社法等；三是制定进一步规范国家机构方面的法律，主要是修改国务院组织法和人民法院组织法、人民检察院组织法等，制定有关国家行政机构设置的法律，进一步适应国家机构改革和司法体制改革的需要，使机构设置、职权划分和人员编制法律化、规范化。

2. 关于民商法

民商事法律方面，历经数十年的发展，已经存在民法通则、合同法、担保法、拍卖法、商标法、专利法、著作权法、婚姻法、继承法、收养法、公司法、合伙企业法、证券法、证券投资基金法、保险法、票据法、海商法、商业银行法、企业破产法（试行）等。目前正在酝酿制定民法典等工作。

从民事法律方面看，急需进行的工作包括：一是制定物权法。它是调整公民、法人因直接控制和支配财产而产生的社会关系的法律规范，是发展社会主义市场经济不可缺少的重要法律。二是在我国有关物权、债权、婚姻家庭方面的主要法律逐步完备的基础上，抓紧编纂、制定民法典。三是修改商标法、专利法、著作权法，进一步完善我国的知识产权保护制度。从商事法律方面看，一是需要制定商事登记法和全面修改公司法，以进一步完善市场主体法律制度。二是制定信托法、商业秘密保护法等，以建立我国的信托制度和保护商业秘密的法律制度。三是修订企业破产法，进一步完善破产法律制度。

3. 关于行政法

我国行政法的功能主要在规范行政机关行政权力。目前已制定行政处罚法、行政许可法、行政监察法、兵役法、预备役军官法、军事设施保护法、人民防空法、外交特权与豁免条例、人民警察法、中国公民出境入境管理法、教育法、义务教育法、高等教育法、律师法、监狱法、环境保护法、海洋环境保护法等。进一步需要完善的行政法包括：行政强制措施法、行政复议法、国家公务员法、国家公务人员财产收入申报法、人口与计划生育法、荒漠化防治法、国防教育法、国民经济动员法等。

4. 关于经济法

经济法是调整纵横经济关系的法律规范。宏观调控法已经存在预算法、审计法、中国人民银行法、价格法、税收征收管理法等；市场法和竞争法已经制定了反不正当竞争法、消费者权益保护法、产品质量法、广告法等；贸易法方面有中外合资经营企业法、中外合作经营企业法、外资企业法、对外贸易法等；产业法方面包括农业法、铁路法、民航法、公路法、电力法、煤炭法、建筑法、城市房地产管理法等；资源法包括森林法、草原法、水法、矿产资源法、土地管理法等。需要进一步完善的包括：一是制定国有资产法以保证国有资产的保值增值，防止国有资产流失；二是制定外汇管理法、信贷法以加强金融监管，维护国家外汇秩序和货币市场秩序；三是修改现行的税法，增开新的税种，规范税收行为，整顿税收秩序，保证国家财政收入；四是完善政府采购法、反垄断法。

5. 关于社会法

社会法是一个新兴的法律部门。基本的法律包括：劳动法、矿山安全法、残疾人保障法、未成年人保护法、妇女权益保障法、老年人权益保障法、工会法、红十字会法等。完善社会法的工作包括：一是制定社会保险法和社会保险基金管理法，对医疗保险、养老保险、失业保险、工伤保险和生育保险等制度作出法律规范。二是就社会福利、社会救济、优抚安置等方面作出法律规范。三是制定劳动合同法以及职业安全卫生和重大事故控制等法律。

6. 关于刑法

1997年我国已经对1979年刑法进行了全面修订，但此后通过修正案、单行刑法对1997年刑法典进行了多次修订。可以说，这部刑法是比较完备的，具有里程碑的意义。但是，不能排除随着社会实践的发展对这部刑法典作必要的修改和补充。

7. 关于诉讼与非诉讼程序法

程序法与实体法紧密联系，紧密结合。在程序法上，我国已经存在民事诉讼法、刑事诉讼法、行政诉讼法、仲裁法等。目前正在考虑制定引渡法、海事特别程序法等法律。这些法律为我国程序的公开化、民主化、现代化作出了巨大贡献，对于维护当事人合法权益、规范司法程序具有重大意义。

二、全面建设小康社会与信访法治

信访制度是中国特有的一种救济方式，它的发展经历了三个阶段：一是1951年至1979年的大众动员型信访，主要以揭发问题和要求落实政策为主。二是1979年至1982年的拨乱反正型信访，主要内容是要求解决历史遗留问题，平反冤假错案。三是从1982年至今的安定团结型信访。信访制度最主要的功能转变为化解纠纷、实现救济。我们决不能忽视全面建设小康社会与信访法治的关系。信访工作是联系人民群众的纽带和桥梁，关系着实现宪法规定的公民基本权利等重大原则问题。但是，仅将信访工作的作用局限在社会稳定剂和信息反馈方面并不全面。党和国家历来十分重视群众信访工作。各级信访部门做了大量工作，任劳任怨，不计名利，为贯彻落实党和国家的方针政策，保障法律实施，维护群众合法权益和社会稳定，促进经济发展发挥了重要作用。但是，在依法治国的时代，信访工作必须适应时代变革理念，改进工作方式，实现体制与机制创新，在建设全面建设小康社会的背景中去认识信访工作，在依法治国的方略中推进信访工作。鉴于当前信访工作中存在的问题，建议尽快制定国家信访法，使信访工作纳入法制化轨道，在信访中注意情理法的良好结合。

（一）全面建设小康社会的评价体系

何谓全面建设小康社会？全面建设小康社会是一个政治、经济、文化协调发展的系统工程，同时也是建设社会主义物质文明、精神文明和政治文明的历史进程中的一个阶段。从全面建设小康社会的内容来看，它是一个有中国特色社会主义经济、政治、文化、社会全面发展的目标。其中，政治文明作为与法治建设并提的内容，反映了党和政府对现代社会中政治文明建设的重视。法治是衡量小康社会的一个重要目标。依法治国理念的提出实际上标志着由“法制”向“法治”的转变。“法制”强调制度、体系、办事原则的建立和完善，而“法治”强调的是法律管理国家和社会事务的重要性，是依法治国的问题，与“人治”直接对立。中国共产党在深刻领会“法制”与“法治”的内涵后，求真务实地选择了“法治”。现代法治国就是实现现代法治理想的良好社会状态。

解读现代法治，可以从理念、制度、行为三个层面进行：（1）从理念层面上来理解，法治主要是指一种治理国家与社会的价值和精神。现代法治则是以实现社会正义为目标，体现现代政治文明譬如尊崇民主、保障人权、追求平等、良法之治、权利本位等的一种正向价值取向的法律精神的综合体。法治不能简单地理解为法律的统治，正如法律有“良法”与“恶法”之分一样，依法治理所凭藉之“法”当然也不例外。也就是说，依据什么样的法律进行统治，是作为理念层面的法治首先应当回答和做出判断的问题。历史一再证明，法治既可以正向价值为取向，充分维护民主、自由、平等、人权、正义和宪政，保障人民的福祉，也可以负向价值为归依，把法律变成推行专制、人治、维护特权的工具。因此，实行法治，建设法治国家，必须有理性的价值导向，而理念层面的法治所要解决的正是法治价值的合理选择和恰当定位的问题。（2）从制度层面来理解，法治主要是以民主为基础建构起来的一种社会制度和理想状态。现代法治就是以民主为基础建构起来的一种体现现代法治原则譬如人民主权、法律至上、立法优位、依法行政、司法独立等的社会制度和理想社会状态。法治仅仅作为理念和价值，停留在观念形态上是不可能成为民主体制的政治现实的。如何将理念层面的法治与一个处于特定文化和传统中的社会现实需要结合起来，它的起点之一，是要“将法治理念制度化”。用宪法和法律把法治的理念要求规定或确定下来，成为一个国家民主政治和宪政体制中的组成部分，转化为概括并浓缩了各项法律制度、程序和规范的一系列法治原则。法治的制度化、具体化和程序化，涉及最多也最有意义和必要的领域，是关于公权力（国家或行政权力）的规制与私权利（人权）的保障。在公权与私权以及它们的相互关系领域，是各国实施法治所关注的重点。公权力设置不当和权力的滥用、权力的不作为等，往往是对法治及其秩序的最大威胁或破坏，同时也是对人权最有可能的最为严重的侵害。从法治理想的一定意义上说，法治的本质功能就是对公权力的有效规制，就是要实行宪政与法治。（3）从运作层面上来理解，法治是一个动态的、由一系列主体根据法定程序将纸面上的或静态的法律条文变为生活中的法律过程，它要回答的是“法律是如何实施和如何统治的”问题。在具体运作中，法治机制和实施法治的人是两个重要因素。现代法治在具体运作中极力强调程序公正。法治运作是主体（包括其他法律主体）根据事先设定的法律规则所进行的活动，它是在法治意识基础上的制度和人的有机结合。法治并不排除主体的作用，反而注重且强调发挥主体在法治运作中的能动性和主动性。但是法治的本质在于，为了实现公正或正义，法的权威必须高于个人或少数人的权威；国家、共同体、公民的活动应依法进行；而法律的创制应以合理性和合法性为前提和基础。

（二）如何推进信访法治

依法治国，体现在群众信访领域，就是信访法治。如何推进信访法治，需要提出两个问题：一是制定国家信访法；二是信访工作要注意情理法相结合。

1. 制定国家信访法

党的十五届六中全会关于改进党的作风建设的核心就是要解决如何对待人民群众的态度问题。党的十六大报告中反复强调了依法治国和保障宪法实施的重要性。中央指出学习“三个代表”重要思想就是要做到“立党为公，执政为民”。十六届四中全会专门提出来的党的执政基础问题。历次党的会议都一再强调党与国家的各项工作必须注意党与人民群众的血肉联系。当前信访工作面临的严峻形势，要求着手修改1995年制定的《国务院信访条例》，将制定国家信访法纳入国家立法规划，加快国家信访法的立法调研工作。① 当前，信访工作一方面由于国家信访机构法律地位不明确，职权有限，责任不清，难以有效发挥作用，致使相当数量群众反映的问题得不到妥善处理；另一方面由于一些部门、单位和公职人员的不作为、官僚主义、推诿扯皮，导致越级访、重复访、群体访时有发生，给社会稳定带来隐患。国家信访法的出台可以有效防范这种现象。国家信访法调整的对象是信访法律关系，涉及信访人（公民）与国家机关之间的权利义务关系。信访法的重点是对国家机关处理公民来信来访的行为进行规范，保障宪法规定的公民基本权利的实现。国家信访法的基本内容，应当包括国家机关信访工作的基本原则；国家机关信访机构的设置、职责职权及法律地位；国家机关对待公民来信来访的行为规范以及对其不作为的限制；公民来信来访的范围，处理的时限和相应程序；信访人的权利义务；国家机关受理公民信访的法律责任等。

国家信访法应当规定的具体内容，一般认为包括如下内容：(1) 明确信访机构的法律地位。当前比较突出的矛盾是国家机关信访机构法律地位不明确，权限和职责不清，其直接后果是助长了官僚主义作风，影响了国家机关与人民群众的联系。考虑协调国家信访局与人大监督功能、政府的监察部门、审计部门之间的权限关系，以形成更合理、更协调的监督系统，对于一些专业性问题（例如社会福利保障、金融证券、拆迁、摊派），可以在有关部门设立特别信访机构。(2) 规范信访工作的程序。信访人对国家机关及其工作人员提出批评、控告和检举，有权要求国家机关认真对待，查清事实，负责地给予答复。用法律规范信访工作程序，强制保障公民权利的实现是非常重要的。(3) 规定信访机构的权限。必须明确信访局的调查权可以涉及任何行政机关以及司法机关，在调查过程中不受任何其他机关干预；信访局的调查报告以及对有关涉案机关的劝告和意见应该采取文件以及新闻等方式公布。(4) 明确国家机关在信访工作中的责任。据有

---

① 冀刚毅：《建议将制定信访法纳入立法规划》，载《人大研究》2004年第2期。

关部门统计，公民来信来访中重复信访占有相当大的比例，反映的问题大部分发生在基层。一些本可以就地解决或化解的矛盾得不到及时解决。群众反映官官相护、状告无门、无处伸冤，脸难看、门难进、话难听的情况较为突出。原因在没有明确各级国家机关对待公民信访所应承担的法律责任，有关人员不负责地推诿扯皮、相互踢皮球导致。① 这里我要特别提到"枫桥经验"和"一站式信访"。

1963 年 11 月，浙江省诸暨县枫桥区社教运动试点基本结束，公安部来浙江了解试点中没有捕人的情况，即向正在杭州的毛泽东主席作了汇报。毛主席说："这就叫矛盾不上交，就地解决。"指示公安部总结枫桥区的经验。11 月 22 日，毛主席又在报送文件上批示："此件看过很好，请你们考虑是否可以发到县一级党委及公安局。中央在文字前面写几句介绍的话，作为教育干部的材料。其中应提到诸暨的好例子，要各地仿效，经过试点，推广去做。"1963 年 12 月，诸暨县公安局在第二届全国人民代表大会第四次会议上作了题为《依靠广大群众，加强人民民主专政，把反动势力中绝大多数人改造成为新人》的发言，介绍了"枫桥经验"。1964 年 1 月 14 日，中共中央发出《关于依靠群众力量，加强人民民主专政，把极大多数"四类分子"改造成为新人的批示》，批转了"枫桥经验"。从此之后，"枫桥经验"在全国推广。

改革开放以来，"枫桥经验"老枝发新芽，发展和形成了具有鲜明时代特色的新经验：党政动手，依靠群众，加强基层，化解矛盾，维护治安，促进稳定，保障发展。中央综治委和浙江省委联合召开的纪念毛泽东同志批示"枫桥经验"40 周年暨创新"枫桥经验"大会 2003 年在浙江诸暨举行。中共中央政治局常委、中央综治委主任罗干出席会议并讲话。他指出，各级党委、政府要从实践"三个代表"重要思想的高度，认真学习、创新"枫桥经验"，正确处理新时期人民内部矛盾，将矛盾化解在基层，为全面建设小康社会创造良好的社会治安环境。努力化解矛盾，就地解决问题。这是枫桥经验的基本精神。在这里，组织建设走在工作前，预测工作走在预防前，预防工作

---

① 冀刚毅：《建议将制定信访法纳入立法规划》，载《人大研究》2004 年第 2 期。

走在调解前，调解工作走在激化前。形成一套机制，在此基础上搞出一套制度。以人为本，注重教育，提高素质，协调发展，形成良好的社会环境。前进中的矛盾是客观存在的，关键是要发现早，化解好，善于用发展的思路、创新的办法去解决。信访工作不仅仅是“堵漏洞”，更要及时发现问题、反映问题，提前做到事前预防。

又如，一站式信访是我国信访部门在长期工作实践中总结出来的一套成型的工作制度。湖南永州市中级人民法院为了减轻群众信访环节和经济负担，将院领导每日轮流值班接待信访，改为“一站式”集中处理涉法上访日，在办公大楼一层统一登记，分组接访，集中“会诊”，100%地答复信访者，使来访群众少跑冤枉路，少花冤枉钱。规定每月中旬的最后一个星期六为接待日，院领导与庭室负责人分综合调度组，行政组，刑事组，民商事组，执行组5个组进行集中会诊，现场办公，当场答复。涉法上访者一律先到接待室领取信访登记表，统一登记编号，再根据信访内容涉及的审判庭室，由引导员按序号带到相关接待组。每个接待组组长由院长和分管副院长担任，带领分管的业务庭室负责人，认真听取上访人员反映的问题，提出具体处理意见，将每一个具体涉法上访案件（问题）落实到具体的包案人、合议庭和业务庭庭长身上，限期保质结案。分管副院长负责督查落实到底，形成了“一个案件、一位领导、一个班子”的信访处理格局，让信访者在极短的时间内得到满意的答复。现在，该院信访接待按照信访工作流程表跟踪管理，监督落实，使信访答复率达到100%，满意率85%以上，信访老户大幅度减少。今年1至4月接待的两次以上信访老户不到2%。这种将相关部门的领导请到信访现场办公，为来访群众现场解决问题。这种在我国某些地方信访工作中形成的经验，既避免了某些地方形容信访工作是“批批转转”的工作的误会，又能迅速解决问题不将矛盾上交或“踢皮球”。这种制度创新是值得鼓励的。无论是“枫桥经验”的精神还是一站式信访的制度或原则均可以在国家信访法中加以规定。

2. 信访工作需注意情理法相结合

信访工作应当充分体现以人为本，为人民群众根本利益着想，关注社会弱势力量与弱势群体的思想。概括而言，信访工作需要做到动之以情、晓之以理、明之以法。这便是入情、合理、依法。

信访工作是党和政府联系群众的重要窗口，必须做到动之以情，为群众排忧解难。要做到倾情关注、真情帮助、尽情相助，真心真意地接待每一位上访群众，认真负责地处理每一份群众来信，对在法律政策范围内提出的合理要求，要做到千方百计地想办法、出主意，主动关心，搞好协调，尽最大可能做到使来访群众满怀希望而来，满意高兴而归。晓之以理，“理”既包括法律规定的法理，也包括生活常识中的道理，还包括政策体系中的道理。做好信访工作是尊重人民基本权利、保护群众合法权益的重要环节。必须克服“门难进、人难见、脸难看”的“官”念，应当秉持“立党为公、执政为民”的信念，求真务实地做好说服解释工作，耐心地宣讲道理，化解矛盾，解除群众心中的疑惑。明之以法是法治国时代的要求，信访工作是维护社会稳定的大事。信访工作能为我们了解民情舆情提供通道，尽早、及时、规范地处理社会问题，将危机消灭在萌芽阶段。信访工作既要客观公正地准确把握政策的规定，又要严格遵守法律，不能以政策代替法律。信访工作应当在政策的指导下，在法律规定的范围内既遵守原则而又不失灵活地加以处理。

信访是具有高度政策性和法律性的工作，必须在情理与法理的双重支持下妥善处理。举一个一位信访人员接待的例子，一对老夫妇来到信访接待室，诉说租房纠纷的事情。原委是：老夫妇将自己的住房出租给他人，后对租户某些行为习惯不满意而发生纠纷，情急之下中断协议，欲将租房人赶出家门。但租户认为中断协议就是违法，要求继续承租或给予赔偿，老夫妇则认为房子是我的，我想租给谁就租给谁。双方僵持不下。老夫妇情急之下趁租户不在将其家什扔到室外，从而产生纠纷。租房人一纸诉状将老夫妇告上法庭，法院判决老夫妇赔偿租户 2 000 元，老夫妇不服，到处告状上访。信访人员在表示关切的同时委婉地告诉他们其行为的违法性，最后两位老人表示不再上访。又如，接待被功成名就的丈夫遗弃的妻子。曾经有一位青年女子因为法院未支持自己向功成名就的丈夫索要“青春补偿费”而一再上访，我们在同情该女子的不幸遭遇的同时，应当告诉她法律是不能支持“青春补偿费”的，鼓励她拿起法律武器维护自身的其他合法权益，并向她宣讲婚姻法的相关知识。

在当前的信访工作中，有三类问题是信访的焦点：（1）侵犯农民合法权益的问题。中央一再提出应当稳定农村家庭承包责任制，按照依法、自愿、有偿的原则进行土地承包经营权流转。同时，中央推行费改税，切实减轻农民负担。但是依然存在各种侵犯农民利益的严重现象：一是少数地方以土地流转的名义将农民承包的土地转化为非农建设用地，或者将承包给农民的土地集中起来搞工业区，因而出现了农民失地和丧失土地承包经营权的情况；二是集体经济组织以反租倒包的名义，将农民承包的土地收回，再发包给第三方耕作，从而出现了一些农民丧失土地承包权的情形；三是地方政府以调整结构或搞现代农业的名义，将农户的土地承包经营权收回，租给工商企业搞农业开发。（2）国有企业改革导致的工人失业引起的上访问题。国有企业改革中，长期以来存在的是产权主体缺位现象。政府如何履行出资人职责，是决策者、理论研究者和改革执行者一直在思考的问题。我国目前经营型国有资产约有 10 万亿元，正在建立的国有资产管理体制包括：第一，国家所有是前提；第二，分级所有是形式；第三，权利、义务与责任相统一，管资产、管事与管人相结合。国有资产管理部门的职能应仅仅限于做“老板”，而不是当“婆婆”——一管到底。国有资产管理机构应在法律的轨道中运行。但是，在国有资产流失的同时，国有企业的工人的下岗失业往往引发社会的不稳定，也是上访的一个重要诱因。（3）司法判决和诉讼程序引发的问题。法治社会中，人们将会越来越习惯上法庭，解决争讼。但是，我国的诉讼程序还没有完全发挥吸引社会矛盾、平息诉讼争端的功能，当事人在法庭判决后往往会寻求政府的干预，政法信访占据信访工作的相当大的比例。三类问题占据信访工作中的绝大比例，必须以这三类信访为主要目标，集中力量研究，获得具有针对性的法律对策与政策措施。举此三类问题的目的在于，要求我们的信访工作同志处理信访事宜需要注意情理法交融，更需要倾注心力关注弱势力量。

三、贵州省情与信访法治

贵州是一个资源丰富，山川秀丽，气候宜人的内陆山区省份。经济不发达，文化相对落后，在历史上属于蛮荒地区。贵州省在钱运录书记、石秀诗省长的领导下，结合省情实施科学发展、协调发展，推进依法治省方略的同时，重视执政基础的建设，重视通过信访工作了解群众呼声、解决群众问题、维护人民根本利益。但是，如何在一个欠发达的西部多民族省份推进信访法治，我想谈两个方面的意见：

（一）内陆欠发达地区是贵州的基本省情，发展是第一要务

发展是执政兴国的第一要务。对于地处内陆的西部地区，发展更显迫切。谋发展、促发展，解决发展问题是一切问题的根源。信访工作面临的许多问题最终要回到发展上。举个简单的例子，要推进信访法治，需要一定资金和人力投入；要搞好信访工作，必须从发展的整体规划着手。比如说，环境污染造成群众上访，是否赔偿和赔偿数额都是事后的问题，但如何防范则是事前的问题。我们需要放宽视界，跳出“信访”看“信访”，跳出“法治”谈“法治”。

发展在贵州是搞好信访、推进法治的基础。贵州省的人均 GDP 远低于全国人均水平，属于欠发达地区。扶贫问题在贵州表现特别突出。石秀诗省长在 2003 年政府工作报告中指出：五年累计投入各类扶贫资金 101.5 亿元，48 个国定贫困县整体越过温饱线，农村贫困人口从 1997 年的 789 万人减少到 2002 年的 300 万人左右，基本解决大多数农村贫困人口的温饱问题。这说明，贵州的扶贫工作取得一定的成效，也说明发展才能真正解决包括信访在内的一切问题。西部大开发战略是在党中央和政府全面建设小康社会、实现共同富裕的宏伟构想。贵州处于西部开发的前沿，应当在西部开发中发挥自身的优势。民主政治要求重视人民群众的呼声，对社会弱势力量给予更多关注。信访工作应当关注弱势力量和群众呼声。在搞好信访工作的同时，从事信访的同志可以考虑研究如何防范减少信访量，减少矛盾的产生。这当然不仅仅是信访工作本身的事情，也不仅仅是从事信访的同志本身的政治素质、法律素质的事情，更需要考察从事信访的同志的协调能力和全面素质。

（二）民族地区是贵州的特殊省情，信访必须考虑民族因素

贵州省是一个多民族地区。全省有汉、苗、布依、侗、土家、彝、仡佬、水等 49 个民族，少数民族人口占全省总人口的 37.85%。这种多民族的状况是贵州开展各项工作都必须面临的问题。民族区域自治要求少数民族地区信访工作和法治建设都应当考虑到少数民族的风俗习惯文化传统，尊重少数民族的语言风俗习惯。这里有一个民族习惯法的问题。习惯法应当是在国家法的统一实施下针对特定地区施行的。民族习惯法与一个民族的传统风俗、文化习惯有着密不可分的联系，比如在某些地方的“抢亲”行为，都是民族习惯使然。在民族地区建设法治文明应当关注当地情况，根据宪法和民族区域自治法及时制定各项自治条例和变通条例，根据民族风俗习惯和传统文化，变通执行相关法律。我以为，必须正确理解党和国家在民族地区的各项民族政策，以此为指导，变通地执行各项国家法律，才能合法、合理、合情地处理好信访问题，解决好人民内部矛盾。

（本文系2004年10月18日在“贵州省信访局长培训班”上的讲座讲稿）

现代医疗与知情权保护

2003 年初的非典事件的突发与应对，给我们的重大启示是：必须重视公众知情权。知情权的缺失会给信息社会里的全体公民带来消极影响。现代社会必须重视知情权，切实保护知情权，才能为全体社会公众提供一个理性的信息环境，让人们有一个正确的生活选择。现代医疗中，患者知情权尤其重要。医院能否落实好患者知情权，将直接影响到医疗工作的开展和医患关系的处理。医护人员与患者之间存在信息不对称，医护人员处于专家地位，如果不向患者及其家属披露有关医疗信息，患者及其家属无法获得真实信息，既影响下一阶段的有效治疗，又可能造成医疗事故与医疗纠纷。

医疗纠纷在我国一般是属于专家民事责任范畴，需要追究刑事责任的则由刑法加以调整。回顾我国的医疗状况，对患者知情权的忽视，不仅仅妨碍了医疗事业的发展，而且为医疗纠纷埋下了隐患。因此，现代医疗对于患者知情权的尊重非常重要。患者知情权是一种特殊的消费者权益。因此，在建设法制国家和医疗事业不断发展完善的现代社会，从知情权的宏观视野出发来谈谈现代医疗中的知情权保护的内容、发展、意义，以及如何从各方面完善现代医疗中的知情权保护，从而为我国患者权益保障、医疗制度改革等提供一些建设性的意见。

一、知情权与患者知情权

（一）知情权的来源及其发展

宪法视野中的公民知情权，或称“了解权”、“知悉权”、“知的权利”。作为一个一般性的概念，知情权的产生、发展已经历了数百年，但系统的法律理论和法律制度则是在“二战”后才逐步形成的。知情权作为一个特指权利主张的法学概念，是由美国的一位叫肯特·库泊（Kent Copper）的记者在1945年1月的一次演讲中首次提出的。美国在20世纪50～60年代兴起“知情权运动”，使“知情权”逐渐普及。《世界人权宣言》规定：“人有权享有主张和发表意见的自由；此项权利包括持有主张而不受干涉的自由、通过任何媒介和不论国界，寻求、接受和传递消息和思想的自由。”①《公民权利和政治权利国际公约》第19条第2款也规定了与以上基本相同的内容。到1984年，《世界人权宣言》确定知情权为基本人权之一。

一般认为，知情权的概念有广义和狭义之分：广义的知情权，是指公民、法人或其他组织依法享有的、要求义务人公开一定的信息的权利和在法律允许的范围内获取各类信息的自由，它既属于公法意义上的权利，又属于私法意义上的权利；既包括抽象的权利又包括具体的权利；既包括民主权利、政治权利也包括人身权利、财产权利等。狭义的知情权，即知政权，是指公民、法人或其他组织对国家机关掌握的信息享有的知道的权利。国家机关包括立法、司法和行政机关，一般以行政机关为主。狭义的知情权的核心是信息公开请求权（或称情报公开请求权）。同时，知情权的涵义又包括“知悉”和“获取”两个层次。其中，“知悉”，主要指权利人从主观上知晓，即“知的权利”；而“获取”则指权利人索取、查阅某种记录着信息的有形载体。这种载体可以是文字、图片，也可以是录音带、录像带、光盘等)，即“知的自由”。

我国关注知情权是从20世纪80年代末始。但到目前为止，学者关注的更多的是公众信息的知情。理论界存在不同的主张：有人认为知情权包括四种权利：行政知情权，即公民依法享有知道国家行政活动、了解行政事务的权利；司法知情权，即公民对司法机关侦察、检察、审判等活动依法享有的了解案件有关情况的权利，特别是了解同自己相关的指控及其根据的权利；社会知情权，即公民有权知道社会所发生的他所感兴趣的问题和情况，有权了解社会的发展和变化；个

① 《世界人权宣言》第19条。

人信息知情权，即指公民有权知悉有关其本人情况的资讯档案、记录资料及其用途。也有人认为知情权包括五种权利，即行政知情权、社会知情权、个人信息知情权、司法知情权和法人知情权。还有人认为知情权包括知政权（行政知情权和司法知情权合二为一)、社会知情权和个人信息知情权。相对于理论界对知情权研究的忽视，我国各个领域的立法对知情权因应社会实践在不断完善其保护措施。现行行政诉讼法、行政处罚法、证券法、消费者权益保护法、选举法、价格法等法律中都出现了数量不等的旨在确认和保障公民知情权的法律规范，这些法律规范为我们确认各个领域的知情权提供了法律依据。

权利发展与社会发展是互动的。我国历经二十几年改革开放和现代化建设的实践，社会生活已经发生了天翻地覆的变化，人民渴望获得信息。我国已先后加入《经济、社会、文化权利国际公约》和《公民权利和政治权利国际公约》。作为“两个人权公约”的缔约国，中国必将履行“两个人权公约”所设定的国家义务。知情权作为《公民权利和政治权利国际公约》所规定的基本权利，也存在国内法与国际法如何衔接的问题。宪法对知情权的明确规定将是一个明确的趋势。同时，知情权从应然的权利上升到实然的权利已经成为时代的要求。

（二）患者知情权

患者知情权即医患法律关系中的患者知情权。具体指患者在医疗活动过程中，有询问和接受医疗信息、选择医疗措施的权利。权利主体，广义上是指患方，包括患者、患者的代理人（法定代理人和委托代理人)、患者的家属和单位组织等；狭义上是指有完全行为能力的患者。

1. 患者知情权主体的限定

在美国，曾经发生过一起医疗纠纷：一位建筑工人某一椎骨压缩骨折。医生在脊管 X 线造影后发现椎间盘突出，当时建议外科手术，患者请求使用别的方法。医生再次建议他第二天进行手术，患者则不能肯定是否想做手术并且告诉外科医生的助手，在进一步复查之前他不会做出决定。当日晚些时候，他拒绝接受麻醉。第二天早晨，患者被给予术前注射。当他的妻子到达时，他已失去知觉。他的妻子认为丈夫肯定已同医生谈过话并同意手术，便签字同意。患者手术后没能康复，他对外科医生提出了控告。医生辩称患者在住院期间从来没有表示过不赞同手术的意见，且提供了患者妻子签字同意的有力证据。一审法院判决患方败诉。但上诉法院认为，现在法规允许已婚者对其配偶接受某些治疗可以表示同意，但他（或她）必须了解自己的配偶是否有自我决定能力。允许一个人同意已被其有决定能力的配偶所拒绝的手术是毫无道理的。因此，医生在实施任何治疗前应征得患者本人的同意。如果医生不这样做，患者有理由控告医生，不论患者在这过程中是否受到损害。只有患者在失去知觉的情况下被送到医院时，配偶的同意才是有效的。从美国的这起医疗纠纷来看，法院充分地尊重了患者的知情选择权，并且将知情权的主体限定在狭义上的权利主体。同时由此可见，美国社会各界对患者知情权的重视。

在我国，往往会出现这样的一幕，当产妇出现难产将危及其生命时，由其丈夫决定究竟是要小孩还是要大人。难道妻子的生与死要由丈夫来决定吗？当然这一点，我国 1994 年《医疗机构管理条例》第 33 条有明确规定："医疗机构施行手术、特殊检查或者特殊治疗时，必须征得患者同意，并应当取得其家属或者关系人同意并签字；无法取得患者意见时，应当取得家属或者关系人同意并签字；"家属或关系人都不在场或遇特殊紧急情况时，"主治医师应当提出医疗处置方案，在取得医疗机构负责人或者被授权负责人员的批准后实施。"根据这一条文的规定，医疗机构施行手术、特殊检查或特殊治疗，首先应取得患者本人同意，并取得家属或者关系人同意；在"无法"取得患者意见时，才由家属或关系人来决定是否同意。

在前面引述的美国医疗纠纷判例中，医生没有征得患者同意而施行手术，导致败诉。我国医疗实践中，外科手术有择期手术和即时手术两种，因此除紧急情况的即时手术外，凡择期手术，都应在手术前征得患者同意，并取得其签字，这样的诊疗行为在法律上才是具有法律效力的合法行为，否则应当视为违法。在分娩手术中，产妇进手术室之前，医院完全有充分时间征得患者本人同意。我国医疗中的情况一般是；患者分娩出现意外情况时再由其丈夫决定，或者在手术前大多数医院也不由产妇本人决定而让其丈夫来签字同意当意外情况出现时的具体事项的选择权。这与越来越重视患者知情权的现状是相背离的，与我国民法中所规定的“成年人为完全民事行为能力人，完全行为能力人的一切事务应由其本人自主决定”的精神也是相违背的。因此，患者知情权的主体限于患者本人，只有在患者本人无法同意或者告诉患者不利的情况下，才由患者亲属或关系人代为同意。

2. 患者知情权的具体内涵与特征

对知情权的保障，使公民有机会充分获取对个人至关重要的各种信息，使得个人发展自身人格以及实现自身价值成为可能，在一定程度上可以说知情权是公民其他权利得以实现的基础。在医疗行为中，既有医方知情权又有患者知情权。医方知情权指医疗机构及医务人员有权获悉与疾病有关的病情、病史、病因、治疗经过、家族史、过敏史等相关信息以作出正确的诊断，确立适当的治疗方案。患者知情权指患者及其家属有权知道自己的病情、自己做何种检查项目、检查目的、可能出现的医疗风险和影响自己病情转归应注意的事项，来判断自身处境，作出是否接受某种检查、是否实施手术、是否试用某种药物、是否采取某种措施的决定；患者还有权知道如何选择医生，看病时应遵守的医院诊疗秩序和规章制度，知道自己进行特殊检查和手术应该履行的签字手续，知道发生医疗纠纷时依法解决问题的程序等。

患者知情权的基本特征为：一是发生在医疗活动过程中，建立在正常的医患法律关系的基础上。患者和医院建立了法律关系后，患者才获得了知情权，而医务人员也就承担了相应的告知义务。二是患者有主动询问病情，被动接受医务人员的告知和自主选择诊疗方案的权利。在尊重患者知情权和选择权的同时，医务人员在提供信息时，应尽量避免对患者产生不利后果。如患者查出患恶性肿瘤，不能如实告诉本人时，医务人员应当将有关情况通知患者的近亲属等，然后由患者的最主要亲属作出医疗选择，并签署相应的医疗协议。具体而言，患者知情权包括：其一，从过程上看，患者知情权包含病症知情权、治疗方案和手段知情权、用药知情权、护理过程知情权和治疗结果知情权以及医疗风险知情权等；从形式上看，则由口头获悉权和书面获悉权构成，前者指患者享有由医疗者口头告知有关医疗情况的权利，后者指患者有获取自身病历、检查报告、图片等书面或影像资料的权利。其二，在不干扰医院医疗秩序和正常临床工作的情况下，患者及其家属有权利按规定程序查阅其病历记录，了解病案的信息；出院时有权要求复印或复制病历、查询医疗费用账单，并有权要求院方逐项作出具体解释。

二、患者知情权保护的意义

医疗行为中的知情权，最初的意义在于，患者只有获知有关医疗信息，才能自主地对医疗者、医疗方案与手段进行比较、权衡与筛选。如若出现医疗纠纷，只有事先有效地保护了知情权才能更好地保护医患双方的合法权益。患者知情权为患者的合法权益，患者知情权的保护对现代医疗制度的进行，患者治疗方案的及时确定、患者治疗措施的有力实行和医疗纠纷的减少均有重大意义。

（一）知情权是患者选择权（自决权）的基础

知情权是选择权（自决权）的基础。患者选择权是指头脑正常的成年患者对自己的身体和财产享有的自我决定权。患者自决权的理念是由法学领域渗透至医学领域的，那种认为医生能为患者作出最好决策的观点现在已不再通行。患者的自决权包括两层意义：其一，患者对自己的身体有自主权，即患者有权从医方知道自己身体的真实情况（医方估计患者知情后会引起不良后果的，可将实情告知患者家属或其他相关人），同意或拒绝对他的身体作医学检查和治疗。其二，患者在接受医疗技术服务时，对自己的财产享有自主权，具体表现为在患方知道病情的前提下，尽量让其了解医疗行情，从而自愿、公平、合理地支付医疗费用。显然，患者的自决权必须建立在知情权的基础上，患方知情权充分实现有赖于医方（医师）忠实地履行告知义务。

患者及其家属在所住医院的帮助下，可了解到如下情况：患者的一般健康状况、疾病情况；医务人员对患者健康状况、疾病性质和严重程度做出的诊断、分析以及疾病的发展趋势；可能出现的预后情况和意外情况；实施药物治疗的必要性、存在的毒副作用、药物治疗的性质（诊断性或者试验性等）、使用药物治疗的几种可行方案和各自的利弊；手术治疗，包括术前检查和讨论的诊断，预定实施的手术名称、性质（如探查性、治疗性等）和范围、手术的几种可行方案和各自的利弊；不采取治疗措施的危险性，可能出现的风险、伴随的痛苦和不适，其他替代治疗措施成功的可能性和危险性等。在院方提供了详尽的介绍后，患者可利用选择权做出治疗选择。2002 年 9 月 1 日施行的《医疗事故处理条例》明确规定：医疗机构及其医务人员应当将患者的病情、医疗风险、医疗措施等如实告知患者。但在具体的医疗活动中，怎样才算做到知情同意？医务人员向患者提供信息怎样才算充分的或合适的？怎样才算患者已经知情？《条例》没有作出明确规定。这还需要不断探索和总结。

（二）知情权是心理护理的一个重要组成部分

现代医疗不再限于传统的药物治疗、生理治疗。心理护理已经成为患者及时康复的一个重要条件。有的医疗专家曾经做过实验：对于两组进行绝育术的妇女进行实验，甲组在绝育术前后每例进行心理护理，告诉她们绝育术是一种小手术，不会损伤身体其他部位。通过指导消除了受术者的疑虑，许多受术者说："这样我们就可以安心上手术台了。"乙组没有进行心理护理，术后甲、乙两组发生心理障碍的差异非常显著。甚至有的乙组妇女术后走出手术室，弯腰缓行，不能挺直腰部，愁眉苦脸，护士见状，立即上前指导，一边用科学道理解释，一边帮其腰部挺直，大胆行走，患者立即恢复正常体位，苦恼表情随即消除。还有一例妇女在手术台上，听手术医师说："这条把它剪断。"术后她竟不能下手术台走路，抬到病床后，经神经系统检查绝无异常，肌力和肌张力均正常，即告诉患者，身体器官无损伤，你完全可以起床走路，护士当即扶她起床下地，缓慢行走，很快恢复正常。这充分说明，手术前后的心理护理，对于患者的身体康复具有良好的疗效。医生对患者知情权的侵犯，经常会导致患者对自身生理状况的怀疑，进而进一步影响治疗的疗效。

（三）知情权是现代医疗制度的重要组成要素

现代医疗应当尊重知情权。现代医疗重视医患双方的关系，重视医疗工作中医疗机构与医疗服务对象的双方关系。医疗作为一项公益事业，应当越来越重视其对象的知情权与选择权。基因采集必须经采集对象的同意，并事先告知基因采集的相关信息，如实告知采集对象采集行为对健康的可能损害。以目前在城乡广泛开展的儿童预防接种为例，它对婴幼儿进行基础免疫和适时的强化免疫，以达到预防相应传染病的目的，它关系到孩子的健康和千家万户的幸福。但是，预防接种可能引起机体疼痛、发热、皮疹、过敏性休克等局部或全身反应。在家长不知情的情况下不良反应一旦发生，就可能引起医疗纠纷。因此，预防接种工作中医疗机构必须重视家长的知情权。作为儿童的法定代理人，家长对儿童享有监护权，有权知道孩子为什么要做预防接种，明白该做哪些，能预防什么病，明白什么情况下进行接种，接种后有什么不良反应，有哪些注意事项等。如果家长对预防接种的程序、方法有正确掌握，这就保证了孩子能够得到全程、有效的预防接种，从而预防传染病的发生，提高儿童生存质量，减轻家庭、社会经济负担。如口服脊髓灰质炎疫苗可以预防小儿麻痹症，服用时应用冷开水化服。如果家长不清楚而将疫苗放在热开水或热食物内服用，就会将疫苗烫死，起不到免疫效果，很可能会引起小儿麻痹症，导致终生残疾。因此，确保医疗对象的知情权对于减少医疗纠纷，正确处理医患关系，维护现代医疗制度的正常运行是非常必要的。

（四）防范医疗纠纷产生

医疗纠纷是一种特殊的民事纠纷，是各医院力求防范的。医患关系中，如果医院违规操作，侵犯了患者的知情权和选择权，构成民事侵权，即应当承担医疗风险，依法给患者以赔偿。在医患关系中，医院的权利主要包括治疗权（疾病检查权、自主诊断权、医学处方权）；医学研究权；医护人员的人权尊严权等。医院的义务主要包括：依法开业及执业的义务；依法或依照双方约定提供医疗服务的义务；对社会及患者的忠实诚信义务；向患者及家属说明病情、治疗措施、注意事项等告知义务；医疗转诊义务；报告义务；职业道德方面的义务。患者享有的权利主要包括生命健康权；人格权（隐私权、姓名权、肖像权、名誉权）；财产权；公平医疗权；自主就医权（包括选择医疗机构和医护人员）；知情与同意权。医疗文件的查阅权、复印权；监督权；索赔权；请求回避权。比如，医院的处方一般是被称为“天书处方”，在患者要求解释处方时医生一般拒绝解决，这便是对患者知情权的不尊重。医疗纠纷一般通过三种途径解决：一是自行协商；二是行政解决；三是司法裁决。医疗纠纷影响医患之间的关系，影响医院的声誉，一直是各大医院极力防范的。尊重患者知情权能在一定程度上沟通医患关系，促进双方理解，减少医患纠纷。

三、如何尊重并保护患者知情权

现代医疗制度越来越重视患者的知情权和选择权。2002 年颁行的《医疗事故处理条例》规定：在医疗活动中，医疗机构及其医务人员应当将患者的病情、医疗措施、医疗风险等如实告知患者，及时解答其咨询，但应当尽量避免对患者产生不利后果。① 这是现代医疗制度向文明化、制度化的一大进步。可以预见，尊重并保护患者知情权将成为我国医疗制度今后发展的一个取向，各级医疗机构与医务人员都必须重视这一趋势，适应这一趋势。在此，我从法学角度来谈谈如何在医疗实践中强化患者知情权的保护。

（一）我国医疗中患者知情权的法律依据

建设法治国家，离不开十六字方针“有法可依、有法必依、违法必究、执法必严”。有法可依是前提。医疗法制的前提是存在完善的医疗法律依据可以遵循。

医疗中的患者知情权，是在一系列的医疗法律法规中加以规定的。我国早在 20 世纪 80 年代卫生部颁布的《医院工作制度》中，就有了知情同意的规定。之后，在《医疗机构管理条例》、《医疗机构管理条例实施细则》、《执业医师法》中均作了相应的规定。《执业医师法》规定：“医师应当如实向患者或其家属介绍病情，但应避免对患者产生不利的后果，”“医师进行试验性临床医疗，应当经医院批准并征得患者本人或家属的同意。”《医疗机构管理条例》规定：“医疗机构施行手术，特殊检查或者特殊治疗时，必须征得患者同意并应当取得其家属或关系人同意并签字；无法取得患者意见又无家属或关系人在场，或者遇到其他特殊情况时，主治医师应当提出医疗处理方案，在取得医疗机构负责人或被授权负责人员的批准后实施。”“对

---

① 《医疗事故处理条例》第 11 条（2002 年）。

有一定危险性、可能产生不良后果的检查和治疗，由于患者体质特殊或者病情危重可能对患者产生不良后果和危险的检查和治疗，临床试验性检查和治疗，可能对患者造成较大经济负担的检查和治疗等等，都应该如实告知患者，并取得其承诺。”2002 年 4 月 1 日实施的《最高人民法院关于民事诉讼证据的若干规定》明确规定，医疗侵权案件适用举证责任倒置原则，其出发点也与知情权密切相关。2002 年颁布的《医疗事故处理条例》中，第 10 条规定患者有权复印或者复制其门诊病历和客观性住院病历资料（包括住院志、体温单、医嘱单、化验单、医学影像检查资料、特殊检查同意书、手术同意书、手术及麻醉记录单、病理资料、护理记录）。这就在法律上明确了患者享有知情权，医务人员负有告知义务。第 11 条明确规定“在医疗活动中，医疗机构及其医务人员应当将患者的病情、医疗措施、医疗风险等如实告知患者，及时解答其咨询；但是，应当避免对患者产生不利后果。”这也是迄今为止我国对知情权最明确、最详细的法律规定。鉴于我国现有的医疗管理法规制度，医疗机构、医疗人员有向医疗对象如实提供信息的义务。

（二）如何切实尊重和保护患者知情权

这一问题，是医疗机构与医疗人员最为关心的，也就是说，怎样保证患者的知情权不受侵犯，医疗机构与医疗人员更为有效地避免医疗纠纷。

1. 充分履行医务人员的告知义务，客观如实地告知医疗信息

患者知情权的实现，取决于医务人员能否充分履行其告知义务。医务人员告知义务是指医务人员对医疗行为的内容、性质、风险等事项有向医疗对象进行说明的法律义务，并在此基础上取得医疗对象的承诺。医务人员传递医疗信息，履行告知义务应注重四个层面：一是医务人员在相同或类似的情况下都会或应该要提供的医疗信息；二是提供的医疗信息量足够一个完全行为能力的人做出某项决定；三是提供的医疗信息力求通俗易懂，使信息的接受者能够完全理解；四是对特定的对象提供特定的医疗信息，如癌症患者、艾滋病患者等。四个层面应该综合考虑，不可空缺。尤其需要注意的是，对于不同治疗的对象、进程选择告知的对象和内容。比如对于病情相对稳定、维持生

命时间长的患者，多提倡告知，这样，患者容易接受，从而面对现实，积极配合治疗。对于病型存活率低的患者，“知情”往往加重患者心理负担，加重病情，多不主张告知本人，但可以告知患者的家属。因此医疗机构对于病人患病后是否让其知情及知情程度不能一概而论，要根据不同患者区别对待，因人而异，决定患者应否知情。不可盲目向患者介绍病情，以免引起不良后果。

医疗信息包括病情、医疗措施、医疗风险、护理过程、治疗结果、具体医疗费用开支情况等。具体包括：一是根据专业标准医务人员在相同或类似情况下都会提供的合乎理性的医疗信息；二是提供一个合乎理性的人能够做出某项决定所需要的信息；三是提供特定的患者所需要的信息。告知范围具体应包括：（1）告知可能的诊断和病因；（2）告知将要实施的诊疗行为；（3）告知诊疗行为的目的和意义；（4）告知实施过程中可能发生的并发症和需承担的风险；（5）告知诊疗行为成功的概率；（6）告知一旦发生不确定危险时有哪些对策；（7）告知该行为不实施可能的后果；（8）各种诊疗方法的优劣利弊，等等。

需要重点注意的是：

第一，医疗信息的传递应客观、充分、真实。医师对患者实施治疗前，应当提供的是一个理性的人能够做出某项决定所需要的信息。在医疗活动中，强调最多的是医师告知的时机和方式是否恰当；告知的态度是否讲究了语言艺术和效果；履行告知义务是否侵犯了患者的隐私权等等。医师有被告知的权利，患者也有向医务人员陈述真实病史的义务。正确的治疗取决于正确的诊断，而正确的诊断一定程度上要从患者的陈述中获得信息。患者出于种种考虑，会有不愿启齿甚至故意隐瞒病史的情形发生。如果医师获得的信息不真实，便难以做到向患者传递正确的医疗信息供其权衡利弊。因此，医师应当告知患者及其家属，患方提供的不真实陈述或故意隐瞒重大病情的不利后果。

第二，医疗风险应使患者达到充分理解。医疗过程中，患者往往将术后不良后果的责任全部推给医师，认为自己虽然同意手术，但并不知道术后会有什么不良后果。实际上是患者没有理解医师告知的医疗信息。在医患沟通中，影响患者接受医疗信息的情况主要有：一是提供的信息不全面，有的医师出于种种考虑将风险说的特别少，或将风险夸大。二是术前谈话流于形式，谈话内容过于专业化，患者很难理解。三是提供信息时机不当，如恶性肿瘤患者，应暂缓告知或向其亲属如实告知，避免在患者情绪不稳时向他介绍病情或治疗风险。四是告知时不看对象，不分患者年龄、经历、文化程度、观念及工作、家庭环境的不同采取同一方式方法。因此医师在与患者沟通时，要树立“以人为本”的观念，注重人文关怀，充分考虑患者的认知能力，以患者充分理解为前提，介绍病情时，忌用“没事”、“不可能”、“一定会”等不负责任和不确定的表达；在术前，要向患者交待清楚术中、术后可能发生的并发症和意外及具体的预防措施；涉及患者观念方面的问题应尊重其个人意愿，提供多种方案供患者选择，让知情权真正落实到患者身上。

第三，医疗措施实施前应尊重患者的意愿。落实患者知情权的另一方面就是医务人员在采取医疗措施时应该尊重患者的意愿。患者的自主选择是指有完全行为能力的患者，根据医务人员提供的医疗信息，不受其他任何人的影响和控制，个人自由地按照自己的意愿，选择决定要做何种检查项目、何种治疗方案、可能要承担的医疗风险和影响自己病情转化的事项等。当有完全行为能力的患者的意见与其亲属的意见不一致时，医务人员首先应当考虑并尊重患者的意见，患者亲属的意见原则上不能代替患者的意见。当然，医务人员还需要考虑患者的理解能力的差异性。在医务人员提供了充足的医疗信息前提下，患者能否理解检查、治疗的程序和目的，能否权衡检查、治疗的利弊得失，能否理解采取相应医疗措施的后果等等，这些都与患者的文化知识、社会背景有关，呈现一定的差异性。医务人员在危重疾病抢救时，不能一味追求患者的自愿同意，而应当不失时机地向其父母、配偶、其他亲人或法定监护人说明情况，由他们来代表患者做出决定。

医务人员在医疗行为特别是创伤性医疗措施实施前，应使患者明白自己的病情，应做何种检查项目，可能出现的医疗风险和影响自己病情转归应注意的事项等，在没有暗示的情况下，让患者自己独立判断并做出同意与否的决定。在不违背保护性治疗制度的前提下，首先应考虑并尊重患者的意见。当然，医生尚需考虑患者的同意能力，同意能力是指患者能够理解检查、治疗程序，能够权衡检查、治疗的利弊得失，能够理解采取相应医疗措施的后果，能够对自己的决定做出评价等。对于缺乏判断能力（精神病患者、婴幼儿、弱智者等）者和危重疾病抢救，医务人员不必一味追求患者同意。而应及时向其父母、配偶、其他亲人或法定监护人说明情况，由他们来替代患者做出决定，但患者亲属的意见原则上不能替代患者的意见。由于历史、文化的原因，在我国，患者的家属往往希望医院将病情和医疗风险不要告知患者，避免对其产生不利影响，患者也默认由亲属代替同意。但如果患者出现不良后果，患者及其家属常以患者不知道为由上告医院，特别是《医疗事故处理条例》实施以后，这种情况屡见不鲜，使医务人员常常处于尴尬境地。为避免这种尴尬，许多医院在患者入院时，提供一份告知书，明确患者的权利，要求患者对自己的医疗知情权作出书面委托，被委托人可以是患者本人，或患者认为可以信赖的亲属，可以是一个人，也可以是多人，被委托人也以书面的形式接受委托。这样就把医患的告知义务和知情同意关系理顺了。今天，告知义务已不再是各方争论的焦点问题，重心已转移到医生针对不同的患者该遵循何种告知标准以及告知范围上。

2. 注重知情权实现的具体形式

患方行使知情权的形式有两种：一种是由医疗者口头告知有关医疗情况；另一种是获取自身病历、检验报告等原始书面或影像资料。《医疗事故处理条例》中规定了患者具有复印病历的权利，但是患者所能复印的只是门诊病历、住院病历中的住院志、体温单、医嘱单、化验单、手术同意书、医学影像检查资料、手术及麻醉记录单、病理报告等记录患者客观情况的客观病历，而医务人员通过对患者病情发展、治疗过程进行观察、分析、讨论并提出诊治意见等而记录的主观病历资料，患者不能复印。这里我们必须强调两项文件：一是诊疗同意书；一是诊断书。

诊疗同意书（包括特殊检查同意书、手术同意书和麻醉同意书等）是最易发生医疗纠纷，也是目前争论很多的地方。有的认为这是一种定式合同关系；有的认为是签“生死状”。诊疗同意书应是医务人员履行告知义务的格式规定，患者或其家属在诊疗同意书上签字只表明已了解诊疗的内容并对诊疗中可能出现的医疗意外、诊疗固有创伤和风险表示理解，而不是订立合同的行为和医疗风险的转移。诊疗同意书是履行告知义务最有力的书面证据。在诊疗过程中，根据诚实信用原则的要求，医生在治疗条件不具备或者治疗效果不理想的情况下，有义务劝导患者转诊、转院，即转诊的告知义务。转诊、转院的劝导义务实际上是医院对于本院的科室设置、临床设备、医疗条件、技术水平及医生的专业所长、临床经验等重要信息的告知义务的必然延伸。因为患者选择医院是建立在对医院的信赖之上，但事实上医院是否有条件、有能力展开适当的治疗取决于多种因素，对此患者并不一定都知情。患者知情权并不是绝对的，在客观上不能履行告知义务时（比如急、危、重患者的抢救），医疗机构的告知义务得以免除。

诊断书是目前社会各界反映最为强烈的。《医疗事故处理条例》和《病历书写基本规范（试行）》已正式实施，明确要求医生书写病历应当文字工整、字迹清晰。但是，至今为止，许多医生书写的病历仍然如同“天书”一般，令人难以看懂，真正做到书写规范的如同凤毛麟角。病历是医疗纠纷中的重要证据，书写潦草对医院极其不利。《医疗事故处理条例》规定，医生书写病历应当文字工整、字迹清晰、表达准确、语句通顺、标点正确。书写出现错字时，应用双线划在错字上，不得采用刮、粘、涂等方法掩盖或去除原来的字迹。如同“天书”一般的病历对医疗纠纷的处理不利，医疗纠纷要求医院承担举证责任。病历作为一种证据，如果字体难以辨认，那么鉴定的时候将被视作无效证据或证据不足。因此，各级医疗机构与医务人员必须高度重视病历的书写，否则在日后的医疗纠纷处理中则可能置自己于不利地位。

3. 寻求医患双方权利的平衡，理性对待患者知情权

告知医疗信息是医疗机构和医务人员的法定义务。医疗机构对患者实施治疗前，应当实事求是地给患者提供让其做出同意决定有关的信息。患者的知情权应当有一个法律边界，即取决于医学的判断和治疗的需要。医疗机构在明确诊断后，一般应首先向患者及其家属如实告知。履行告知义务应避免对患者的疾病治疗和康复产生不利影响。

这里涉及患者的选择权、决定权与医生的诊断权之间的平衡。如果患者亲属的意见与患者本人不一致时，在不违背保护性治疗原则的前提下，首先应当考虑并尊重患者的意见，患者亲属的意见原则上不

能代替患者的意见。同时，应考虑患者的同意能力，即患者能够理解检查、治疗的程序，能够权衡检查、治疗的利弊得失，能够理解采取相应医疗措施的后果，能够对自己的决定做出评价等。对于危重疾病抢救的，缺乏判断能力的（如精神病患者、婴幼儿等），拒绝了解相关诊疗信息的，医务人员不能一味追求患者的自愿同意，而应向其父母、配偶、其他亲人或法定监护人说明情况，由他们来代表患者做出决定。尊重患者的要求是：在通常情况下，医务人员有义务主动提供足量信息、适宜环境和必要条件，以保证患者充分行使自主权；尊重患者及其家属的自主性或自主决定；治疗要经患者知情同意；保守患者的秘密，尊重患者的人格。但在临床实践中，当遇到下列情况时，医生行使干涉权是合理和必要的：（1）患者病情十分危急，需要立即处置和抢救，来不及经任何人知情同意；（2）患者患“不治之症”，将治疗权全权授予医生；（3）身边没有或难以找到任何代理人，本人缺乏或丧失自主能力，不能行使自主权又需急救的患者；（4）患者患有对他人、社会有危害的疾病，又坚持其不合理要求和做法，比如非典型肺炎；（5）患者或其家属错误地行使自主权，所做出的决定明显对患者的健康和生命构成危害，或是患者家属的代理决定明显违背患者本人意愿。医生行使干涉权时必须慎重，严格地按照有关法律法规的要求进行。

4. 增强医务人员的法律意识，尊重患者的知情权

现代医学模式已从生物模式转变为生物——心理——社会的综合模式，卫生服务随着医学模式的转变而逐步扩大服务范围，由生理服务扩大到心理服务；由医院内服务扩大到医院外服务；由医疗服务扩大到预防服务；由技术服务扩大到社会服务。医务人员不能简单、粗糙地把必要的医疗信息告知给患者或其家属，要充分考虑患者的认知能力、同意能力和行为能力，以患者充分理解为前提。介绍病情时，忌用“没事”、“不可能”、“一定会”等不负责任的表述。对待患者及其家属的咨询，决不能有“生、冷、硬、推”的态度，也不能敷衍了事、嫌麻烦。要注意尊重患者，保护患者的隐私。同时也应该注意选择告知的时机和方式，以及谈话的技巧，讲究语言艺术和效果，充分尊重患者知情权。

应当承认，不少医务人员的思想仍然停留在过去的卫生管理体制

中，没能及时转变观念。以前出现医疗纠纷、医疗事故往往都是由卫生行政部门进行调解、解决的，医疗鉴定也是由上级卫生行政管理部门组织的；而现在一旦出现医疗纠纷或医疗事故，患者可以直接向法院起诉医疗机构和医务人员，医疗鉴定由中华医学会组织进行，也可以申请司法鉴定。这样，医疗机构和医务人员没有了以前那种“缓冲”过程而直接面对法律，所以提高法律意识已成当务之急。对医疗机关必须普及医疗法律常识，需要注意：一是医疗机构的管理者要牢固树立“依法管理”、“依法行医”的思想观念，把普法教育工作放到重要日程安排上来，重视法制在现代医疗工作中的重要性。二是医疗机构要组织全体医务人员进行卫生法律法规的普法教育，要让每位医务人员深深感到懂法是行医的必备条件之一，而不是过去那种“可有可无”的观点。三是医疗机构在抓医疗安全、医疗质量工作的同时，注重提高法律认识水平，分析医疗纠纷要从医疗技术和法律关系的层面进行，找一找医务人员有哪些法律义务未尽到，针对这些问题，进行专题教育，帮助医务人员提高法律意识。四是各级医疗机构需要定期的法律服务，可以通过聘请律师等作为常年法律顾问或培养既懂医又懂法的专业人才，通过事前的防范来减少医疗纠纷。

5. 完善医疗法律法规，健全患者知情权的保障制度

我国现有的医疗法律法规已经形成了一定的体系，通过不断建立和完善医疗服务管理相关法律、法规，加快了医疗行业管理法制化进程。近年来，我国先后出台了《执业医师法》、《医疗事故处理条例》、《中外合资、合作医疗机构管理暂行办法》、《医疗美容服务管理办法》等法律、法规和规章。这些法律法规的颁布实施，为规范医疗行为，遏制医疗事故，减少医疗纠纷奠定了法律基础。但是，这些法律法规的配套性制度还有待健全，法律法规之间的协调性系统性还有待加强。在知情权保护方面，需要继续建立与完善的制度包括：其一，公示制度，即以一定的形式将有关医疗信息如医疗技术和医疗手段、医疗措施及其后果等公诸于众，旨在使不特定的社会公众获悉；其二，公开制度，即面向个案中的特定对象将相关信息予以开放，包括个案病情、治疗方案、病历及其他原始资料，允许患者或家属了解、查阅和复制；其三，告知制度，即主动或被动地将与其相关的医疗情况告诉患者，明确规定哪些事项是经请求必须告知的，哪些

事项则属无须请求便应直接告知。只有通过完善相应的制度体系才能使患者知情权落到实处，遏制医疗纠纷的产生，更理性地处理好医患关系，促进我国医疗工作的健康有序发展。

最近，在湖南长沙，湖南省人大通过的《湖南省消费者权益保护条例》明确规定要保护患者的知情权，要求医生在开什么药尤其是贵重药品，须先经过患者的同意才行。还规定，医疗机构应尊重患者的知情权、治疗选择权以及隐私权。医疗机构除实施紧急抢救之外，应当事先向患者或者其家属告知需要进行的检验检查项目及收费标准、需要使用药品的作用及价格；应当允许患者或其家属依法查阅、复印有关医疗资料；使用贵重药品或者特殊器械，应当事先征得患者或者其家属同意。这一条例弥补了"法律空白"。这在立法上是一大进步，能更为切实地保障患者知情权和选择权。

结束演讲之前，我想引述一个发生在美国的医疗纠纷：美国新泽西州一名男性患者去某医院泌尿科医生处就诊，该医生曾为其治疗过膀胱感染，此次针对患者的肾结石病情，该医生推荐手术治疗。由于这个医生平时习惯与另两名医生合作共同手术，除非患者有特别要求，他们一般只是在术前才决定由谁承担手术。但这个患者特别要求该泌尿科医生为其手术，并签字授权该医生和他的助手来处理他的病情。手术当天该医生没有履行职责，另两名医生和助手为其实施了手术。患者3周后因并发症再次就诊时才知道了谁为他做的手术。患者以医疗失当为由控告了这3名医生。一审法院和上诉法院均裁决原告患方胜诉。新泽西州最高法院认为，如果两名医生对其进行手术没有经过患者同意，他们便侵犯了患者的身体权，应当对损害承担责任，同时本应实施手术的那名医生应负医疗失当之责。该法院还在判决理由中阐明："没有紧急情况，患者不仅有权决定是否进行手术，而且有权决定由谁来做手术。一个外科医生没有得到患者同意便进行手术，处于一种未经授权的境地，即损害。"从医疗伦理学来看，患者委托医生对其实施外科手术，其实是赋予了医生高度的信任感即把他（或她）的生命交给一个知道的、可信赖的医生予以处置。一般情况下患者有权知道谁将会为其实施手术，并且有权做出自己的决定，由其本人选择的医生为他实施手术，这是一个患者知情权最起码的体现。常常听到，患者"到了医院就成案板上的肉任人宰割。"医生是谁不知情，病情如何不知情，治疗方案不知情，药费为何高到难以承受也不知情！目前的医疗事故纠纷多以医疗机构胜诉告终。我国正在实施由“患者选择医院，患者选择医生”的制度，全国不少城市医院在门诊处也挂出了该院各医师的职称、专长等，供患者选择，但患者知情权是否得到了切实有效的落实？目前卫生改革中出现了“患者选择医院，患者选择医生”的良好发展趋势，但实践中患者是否也可享受手术中的知情权和选择主刀大夫的权利呢？我们必须承认我们还有一定差距，但毋庸置疑的是，尊重患者权益已越来越受到全社会的重视。如果当某一天患者及其家属起诉因为并非事先要求的主刀医生实施手术从而引起并发症时，医疗机构和医务人员如何应对？如此看来，无视患者知情权只会给医疗机构和医务人员带来更多的医疗纠纷，进而妨碍正常医疗工作的进行和现代医疗制度的发展。

因此，在日益深入的医疗卫生改革中，我们应当突出维护患者权益尤其是维护患者的知情权，它是医疗卫生改革与卫生立法能否保证正确方向的关键，也是有效贯彻“三个代表”重要思想中的最根本——人民群众的根本利益的重要环节。可以预见，医疗水平将逐渐提高，医疗法制将逐渐健全，我们也期望医疗机构、医疗人员更切实地尊重患者的知情权，同时提高医疗水平与法制水平，倍加光荣地承受“白衣天使”的美誉！

（本文系2003年11月28日在贵阳医学院“庆祝建院65周年学术论坛”上的演讲稿）

统计法法律责任的完善

现行的《中华人民共和国统计法》是1983年12月8日第六届全国人民代表大会常务委员会第三次会议通过的，之后为适应统计工作的发展由1996年5月15日第八届全国人民代表大会常务委员会第十九次会议予以修正。为更为便利地贯彻《统计法》，1987年和2000年，国务院先后出台了《中华人民共和国统计法实施细则》。《统计法》及其实施细则的颁行为我们开展统计工作提供了法律依据。

《统计法》是规范统计活动的行为准则，由国家制定和认可，对人们进行统计活动加以规范。现行统计法对统计工作的意义、宗旨、统计调查计划和统计制度、统计资料的管理和公布、统计机构和统计人员以及违反统计法的法律责任进行了规定。在这里我想重点谈一谈违反统计法的法律责任问题。1996年的《统计法》及2000年的《统计法实施细则》对违反统计法的法律责任做出了非常明确的规定：

一是明确违法主体及其违法行为形式，更富于操作性。对违法主体规定包括：（1）地方、部门单位的领导人；（2）统计人员；（3）负有直接责任的主管人员和其他责任人员；（4）企事业单位；（5）个体工商户；（6）统计机构。对应各类违法主体，统计法及其实施细则具体规定了统计违法行为及其法律责任。地方、部门、单位的领导人实施统计违法行为除包括修改统计资料、编造虚假数据或者强令、授意统计机构、统计人员篡改统计资料或者编造虚假数据行为外，还包括打击报复统计人员的行为；统计机构与统计人员实施的多为篡改统计资料、编造虚假数据行为；统计调查对象（包括企事业单位与个体工商户）实施的统计违法行为表现为虚报、瞒报统计资料，伪造、篡改统计资料的和拒报或者屡次迟报统计资料三种行为。这种规定非常具体，又具有针对性地高度概括了统计违法行为的形式，从而为各级统计机构认定统计违法行为和贯彻实施统计法提供了准绳。

二是区分情节轻重规定统计违法行为的责任形式。一部法律能否得到真正的贯彻与执行，关键在法律责任的组合设计是否合理。统计法及其实施细则对统计违法行为既规定行政处分、行政处罚、民事赔偿责任，还对情节严重的统计违法行为规定了刑事责任。统计法及其实施细则既对模范遵守统计法，对统计工作做出贡献的统计机构与统计人员给予奖励，同时对违反统计法，阻挠统计工作进行的人员与机构追究责任。在责任形式上，对于统计违法的责任人员与责任单位根据违法行为形式规定了不同的责任：对于地方、部门单位的领导人、统计机构、统计人员实施统计违法行为的，一般追究行政法责任，给予行政处分；对于统计调查对象（包括企事业单位、个体工商户）一般给予行政处罚，对统计调查对象的直接责任的主管人员和其他责任人员给予行政处分；对于统计机构、统计人员因违法统计造成损害的，规定承担民事责任，并对负有直接责任的主管人员和其他直接责任人员依法给予行政处分。对于情节严重的统计违法行为规定了刑事责任，援引刑法条文对此类犯罪行为进行规定。

三是需要注意的是《统计法》中规定的刑事责任。《统计法》中明文规定了两种需要追究刑事责任的情形。其一，《统计法》第26条第2款规定，地方、部门、单位的领导人对拒绝、抵制篡改统计资料或者对拒绝、抵制编造虚假数据行为的统计人员进行打击报复的，依法给予行政处分；构成犯罪的，依法追究刑事责任。这一条需要援引1997年刑法第255条的规定，即公司、企业、事业单位、机关、团体的领导人，对依法履行职责、抵制违反会计法、统计法行为的会计、统计人员实行打击报复，情节恶劣的，处三年以下有期徒刑或者拘役。即打击报复会计、统计人员罪。情节恶劣一般包括手段恶劣、打击报复行为涉及多人、多次进行打击报复行为、打击报复导致会计、统计人员身心严重受害，造成严重后果的等。其二，《统计法》第29条规定，利用统计调查损害社会公共利益或者进行欺诈活动的，由县级以上人民政府统计机构责令改正，没收违法所得，可以处以罚款；构成犯罪的，依法追究刑事责任。这一条文涉及的是泄露国家秘密犯罪或者欺诈类犯罪，比如对于因统计调查泄露国家秘密的，应当对责任人员论以故意泄露国家秘密罪或过失泄露国家秘密罪；对于借统计调查实施欺诈类犯罪的，应当对责任人员论以诈骗罪。除以上两处统计法明文规定的违反统计法需要追究刑事责任的外，对于使用暴力或者威胁的方法阻挠、抗拒统计检查的，应当根据《刑法》第277条即“以暴力、威胁方法阻碍国家机关工作人员依法执行职务的，处三年以下有期徒刑、拘役、管制或者罚金”追究刑事责任。我认为，这一照应性的规定是有必要的，1996年修正的《统计法》没有规定，2000年《统计法实施细则》也没有做出相应规定，仅仅在解释《统计法》第27条时将“使用暴力或者威胁的方法阻挠、抗拒统计检查的”列入情节较重的统计违法行为。系统地理解《统计法》与《刑法》的相关规定，统计机构人员为国家机关工作人员，对于“使用暴力或者威胁的方法阻挠、抗拒统计检查的”不仅仅可以根据统计法追究行政责任，而且可以按照《刑法》第277条直接追究刑事责任。

自《统计法》1983年颁布以来，已经历经20年。20年是改革开放的20年，是社会进步的20年，是经济建设不断获取胜利和社会主义法制不断完善的20年。20年中，统计工作渐渐走向规范化和法制化，离不开广大统计工作人员的辛勤奉献，也离不开《统计法》作为制度设计的基础功效。在信息时代的今天，国民经济的运行、社会发展的情况都与统计工作不可须臾分离，统计工作作为沟通上下信息畅通的有效渠道，是保证决策科学的坚实基础。

今天，我们在这里隆重纪念《统计法》颁布20周年，作为一个长期从事法律学习与研究的工作者，我衷心地希望全社会都来关心统计工作，不断完善统计法律制度，加强统计法制的宣传工作，进一步提高统计法律意识，促进统计工作的不断进步。

（2003年12月8日在贵州省人大常委会主办的“纪念《中华人民共和国统计法》颁布20周年座谈会”上的发言，发表于《贵州统计》2004年第3～4期。）

坚持阵地意识，推进依法治校

胡锦涛同志在"'三个代表'重要思想理论研究会上的讲话"中指出：建设中国特色社会主义文化，必须牢牢把握先进文化的前进方向。坚持马克思列宁主义、毛泽东思想和邓小平理论在意识形态领域的指导地位，坚持用"三个代表"重要思想统领社会主义文化建设。高等院校作为培养青年人才的摇篮，是思想文化产生、传播的重要阵地。如何推进高校建设，确保高校成为中国特色人才的成长基地，成为社会主义理论传播的重要园地，既弘扬学术，又造就人才；既坚持政治方向的不迷失，又坚持科学研究的自由度。重视制度建设，强调依法治校是当前依法治国语境中的当然选择。

一、高校建设必须坚持阵地意识

高等院校知识分子云集，被赋予传播思想文化知识的重任。高等院校是党的思想文化阵地。中国共产党历来重视高等院校在产生和传播实现文化方面的积极作用。新的时期的高校建设需要融入阵地意识，将高校的建设提高到为党和国家造就明天的人才，赢得明天的支持的高度。首先，高校是党的思想阵地。高校作为培养人才的摇篮和知识创新的基地，是产生思想和传播先进思想的基地。高校教育的主体是教师，教师的科研直接产生思想，推动生产力的发展；高校教育的受体是学生，青年学生是明天的希望，青年学生的成长决定国家的发展方向，直接影响生产力的发展潜力。其次，高校是党的文化阵地。中国特色社会主义文化是一种先进文化，是具有明确前进方向的文化。她坚持面向现代化、面向世界、面向未来，坚持民族性、科学性和大众性，目的在于促进中华民族思想道德素质和科学文化素质的不断提高，为经济发展、社会进步和民族复兴提供精神动力与智力支持。高等院校的师生既是中国特色社会主义的弘扬者，也是中国特色社会主义思想和文化的建设者，是建设中国特色社会主义的一支重要力量。高等院校既是思想文化的产生地，也是思想文化的传播地。我们应当充分重视高等院校的作用，坚持阵地意识，打好攻坚战，这决定着方向和旗帜问题。

阵地意识不是保守，而是不断地扩大阵地，推进阵地的前沿。必须强调“主动性”。主动性表现为：一是主动占领。即牢牢掌握主动权，发挥思想政治工作的方向引导和思想保证作用，在“主动占领”上下功夫，以思想政治工作引领高校其他工作。二是主动渗透。高校思想政治工作既要坚守阵地、巩固阵地，更要主动“攻城掠地”，拓展工作领域，扩大思想政治工作的对象，灵活地采用工作方式。三是主动服务。管理就是服务，高校管理意味着为高校师生做好服务。高校的思想政治工作必须从群众出发，在高校牢固树立以人为本、服务师生成才的理念。

推进高校建设，必须把高校建设为党的思想文化阵地，必须贯彻阵地意识：第一，坚持理论导向。邓小平理论和“三个代表”重要思想是当代中国的马克思主义，是与时俱进的当代马克思主义。将高校建设为中国特色的社会主义思想文化阵地需要以邓小平理论和“三个代表”重要思想为指导，通过各种生动活泼的形式（比如网络论坛），结合当前的大学生思想现状、文化热点加以引导。从导向上引导高校师生培养集体主义的高尚道德情操，继承中华民族传统美德，反对和抵制极端个人主义、资产阶级自由化等思想倾向，树立正确的世界观、人生观、价值观。第二，贯彻以人为本。教育的目标在于造就人才，追求人的素质的全面提高和充分发挥。高校建设必须坚持“以人为本”，即以教师和学生为本。高校建设的一切工作，都必须围绕师生素质的提高而展开。高校管理必须实现人性化，尊重师生，平等对待。坚持高校建设的阵地意识，必须以学生为主体，以教师为主导，有机结合教师的主导性和学生的主体性，通过课堂内外全面培养，系统传播，筑就具有深厚理论基础和浓厚文化氛围的阵地。

在培养阵地意识的同时，必须强调先进文化作为内核。中国特色的先进文化是以马克思主义、毛泽东思想、邓小平理论和“三个代表”重要思想为指导的文化；是开放的、反映时代精神的文化；是具有大众性服务于人民的文化。中国特色先进文化的主要任务是培养有理想、有道德、有文化、守纪律的社会主义新人，提高全民族的思想道德素质和科学文化素质，为经济和社会发展提供强大的精神动力和智力支持。高等学校作为重要阵地，应当紧密联系实际，结合国际国内的新形势、新情况，大力弘扬中国先进文化，培养四有新人。从目前的高校的现状来看，高等学校自改革开放以来贯彻党和国家的教育方针，培养了大批德、智、体全面发展的社会主义建设者。伴随着改革开放的不断深化，高校师生获取信息速度加快，知识面越来越宽，与国外合作与交流越来越多。但是，随着合作交流的增加，西方一些腐朽的文化乘机而入，对青年学生的思想造成冲击和负面影响；国外敌对势力加紧对我们实施“西化”和“分化”战略，通过多种途径加强对我进行思想和文化渗透。市场经济带来的利益冲突和矛盾积累，使得拜金主义、享乐主义、极端个人主义等腐朽思想沉渣泛起，严重地影响到高校思想政治建设。阵地意识与先进文化是并立的，应当引起我们的高度重视并认真研究对策。

二、制度建设是高校建设的关键

未来的竞争是人才的竞争。高校建设决定着青年的成长与发展，决定着我们事业的成败。面临新时期的机遇与挑战，高校办学规模不断扩大，在校师生不断增加，就业压力不断增大。如何深化内部管理体制和机制改革，实现“转换机制、优化结构、增强活力、提高效率”，成为当前高校建设的紧迫任务。我认为，制度建设是重中之重，是前提与根本性的东西。科学规范的制度是高校教学质量、科研水平的有力保证，是实现高校可持续发展的前提。

规则制度具有先天的优势：制度具有稳定性，有利于降低资源的配置成本，通过制度化的民主管理，减少内耗、摩擦成本和行政费用；制度具有可预期性，有利于节约过程中的组织成本，形成外在激励机制；制度具有长期性，有利于减少学校发展的不确定性，加强可控性，便于节约信息成本和协调成本。因此，高校建设必须以制度为前提，以制度为根本，以制度为纲，围绕制度设计开展高校工作。法律是制度的完善化规范化的形式。1999年的宪法修正案将依法治国写入宪法，明确为治国基本方略。制度的治理的最高形式是法律的治理。中国的教育法制发展到今天，已经初步形成中国特色的社会主义教育法律法规体系。全国人大及其常委会先后制定学位条例、义务教育法、教师法、教育法、职业教育法、高等教育法以及未成年人保护法、预防未成年人犯罪法等有关教育的法律，国务院制定10余项教育行政法规，各地从实际出发，制定了100余项地方性教育法规，逐步形成分层次的教育法规体系。通过制定和完善教育法律法规，高校的教学管理基本上能够做到"有法可依、有章可循"。

制度的建设与完善，必须遵循公正与效率的原则。公正与效率都是人类所追求的价值目标，二者互为前提，互相贯通，对立统一。教育法制的建设与完善必须同时关注公正与效率两个原则。效率决定公正的产生与发展，公正是相对的，是伴随着效率增长而发展的。效率作为衡量公正的尺度，是我们进行制度建设时必须考虑的因素。另一方面，公正对效率存在促进和制约作用，公正的实现有助于提高人们的积极性和主动性，有利于促进社会整体效率的提高。高校制度建设必须坚持立足于改进高校管理体制和运行机制，增进高校教学与科研的水平和质量。衡量高校制度建设的成败，没有别的标准，最重要的就是高校能够出人才，出成果。

三、高校制度建设必须依法治校

什么是依法治校？依法治校是依法治教的一个子系统，是依法治教的重要组成部分。依法治校就是要在依法理顺政府与学校的关系、落实学校办学自主权的基础上，实现学校管理与运行机制的制度化、规范化，形成政府宏观管理，学校依法按照章程自主办学，依法接受监督的新格局。① 它要求在高校建设、管理中严格依照国家法律法规、健全并完善学校各项规章制度，依法办事，按章管理。依法治教与依法治校是依法治国方略和科教兴国战略背景下的必然选择。依法

① 陈至立：《全面推进依法治教，开创21世纪教育振兴的新局面》（在全国教育法制工作会议上的报告）。

治校，必须做到：

一是深刻认识依法治校的理论基础和客观有利条件。伴随科教兴国战略的实施和依法治国方略的确立，依法治教与依法治校已成为教育行政管理和高校建设的基本方针，依法治校将成为21世纪高校管理的必然选择。民主与法治是现代社会发展的趋势，作为社会一分子的高校同样不能脱离法治化过程。未来的世界是综合国力的竞争，综合国力的一项重要目标便是教育。必须认识到的是，高等院校面临巨大的挑战，如何与国际社会接轨，如何与国际一流学校竞争，它取决于学校的管理理念和管理方略。良好的管理制度是教育稳定、协调、持续发展的重要保证，是贯彻依法治国、推进制度文明的重要标志，是促进社会主义道德观念的建立、发展和传播的有力保障，更是建设社会主义精神文明的有力支撑。因此，高校建设必须贯彻依法治校的办学思路和治校方略，将学校管理纳入科学化、规范化、法制化轨道，将高等院校建成党的牢固的思想文化阵地。从目前来看，高等院校实行依法治校已经形成诸多主客观有利条件：依法治国作为基本方略已经载入宪法，科教兴国已被列为国家发展的基本战略，这是一个宏大背景；党和国家高度重视教育，教育立法逐渐完备，已经形成以高等教育法、义务教育法、教师法等为主体的从中央到地方的分层次的法律法规体系；各教育行政管理部门、各高校非常重视依法治教、依法治校，纷纷完善学校的规章制度体系，在学校管理中注入法治意识，依法管理。

二是健全与完善高等院校教育行政规范体系。概观我国现有的教育法律规范体系，教育法律层次有学位条例、义务教育法、教师法、教育法、职业教育法、高等教育法、国家通用语言文字法、民办教育促进法等；教育行政法规层次有普通高等学校设置暂行条例、学位条例暂行实施办法、扫除文盲工作条例、高等教育自学考试暂行条例、幼儿园管理条例、学校体育工作条例、学校卫生工作条例、义务教育法实施细则、教学成果奖励条例、残疾人教育条例、教师资格条例、中外合作办学条例、民办教育促进法实施条例等。除此以外，还存在数以百计的教育部门规章制度。各高等院校需要做的是照顾地方特色、高校特色制定高校的管理规章制度，贯彻落实高校教育行政法规和部门规章制度。依法治校落到实处，必须建立健全依法治校的管理体制，并在工作中努力推行。高校制度必须考虑教学管理、学生管理、后勤管理多个方面，尤其在教学管理上，应按教师法、教师资格条例、教学成果奖励条例以及教育部有关教学方面的计划和规定去执行，制定教学计划并完成教学任务，必须重视培养计划、开课计划、课程建设、教材建设、教学效果等各个环节，做出明确细致的规定，针对高校的自身特色的体制形成自我完善、自我监督、自我约束的机制。比如说，贵州民族学院是民族院校，面向的主要是少数民族学生，便必须加强民族学、民族法学的教学与研究。我们专门建立科学研究院并在马列主义教学部下设民族理论与民族政策教研室，将民族理论与民族政策作为学校的必修课，从体制与制度上保证了民族院校的民族本色。

三是重视民主与法治的结合，稳步推进与扩大高校民主。民主是法治的前提，法治是民主的保障。推进高校的民主化管理必须重视学术委员会制度、教代会制度的建设。学术委员会是体现高校科研水平、教授治校的有效制度，高校实行聘任制、述职制，加强学术委员会、教代会对职称评聘、干部选拔任用的管理和监督。高校管理必须重视校务公开，推进高校管理的民主化。高校应该继续完善教职工代表大会制度，这是高校实行民主管理和监督的基本组织形式和制度。健全程序、内外有别、依法办事是基础，同时注意既敢于抓影响学校发展的重点、难点和热点问题并予以公开，又要善于维护学校领导依法治校的权威和工作大局的稳定。同样，民主应当具有地域性、具有传统性，在价值模式和发展道路上都有差异。中国不能走西方的议会民主道路，中国的国情与历史决定着民主的独特发展道路和模式。民族学院建设高校民主与法治应当体现民族特色，比如民院对民族干部的选拔任用、对民族教师的因人培养、对民族学生的因材施教，都反映了民院建设必须强调民族特色。

四是求真务实地针对各高校情况选择自己的发展道路。不同的高校具有不同的特色，强求“同质化”会导致高校之间的恶性竞争，教学与科研的“表面繁荣”。因此，必须从各校的实际出发加强高校制度建设，推进高校民主政治，繁荣高校学术研究，完成高校教书育人的使命。坦直地说，贵州建设综合性高校没有优势，但以民族为特色建设综合性大学却具有得天独厚的优势。贵州民族学院就是民族院校，立足民族地区，面向各少数民族培养和造就人才。首先，针对民族学院的民族特色，必须抓住民族法制，贯彻民族区域自治法，为推进民族法制建设、繁荣民族经济、促进民族地区社会发展而努力；其次，具体的高校建设上，经济紧张的，必须通过制度设计完善教育教学、财务收支、教师聘用培养考核、学生管理、招生分配、校园基本建设、重点学科建设、后勤服务产业化、产学研结合、安全保卫等规章制度，开源节流，省出钱来办大事；人才紧缺的，大力引进人才，对在岗人员进行培训，既引进来，又走出去。把力使在创造“孔雀贵州飞”上，动之以情晓之以理。我们在物质条件上无法与沿海地区、发达地区相比，只能靠创造人才成长环境来吸引人才，同时，留住人才。通过扎扎实实的制度建设与完善，认认真真地推进依法治校，才能为党和国家坚守好思想与文化的阵地，推进依法治国，繁荣民族地区经济与社会发展。

（2005年8月25日在贵州省委组织部、贵州省委教育工委举办的“高校领导干部培训班”上的讲座）

“三农”问题的法律与政治思考

“三农”问题是指农村、农业和农民问题。我国作为一个农业大国，“三农”问题关系到国民素质、经济发展，关系到社会稳定、国家强盛。“三农”问题无论从理论研究上还是政策实施中都遵循一个从稳定——发展——解决的逻辑，只有稳定农村基本经营制度，给农民一个基本的保障，才能提高农民素质、推进农业发展。只有在稳定和发展的基础上才能实现社会经济、政治、文化的协调发展，即全面建设小康社会。1999 年宪法修正案第一次将依法治国写进宪法，确立依法治国为治国理念和基本模式。振兴农业、繁荣农村、富裕农民同样需要法律作为制度保障。政策作为法律的指导，解决“三农”问题更不可缺。因此，必须从法律和政策两个角度对当前各级政府关注的“三农”问题予以解读，求得“三农”问题的最终解决。

一、坚持承包经营制度，促进农村稳定与发展

2002 年 8 月 29 日第九届全国人民代表大会常务委员会第二十九次会议通过的《中华人民共和国农村土地承包法》自 2003 年 3 月 1 日起施行。我国农村现在实行的是以家庭承包经营为基础的、统分结合的双层经营体制，它是党的十一届三中全会确立的农村工作的基本政策并一再为党的历届中央全会强调。这种农村土地制度被历史经验证明是正确和有效的，因此，稳定并完善以家庭承包经营为基础、统分结合的双层经营体制，赋予农民长期而有保障的土地使用权，维护农村土地承包当事人的合法权益，促进农业、农村经济发展和农村社会稳定，是当前解决“三农”问题的制度根本。

家庭联产承包责任制是我国农村的基本经营制度。家庭联产承包

责任制要求以家庭为单位与集体土地所有者形成承包经营关系，从而形成承包经营权。改革的最初阶段，家庭联产承包责任制及其确立的承包经营权激发了广大农民的积极性，在“缴足国家的、留够集体的、剩下的是自己的”的制度环境下，农业生产力获得了极大的开发。土地承包经营权作为制度改革的成果，受到了前所未有的关注和重视。但是，随着农业产业化的兴起和农村剩余劳动力的转移，家庭联产承包责任制遇到了前所未有的挑战。这一挑战实际上正如小平同志所预料，是从第一个飞跃“废除人民公社，实行家庭联产承包为主的责任制”到第二个飞跃“适应科学种田和生产社会化的需要，发展适度规模经营，发展集体经济”的过渡。① 承包经营制度实践中出现了不少问题，比如土地承包期的长短问题；“增人不增地、减人不减地”的问题；土地承包经营权的流转问题等等，因此完善这一制度成为理论与实践的紧迫要求。土地承包经营法正是在这种背景下催生的，因而具有重要的理论与实践意义，为发展农业、稳定农村、富裕农民提供了基本的制度保证。

2003 年 3 月 1 日施行的《土地承包经营法》共包括五章：即总则、家庭承包、其他方式的承包、争议的解决和法律责任、附则。家庭承包章下规定发包方和承包方的权利和义务、承包的原则和程序、承包期限和承包合同、土地承包经营权的保护和土地承包经营权的流转。从土地承包法规定的内容来看，体现三个特点：1. 原则性与灵活性的结合；原则性与灵活性是我国立法的指导思想，土地承包经营法总体上既肯定承包经营制度，又根据不同土地形式允许承包经营下采取家庭承包经营或其他方式承包；既肯定长期稳定的承包经营权，同时允许承包经营的土地可以流转；既肯定长期稳定的承包经营权，同时对土地承包的调整根据自愿退出承包、新增人口等因素予以考虑。2. 明确承包经营权的确认与流转，鼓励并刺激农民加大承包地投入与撂荒地返青，为农业产业化提供了法律保障，但又不致因产业化使农民失去土地；通过赋予农民长期稳定的土地承包经营权从生产资料环节赋予农民强势地位。3. 明确土地承包法的法律纠纷与争议解决方式，规定土地承包经营可以通过协商解决，也可以请求村民委

① 《邓小平文选》，第 3 卷，人民出版社 1993 年版，第 355 页。

员会、乡（镇）人民政府等调解解决，还可以向农村土地承包仲裁机构申请仲裁或直接向人民法院起诉。

但是在《土地承包法》的实施过程中，已经发现不少问题：在承包期内调整承包地，以“村规民约”扭曲农村土地承包法的有关规定，土地流转不规范，事前不签订流转合同，不履行备案或报批手续，征地、占地补偿费偏低，造成农民失地以后的生活困难，仲裁机构法律地位不明确等。针对这些问题，我认为需要采取如下对策：一是尽快制定与农村土地承包法配套的规章、办法，提高土地承包法的可操作性；二是加强宣传教育力度，普法教育中在农村地区特别强调农业法、土地承包法等与农民切身利益息息相关的法律，提高执法机关和干部的执法水平，增强广大农民群众依法维护自身合法权益的自觉性；三是有针对性地处理征地拆迁补偿过程中的问题。这一问题已经严重地威胁到农村稳定，既要短期地保证农民失地获得适当的补偿与安置，又要长期地让农民通过工业发展和城市建设受益。

二、税费改革、素质提高与农村经济发展

新近通过的《土地承包经营法》是对农村土地承包经营制度的坚持和完善，只有通过立法确认，我们才能获得农业稳定的制度基础。进一步发展农业，需要减轻农民负担、强化农村教育、适应特色发展农村经济。

党中央、国务院再三强调要减轻农民负担，但个别地方农民负担仍然较重。由此，引发农民抗交国税和集体上访等系列事件，影响社会稳定和经济发展。中央正在实施的农村税费改革正在按照“减轻、规范、稳定”的目标进行。农村税费改革是减轻农民负担和深化农村改革的重大举措，要求完善农村税费改革试点的各项政策，取消农业特产税，加快推进县乡机构和农村义务教育体制等综合配套改革。在完成试点工作的基础上，逐步降低农业税率，切实减轻农民负担。在贯彻实施党的路线方针过程中，需要注意的是，减负问题需要防止走入“黄宗羲怪圈”。历史上税费改革进行过不止一次。每次税费改革后，农民负担在下降一段时间后会涨到一个比改革前更高的水平，走向原先改革目的的反面。明清时期的思想家黄宗羲称之为“积重

莫返之害”。因此，一方面，需要全面规范农业税费的征收与管理，切实减轻农民负担；另一方面，需要转变乡镇政府职能，精简机构并压缩人员。食之者众，生之者寡。这是造成农村税费居高不下的重要原因。

“三农”问题的核心在农民。农民问题是最根本的问题。农民的素质是保证农业发展的人的因素。农民素质问题主要是指文化素质。一方面，计划生育政策在农村受到一定抵制，受“放一只羊是放放一群羊也是放”的错误观念的影响而形成的便是“越穷越生越生越穷”的恶性循环。另一方面，农村教育现状有待提高，尤其在西部落后地区。发展经济增加农民收入是前提，但通过贯彻《计划生育法》与《义务教育法》提高农民素质是一个长期的计划。2001 年九届全国人大常委会制定《人口与计划生育法》。这部法律是保证我国人口有计划增长和社会可持续发展的重要立法，必须严格执行。我国早在 1986 年通过《义务教育法》，1992 年通过《义务教育法实施细则》。自此以后，基本普及九年义务教育和基本扫除青壮年文盲（简称“两基”）成为中国教育工作者奋斗的目标。“两基”重点、难点都在“老少边穷”地区。因此，切实贯彻义务教育法，提高农民素质是关键。

农民问题最终指向的是农民收入的增加，因此，必须发展特色农村经济，同时重视维护农民合法权益。1997 年以后，农民收入增长一直低于城市居民收入的增长。如何增加农民收入，成为党和政府关心的与农民利益息息相关的大事。一方面要发挥农业技术推广法的功能，加强农业技术推广工作、促使农业科研成果和实用技术尽快应用于农业生产，提高农业劳动生产率，农业技术推广必须尊重农民意愿，讲求实效、因地制宜；另一方面，要对剩余劳动力合理地转移，政府采取有力措施鼓励本地农民工走出去打工，严格依法行政，行政执法要按照权力与责任挂钩、权力与利益脱钩的要求，并重视维护他们的合法权益。

三、“三农”问题的解决——政策的考量

“三农”问题是我们走向现代化进程中最艰巨的任务，也是全面

建设小康社会面临的最大难题。关心农民、支持农业、发展农村，不仅是一个现实问题，也是一个战略问题；不仅是一个经济问题，也是政治问题，不仅是一个法律问题，而且是一个政策问题。

“三农”问题的深层原因既有制度方面的原因，也有观念方面的原因。观念上，农业基础地位的一度动摇是一个重要原因。一段时间内，农业在中国经济中的比重逐步下降，经济政策上虽然尊崇农业的基础地位，但实践中往往忽视和轻视农业，片面强调农业、农村和农民的贡献而忽视对其保护和支持，导致农业失去自我发展、自我积累的能力。制度上，城乡二元结构是“三农”问题形成和恶化的直接导因。“城乡分治，一国两策”是在集权型的计划经济体制下逐步形成的，压抑打击了农民的积极性，使农业生产长期徘徊。尽管进行了承包经营制度改革，但城乡二元结构一直没有从制度上破除，城乡对立现状仍然存在。目前的“三农”问题，总体上可以用一个“弱”字来回答，即农民是弱势群体、农业是弱质产业、农村是一个地位正在愈加相对弱化的区域。“农民真苦”、“农村真穷”、“农业真危险”，“三农”问题成为党和政府的重大问题，成为每次两会的热点。

如何解决“三农”问题？前提在于破除城乡二元结构。但是，如果城乡一体之后解放的剩余劳动力如果得不到合理的安置和疏导，形成的移民潮会给社会治安造成相当大的压力。党的十六届三中全会通过的《中共中央关于完善社会主义市场经济体制若干问题的决定》要求：加快城镇化进程，在城市有稳定职业和住所的农业人口，可按当地规定在就业地或居住地登记户籍，并依法享有当地居民应有的权利，承担应尽的义务。因此，城市化的步骤需要控制，小城镇是消解城乡二元对立、改革户籍制度的可操作性措施。就农业本身而言，主要是形成产业化的问题。市场经济是以市场为导向、根据市场配置资源的经济形态。农业的购销体制不畅是农业不能快速发展的一个重要原因，政府应在创设产——供——销链条的活动中起到搭桥作用。就农民而言，重在通过计划生育和强化《义务教育法》等方面提高农民素质。农业、农村与农民的问题，实际上是一个居住地域、从事行业和主体身份三位一体的问题，只是侧重点不一。我们必须一体化地考虑农村、农业和农民三个问题，而不能希图靠解决其中一个问题解决其余两个问题。2002 年十六大报告对国情的判断是：正处于并将长期处于社会主义初级阶段，现在小康是低水平的、不全面的、发展很不平衡的，存在城乡二元经济结构与地区差距扩大的趋势，就业和社会保障压力增大，从而提出全面建设小康社会的奋斗目标，包括经济文明、政治文明、精神文明三项子目标。其中，针对农村要求全面繁荣农村经济，加快城镇化进程。因此，应当按照全面建设小康社会的要求发展农村经济，解决“三农”问题。2003 年十六届三中全会通过的《中共中央关于完善社会主义市场经济体制若干问题的决定》明确要求：深化农村改革，完善农村经济体制，包括：（1）完善农村土地制度；（2）健全农业社会化服务、农产品市场和对农业的支持保护体系；（3）深化农村税费改革，推进县乡机构和农村义务教育体制等综合配套改革；（4）改善农村富余劳动力转移就业的环境。十六届三中全会公报强调了依法治国，同时强调了依法保护农民的合法权益。

“三农”问题的解决是全面建设小康社会的一个重要组成部分。因此，必须贯彻落实党和政府的农村政策和国家制定的农村法律制度，党的政策是指导，法律制度是依据，各级党和政府能否正确理解政策与法律、是否有力推行农业政策与法律，关系到“三农”问题能否真正得到解决。

（2005 年 5 月 20 日在贵州省委宣传部、贵州省政府发展研究中心、贵州民族学院举办的“加大扶贫力度，解决‘三农’问题研讨会”上的发言）

诚信、规矩与方圆

今天，在这个学生干部培训班上，我给大家演讲的题目叫“诚信、规矩与方圆”，重点讲诚信问题。信用建设中兼谈谈法治的问题。

一、诚信是什么？

大家知道，在近年全国人大、政协“两会”上，许多代表、委员们呼吁较多的问题中，其中一个就是诚信的问题，我给大家举个例子：本届的全国人大代表，西南财经大学的一个教授、经济研究所的所长，叫纪尽善，他在接受《人民日报》采访时，说到一组数据。他说，近年来，我国的民事案件逐年递增，1999 年民事案件为 351 万件，到 2000 年是 547 万件，2001 年达到 600 多万件，从该数据看出，每年的民事案件均以大于 50 万件的速度而上升，不管是绝对数量或者是所占的总案件数的比例，都呈现一个上升的趋势。其中，这些民事案件中主要是债权债务案件，这些案件的上升有一个很深的背景。民法是调整公民与法人、公民与公民之间、法人与法人之间一定范围内的财产关系和人身关系的法律。民法的一条重要原则，叫诚实信用原则，简称诚信原则。这条原则正在遭到巨大的冲击，导致了民事案件的大量上升，因为失信，导致了合同失效频繁的发生。根据国家工商局的统计，目前我国每年签订的合同为 40 亿份（这个数字对 13 亿人的大国来说不算多，因为我国的老百姓长期没有合同的观念，没有契约的观念），标的达到 140 万亿，平均合同的履行率只占合同比例的 50%，而每年逃避债务和没有履行债务而达到的经济损失高达1 800亿元，假冒伪劣生产及相关产品导致的经济损失至少是2 000

亿以上，大大地增加了交易成本。这充分说明信用建设的重要性。

我这里有这么一个数据：截至2001年底，北京市某一个区绝大多数的律师报给税务部门的月收入居然都低于2 000元。这就是说代表一种正义的、形象比较高大的、在社会收入不低的这么一个阶层有一个什么问题？就是偷税、漏税。据专家的估计，我国因为不诚信付出的代价，使我国每年损失了5 855亿元。那么，市场交易中，由于缺乏一种信用的体系，使得无效成本占国内生产总值的比重有10%～20%。我国四大国有商业银行在剥离上亿、上万亿的不良资产后，目前的不良贷款仍然占有很大的比例，我国现在使用很多种卡，包括长城卡、牡丹卡等，这是好事，使用这些卡意味着我国在规范地进行经济运作。上周，我在北京与一位英国的大学校长助理谈判，中午最高人民检察院外事局请客，他看到结账时是用现金付账的，他就不可思议，“中国人带这么多钱干吗？如在英国你带这么多现金，警察可能逮住你，你要么是洗钱的，要么是贩毒的，要么是搞什么黄色行业的，这么多钱，应存入自己的信用卡里面。”咱们中国人在国外旅游时，小偷偷中国人十偷九准，为什么呢？百分之百的外国人只带几十、几百的现金，没有带几千、上万的现金，咱们中国人喜欢用钞票，那种感觉特舒服，但国外就不一样，那么做是增加了社会不稳定的因素。我国目前发行的银行卡目前有四亿张，但具有透支功能的信用卡只有3000万张。大家知道，银行卡具有透支功能的条件是根据你的经济收入，根据你的担保条件。你不能透支，就是因为你不具备相应的担保条件，没有足够的财力去银行存入相应的钱。但这在国外就不一样，你可以随意使用，你使用一张卡，可以跑遍全世界，它又叫第二身份证。

再如，我们国家偷税漏税、隐瞒收入的情况是很普遍的。近来大家关心著名影星刘晓庆偷税的案件。刘晓庆之所以今天被关在监狱里，是因为她大大隐瞒了自己的收入。经审查，她的不良资产有1 000来万，实际上仅在北京的房地产审下来就有2 000多万，再加上她在上海的投资、成都的投资等。根据她以往的的经纪人王某透露，刘晓庆的资产至少有5 000万以上的偷漏税收。还有，赖昌星案件——远华集团走私案件，走私收入高达几百个亿以上，赖昌星后来外逃，现在还在加拿大，那这些说明什么问题呢？说明咱们中国的偷税漏税十分严重，诚信问题十分严重。咱们的律师行业，算是比较找钱的行业，在全国的行业排名来说，也是收入排在前八名的行业，如在国外就更不得了。国外一是律师找钱，一是牙医找钱，国外对牙齿的保护比咱们注重，咱们中国人吃了东西可不漱口，有的晚上睡觉也不漱口，说是习惯，有点黄牙也没关系，但国外不同，对牙齿保护是非常重视的。我去年去韩国访问时，到了善邻大学医学院牙科，那收费之高，对牙齿的保护之好，确实令人惊叹。

在市场经济的中国，建立市场经济时特别需要建立在信用基础上的一种信用经济。我国信用体系的发育程度低，信用的程序相当混乱，信用缺失的现象相当严重，甚至忽视信用的现象比比皆是。比如我们学校，今天就有一个现象，我的脖子上挂的是什么？一个胸牌，这张牌是我提出来的，就是我院的老师、工作人员在上岗时必须带牌，为什么呢？我这有一个故事，我是学法律的，爱打抱不平，遇到两件事让我非常尴尬，所以我才决定挂牌上岗。第一件事是我校的这片草坪，对一个高校来说还是不错的，主要是它的草种子好，是引进德国的，我们的一些同学却喜欢在上面践踏，有些男女同学很不自觉，喜欢在上面打滚（笑声），我在三楼办公，眼睛是雪亮的，在这么好的草坪上打滚有伤大雅（笑声）。然后，我就拿着饭盒在去食堂吃饭的路上对同学说："同学，这草坪上不能打滚，你要坐，坐那石凳上。"这男同学看我一眼，不理我，只顾同身边的小鸟依人谈情说爱去了。我再说了一次："同学，请你下来。"他再看我一眼问："你是谁？"我说："你别管我是谁，这个草坪上是不能践踏和睡觉的。"他们又说："你管得着我吗？"我说"我是校长，请你下来。"这小伙子可能是身旁多了个人，底气比我还足，（笑声）说道："你凭什么说你是校长？"（大笑声），倒说得我一愣一愣的（大笑声）。当时我身上又没带工作证，我就很尴尬，后来我就来火了："你是哪个系的，不信我马上找你们的领导来。"他一看我来真的了，就爬起来跑了。这是一件事。第二件事是上学期期末时，一个晚上我去值班。当时就我一个人在巡视，看到三个小伙子在校园内撕海报。是的，校园内到处贴得乱七八糟的，的确很烦，我也烦，当时我就没管，但这个男孩子觉得撕墙报不解气，就砸铁门，这就不太好了，我就上去制止，"同学，你撕海报我就没管你了，你对乱张贴有意见，是嘛，我就没管你，可是你砸铁门就不好了，这是公共财产。”这三个小伙子，人高马大的，比我形象好多了（笑声），他们看我一眼，不理我就走进宿舍里去了。我就说：“同学，你站住，你是哪个系的，我问你，你怎么不答话?”他说：“你是谁?”我说：“我是老师，是值班的，你为什么砸铁门呀!”他说：“你管不着我。”后来我说：“我管得着你。”“你是谁?”“我是校长。”“你凭什么说你是校长?”（大笑）当时又说得我一愣一愣的。后来我为证实我的“清白”，证明我不是假冒伪劣，我就给他们的系主任打了电话，请他马上赶到学生宿舍，当时他们一听，来真的了？然后就跑了，我就追（笑声），不过追不着，但我想了一个办法，他跑进了这个楼，我就守在这个楼下，他们果然上当了，没几分钟就出来了，开门、进房间，好，正被我逮个正着，逮住以后，我又问他是哪个系的，哪个班的，这个同学还比较老实，说是“体育系的大专班的……”。然后系主任、书记都赶到了，我说“你们给我处理，明天上午10点钟前把处分的决定交到我的办公室来”，这同学当时也无所谓，一副不在乎的样子。第二天我一上班，就来找我了，在门口看到我，又不好意思，想到头晚上那么牛，今天来喊我好象又觉得面子上过不去。后来体育系报了意见，说是批评教育，我说：“不行，处分轻了，拿回去再研究”后来系上再报来要处分。这次倒是我不忍心了，给了一个记过处分。因为不给他处分，他不知道轻重。但因为他今年要毕业，给处分后就会影响他毕业，后来，我说给一个警告处分吧。在半年之内你不再犯错，可以撤销，也就是说，我的这个警告处分可以约束他半年。通过这两个事例，我发觉还是得挂牌上岗，又通过挂牌上岗事件背后又反映出什么问题呢，就是一个诚信问题，他不信赖我，我也不信赖他。这就是咱们中国的诚信危机。

咱们中国现在很多诚信危机的事情比比皆是。你们可以去干任何一件事情，都会遇到同等“待遇”。你们去办事情的时候，人家首先就会怀疑，你们是不是这个人，是这个人到底想干什么事。广州有一个著名的案例，有一天在广州火车站，春节期间人很拥挤，买票非常紧张。有一个人拿了一张火车票说：“卖票了，卖票了，广州到北京的，在原价的基础上降价30%，还有30分钟就要开车了，谁要?”叫了几句均无反应。人们都看着他，这时来了一个穿西装、皮鞋的人，但是西装非常的皱，一看就像是农村的一个乡干部，或者是暴发户的那种感觉，他说“我要，我要，多少钱?”“300 块钱，我 250 就卖给你。”结果卖票的人就拿了这张票给买票的人，收了 250 元。转过背一想，不对，这个人怎么这么快就给了我钱呢，而且全给的是新票子，这钱可能是假的，那买票的人呢，付了钱，得了票后一想，不对，这个人为什么原价是 300 元的票，为什么 250 元卖给我呢（笑声），这肯定是假票，这成千上万的人排队买票都买不着，这么紧张的票。两人同时这么一想，立即向左、向右转，同时说“你搞假的!”“北京的票这么紧张，你为什么要处理给我，如果不是假票，你为什么会让价”，那人说：“你穿得这么破破烂烂的，哪有 250 元崭新的票子来买票，你的钱是假钱。”两个人争吵起来，卖票人说：“我是某单位的工作人员，跟科长来出差，科长生病了，我要留下来照看他，所以我得赶快退票，否则就耽误了。”买票人说：“我确实有急事要赶回家去，我是来广州出差的，出差以后呢，买不着回程票，你看我的西装破破皱皱的，是因为我在广州买了一套西装，回去穿两天，口袋就掉了，是假的，我又买了一套，再一穿，就成现在的这个样子了，破破皱皱的，是个假冒的绅士。”两人争吵的时候，火车站的铃声响了，火车开动了，两人你看我，我看你……咱们中国人的信用危机已经到了这么一种程度。你们遇到类似的情况也不会是少数。我这里有一组数据，上海有一家国有银行，它发放的个人耐用品消费贷款一共有 5 000 笔，贷款金额达到了 4 000 万元，到如今年均放贷还不到 1 000 笔，从过去 5 000 笔到现在 1 000 笔，从过去的总额 4 000万元到了现在 1 000 万元，为什么呢？就因为个人消费的信贷风险一般控制在千分之几，但是现在逾期不还的贷款的笔数达到了贷款总数的 1%，那么银行呢，就只能收缩贷款——“惜贷”，不往外放款了。失信问题成了我们中国迈向现代化，参与国际化的一个门槛，引起了全社会的担忧，要求加强社会信用建设从来没有像今天这么迫切。古人讲：“一言为重百金轻”，“人而无信，不知其可”。个人信用曾经被我们老百姓，被我们国人视若珍宝，但现在却渐渐失落，真诚拼搏的足球没有了，因为有黑哨事件存在。搞学术的被玷污了，大学教授剽窃抄袭获得职称。什么叫诚信？诚信的内涵包括三个方面：

1. 诚信是一种规范。从一定意义上说是一种忠诚关系，是忠诚于信用、遵守信用的简称。它是人们的一种行为范式，是协调人际关系的基本要求。对它的基本涵义，我国古代的思想家们有充分的论述。现代社会中，“诚信”作为一种社会对人们的行为规范，它不仅对朋友关系，而且对职业关系、人际关系等都有重要的调节作用。仅仅从职业的角度来理解诚信，特别是仅仅从商业的角度去理解诚信，将诚信作为一种商业规范，这是不全面的，诚信不仅仅是一种商业规范。

2. 诚信是一种制度。所谓制度，是社会所要求人们的一种新模式。制度是一种规范的形式。但在现实生活中并不是所有的规范都以制度的形式存在，诚信作为人们的行为范式和人际关系的模式，需要制度化才能持久，才有力量。诚信作为一种制度，它是市场经济发展的产物。诚信在当今社会不仅仅是一个经济伦理学的范畴（概念），还是一个社会学的范畴（概念）。我认为还是一个法学的概念，因为诚信作为一种制度，不仅是一种经济制度，而且是一种政治制度和道德制度。今天我们现实生活中的诚信的缺失，往往与政治生活、道德生活的诚信缺失有密切的关系。大家知道，人管人是管不死的，但制度管人管得死。因为人管人，人有各种各样的脸面，熟人社会人际交往较为密切，人们注重“面子”，若是大家都讲“面子”，只顾面子不顾事，事情就没法办。因此说，人管人管不死，只有制度管人才管得死。

3. 诚信是一种人品。诚信从根本上来说，是人品的修养，是做人根本的准则。诚信作为一种人品，其核心是引导人格的提升和情操的高尚。因此，诚信必须从提高人们的精神追求和道德品味的角度来把握，而不能将诚信作为一种交换的手段，更不能将诚信作为某种谋取某种公利的工具。当前社会上流行的“啊，我以诚信赢得了多少多少利润”等等……许多百货公司、商家炒作广告的“我以诚信赢得了多少多少钱”。“用诚信换来了多少多少效益”……严格说来，这就是违反诚信的。遵守诚信是人们社会生活中一种自然的义务，不应当以获得利益为前提条件，因为道德在任何时候都是无价的。那人们又会反问了，现在社会讲来讲去讲功利，功利就是人们追求利益。但追求利益也不能片面去看它，要“君子爱财，取之有道”。大家看过黄宏演的小品叫《道中有道》，就说各种门道，它都有道。大家都是现实生活中的人，能说什么事情具有利益？什么是没有利益的？关键是看你怎样去追求它，在追求的过程中你怎么去实现它。当年我们80年代（同学们有的可能还没有出生呵）。有一个青年学生叫潘晓，他提出一个口号叫“我为人人，人人为我”。当时，不得了呵，那种年代讲的是传统的政治，于是就把这作为批判的典型，“这人就知为自己”、“为自我”、“讲个人主义、利己主义”。20世纪80年代，全国人民的思想正处在一个解放思想大讨论的时候，对潘晓提出这么一个“我为人人，人人为我”的口号，大多数人是口诛笔伐地批判他。但现在看来，我个人认为，人生活在社会上，作为社会的一分子，他肯定要为社会服务、作贡献，但同时他也要获取社会给予他的一份利益、一份承认、一份待遇。因此，这就是今天和过去的观点不一样之处，同时也导出诚信虽然是人在社会生活中的一种自然义务，它和利益两个字应该辩证地去看。不能纯粹去追求利益，把利益作为前提条件去履行它的义务，但是它获取一点利益应该是可以理解的。

朱镕基总理在九届人大五次会议的工作报告中提出：“要切实加强社会信用建设，逐步在全社会形成以诚信为本、操守为重的良好风尚。”信用问题之所以在政府工作报告中加以论述，这说明社会的信用建设十分重要。就企业来说，我国在20世纪80年代的格局是有产品就有客户，90年代是有广告就有销售，到了现在，则是有信誉的企业才有市场。80年代是计划经济，你卖什么，我买什么，你生产什么，我卖什么，一切是由国家来统一安排、统一计划的；90年代则是刚步入市场经济，谁的广告打得最凶，谁的销路最好，过去有句话叫，酒好不怕巷子深，那市场经济就不一样了，酒好也怕巷子深，比如咱们的“茅台酒”，过去从不做广告，现在你看茅台酒的广告铺天盖地，于是，产量上去了，茅台集团也认识到“酒好也怕巷子深”这个观念。今天我们迈入21世纪了，只有有信誉的企业才有市场。就个人来说，信用是成家立业、社会交往的名片，在市场经济条件下，信用是个人生存和发展的第二生命，对政府来说，信用是执政的基本条件，不可想象一个不讲信用的政府的政令会长期有效，政绩会真正显著。对一个学校来说，信用也是一个学校生存和发展的最基本条件。可见良好的社会信用环境，是发展社会主义市场经济的基本前提，是经济正常运行的前提。

二、信用危机与信用建设

关于信用危机问题，北京大学教授、著名经济学家、全国政协委员林毅夫认为“失信的根源是市场交易双方信息不对称”，使另一方有机可乘，做出了损人利己的败德行为。比如说，偷税漏税的存在，是因为政府不知道个人的实际收入是多少，政府与个人之间信息产生了不对称，政府与教授之间、与经理之间、与厂长之间不了解，只知道工资单上的工资，但私下究竟拿多少钱呢，政府不知道，如政府对你的收入了如指掌，那么像偷税漏税这种失信行为肯定难以存在。林教授还认为，失信的程度取决于失信者的收益和惩罚程度的大小，意思是，失信的程度越大，那么你失信的程度越高，受惩罚的机会就越大。我国目前由于失信控制不力，惩罚太少，失信率就高，投机取巧的机会就存在，进一步强化了大量的失信行为……在我国，政府对个人的收入是没法控制的。比如我，在学校我是校长、教授、学科带头人……我的工资一个月多少钱呢，工资单上全部加起来就 1 700 多元钱，但是我的收入就是 1 700 元吗？你们也不相信（笑声），当然你们不要往别的方面想（大笑），我的很多其他收入是什么呢？讲课有讲课费，我每年承担许多国家级课题、省政府课题、教育厅的课题，我在社会上的各种企业担任法律顾问。这些兼职的收入政府是不了解的。说这些的意思是，政府对个人收入控制的力度不强，但政府对企业的控制力度也是一样不够，我为什么说企业会偷税漏税呢？因为我们国家要想成立一个企业，要先验资、办工商执照、税务执照、物价等各种各样的手续办完后，“可以了”，你才能开业，因为作为这个企业的老板，他本身资金 100 万，但他办这一系列的手续就花去了五、六十万了，仅剩下几十万，他拿什么去发展生产，怎么买设备、怎么培训、怎么搞宣传啊，没办法，他惟有一招，就是将生产的产品乱吹一通，卖得多少算多少，骗一个算一个，目的是拼命地收回成本。但在美国办企业就不一样，在美国你要办企业吗？行！交 10 美金，也就是 80 多元人民币，只要你有房子，有场地，你先开业，开业以后我再来检查你，如你生产 1 000 箱产品，我就按 1 000 箱收你的相关税收，然后你进入流通环节。比如我在美国买瓶矿泉水 3 元钱标价，我去买的时候，就必须付3.3元，为什么呢，我得交3角钱的税收，因为矿泉水出厂时，政府就已控制了你的矿泉水就1 000瓶，每瓶成本3元，你在销售环节的所得税是交给政府的，先给你代收着，我国的一些企业在获得营业执照后总是千方百计偷税漏税，生产1 000箱，实际生产了1 099箱，但我不告诉你，这就是差别。我国失信的根源，林毅夫教授分析得很对，"源清才能流洁"。因此，我们社会要建立一个信用体系，首先就要通过个人信用的联合征信，来加快建立全国的个人信用的信息库，尽可能地减少信息不对称现象。同时，要加大奖惩力度，让守信者享受便利，让失信者声誉扫地，付出代价。

我去过美国和欧洲的一些国家及亚洲的许多国家，我感到在国外买东西是非常放心，你千万别担心你会买到假冒伪劣产品，为什么呢？你一旦买到假冒伪劣产品，意味着什么呢？意味着你搞到事了（方言）（大笑）。你买一块钱的东西如是假冒产品，你能得到100元的赔偿，你可以去告他。如你吃了某样东西拉肚子了，肚子难受但心里高兴（大笑），我可以去告他，至少赔付10万元钱吧。美国一老太太就因为被动吸烟（她在银行办公室里工作），患了癌症，然后就状告烟草公司，赔偿了100万美金，这种事在中国是绝不可能的。再就是我国的商家们都喜欢立一块牌子：售出商品，离柜概不负责。这是极不公平的，同时也是违法的，你得照样负责，可以照样起诉他。我们国家目前还没有这种环境，为什么？因为我们国家的人们都愿意甘当假冒产品的"受益者"，为什么说是受益者呢？因为它便宜呵（笑），你们回去数一数书架上的书有多少是盗版书，你们买的笔记本、文具等，喝的饮料、用的日用品等有多少是假冒伪劣产品。你说去吃饭吧，大家担心这些东西干不干净，你用的这个油是不是阴沟里淘来的泔水油啊，所以我有个朋友就叫我三样东西别吃：（1）甲鱼别吃；（2）鸡不吃；（3）鸡蛋不吃。这些都是用饲料喂的产品。要吃土鸡、土蛋还可以，但去哪里找那么多土鸡土蛋？

放眼海外，英国两家大型的征信公司收集了五亿条个人的信用记录，包括法院的判决信息、银行的还贷信息、房地产公司的抵押信息及各类关联人员的其它信息，用来干嘛呢？许多银行、房地产公司等都到这家公司去——"唉，把张三的档案调出来看看，看看他究竟有没有信用缺失的记录，如有记录我付你钱”。所以到这样的数据库去查寻个人的信用资料，每周去查询的人达到100万人次，是什么意思呢，每个人的信用均被这两家公司收集了，所以你在签合同之前，你要出租房屋给某某之前，甚至你在要和某人谈恋爱之前，都可以去查一查这人有没有信用缺失记录，如有，对不起，“形势不对，赶快撤退；形势不好，掉头逃跑”（笑），但这也带来一个隐私权的问题，当然如果是报上公布的，法院判决的还可以，如你是通过私家侦探等猎奇搞来的，可能就会侵犯个人隐私权。

在美国，对失信者的惩罚更加严厉，我有一个朋友在美国——中国留学生，打工也打得差不多了，现在准备买房，去贷款，银行一看记录：在几年前，有一笔80多美元的电话账单没有结账，银行答复“对不起，你曾经有信用缺失的记录”。这人想来想去想不起，后来终于想起某次因为搬家，漏掉了当月电话费账单。就因为这件事，银行不给贷款，后来一再认错，好说歹说，同意贷款，但由于银行有信用缺失的记录，对不起，贷款利息得往上提0.2个百分点。所以说，在美国你要是恶意赖账，将会导致个人信用的“破产”，需要至少7年时间才能挽回你的信用损失。在这7年的时间内，你不能拥有任何信用卡，也不允许你投资做任何生意，更不能贷款来买车、买房。但在我国，你哄我，我哄你，欠账不还多的是，我原先在法律系当系主任时，一个学生找我借钱，我想他穷嘛，就慷慨地借给他100元，我想学生嘛一般都会还的，结果这个学生悄悄地退学了。

我国的个人信用联合征信正在紧锣密鼓地进行中。上海从2000年7月1日起，启动了个人信用联合征信的服务系统，一年半的时间内，该系统就收集到了240万个人信息，几乎覆盖了上海市区有信贷消费能力人群的一半以上，累计接受查询的就有16万人次。目前这种系统正在逐步扩大、推广之中。我们都有一个身份证，上面有一串身份证号码，今后人一出生你就有一个号码，从生到死你就这么一个号码，走遍全国都一样，这又叫第二身份证——信用，你今后贷款也好，坐牢也好，干什么事，只要一输入你的号码，你的一切信用一目了然。现在我国的户籍制度进行改革，我们现在从山东到山西可以改户口，改名换姓等。今后就不行了，你的指纹一输入电脑系统，就会自动识别你的号码，今后你干任何事情，一查就知道，这多方便啊，所以美国的管理不像我国，我国要发现一个逃债的人要层层排查，发动群众，打人民战争，你逃也逃不掉，在美国就容易多了，你输一个号码，什么都有了，就掌握你的情况了。美国的犯罪率很高，但侦破力也很高。如果我们今后启用了个人信用系统后，这些现象将会大大改观。要建立个人信用体系，首先要推行个人信用制度，形成一个“诚信为本、操守为重”的信用文化，要使你真正认识到，个人信用是“第二身份证”，是“经济的通行证”，将在今后的生活中扮演越来越重要的角色，应有效加以维护。

有专家研究，人均 GDP 在 300－500 美元之间，信用可有可无；500～1 000 美元之间，信用往往被大肆破坏，如人均 GDP 在1 000－5 000美元之间，是信用的重新组建阶段；人均 GDP 超过 5000 美元，那么信用就进入一个良性的循环阶段。要构建信用社会，我个人认为，关键还要我们国力增强、经济振兴。浙江的经济发展很快，他们的人均 GDP 已达 1 800 美元，在全国排“老四了”。他们已在全省向小康社会迈进，信用也就成了全省上下最热门的一个话题，打出了“信用浙江”这样一个响亮的口号（浙江过去并不发达，居全国 17 位，现升到第四位）。温州大家知道，20 世纪 80 年代，温州人先步入市场经济，私营经济、非公有制经济在温州蓬勃发展，就在温州人为自己的腰包逐渐“膨胀”而感到“幸福、骄傲”时，假冒伪劣也在充斥市场。在一个阶段内，什么叫温州？温州等于假冒伪劣。各地的商场纷纷贴出公示，“本店绝无温州货”，更多的温州企业也不敢在自己的产品上标注是温州制造。失信让温州饱尝了耻辱和痛苦。

1987 年，杭州市武林广场，5 000 多双温州的伪劣皮鞋被扔进熊熊大火。当时温州的“奥康”皮鞋的老总叫王振滔，当时才 23 岁，风华正茂，正在武汉风风火火推销着皮鞋，他销售的温州皮鞋被没收了 20 多万双，损失惨重。这把大火当头的一棒，烧醒了温州人的质量意识。1993 年，温州市委、市政府率先在全国树立起以质量立市为支点的二次创业，举起这面拒绝假货的大旗，又制定了全国第一部有关质量的地方性法规。决心为温州正名的一大批温州的企业积极跟进，走上了“名牌兴业”的阳关道。当时制定了一系列近乎苛刻的质量管理措施渗透到企业的各环节，康奈、吉尔达、奥康、红蜻蜓等知名品牌从此脱颖而出。

经过10多年的卧薪尝胆，现在温州的皮鞋依靠过硬的质量和响亮的品牌重新拾起了失落的尊严。到了1999年12月15日还是在杭州，又是一把熊熊大火，与12年前的熊熊大火不同的是，这次的烧火人是温州的王振滔，他烧掉了2 000多双外地假冒温州商标的皮鞋。他说，我们点这把火就是要证明：温州人现在的产品意识、品牌意识甚至各方面的条件已经做得非常好了，也有信心做得更好。也就是说，在第二次烧火的同时，温州皮鞋不仅重返杭州，而且抢滩上海，把专卖商店开到全国各地。我们看到，温州很多品牌都是温州人树立起来的，我到温州就感到很吃惊，到处是皮鞋一条街、服装一条街……到处都打品牌，我到几个乡镇去看看，家家户户都是企业、都树名牌。当然有人说，你们温州当时通过原始积累把老百姓的血汗钱都挣得差不多了，现在是良心发现。这仅仅代表部分人的说法。但温州人确实"痛定思痛"，这种作风确实值得我们学习。目前温州制革业总产值已经达到了300亿，全国28个鞋类免检产品中，温州皮鞋占了一半。从"失信"到"守信"，温州人经过10多年的路程，尝到了其中的"酸甜苦辣"，更掂出了诚信的份量。知耻近乎勇。到2001年时，温州商会百年庆典时，与会的众多企业提出要做"信用温州"的先行者。2002年8月，温州市人大地方立法决定，把每年8月8日这个令温州人备感屈辱的日子确定为"诚信日"（全国的诚信日是哪天，大家知道吗？不知道，9月19日，我们很多同学就知道情人节、愚人节，更要记住"诚信日"）。

温州市人大决定的"诚信日"有四点要求：（1）要加大宣传力度，并把诚信教育与依法治市结合起来，与以德治市结合起来，使诚实守信真正成为全社会所认同和遵守的行为准则。（2）力争用3年的努力，使全市初步形成政府信用、企业信用和个人信用的制度和规则，建立多领域整体推进的信用监管体系，形成一定规模的信用服务业和一批中介机构，通过八年左右的努力，使全市形成符合国际惯例的、较为完善的信用体系和信用管理制度，建成较为发达的信用中介机构和信用服务业，使政府和企业分别具有较高的信用形象和信用度，使个人在经济社会活动中能够自觉地遵守信用规则。（3）政府通过教育与管理来提高公务人员的整体素质和依法行政的能力，推行承诺制度，规范审批行为，加快政务信息公共网建设；要把企业信用建设作为“信用温州”建设的切入点，通过思想政治工作、企业文化和商德建设以及现代企业制度建设等措施，增强企业诚信经营的意识和能力，加快建立健全企业征信、评价、查询、服务、管理体系；要引导公民在经济活动中讲信用、重信用、守信用，逐步建立科学的个人信用制度。（4）政府确立专门机构，加强协调管理；各政府部门和司法机关各负其责，相互配合、共同推进“信用温州”的建设。

温州这种从“失信”到“守信”的经历决非个别，有“华夏第一市”之称的义乌市中国小商品城和海宁市中国皮城或多或少有过类似的遭遇。义乌市委书记楼国华深有感触地说：“义乌小商品城可以说是在打击假冒伪劣中发展起来的，小打小繁荣，大打大繁荣，不打不繁荣。”也就是说，义乌小商品城就是浙江经济发展的一个缩影。在10多年的市场经济培养过程中，把打击假冒伪劣贯穿始终。经过多年的整治。浙江省产品质量指数已经达到96%，产品的总体合格率全国总体提高。但是信用建设不仅仅是靠提高产品质量这单一的方面，已经毁掉的东西要重新建立又谈何容易呢？咱们中国有句老话“破镜重圆仍属破镜，创伤虽愈伤疤尤存”。一名经济学家更尖锐地指出：“虽然浙江经济以平均每年10%的速度递增（全国的平均值为9%）。但应清醒地看到，这只是低层次的增长。加入世贸以后，最先面临的很可能就是国际贸易中的“信用经济”往来。所以浙江省就提出要建立一个“诚信平台”。

2002年6月12日，浙江省召开党代会，当时的省委书记张德江就在报告中明确指出“要把建设‘信用浙江’作为完善社会主义市场经济体制和改善发展环境的重点来抓，使‘诚信、守信’成为浙江人民共同的价值取向和行为规范”。“信用浙江”工程正在启动，浙江在全国率先举起了信用建设的大旗。去年7月10日，浙江省政府召开电视电话会议，时任省长的柴松岳亲自作报告，要求要做好10件事。其中之一就是要打造“信用浙江”，要求全省年内要削减1/3以上的行政审批事项，利用政府网站及时发布政务信息，完善浙江企业信用发布查询系统、完善纳税人信用评级分类管理办法。与此同时，“信用浙江”建设中的重点工程之一“百万企业信用工程”。也在全省各个经济领域展开，工商部门除了重拳打击假冒伪劣、虚假广告等违法行为外，还建立起企业信用记录信息资源库，对信用不良的企业进行公开曝光。现在，你们还可通过国际互联网查寻浙江各企业的信用情况。到去年底，浙江47万个企业和148万个个体工商户的数据全部录入企业的信用档案。可供人们随时上网查询。

现在，浙江在打造"信用浙江"的口号下，守信者得到了实惠，失信者就被砸了饭碗，在浙江已逐渐形成了一种诚信的社会氛围。浙江国税部门将32家欠税500万元以上的企业打上"黑名单"，公之于众；杭州市公布了信用不良企业的名单；29家企业因信誉不佳被浙江省经贸委淘汰出局。对于浙江人来说"信用"已经不是一个空洞的名词，它不仅直接关系到个人和企业的切身利益，也是浙江人开创明天的一把"金钥匙"。也就是说，浙江给我们树立了一个现代社会信用的榜样。

"政府失信行为的负效应"是"两会"代表和广大人民群众所关注的一个热点。任何社会形态中，政府行为都具有显著的社会导向作用。目前政府行为中失信现象仍然很严重，少数领导干部会上大谈反腐败，会下大肆贪污受贿；组织人事部门用人失察造成"边腐败边升官"现象不断；一些地方对生产责任事故封锁消息、欺上瞒下、推卸责任（如广西南丹矿井坍塌事故），大多是由于这些部门封锁信息，欺上瞒下，推卸责任等原因造成的。还有些对制假售假行为用地方保护主义进行保护，统计报表弄虚作假，还在政绩上"掺水"，一些文件政策形同空文……如此等等日积月累，使政府的信用在人民群众中大打折扣。这些问题如果不解决，社会信用体系就是空谈。有些学者主张，要建立社会信用体系，规范政府的行为是当务之急。要以德治国首先要以德治官，这是一些学者发出的呼吁。那现在提出的信用社会的三个层次中，政府信用是基础，企业信用是其次，第三才是个人信用。

接下来我们从校园来看，社会的信用危机已开始侵入校园，大学中不守信用、不重承诺的现象时有发生，有的学生个人主义至上，为了个人利益，不惜牺牲学校和同学们的利益。在大学里，怎样建一所守信誉、重良知的学校，怎样做一个重良知、守信誉的人，就必须进行信用教育，做一个守信用的人。我们国家历来十分重视立身处世之道。博大精深的中国传统文化中早就有"修身、齐家、治国、平天下"的人格修养的模式。所谓"修身"，就是"修心""养性"，这是立德、立业的基础，是做人的根本。著名的教育学家陶行知先生讲“知行合一”，说的是知与行要统一，要做诚信君子。知行合一来自于王阳明，王阳明在咱们贵州修文县定居悟道讲学，是中国一个著名的哲学家。同学们有机会可去看看。陶行知先生强调：“千教万教教人求真，千学万学学做真人”，这里指的“真人”，实际上就是做人要“诚信”。

三、诚信是守法的延伸

“诚信”，我认为是守法的延伸。在现代社会里要建立一个规范、有序的社会，在这种社会的建设之中，个人的行为就要遵守国家的法律。遵守国家的法律首先就要讲“诚信”。在高校，我们就要强调，要教育大学生把“守法”、“诚信”作为个人对国家道德责任的“底线”，做一个合格的公民。首先要做一个遵纪守法、明礼诚信的大学生。学校一方面要严格校纪校规，使大学生在校内养成遵纪守法的习惯，另一方面要教育大学生们自觉抵制校园内外的一些不良习气，如学习过程中出现的抄袭作弊等现象，要洁身自好，从自己做起，从小事做起。今天是学生干部的培训班，你们是在校大学生中的精英，是在校大学生中先进的代表，如从你们做起来，一个带动一个，一个人带动一个寝室、一个寝室带动一个班。我相信，学校的校风、学风肯定会有很大改变。去年5月青岛海洋大学在全国率先搞了一个“大学生诚信档案”，一时间，大学生的诚信教育成了热门话题，近期，我们又了解到，目前这个“诚信档案”又有了新的进展，学校把它纳入了大学生的综合档案管理系统，实行了大学生诚信档案的电子化管理。今年开学之初，我就要求学生处对所有的学生进行电子化管理，要建学生的综合电子管理系统，要建立信息化档案。

同时，学校在制定政策时，对有任何违约现象的学生，对那些不申请国家助学贷款又无故不交纳学费的学生，当年不给予任何奖励和资助。我校很多学生很穷，这我知道，我们很多农村的孩子来读书确实不容易，是卖牛卖猪，是到处举债来读书的，但我们更应该珍惜这宝贵的大学时光呵！以前很多人交不起学费，贷不到款。通过我们与农行合作，解决了助学贷款1300多万。我们学校现在欠学费多少，

1000多万！如果现在哪个同学说“我没钱交学费”，你给我站出来，你跟我去贷款（笑声）。你贷的款不交学费，对不起，你给我走人，对不对？我们已帮你解决后路了嘛，你不是没钱读书嘛，你用贷款的钱去谈朋友、去玩网吧，对不起，请你走人。现在不仅学费可贷款，生活费也可贷款，现在欠费的情况有所好转了。你没钱，我帮你想了办法了，你有钱不交你是违法的。高等教育法明文规定：学生有交纳学费的义务。因此，以诚信为主题的“再创辉煌、建功立业”的系列活动，我希望要在学生干部里面多举办，可以搞一些诚信、承诺、万人签名活动，比如诚信论坛、诚信你我他等这样一些征文活动。

现在青岛海洋大学里已营造出了人人讲诚信这样一种氛围，而且这所大学与山东省的一个公司叫“信誉评估总公司”共同建立了一个大学的诚信档案，而且已达成了初步的合作意向，今后，将借助专业的咨询机构来加强对学生的信用管理。在青岛海洋大学的学生诚信档案里就明确有学生的承诺书、学生的个人咨询、家庭背景、学习效果、经济状况、你的信用记录、还有你们的特别记录等等都在这里面体现，这些诚信书、承诺书就体现了诚信教育的目的，学生大学档案应该有学生的诚信档案记录。我们将考虑你在大学期间的诚信情况，如你的助学贷款还贷了没有，你的学杂费的交费情况，你违反校纪校规的情况，你勤工俭学的情况，你有没有尽相关的责任义务等记录。我认为，青岛海洋大学的这个学生信息档案的独特之处就在于它具有针对性、具有可操作性、具有学生的参与性、教育性等特点，而且能够实现其描述评定、激励、教育及预测等功能，该大学从今年5月推出“信息档案”到7月，就为900多名学生建立了诚信档案。在座的学生干部们，从你们开始建立诚信档案，怎么样？同学们别把它看成“紧箍咒”，也不要把我看作是唐僧，而是要自觉自愿地要求建立“档案”，要认为建立“档案”不但不是负担，而是一个实现个人信誉的机会。到你大学毕业时，你拿着你的“诚信档案”给用人单位说“你看，我在大学四年中我的信用度如何”，有“信用档案”的人绝对比无“信用档案”的人的机会多。但是，就“档案”起到的作用，其体系、内容再科学，也不能完全代替诚信教育工作，单纯依靠诚信档案培养学生的诚信意识，还有可能陷入模式化的僵局。学生诚信意识的培养也是一种复杂的系统工程，因为诚信教育不同于一般的知识教育，他和社会密切相关，必须结合整个社会经济发展状况，依靠全社会的力量，共同对大学生们进行诚信教育才能奏效，要整个贵州民族学院都有一个讲诚信的氛围。

我们还应有一个长远规划，要高目标、低起点，从基本行为抓起，从日常的同学交往中，在学习、考试、睡觉等这些基本的过程中要言行一致、拒绝作弊、诚实守信，并逐渐树立起正确的道德观和价值观。当然，还得开展师德教育，老师也要重视言传身教，以身作则。

当然，诚信教育应当避免急于求成，学生还处于长身体、长知识的阶段，你们也不是"完人"。人无完人，教育者所做的工作，就是让学生们逐步树立诚信意识，使他们在学习、工作、生活中慢慢地、自然地显现出来。

（2003 年 4 月 9 日在贵州民族学院学生干部培训班上的演讲）

跋

蛰伏贵州十八载，地偏心自远。自20世纪80年代到贵州工作以来，一直从事民族政策、民族法律的研究，在民族法治、刑事法治领域躬耕，对贵州发展、对西部大开发、对民族地区的繁荣抱有一种深厚的情怀——魂牵梦系。

贵州修文有"王学圣地"之誉，是明代著名哲学家王阳明设坛讲学之处。阳明先生的"知行合一"对我影响颇大。知行合一——知是认识，行是实践。他强调认识与实践的统一，强调实践是认识的基础，是检验真理的惟一标准。这是我一直以来体认的"知行合一"、"行胜于言"的真谛。

我一向认为，政治法律研究不应只搞纯学术探讨，也自认为并非真正的"学问家"。我把自己定位为民族法治、刑事法治的躬耕人、播火者。因此，我一心践行法治、努力推进民族地区的发展。"纸上得来终觉浅，绝知此事要躬行。"我的事业在贵州，我的根也在贵州。在贵州工作的十余年内，我走遍"六山六水"，到民族地区搜集文献、与少数民族朋友促膝交谈，亲身体验到民族法治之难、民族问题之真、民族发展之切。

收入文集的数十篇演讲文稿是我作为一个法治火种播撒者、一个民族法治躬耕者的思考。希望这些文稿的整理、出版于法治之理想、民族之发展有所贡献。

感谢给予我发展空间和天地的黔境和这里质朴的人们；感谢一直关心我成长的贵州省委、省政府的领导和指导我学习的师长；感谢武汉大学出版社对学术的热忱和编辑郭园园女士，感谢一直支持我帮助我为我承担全部家务的妻子龙燕和我们可爱的女儿吴为。

吴大华

于贵阳花溪

2005年9月18日